Dietrich von der Oelsnitz **Kompetenzen moderner Unternehmensführung**
Andreas Kammel

Dietrich von der Oelsnitz
Andreas Kammel
(Herausgeber)

Kompetenzen moderner Unternehmensführung

Joachim Hentze zum 60. Geburtstag

Mit Beiträgen von

Friedel Ahlers	Andreas Kammel	Christian Scholz
Michael Bruggmann	Jochen Koch	Georg Schreyögg
Wolfgang Burr	Rainhart Lang	Bruno Staffelbach
Hans Corsten	Klaus Lindert	Claus Steinle
Sandra Fengewisch	Wenzel Matiaske	Klaus Tragsdorf
Wolfgang Fritz	Dietrich von der Oelsnitz	Wolfgang Weber
Ralf Gössinger	Alexander Peter	Jürgen Weibler
Albert Heinecke	Günther Schanz	

Verlag Paul Haupt
Bern · Stuttgart · Wien

Die Deutsche Bibliothek – CIP-Einheitsaufnahme

Kompetenzen moderner Unternehmensführung :
Joachim Hentze zum 60. Geburtstag /
Dietrich von der Oelsnitz ; Andreas Kammel (Hrsg.).
Mit Beitr. von Friedel Ahlers .... –
Bern ; Stuttgart ; Wien : Haupt, 2001
ISBN 3-258-06341-9

Alle Rechte vorbehalten
Copyright © 2001 by Paul Haupt Berne
Jede Art der Vervielfältigung ohne Genehmigung des Verlages ist unzulässig
Dieses Papier ist umweltverträglich, weil chlorfrei hergestellt;
es stammt aus Schweizer Produktion mit entsprechend kurzen Transportwegen
Printed in Switzerland

www.haupt.ch

Über den Jubilar

Joachim Hentze feierte am 23.06.2000 seinen 60. Geburtstag. Aus diesem Anlaß widmen ihm Schüler, Freunde und Kollegen diese Festschrift. Sie ist Ausdruck der hohen Wertschätzung, die Joachim Hentze als Wissenschaftler, als akademischer Lehrer und als Persönlichkeit genießt.

Nach dem Studium der Betriebswirtschaftslehre und Wirtschaftspädagogik an den Universitäten Hannover, Innsbruck und Göttingen promovierte Joachim Hentze im Jahre 1969 in Hannover bei Hans Böhrs, dem er lange Jahre wissenschaftlich eng verbunden blieb. Bereits 1973 erhielt der Jubilar einen Ruf an die Technische Universität Braunschweig, wo er wenig später die Leitung des Fachgebietes Unternehmensführung übernahm. Diesen Lehrstuhl hat er auch heute noch inne - ungeachtet attraktiver Rufe an die Universitäten Essen, Dresden und Leipzig.

Die Arbeitsgebiete Joachim Hentzes sind breit gefächert, können aber eindeutig dem Feld der humanpotentialorientierten Unternehmensführung zugeordnet werden. Den Grundstein für seine Schwerpunktlegung legte er bereits in seiner Dissertation mit dem Thema „Funktionale Personalplanung". Mit dieser und weiteren Arbeiten zur Personalwirtschaftslehre hat Joachim Hentze maßgeblich zum Aufbau und zur Etablierung der in den 70er Jahren noch sehr jungen Disziplin in Deutschland beigetragen. Das zweibändige Werk „Personalwirtschaftslehre" hat sich als Standardwerk etabliert. Mit ihren zahlreichen Überarbeitungen bis zur sechsten Auflage gibt diese Publikation die kontinuierliche Weiterentwicklung des Faches umfassend wieder; die siebte Auflage ist bereits in Arbeit.

Der Ausrichtung seines Lehrstuhls entsprechend liegen die Forschungsschwerpunkte darüber hinaus in der Planungs- und Organisationswissenschaft, wobei neben betriebswirtschaftlichen Aspekten stets auch informationstechnische Lösungen und verhaltenswissenschaftliche Erkenntnisse eine bedeutende Rolle spielen. Darüber hinaus hat sich Joachim Hentze gesundheitsökonomischen Fragestellungen auf der Ebene des Krankenhausmanagements gewidmet, die er im Hinblick auf praktische Erfordernisse wissenschaftlich fundierte. Besonders hervorzuheben im umfassenden Œuvre sind „Pionierleistungen" des Jubilars in der „Cross Cultural"-Managementforschung, die mit Unterstützung der Deutschen Forschungsgemeinschaft schon weit vor der „Wende" interessante Ergebnisse zu Werthaltungen osteuropäischer Manager hervorgebracht haben. Seine internationale Ausrichtung wird deutlich durch längerwährende Gastprofessuren an den Universitäten Omaha, Beijing und Sofia.

Eine Laudatio, die sich auf die wissenschaftlichen Leistungen Joachim Hentzes beschränken würde, wäre unangemessen einseitig. Sein didaktisches Geschick und seine große Beliebtheit bei den Studierenden war für uns als Mitarbeiter nicht immer Anlaß zu ungeteilter Freude, führte die hieraus resultierende hohe Hörerzahl doch mitunter zu einem großen Betreuungsaufwand. Sein Engagement in der Lehre wird durch zahlreiche Lehrbücher dokumentiert, die in den meisten Fällen inzwischen mehrere Neuauflagen erfahren haben.

In den 80er und 90er Jahren hat Joachim Hentze den Aufbau des wirtschafts- und sozialwissenschaftlichen Fachbereichs und der Simultanstudiengänge Wirtschaftsingenieurwesen/Wirtschaftsinformatik maßgeblich mitgestaltet. Derzeit engagiert er sich als Dekan nachhaltig für die weitere Konsolidierung des Fachbereichs, der heute einen hervorragenden Ruf genießt und dessen Absolventen erstklassige Einstiegsmöglichkeiten in die Berufswelt finden.

Aber der hier Geehrte hat nicht nur Jahrzehnte erfolgreich an der Technischen Universität Braunschweig gewirkt, er hat darüber hinaus seit 1989 den Aufbau eines wirtschaftswissenschaftlichen Aufbaustudiums an der deutschsprachigen Fakultät der Technischen Universität Sofia im Auftrag des Deutschen Akademischen Austauschdienstes federführend initiiert, etabliert und mit großem Schwung wissenschaftlich und institutionell begleitet. Die Technische Universität Sofia hat Joachim Hentze 1998 dafür mit der Ehrendoktorwürde ausgezeichnet.

Bei allem Engagement für Forschung und Lehre legt Joachim Hentze besonders auf Praxisbezug Wert, was sicherlich früh dadurch geformt wurde, daß er vor und während seines Studiums bei der Preussag AG wichtige praktische Erfahrungen gesammelt hat. Auch heute behält er die Umsetzbarkeit seiner Ideen und Konzepte stets im Auge. Laufende Praxisprojekte, eigene praktische Tätigkeiten und der kontinuierliche Dialog mit Praktikern sämtlicher Hierarchiestufen und Funktionsbereiche sorgen dafür, daß der Blick für die Theorie-Praxis-Verknüpfung nie zu kurz kommt.

Last but not least ist die Persönlichkeit des Jubilars hervorzuheben: seine (auch den Mitarbeitern gegenüber immer wieder propagierten) „preußischen Tugenden", aber auch seine unermüdliche Schaffenskraft und der Einsatz für „seine" Universität sowie die eigenen Mitarbeiter, die er stets fachlich fördert und leistungsorientiert fordert. Komplementär haben sein Humor, sein Sportsgeist, seine Offenheit und sein Verantwortungsgefühl dafür gesorgt, daß alle diejenigen, die tagtäglich mit ihm arbeiten, in einem hervorragenden „Klima" eine gesunde Basis für ihre eigene wissenschaftliche Entwicklung finden.

Die Herausgeber und der über Jahrzehnte mit dem Jubilar verbundene Verleger dieser Festschrift, Herr Men Haupt, übermitteln mit dem vorliegenden Buch zugleich im Namen aller Schülerinnen und Schüler sowie Kolleginnen und Kollegen der Technischen Universität Braunschweig die besten Wünsche für die weitere Zukunft.

Die Herausgeber danken ganz herzlich allen Autoren, die ungeachtet ihrer jeweiligen Verpflichtungen mit ihren Beiträgen zum Gelingen dieser Festschrift beigetragen haben. Ferner gilt unser Dank dem Verlag für die vertrauensvolle Zusammenarbeit. Die große Last der Organisation und der Druckvorbereitung haben Frau Ingrid Birker, Dipl.-Wirtsch.-Inform. Oliver Keiser und Dipl.-Wirtsch.-Inform. Klaus Koch getragen. Finanziell großzügig unterstützt haben dieses Projekt Herr Dipl.-Ing. Karl Anker, Herr Professor Dr. Volker Weilep, die Firmen GEDYS Internet Products AG, unilab Software GmbH sowie das Wolfsburger Institut zur Betriebs- und Unternehmensentwicklung e.V. (WIBU). Allen ein herzliches Dankeschön.

Ilmenau und Braunschweig, im September 2000   *Dietrich von der Oelsnitz*
Andreas Kammel

Inhaltsverzeichnis

Über den Jubilar 5

Einleitender Überblick 11

Teil I: Personal

Rainhart Lang
Wandel in den Wertorientierungen von Führungskräften im
ostdeutschen Transformationsprozeß 23

Andreas Kammel
Kompetenzvermittlung für Führungskräfte:
Entwicklungstendenzen im Management Development 47

Bruno Staffelbach und Michael Bruggmann
Zielgruppenorientierte Personalpolitik - diskutiert
am Beispiel älterer Mitarbeitender 69

Wolfgang Fritz
Die interkulturelle Kompetenz von Managern – ein Schlüsselfaktor
für den Erfolg auf Auslandsmärkten 87

Günther Schanz
Erfolgsfaktor ‚implizites Wissen' 103

Claus Steinle, Friedel Ahlers und Sandra Fengewisch
Unternehmungsvitalisierung durch Aktivierung von Humanressourcen 121

Christian Scholz
Fraktalisierung der Personalarbeit oder Virtualisierung der Personalabteilung? 139

Wenzel Matiaske und Wolfgang Weber
Zukunft der Personalarbeit? Eine sektorale Untersuchung zum Ausbaustand des
Personalmanagements unter besonderer Berücksichtigung des tertiären Sektors 155

Teil II: Innerbetriebliche Organisation

Klaus Tragsdorf
Kernkompetenzen und Organisation - Konsequenzen für
Organisationsgestaltung und Organisationsarbeit 181

Dietrich von der Oelsnitz
Gestaltungsfelder des marktorientierten Unternehmenswandels 197

Georg Schreyögg und Jochen Koch
Themenfelder und Logik postmoderner Organisationsforschung 223

Teil III: Information und Steuerung

Klaus Lindert
Effizienzanalysen als erfolgsorientiertes Steuerungsinstrument
im Personalmanagement 245

Hans Corsten und Ralf Gössinger
Allokation von Produktionsaufträgen in virtuellen Produktionsnetzwerken 265

Albert Heinecke
„Intelligente" Planungsinstrumente als Komponente des Informationsmanagements .. 309

Teil IV: Spezielle Anwendungen

Wolfgang Burr
Theoretische Ansätze zur Erklärung der vertikalen Integration von
Medienunternehmen - am Beispiel der Film- und Fernsehbranche 335

Jürgen Weibler und Alexander Peter
Strategische Führung von politischen Parteien 361

Autorenverzeichnis 387

Einleitender Überblick

Bis heute ist die Managementlehre auf der Suche nach einem übergreifenden und allgemein akzeptierten Paradigma. Unterschiedliche Forschungstraditionen, zu verschiedenen Zeiten unterschiedlich leistungsfähige Datengewinnungs- und -analysetechniken und nicht zuletzt differierende Grundannahmen über die Natur von Führern wie Geführten haben den Wunsch nach einem generelle Folgschaft verdienenden Managementansatz bis in die Gegenwart hinein unerfüllt gelassen.

Dabei markieren formalwissenschaftlich-quantitative Ansätze auf der einen und verhaltenswissenschaftliche Aussagesysteme auf der anderen Seite die beiden großen Hauptstränge der betriebswirtschaftlichen Managementforschung. Zur ersteren gehören vor allem die Operations Research, die mathematische Informationstheorie, die Kybernetik und die Neue Institutionenökonomie, zur letzteren zählen insbesondere die von Herbert Simon geprägte Entscheidungstheorie, die Psychologie und die Soziologie.

Während die mit dieser Separierung einhergehende Ideenkonkurrenz einerseits als eine gesunde akademische Arbeitsteilung angesehen werden kann, so ist andererseits doch auch unbestreitbar, daß die betriebswirtschaftliche Ausdifferenzierung in eine **Quantitative Science** und eine **Behavioral Science** letztlich zu einem gewissen theoretischen Auseinanderleben geführt hat. Bis heute stehen sich beide Lager als eigenständige „Schulen" wenn nicht unversöhnlich, so doch zumindest weitgehend unverbunden gegenüber. (Im folgenden soll dieser Tatbestand als Faktum betrachtet und nicht weiter der Frage nachgegangen werden, welche Motive die „Ausgrenzer" beider Seiten besitzen und welche Argumente von ihnen jeweils mit welchem Erfolg ins Spiel gebracht werden.)

Interessant ist in diesem Zusammenhang, daß vor allem produktionswirtschaftliche Veränderungen – geprägt u.a. durch die Industrielle Revolution in England - erste Überlegungen zur Notwendigkeit einer systematischen Managementtätigkeit ausgelöst haben. Dabei erschien der Begriff „Management" in Deutschland zunächst in Gestalt des Terminus „Betriebswissenschaft" bzw. „Betriebsführung"; auch hier ist dieser Themenbereich vor allem von Ingenieuren auf ein wissenschaftliches Niveau gehoben worden. Für diesen Prozeß war die Organisation der akademischen Ausbildung in Deutschland um 1900 verantwortlich: Während sich nämlich die Technischen Hochschulen um die Ausbildung von Führungskräften im damals noch dominanten fertigungswirtschaftlichen Bereich der Unternehmung kümmerten, oblag den (wenigen) deutschsprachigen Handelshochschulen die Heranziehung von Experten vor allem in buchhalterischen und finanzwirtschaftlichen Fragen.

In den siebziger Jahren des abgelaufenen Jahrhunderts schien man dann einem universalen Managementparadigma sehr nahe: Jedenfalls ist die von den Vorstellungen der kybernetischen Biologie inspirierte Allgemeine Systemtheorie damals mit einem entsprechend selbstbewußten Anspruch auf den Plan getreten. Wenngleich in das hiermit verbundene Ideen- und Sprachgebäude bezüglich seiner integrierenden Kraft große Hoffnungen gesetzt worden waren, muß die Allgemeine Systemtheorie wohl als (in diesem Sinne) gescheitert betrachtet werden. Heute stellt sich die Frage, ob die einstigen Erwartungen überzogen waren, oder ob es vielleicht so etwas wie eine universal anwendbare Theorie der Unternehmensführung gar nicht geben kann.

Sollte letzteres der Fall sein, dann muß die betriebswirtschaftliche Managementforschung wohl zu anderen Ufern aufbrechen: Statt weiter am paradigmatisch großen Wurf zu werkeln, wäre dann eher das geduldig-mühsame Sammeln einzelwissenschaftlicher (Detail-)Erkenntnisse angebracht. In Anlehnung an diese Aufgabe versucht dieser Sammelband, Einsichten aus den verschiedensten betriebswirtschaftlichen Bereichen zusammenzutragen. Die hier referierten Konzepte sollen indes in einer besonderen Beziehung zum Management stehen - jedenfalls, wenn man „Management" in einem funktionalen Sinne als systematische Führung und Gestaltung des umweltoffenen Sozialsystems „Unternehmung" begreift.

Möglicherweise gibt es aber doch eine Klammer, die die Tätigkeiten der „modernen" Unternehmensführung unter einer einheitlichen Perspektive zusammenzubinden vermag; die Herausgeber jedenfalls meinen, daß die **zukünftig erforderlichen Kompetenzen** des Managements (und der Manager) eine derartige Klammer abgeben könnten. Im Zuge eines bereits hohen und zweifellos auch noch weiter steigenden Qualifikationsniveaus der Mitarbeiter in den hochindustrialisierten Ländern darf sich der Fokus betriebswirtschaftlicher Kompetenzen jedoch nicht auf das Top-Management beschränken: er muß sich vielmehr auf die betrieblichen Humanressourcen insgesamt ausweiten.

An dieser Stelle ist jedoch einem möglichen Mißverständnis vorzubeugen. Mit der programmatischen Ausrichtung dieser Schrift an den „Kompetenzen moderner Unternehmensführung" wird nicht allein auf den derzeit so populären ressourcenorientierten Ansatz, die „Resource-based view" rekurriert. Dessen typische Inside-out-Betrachtung herrscht zwar in dieser Festschrift vor; das heißt jedoch nicht, daß hiermit der Wert einer marktgerichteten Unternehmensführung, also einer erklärten Outside-in-Perspektive, verkannt würde. Im Gegenteil: Die Fähigkeiten und Kompetenzen eines Unternehmens werden sich erst dann positiv auf den Unternehmenserfolg auswirken, wenn sie eng mit den Erfordernissen des Marktes korrespondieren, d.h. eingesetzt werden, um in effektiver Weise die Bedürfnisse der externen Anspruchsgruppen und Transaktionspartner zu befriedigen.

Die in diesem Buch thematisierten Kompetenzen spiegeln in ihrer Heterogenität die Vielschichtigkeit der heutigen Managementaufgaben wider. Die einzelnen Kapitel („Personal", „innerbetriebliche Organisation", „Information und Steuerung") reflektieren zugleich die drei wesentlichen wissenschaftlichen Arbeitsgebiete des mit dieser Schrift geehrten Jubilars. Ein viertes Hauptkapitel („Spezielle Anwendungen") soll die Relevanz der heutigen Managementwissenschaft unter einem eingeschränkteren Blickwinkel verdeutlichen. Im Mittelpunkt stehen zum einen die Medienbranche - eine der zukünftigen ökonomischen Schlüsselbranchen Deutschlands -, und zum anderen die politische Wissenschaft, die von der betriebswirtschaftlichen Managementlehre durchaus eine praktische Hilfestellung bei der Steuerung ihrer Institutionen erwarten darf.

Die zur Einordnung der Einzelbeiträge gewählte Struktur soll in erster Linie transparent und übersichtlich, weniger vollkommen trennscharf und überschneidungsfrei sein. Das Wissen um die künstliche Natur der mit jeder wissenschaftlichen Gliederung verbundenen Separierung kennzeichnet nicht nur die Forschungsphilosophie Professor Hentzes, sondern unterstreicht gleichzeitig noch einmal die Notwendigkeit eines ganzheitlichen Managementverständnisses. Im folgenden sollen die einzelnen Beiträge kurz vorgestellt werden.

Den ersten Teil dieser Festschrift („Personal") einleitend thematisiert **Rainhart Lang** den Wandel in den Wertorientierungen von Führungskräften im ostdeutschen Transformationsprozeß. Der Autor greift damit eine Problematik auf, die die deutsche Personalforschung seit der Wiedervereinigung vor gut zehn Jahren eingehend beschäftigt hat. Als wichtige Akteure bei der auch mentalen Bewältigung des ökonomischen Transformationsprozesses stehen die Führungskräfte deshalb im Mittelpunkt, weil sie mit ihrem Handeln nicht nur das Entstehen neuer Strukturen beeinflussen, sondern zugleich auch durch ihre Werte und ihr Verhalten symbolisch Stabilität im Wandel vermitteln. In diesem Beitrag werden auf empirischer Basis die wesentlichen Veränderungen sowohl in den allgemeinen als auch in den arbeitsorientierten Wertorientierungen der ostdeutschen Führungskräfte von 1990 bis 1998 rekonstruiert und interpretiert.

Der Beitrag von **Andreas Kammel** geht von der Schwierigkeit aus, hochqualifizierte Führungskräfte am externen Arbeitsmarkt in ausreichender Zahl „just in time" akquirieren zu können. Obwohl auf der anderen Seite viel Geld für eigene Entwicklungsmaßnahmen ausgegeben wird, erzielen traditionelle Standardprogramme hinsichtlich der angestrebten (Neu-)Ausrichtung der Führungskräfte oft nicht den gewünschten Erfolg. Ein

Grund hierfür besteht darin, daß die Programme der Personal- bzw. Managemententwicklung häufig zu wenig mit den konkreten Unternehmenszielen und -strategien verbunden werden. Nachdem der Autor zunächst den Gründen für eine Neuorientierung im betrieblichen Management nachgeht, werden anschließend die veränderten Leitideen erarbeitet, die notwendig sind, um den dringlichsten Wettbewerbsherausforderungen genügen zu können. In diesem Zusammenhang empfiehlt der Autor u.a., von der Instruktions- zur Lernperspektive überzugehen. Der Beitrag schließt mit einem Ausblick auf die Maßnahmen, die das traditionelle Repertoire der betrieblichen Management-Development in Zukunft sinnvoll erweitern können.

In eine ähnliche Richtung weist der Aufsatz von **Bruno Staffelbach** und **Michael Bruggmann**: Er propagiert eine zielgruppenorientierte Personalpolitik, da sich mit ihr - so meinen die Autoren - ein höherer Nutzungsgrad der Personalressourcen erreichen läßt. Diese Überlegung wird von der Einsicht geleitet, daß das Erfahrungswissen älterer Mitarbeiter mit zunehmender Kurzlebigkeit des operativen Wissens sowie wachsender Volatilität des Betriebsgeschehens immer wichtiger wird. Steht zukünftig die Nutzung des Erfahrungsschatzes älterer Mitarbeiter im Vordergrund, dann ist eine allein am Kriterium des chronologischen Alters ausgerichtete Personalpolitik nicht länger angebracht. Vielmehr ist das Personalmanagement auf die Kompetenz der Mitarbeiter auszurichten, wobei der Erfahrung des einzelnen eine wichtige Bedeutung gerade auch für Einstellungs- und Beförderungsentscheidungen zukommt. Der Beitrag von Staffelbach und Bruggmann eröffnet einen Teilabschnitt dieses Sammelbandes, in dem es um die geistig-mentalen Kompetenzen geht, die von den betrieblichen Humanressourcen zukünftig in verstärktem Umfange benötigt werden.

In diesem Sinne stellt **Wolfgang Fritz** mit der interkulturellen Kompetenz von Managern eine weitere wichtige Eigenschaft erfolgreicher Führungskräfte und Mitarbeiter vor. Angesichts der weltweiten Verflechtung von Wirtschaft und Gesellschaft, die u.a. durch die fortschreitende Entwicklung der Kommunikations- und Transporttechnologie gefördert wird, bedarf es zur erfolgreichen Führung international tätiger Unternehmen in zunehmendem Maße eines betont kultursensitiven Managements. Auch das steigende Ausmaß grenzüberschreitender Bevölkerungsmigration in den westlichen Industrienationen, das die Herausbildung multiethnischer und multikultureller Bevölkerungsstrukturen verstärkt, führt dazu, daß interkulturelle Kontakte unvermeidbar werden und die interkulturelle Kompetenz der Menschen somit in nahezu allen Bereichen von Wirtschaft und Gesellschaft zu einer Schlüsselqualifikation heranreift.

Der Beitrag von Fritz geht aus der speziellen Perspektive der Wirtschaftspraxis zunächst der Bedeutung der interkulturellen Kompetenz nach, insbesondere auch mit Blick auf ihren Stellenwert innerhalb der internationalen Personalentwicklung großer deutscher Unternehmen. Darauf aufbauend wird die interkulturelle Kompetenz auf der Ebene der Wirtschaftswissenschaften thematisiert, da die Vermittlung dieser Fähigkeit in zunehmendem Maße eine Aufgabe der Hochschulausbildung ist. In diesem Zusammenhang werden schließlich Stand und Perspektiven der betriebswirtschaftlichen Kompetenzforschung reflektiert.

Mit dem Phänomen des „impliziten Wissens" thematisiert **Günther Schanz** einen dritten Erfolgsfaktor modernen Personalmanagements. Ausgehend von den Attributen des impliziten Wissens werden vor allem die Fragen der individuellen Verfügbarkeit und Transferierbarkeit dieser Wissenskategorie diskutiert. Dies leistet der Autor auf der Basis neurowissenschaftlicher und teilweise auch tiefenpsychologischer Erkenntnisse. Dabei wird gelegentlich auf Japan Bezug genommen, was sich mit dem vergleichsweise hohen Stellenwert begründet, den implizites Wissen dort besitzt. Die Ausführungen von Schanz sind - dem gegenwärtigen Stand der Forschung in diesem Bereich entsprechend - zunächst vorrangig von einem allgemeinen Erkenntnisinteresse geleitet. Die praxeologischen Implikationen des Erörterten sind z.T. jedoch evident.

Unternehmen müssen sich immer wieder auf die zukünftigen Belange ihrer Wettbewerbsumwelt einstellen. Angesichts der erhöhten Anforderungen an die unternehmerische Wandlungs- und Erneuerungsfähigkeit geraten natürlich Ansätze zu deren gezielter Förderung in den Blickpunkt. Neben den mentalen Kompetenzen der Humanressourcen gewinnt angesichts der sich verstärkenden „Megatrends" Globalisierung, Vernetzung und New Media auch das Thema „Vitalisierung" - verstanden im Sinne einer „Neuen Lebendigkeit" von Unternehmungen - zunehmende Bedeutung für eine moderne Unternehmensführung. Damit verbundene Eigenschaften wie Flexibilität, Lernbereitschaft und Erneuerungsfähigkeit haben für erfolgreiche Unternehmungen aber auch schon heute einen bedeutenden Stellenwert.

Claus Steinle, **Friedel Ahlers** und **Sandra Fengewisch** postulieren in ihrem Beitrag, daß die Impulse für neue Ideen und Änderungen vor allem von den Unternehmungsmitgliedern ausgehen müssen. Die Autoren sehen somit in der gezielten Aktivierung der Humanressourcen, d.h. in der systematischen Ansprache und Ausschöpfung ihres Ideenpotentials, den zentralen Ansatzpunkt für die geplante Unternehmungsvitalisierung. Nach der Klärung der personalseitigen Voraussetzungen werden mit den Konzepten des Intrapreneurship und des Mitunternehmertums im Unternehmen ausgewählte akteurorientierte Vitalisierungsansätze analysiert. Die Aktivierung der Humanressourcen wird durch unternehmerische Bemühungen um Empowerment und Commitment abgerundet. Idealerweise existiert nach Abschluß entsprechender Aktivitäten eine besondere Vertrauenskultur im Unternehmen, die dann als Basis zukunftsfähiger Management- und Personalkonzepte genutzt werden kann.

In einer Zeit, in der die Zukunft der Personalabteilung im Unternehmen nicht als von vornherein gesichert gelten darf, sind eigenständige Überlegungen der Personalforschung notwendig, die sicherstellen, daß auch langfristig eine Realisierung der grundlegenden Personalfunktion gewährleistet ist. Die Gefahr ist viel zu groß, daß die Personalarbeit trotz aller Beteuerungen hinsichtlich der „überlebenskritischen Unternehmensressource Personal" fraktalisiert und entprofessionalisiert wird. Dies ist die Kernthese des Beitrags von **Christian Scholz**. Er beschreibt die grundsätzliche Neuorientierung im Personalmanagement, die sich einem tiefgreifenden Paradigmenwechsel nicht nur in bezug auf das grundsätzliche Unternehmensverständnis, sondern auch hinsichtlich der Personalarbeit bzw. der Personalorganisation gegenübersieht. Die Personalabteilung der Zukunft muß kernkompetenzbasiert, visionär-integrativ geklammert und die Vorteile der Technologisierung ausnutzend eine strategische Schlüsselposition im Unternehmen einnehmen. Scholz analysiert die denkbaren Entwicklungen in diesem Bereich anhand einer dialektischen Zuspitzung: der Fraktalisierung der Personalarbeit als Negativszenario auf der einen, und der Virtualisierung der Personalabteilung als Positivszenario auf der anderen Seite.

Das erste Hauptkapitel dieses Bandes wird beschlossen durch weitere Überlegungen zur Zukunft der betrieblichen Personalarbeit. **Wenzel Matiaske** und **Wolfgang Weber** gründen ihre ausblickartige Analyse auf eine sektorale Untersuchung zum Entwicklungsstand des Personalmanagements im tertiären Sektor. Mit dieser Fokussierung tragen die Autoren der gewachsenen Bedeutung des Dienstleistungssektors in nahezu allen hochentwickelten Volkswirtschaften Rechnung. Im Mittelpunkt des Beitrages stehen die Implikationen dieser Entwicklung für das moderne Personalmanagement. Auf einer zunächst eher theoretischen Ebene spezifizieren die Autoren den Begriff der Personalintensität und diskutieren dessen Wirkungen für den Ausbaustand der betrieblichen Personalarbeit. Dessen empirische Operationalisierung erfolgt einerseits anhand der strategischen Orientierung der Personalwirtschaft, anderseits über den konzeptionellen Differenzierungsgrad des personalwirtschaftlichen Instrumentariums. Dabei zeigen die auf der deutschen Teilstichprobe des sog. „Cranfield Network" fußenden Befunde, daß die realisierte Entwicklungsstufe der Personalarbeit nur in geringem Maß mit der Branchenzugehörigkeit der betreffenden Organisation variiert.

Der zweite Teil dieser Schrift wendet sich Fragen der innerbetrieblichen Organisation zu. So interessieren sich Theorie wie Praxis u.a. schon seit langem für das Verhältnis von Unternehmensstrategie und Unternehmensorganisation. Durch die breite Popularisierung der Resource-based view werden immer deutlicher Kernkompetenzen - begriffen als besondere Fähigkeiten eines Unternehmens - als wesentlicher Bestandteil zukunftsfähiger Strategiekonzepte erkannt. Dementsprechend ordnet und analysiert **Klaus Tragsdorf** zunächst elementare Kernkompetenzen und verdeutlicht anschließend deren besondere Konsequenzen für die betriebliche Organisationsgestaltung. Tragsdorfs Beitrag setzt Schwerpunkte in der Aufbau- und Prozeßstruktur und macht im weiteren auf einige Auswirkungen aufmerksam, die das Denken in Kernkompetenzen für die Unternehmensorganisation besitzt. Außerdem bietet die Diskussion des mehrdeutigen Kompetenzbegriffes die Gelegenheit, im Rückgriff auf den Beitrag von Steinle et al. nochmals auf die für die erfolgreiche Reorganisation von Aufbau- und Prozeßstrukturen benötigten Fähigkeiten der Mitarbeiter einzugehen.

Der Beitrag von **Dietrich von der Oelsnitz** knüpft an den Gedanken einer an den Bedürfnissen der marktlichen Umwelt orientierten Unternehmensreorganisation an. Ausgangspunkt ist die Überlegung, daß der immer häufiger sichtbare Hyperwettbewerb die Unternehmen in der Regel nicht nur zu einem klaren Bekenntnis zur Marktorientierung zwingt, sondern auch dazu, sich ständigen Erneuerungen struktureller, kultureller und strategischer Art gegenüber aufgeschlossen zu zeigen. In Zeiten einer ständigen Verkürzung der „Halbwertzeit" unternehmerischen Wissens ist die Fähigkeit zum kunden- bzw. marktorientierten Change Management möglicherweise die entscheidende Schlüsselqualifikation der Zukunft. Der Beitrag möchte zeigen, auf welchen Ebenen sich ein marktorientierter Wandel zu vollziehen hat und mit welchen Managementmaßnahmen die verschiedenen Probleme der organisationalen Erneuerung gemeistert werden können.

Den Schlußpunkt dieses zweiten Hauptkapitels setzen **Georg Schreyögg** und **Jochen Koch**. Ihr Beitrag ist vorwiegend paradigmatisch-theoretischer Natur; er greift die weltweit geführte Debatte um Organisation und Postmoderne auf und versucht, die Bedeutung der Postmoderne für die Organisationsforschung zu erhellen. Ausgehend von einer Rekonstruktion der Debatte wird gezeigt, daß sich die postmoderne Organisationsforschung in sieben Themenfeldern bewegt. Es ist das Anliegen des Beitrages, den bisher häufig vernachlässigten Anschluß der Debatte an die zentralen Grundprobleme der Organisationstheorie herzustellen. Die analysierten Themenfelder werden anhand von grundlegenden, dem postmodernen Organisationsverständnis entsprechenden organisationstheoretischen Differenzen, wie z.B. Struktur versus Prozeß oder Eindeutigkeit versus

Mehrdeutigkeit, strukturiert. Abschließend wird der Versuch gemacht, Umrisse einer Logik postmoderner Organisationsforschung aufzuzeigen.

Im dritten Hauptkapitel dieses Bandes geht es um „Information und Steuerung". Bei der Erörterung der mit dieser Themenstellung verbundenen Aufgaben und Aktivitäten werden mitunter auch Erkenntnisbereiche berührt, die nicht originär der Unternehmensführung zuzurechnen sind.

Dies trifft allerdings nicht auf den Beitrag von **Klaus Lindert** zu, der sich der Frage widmet, auf welche Weise innerbetriebliche Effizienzanalysen als Steuerungsinstrument für das Personalmanagement nutzbar gemacht werden können. Nach einer grundsätzlichen Darlegung des Konzeptes der Nutzenanalyse werden diverse Prädiktoren der personalen Arbeitsleistung analysiert. Die Betrachtung führt zu einem Basismodell zur Netto-Nutzenbestimmung bei der Personalselektion und beleuchtet schließlich konkrete Programmalternativen. Deutlich wird, wie personalpolitische Effizienzanalysen nicht nur speziell zu einem verbesserten Personalcontrolling beizutragen vermögen, sondern darüber hinaus einer grundsätzlichen personalbezogenen Effizienzsteigerung dienen.

Hans Corsten und **Ralf Gössinger** reagieren auf den Trend zu IT-gestützten Wertschöpfungspartnerschaften und behandeln mit der „optimalen Allokation von Produktionsaufträgen in virtuellen Produktionsnetzwerken" ein Spezialproblem dieser Entwicklung. Dabei werden marktliche Koordinationsmodi, wie z.B. Auktionen als „virtuelles" Koordinationsinstrument, fokussiert. Des weiteren ist zu unterscheiden, ob eine eindeutige oder eine mehrdeutige Aufgabendekomposition vorliegt. Die Autoren greifen mit ihrer Themenstellung einen wichtigen Aspekt zukünftiger Koordinations- und Wertschöpfungsformen auf. Sie schließen mit einem kurzen Ausblick auf einen Lösungsansatz, der sich im wesentlichen auf Multi-Agentensysteme stützt.

Der dritte Aufsatz dieses Abschnittes spiegelt die Tatsache wider, daß die elektronische Informationsverarbeitung in den letzten Jahren eine immense Entwicklung erfahren hat. Diese hat - neben den technischen Möglichkeiten einer innerbetrieblichen wie weltweiten Vernetzung von Rechnersystemen - insbesondere auch in der Softwaremethodik stattgefunden. Während der technische Fortschritt in der DV-Verarbeitung relativ bekannt ist und dementsprechend auch in den meisten Unternehmen zur Anwendung gelangt (z.B. im Rahmen von E-Commerce, Dataware, Workflow-Systemen), ist das Potential für die betriebliche Nutzung neuer Softwaremethoden noch nicht in gleichem Maße umgesetzt worden. Der Beitrag von **Albert Heinecke** zeigt exemplarisch auf, wie durch die Nutzung der Simulationsmethode in Verbindung mit einem sog. Classifier-System ein „intelligentes" Instrument zur sinnvollen Unterstützung strategischer Unternehmensplanungsprozesse entwickelt werden kann.

Diese Festschrift wird in ihrem vierten Teil durch zwei Aufsätze beschlossen, die in exkursorischer Form „Spezielle Anwendungen" der Managementtechnologie und -philosophie illustrieren.

Hierzu geht der Aufsatz von **Wolfgang Burr** dem in der letzten Zeit verstärkt zu beobachtenden Phänomen der vertikalen Integration von Medienunternehmen nach. Fragen der vertikalen Integration und ihrer grundsätzlichen theoretischen Erklärung beschäftigen die wirtschaftswissenschaftliche Forschung schon seit mehreren Jahrzehnten. Der Beitrag von Burr untersucht diesen Trend in der Film- und Fernsehbranche. Auf der Grundlage von drei theoretischen Ansätzen zur Erklärung von Leistungstiefenentscheidungen wird versucht, die von vielen Medienunternehmen realisierte Zusammenfassung von Filmproduktion, Filmhandel und Filmdistribution unter einer einheitlichen Leitungsmacht zu erklären.

Jürgen Weibler und **Alexander Peter** schließlich wenden wesentliche Grundprinzipien und Kernkonzepte des Strategischen Managements auf die strategische Führung von politischen Parteien an. Hierzu sind zunächst die Gemeinsamkeiten, dann aber doch auch die Unterschiede zwischen politischen Parteien und privatwirtschaftlichen Unternehmen herauszuarbeiten. Nachdem anschließend das Wettbewerbsmodell politischer Parteien skizziert worden ist, wird die Führung politischer Parteien – ganz im Sinne der Programmatik dieser Festschrift - als Management von Kernkompetenzen interpretiert: Die Autoren nennen als wesentliche Kompetenzen von Parteien deren Zugriffs-, Framing- und Vermittlungskompetenz. Durch diesen Transfer des ressourcenorientierten Ansatzes der Strategischen Unternehmensführung auf Fragestellungen der Politologie und Parteipolitik wird deutlich, daß zwischen Unternehmens- und Polit-Management durchaus Parallelen bestehen. Insofern können beide Seiten noch einiges voneinander lernen.

- Teil I -

Personal

Wandel in den Wertorientierungen von Führungskräften im ostdeutschen Transformationsprozeß

Rainhart Lang

Übersicht:

1	Problemstellung	24
2	Theoretischer Hintergrund und empirische Basis	25
3	Wandel in den Wertorientierungen von Führungskräften: Empirische Befunde	29
3.1	Entwicklung der allgemeinen Wertorientierungen: Pflicht- und Akzeptanzwerte dominieren	30
3.2	Entwicklung der arbeitsbezogenen Wertorientierungen: Ausgeprägte Aufgaben- und Betriebsorientierung bei Zunahme hedomaterialistischer Orientierungen	33
3.3	Zufriedenheit, Integration und Wertrealisierung: Unterschiedliche Chancen zur Wertrealisierung - Wachsende Zufriedenheit oben, aber Defizite unten	34
3.4	Wertewandel bei verschiedenen Managergruppen: Individualistische und hedo-materialistische Tendenzen bei den jüngeren Führungskräften und Dominanz der Wertesynthese	36
4	Zusammenfassende Diskussion der Ergebnisse und Konsequenzen für die Managementpraxis	38
5	Literatur	42

1 Problemstellung

Die Führungskräfte werden in der Transformationsforschung als wichtige Akteure bei der mentalen Bewältigung des Transformationsprozesses angesehen, da sie mit ihrem Handeln nicht nur das Entstehen neuer Strukturen maßgeblich beeinflussen, sondern zugleich durch ihr Verhalten symbolisch Wandel und Stabilität vermitteln. Sie tragen damit wesentlich zur Ausprägung der in den Unternehmen und Organisationen in Ostdeutschland und Osteuropa neu entstehenden oder sich transformierenden Unternehmens- und Organisationskulturen bei (vgl. u.a. Hentze/Lindert 1992; Lang/Wald 1992; Pohlmann/Schmidt 1996; Gergs et al. 1998; Stojanov 1997; Lang 1996, ders. 1998; Windolf et al. 1999).

Zugleich müssen die Führungskräfte selbst den radikalen Wandel der Institutionen, den Zusammenbruch bisheriger Ordnungs- und Orientierungsmuster bewältigen.

Sie sind dabei auf ihre individuellen Ressourcen in Form von Kenntnissen, Fähigkeiten, Erfahrungen und insbesondere auch auf ihre in einem oft langen Sozialisationsprozeß im alten System erworbenen Wertorientierungen und Einstellungen angewiesen, die ihr Handeln im Transformationsprozeß beeinflussen und sich dabei im Ergebnis der Transformationserfahrungen ebenfalls verändern. Es scheint daher naheliegend, den Stand und die Veränderungen in den **Wertorientierungen und Einstellungen von Führungskräften** im Transformationsprozeß einer näheren Betrachtung zu unterziehen.

Ein Blick auf die vorliegende **Literatur** zeigt jedoch, daß die bisherigen Untersuchungen zu Wertorientierungen von Führungskräften als zeitpunktbezogene Einzelstudien mit zum Teil geringen Stichprobenzahlen, stark divergierender Methodik und auf unterschiedlicher theoretischer Basis durchgeführt wurden (vgl. die zusammenfassenden Darstellungen und Kritiken von Sydow/Gaulhofer 1995; Alt/Lang/Weik 1996 oder Gergs et al. 1998). Die wenigen Längsschnittuntersuchungen im Rahmen der Transformationsforschung beziehen Führungskräfte nicht mit ein und/oder treffen keine Aussagen zu Führungskräften.

Ansätze für eine Rekonstruktion der Veränderungen in den Wertorientierungen von Führungskräften bieten daher neben einer Aufarbeitung und Gegenüberstellung der verschiedenen Befunde der Einzelstudien (vgl. z.B. Meinerz 1996; Alt/Lang 1997; Gergs et al. 1998) vor allem Ergebnisse, die in Fortsetzung des von Hentze und Lindert (1992) durchgeführten interkulturellen Managementprojektes zu Wertorientierungen, Einstellungen und Führungsstilen von Managern in Osteuropa gewonnen werden konnten. Die Projekterhebung von 1990 wurde 1992 in erweiterter Form für Ostdeutschland erneut realisiert und 1998 wiederholt. 1994 und 1996 wurden im Rahmen anderer Projekte wesentliche Indikatoren zu individuellen Wertorientierungen erneut eingesetzt. Trotz der damit verbundenen methodischen Probleme (vgl. Lang 1994b) ist damit eine Rekonstruktion der Entwicklung der allgemeinen und arbeitsbezogenen Wertorientierungen möglich. Sie soll der Frage nachgehen, inwieweit sich im Verlauf der Transformation Veränderungen in den Werten ergeben haben, welchen Einfluß die Integration und Zufriedenheit mit wichtigen Arbeitsfaktoren auf die Wertrealisierung hatte, welche speziellen Muster und Tendenzen sich für bestimmte Gruppen von Managern ergeben und welche möglichen Konsequenzen sich aus den festgestellten Ergebnissen für Einstellungen, Führungsverhalten und Führungspraktiken in ostdeutschen Betrieben ableiten lassen.

2 Theoretischer Hintergrund und empirische Basis

Die theoretische Basis der vorliegenden Untersuchung ist eng mit ihrer Entstehung verknüpft. Der 1990 durchgeführten Erhebung im Rahmen einer interkulturellen Vergleichsstudie (Hentze/Lindert 1992) lag ein Ansatz aus dem Bereich des **kulturvergleichenden Managements** zugrunde, der sich insbesondere auf Keller (1982) und Hofstede (1980, 1991) stützte. Die zentrale Annahme des am Ende der 80er Jahre konzipierten und begonnenen Projektes war es, daß sich Unterschiede in den Werten und Auffassungen sowie Führungsstilen zwischen den einbezogenen mittel- und osteuropäischen Ländern sowie Westdeutschland und den z.T. einbezogenen westeuropäischen Ländern sowohl aus national-kulturellen Faktoren und dem Stand der Industrialisierung als auch aus Systemunterschieden erklären lassen (vgl. auch Child 1981). Dabei wurde den kulturellen Faktoren ein hohes Gewicht eingeräumt, jedoch auch kulturfreien Prinzipien des Managements. Darüber hinaus wurde nach Möglichkeiten des kulturübergreifenden Exports von Managementinstrumenten gefragt (Hentze/Lindert 1992, 5). Mit den in der Anfangsphase des Projektes einsetzenden Veränderungsprozessen erhielt die letztgenannte Fragestellung eine zusätzliche Aktualität bezüglich der Eignung und des Transfers westlicher Managementkonzepte und -instrumente für die im Umbruch befindlichen Strukturen und Kulturen im Osten. Hinsichtlich der grundsätzlichen Erklärung und Zuschreibung der im Projekt festgestellten Differenzen zwischen Ost- und Westdeutschland gab es jedoch unterschiedliche Ansatzpunkte.

Während bei Hentze/Lindert (1992, auch Lindert 1993) das Hauptgewicht auf der Zuschreibung der Unterschiede zwischen Ost- und Westdeutschland zum „System" lag, wurden von unserer Seite [1] vor allem Fragen **der organisationalen Sozialisation in**

Großbetrieben als Erklärungsansatz verwendet, ohne die systemspezifischen Faktoren in der Umwelt der Organisationen zu vernachlässigen (vgl. auch Lang/Wald 1992). Insgesamt waren die frühen Untersuchungen, insbesondere 1990 und 1992, durch einen Interpretationsrahmen gekennzeichnet, der auf dem um sozialisationstheoretische und kulturelle Faktoren ergänzten situativen Ansatz der Organisationstheorie beruhte (vgl. u.a. Kieser/Kubicek 1992, zur Modifikation Pieper 1993).

In die weiteren Untersuchungen wurden zusätzliche theoretische Konzepte einbezogen. Die Bedeutung der grundlegenden Wertorientierungen für einen Wandel in den Einstellungen, wie auch die von Klages und Gensicke (u.a. Klages et al. 1992; Gensicke 1992, zusammenfassend 1995 und 1998) aufgestellten Hypothesen und Befunde zum Wertewandel in Ostdeutschland führten dazu, in den weiteren Untersuchungen eine **Wertebatterie nach Klages** zu verwenden und die entsprechenden theoretischen Konzepte für die Ergebnisinterpretation zu nutzen. In die Untersuchung 1994 wurde außerdem eine **Werte-Skala** zu materialistischen und postmaterialistischen Werten **nach Inglehart** (1989) einbezogen. Den Hintergrund bildete hier ein Befund von Marcharzina et al. (1993), die für die neuen Bundesländer auf Basis des Konzeptes von Inglehart eine Tendenz zu materialistischen Werten festgestellt hatten. Da es sich bei der 94er Studie um eine interkulturelle Vergleichsuntersuchung handelte, wurden dort weitere Wertorientierungen einbezogen, um die Spezifika der anderen Untersuchungsländer [2] zu berücksichtigen. Daneben wurden die Fragen zum Führungsstil um einige der von Bass (vgl. u.a. Bass/Avolio 1994) entwickelten Items zur transformationalen Führung erweitert. Dieser Führungsansatz erschien besonders geeignet, das aktuelle Führungsverhalten in Organisationstransformationen zu untersuchen.

Für die Untersuchung 1996, die im Rahmen eines Forschungsprojektes zur Führung in sächsischen KMU realisiert wurde, erfolgte die Entwicklung eines erweiterten theoretischen Ansatzes. Das Ziel bestand vor allem darin, den Aspekt der Entwicklung von Wandel und Stabilität, den Einfluß des Transformationsverlaufes und der dort u.a. in kritischen Ereignissen gesammelten Erfahrungen in Verbindung mit der Berufsbiographie der Führungskräfte stärker zu berücksichtigen (Alt/Lang 1997). Dazu wurden als theoretische Rahmenkonzepte der **strukturationstheoretische Ansatz** von **Giddens** (1988) und zu seiner Untersetzung das **Habitus- und das Kapitalkonzept** von **Bourdieu** (1983) verwendet.

Individuelle Wertorientierungen, Einstellungen, Führungsauffassungen bzw. subjektive Führungstheorien sind danach als Ressourcen anzusehen, die die Akteure im Rahmen ihrer vor allem beruflichen Sozialisation erworben haben, und die in Handlungspraktiken eingelassen sind. Mit der Transformation und dem Zusammenbruch gesellschaftlicher und organisationaler Werte und Strukturen greifen die Akteure auf diese **individuellen Orientierungsmuster** zurück. Sie leiten das Handeln in der Transformation an, ermöglichen und begrenzen es zugleich und werden bei Bewährung durch den Gebrauch reproduziert und in Verbindung mit neuen Transformationserfahrungen modifiziert. Ein grundlegender Wandel der Orientierungsmuster setzt dagegen ihr Scheitern bei der Bewältigung der Transformationsanforderungen voraus. Für die individuellen Wertorientierungen ergibt sich weiterhin, daß sie mit den Anforderungen und Erwartungen der neuen, transferierten Institutionen konfrontiert sind und zu entsprechenden Reaktionsmustern führen können.

Neben den Rahmenkonzepten wurden ferner Erkenntnisse aus der **Identitäts-** und der **Biographieforschung** sowie zu **Alltags-** bzw. **Gebrauchstheorien** berücksichtigt.

Vor dem Hintergrund dieses Ansatzes wurden auch verstärkt narrative Interviews mit Führungskräften durchgeführt und mit den Ergebnissen der quantitativen Analyse verknüpft. In der 98er Neuauflage der SOKULT-Studie wurden ohne weitere Änderung der entwickelten Interpretationsmuster vor allem die in den vorherigen Studien bewährten Indikatoren berücksichtigt. Auch die folgenden Ergebnisse werden vor dem oben dargestellten Theorie-Hintergrund rekonstruiert und diskutiert.

Die folgende Abbildung zeigt die wichtigsten **Merkmale der einbezogenen Stichproben** sowie die wichtigsten **Charakteristika der Untersuchungspopulation** (vgl. Abbildung 1).

Die einbezogenen Studien wurden in **Ostdeutschland** insgesamt erhoben, wobei einen Schwerpunkt in der Versendung wie in den Rückläufen der südliche Teil bildete. Die zum Teil vorhandenen Unterschiede in den Charakteristika verweisen einerseits auf Besonderheiten der jeweiligen Studie, andererseits jedoch auf Einflüsse, die sich aus dem Zeitverlauf der Transformation ergeben. Während in den beiden ersten Studien ein größerer Anteil **mittleres Management** einbezogen wurde, so dominierte in den letzten drei Studien die Gruppe der **Geschäftsführer** (höherer Altersdurchschnitt, längere Managementerfahrung). Die Untersuchung von 1994 fällt etwas aus dem Rahmen, da hier neben Wirtschaftsbereichen auch staatliche Institutionen (Ministerien, große Kommunen) berücksichtigt wurden (höherer Anteil westdeutscher Führungskräfte, Dominanz ökonomischer und juristischer sowie von Verwaltungsberufen).

28 Wandel in den Wertorientierungen von Führungskräften

Merkmale der Studie	SOKULT90	SOKULT92	INTERKULT	KMU	SOKULT98
Zeitpunkt	II/1990	III/92-I/93	II-III/94	II-III/96	IV/98
Befragte	291	207	299	236	200
Rücklauf	60%*	19%	30%	24%	19%
Interviews	-	18	-	44	-
Daten					
Alter**	44,5	44,5	48,3	49,0	48,8
Geschlecht***	17%	16%	7%	17%	13%
West****	0%	9%	30%	9%	22%
Techniker	49%	58%	39%	64%	52%
Ökonom	30%	33%	57%	23%	38%
Betriebsdauer	18,6	13,6	15,2	18,0	15,7
Führungsdauer	13,4	13,0	17,0	-	17,9
Positionsdauer	9,3	4,8	5,9	-	7,2

(Quellen: SOKULT90 – Alt et al. 1991, SOKULT92 – Lang 1994a, INTERKULT – Lang et al. 1995, KMU – Alt/Lang 1997, SOKULT98 – Lang/Müller 1999)
* zum Teil in Führungsseminaren erhoben; ** Durchschnittsalter, *** Anteil weiblicher Führungskräfte, **** Anteil von Führungskräften aus Westdeutschland bzw. dem westlichen Ausland, Dauer in Jahren

Abb. 1: Merkmale der einbezogenen Studien und Charakteristika der Untersuchungspopulation

Die Studie 1996 war auf sächsische kleine und mittlere Unternehmen beschränkt (größerer Anteil von Führungskräften mit technischem Berufshintergrund, was zugleich jedoch ein Ergebnis der Transformation war). Zur Sicherung eines Vergleiches zwischen Männern und Frauen wurden in dieser Studie **überdurchschnittlich viele Frauen** einbezogen, deren tatsächlicher Anteil im ostdeutschen Management, wie die übrigen Studien zeigen, rückläufig ist. Typisch für die Situation in ostdeutschen Betrieben scheinen dagegen die langjährige Betriebserfahrung und ein hoher Anteil von Führungskräften mit technischer Ausbildung im Management, der transformationsbedingt erhalten bleiben

dürfte. Transformationseinflüsse werden außerdem bei der Verweildauer in der jeweiligen Position sichtbar, die sich nach 1990 verringert hatte und nun wieder ansteigt.
Da sich die Vielzahl der Einflüsse kaum sinnvoll ausschalten läßt, greift die folgende Analyse auf die Gesamtzahl der Befragten zurück, zumal Analysen, die ausschließlich mit den Führungskräften der oberen Ebene durchgeführt wurden, keine wesentlich anderen Aussagen erbracht haben (vgl. Alt/Lang 1998a; dies. 1998b). Für ausgewählte Wertorientierungen und Gruppen werden jedoch differenzierte Vergleiche angestellt, um die Perspektiven des Wertewandels zu verdeutlichen.

3 Wandel in den Wertorientierungen von Führungskräften: Empirische Befunde

Eine Analyse der Wertorientierungen von Führungskräften in Ostdeutschland hat zunächst die zentrale Bedeutung der Arbeit und damit auch des Betriebes für die Identitätsbildung und -stabilisierung sowie als prägende Lebenswelt zu berücksichtigen.
In der 1994 ermittelten Bedeutung von verschiedenen Lebensbereichen wird die **Arbeit an erster Stelle** genannt (für 73% sehr wichtig, für 26% wichtig); sie kommt noch vor der Familie (für 64% bzw. 32% sehr wichtig und wichtig). In Verbindung mit der oft lebenslangen Beschäftigung in einem Betrieb erhält dieser ebenfalls eine zentrale Bedeutung im Leben der Führungskräfte.
So äußerten Führungskräfte in der Untersuchung 1992 auf das Stichwort „mein Betrieb" (Lang 1994a, 39):
„Ja, mein Betrieb ist an und für sich die Umgebung, für die ich *lebe und arbeite*. Das heißt also, alles Denken und Trachten ist, außer der Familie natürlich, an und für sich mein Betrieb..." (SOKULT92/Interview 2: Herr W., 57, Hervorhebung vom Verf.).
„Mein Betrieb ist, ich sage mal, neben meiner Familie *meine Heimstatt...*" (SOKULT92/Interview 16: Herr N., 57, Hervorhebung vom Verf.).
Diese Haltung ist offensichtlich trotz generationsbedingter Abschwächung auch für jüngere Führungskräfte charakteristisch, wie das folgende Zitat belegt (ebenda):
„Mein Betrieb, also dieser Betrieb, ist so richtig mein Baby. Ich habe dieses Haus erlebt, als es noch fast eine Ruine war ... Es würde mir irgendwo schon das Herz brechen, wenn ich irgendwann sehen müßte, der macht dicht" (SOKULT92/Interview 10: Herr H., 29).
Dabei verschränken sich oft Arbeit und Betrieb als Ort der Tätigkeit und des Lebenssinns, der Selbstverwirklichung der Führungskräfte:

30 Wandel in den Wertorientierungen von Führungskräften

„Ja, die Selbstverwirklichung möchte ich mit meiner Arbeit haben... und ich habe es an und für sich immer so gehalten, daß ich ohne auf Stunden und Anstrengungen zu achten, alles getan habe, um ... dem Betrieb so viel zu geben, daß er eben überlebt in der heutigen Phase und letztendlich auch von der Dauer gute Ergebnisse bringt. Denn das ... fällt letztendlich wieder auf mich zurück" (SOKULT92/Interview 2: Herr W., 57).

„Mein Betrieb ist für mich Ort der Selbstverwirklichung und nimmt einen großen Teil meiner Zeit in Anspruch, die ich über den Tag habe ..." (SOKULT92/Interview 17, Herr F., 28).

Es zeichnen sich zwar im Verlauf des Transformationsprozesses Tendenzen eines vor allem generationsbedingten Rückganges der Bedeutung von Arbeit und Betrieb ab (s.u.), aber insgesamt ist von einer nach wie vor von einer sehr hohen Bedeutung des Lebensbereiches „Arbeit" und der Lebenswelt „Betrieb" für die Führungskräfte auszugehen.

3.1 Entwicklung der allgemeinen Wertorientierungen: Pflicht- und Akzeptanzwerte dominieren

Vor diesem Hintergrund sind auch die allgemeinen Wertorientierungen vor allem der ostdeutschen Akteure zu sehen, die daher sehr stark mit Blick auf die Arbeits- und Betriebswelt interpretiert werden müssen.

Die grundlegenden Wertorientierungen, die seit 1992 erfragt wurden, weisen insgesamt eine relativ hohe Stabilität auf. Dies gilt zum einen für die **ausgeprägte Leistungsorientierung** und insgesamt eine **starke Ausprägung der Pflicht- und Akzeptanzwerte**, zum anderen aber auch für die recht **geringe Bedeutung von Autonomie** und die nur mittlere Wertigkeit von Selbstverwirklichung, Partizipation oder Demokratie (vgl. Abb. 2). Für 1998 zeigt sich das in der Form, daß z.B. 86,5 % der befragten Führungskräfte Disziplin für sehr wichtig und wichtig halten. Beim Wert Fleiß sind es 87,5% und bei Pflichterfüllung 85,9%. Auch Kollegialität (in den anderen Untersuchungen nicht vertreten) und Gleichbehandlung werden überwiegend als wichtig angesehen (77,9% bzw. 63,5%). Dagegen halten nur 42,5% Demokratie, nur 38,2% Partizipation und nur 34,4% Autonomie persönlich für wichtig oder sehr wichtig. Wenn man einerseits die **Pflicht- und Akzeptanzwerte** und andererseits die **Selbstentfaltungswerte** zusammenfaßt, zeigt sich, daß sich die **Bedeutung** der zuerst genannten Werte von 1992 bis 1998 **insgesamt kaum verändert** hat (Durchschnitt: 3,99 zu 3,98). Dagegen ist für die ohnehin nicht dominanten Selbstentfaltungswerte ein weiterer **Rückgang in der Bedeutung** zu konstatieren (3,67 zu 3,57).

Werte	1992	1994	1996	1998	Rang92	Rang98
Disziplin	4,17	4,15	4,29	4,19	5	4
Gehorsam	2,46	2,85	2,80	2,51	11	11
Leistung	4,74	4,57	4,73	4,76	1	1
Pflichterfüllung	4,20	4,33	4,34	4,18	4	5
Fleiß	4,36	4,22	4,47	4,25	3	3
Gleichbehandlung	3,74	3,98	3,73	3,70	7	6
Demokratie	3,48	3,82	3,46	3,39	8	8
Partizipation	3,39	3,41	3,16	3,25	9	9
Autonomie	3,10	3,41	3,01	3,14	10	10
Kreativität	4,51	4,39	4,41	4,41	2	2
Selbstverwirklichung	3,83	3,81	3,67	3,56	6	7

Skala: 1 – sehr geringe Bedeutung bis 5 – sehr große Bedeutung

Abb. 2: Entwicklung der allgemeinen Wertorientierungen von 1990 bis 1998

Eine **Faktorenanalyse** mit den Werten von 1998 ergab, ähnlich wie etwa 1992 oder 1996, eine Differenzierung in einen Faktor mit Selbstentfaltungswerten wie Demokratie, Partizipation und Autonomie im Kern sowie Gleichbehandlung und Selbstverwirklichung und am Rand Kollegialität (20,5% der Varianz), einen Faktor mit den Pflicht- und Akzeptanzwerten (Pflicht, Fleiß, Gehorsam, Disziplin/16,8% der Varianz) und einen Faktor mit den für fast alle Führungskräfte sehr wichtigen Werten Kreativität und Leistung (12,8% der Varianz). Dabei ist interessant, daß der zuletzt genannte Faktor auch mit einer Ablehnung von Gehorsam, mit Selbstverwirklichung und mit Kollegialität in Verbindung steht.

Die Dominanz von Pflicht- und Akzeptanzwerten ist zugleich auch mit einer eher **materialistischen Grundhaltung** verbunden, wie sie jedoch generell bei Führungskräften stärker anzutreffen ist, und von Marcharzina et al. (1993) auch für die ostdeutsche Bevölkerung festgestellt wurde. Von den 8 Werten der Inglehart-Skala wird vor allem das Vorhandensein einer stabilen Wirtschaft präferiert (von 77% auf Rang 1-3 gesetzt). Von den postmaterialistischen Werten findet sich als Reflex auf sozialistische Ideale nur die Orientierung auf eine humanere Gesellschaft im Vorderfeld (bei 45% auf Rang 1-3). Alle anderen postmaterialistischen Werte rangieren auf den hinteren Plätzen (durchschnittlicher Rang der materialistischen bzw. postmaterialistischen Werte: 3,79 bzw. 5,17).

32 Wandel in den Wertorientierungen von Führungskräften

Am Beispiel der 1992 durchgeführten Interviews wird jedoch auch die zum Teil recht **spezifische Bedeutung** sichtbar, die die Führungskräfte mit den genannten Wertorientierungen verbinden. Exemplarisch sollen hier Disziplin und Partizipation betrachtet werden (Lang 1994a, 40ff.).

Die hohe Bedeutung von „**Disziplin**" erklären die Führungskräfte wie folgt:

„Disziplin ist notwendig ... Ja also, wenn etwas gesagt wird, dann sollten diejenigen, die, ich sage mal, die Weisung zu befolgen haben, auch dran halten ... (wobei) der Leiter ... als Beispiel wirkt" (SOKULT92/Interview 2: Herr W., 57).

Disziplin ist dabei durchaus auch für jüngere Führungskräfte handlungsleitend, wobei eine deutliche Abgrenzung zu Gehorsam erfolgt und durch Bezug zur „Selbstdisziplin" eine enge **Verbindung zur Pflichterfüllung** hergestellt wird:

„... daß es insgesamt ohne Disziplin nicht geht. Ich glaube, das ist jedem klar, der sich mit der Materie beschäftigt. Es kann nicht jeder tun und lassen, was er will ... was nicht heißt, daß Disziplin gleichzusetzen ist mit Kadavergehorsam ..." (SOKULT92/Interview 5: Herr S., 40).

„Disziplin ist an und für sich ein Wort, das bei mir hoch im Kurs steht. Was ich nicht nur selbst praktiziere, sondern auch von meinen Mitarbeitern verlange" (SOKULT92/Interview 11: Herr V., 38).

„Disziplin ist für mich eine wichtige Sache. Ich bin Disziplin *gewöhnt*. Nicht zuletzt mein langjähriger Chef, der auf Disziplin großen Wert gelegt hat, manchmal die Sache etwas überbetont hat. Also, da gab es keinen Widerspruch, was ich natürlich nicht gut finde. Eine *gewisse Demokratie* muß schon da sein..." (SOKULT92/Interview 17: Herr F., 27, Hervorhebungen vom Verf.).

Die differenzierte Bedeutung von „Partizipation" als Wert verdeutlichen die folgenden Aussagen in exemplarischer Form. Dabei werden einerseits vor allem Grenzen betont, zugleich auch der instrumentelle Charakter von Partizipation hervorgehoben (Lang 1994a, 42; Alt/Lang 1997, 48f.):

„Mitbestimmung, ja! *Aber es muß im Rahmen bleiben* ..." (SOKULT92/Interview 2: Herr W., 57, Hervorhebung vom Verf.).

„Mitbestimmung ist wichtig. ... Es gibt bei der praktischen Umsetzung Schwierigkeiten ... aber ich bin der Überzeugung, *daß man* in einem Unternehmen *mehr erreichen kann*, wenn man die Mitarbeiter beteiligt... *über eine gewisse* Mitbestimmung" (SOKULT92/Interview 13: Herr S., 43, Hervorhebungen vom Verf.).

„Mitbestimmung halte ich für erforderlich, schon aus den genannten Gründen, daß ich demokratisch eingestellt bin. Mitbestimmung *sollte aber nicht im Extremen* praktiziert werden" (SOKULT92/Interview 8: Herr N., 54, Hervorhebung vom Verf.).

3.2 Entwicklung der arbeitsbezogenen Wertorientierungen: Ausgeprägte Aufgaben- und Betriebsorientierung bei Zunahme hedo-materialistischer Orientierungen

Vor dem Hintergrund dieser allgemeinen Wertorientierungen zeigen sich auch bei den arbeitsbezogenen Wertorientierungen vor allem **Tendenzen** der Stabilität und Reproduktion vorhandener Muster (vgl. Abb. 3).

Wertorientierung	1990[1]	Rang	1992[2]	Rang	1994[3]	Rang	1996[4]	Rang	1998[5]	Rang
Erfolgsbeitrag leisten	4,25	3	4,50	2	4,53	1	4,65	1	4,47	1
Herausfordernde Aufgaben	4,20	4	4,59	1	4,41	2	4,38	4	4,46	3
Kooperative Mitarbeiter	4,30	2	4,44	3	4,28	3	4,43	2	4,40	5
Gestaltungsfreiraum	4,12	5	4,18	6	4,28	3	4,22	5	4,43	4
Arbeitsplatzsicherheit	4,49	1	4,22	4	4,11	5	4,41	3	4,47	1
Partizipation	4,06	6	4,19	5	4,07	6	4,22	5	4,10	6
Gute Vorgesetztenbeziehung	3,86	9	4,04	8	4,00	7	4,07	7	4,09	7
Hilfe für andere	3,80	11	4,00	10	3,88	8	-	-	3,79	12
Erfolgreicher Betrieb	3,89*	8	4,11	7	3,75	9	3,95	8	3,99	9
Weiterbildung	4,00	7	4,02	9	3,64	10	-		-	
Zeit für die Familie	3,83	10	3,73	12	3,56	11	3,91	9	4,08	8
Viel verdienen	3,71	12	3,86	11	3,54	12	3,70	10	3,85	11
Aufstieg	2,92	14	3,23	13	3,19	13	3,20	11	3,30	13
Patriotismus	3,42	13	2,76	14	2,93	14	-		2,42	14
Arbeitsbedingungen									3,96	10
	n=291		n=207		n=299		n=236		n=200	
Koeffizient mit 1 = gar nicht wichtig bis 5 = sehr wichtig										
nur n=141										
Quellen: 1 – Alt et al. (1991) bzw. Hentze/Lindert (1992), 2 – Lang (1994a), 3 – Lang et al. (1995), 4 – Alt/Lang (1997), 5 – Müller/Lang (1999)										

Abb. 3: Entwicklung arbeitsbezogener Wertorientierungen von 1990-1998

Als charakteristische Entwicklungen lassen sich eine geringfügige Zunahme individualistischer Wertmuster, aber zugleich auch eine Stabilität bei kollektiven Orientierungen feststellen. Diese Tendenzen gelten für alle Altersgruppen, unabhängig von Geschlecht und beruflichem Hintergrund, obwohl sich hier geringfügige Unterschiede zeigen. Besonders bemerkenswert erscheint die Zunahme in der Bedeutung von Zeit für die Familie (1998: 31% sehr wichtig), Arbeitsplatzsicherheit (1998: 41% sehr wichtig) und Verdienst (1998: 17% sehr wichtig, 54% wichtig) von 1994 bis 1998, die als eine hedonistische Ausdifferenzierung der individuellen Wertorientierungen der Führungskräfte gedeutet werden kann. An der Spitze stehen 1998 neben der Arbeitsplatzsicherheit Werte wie: einen Erfolgsbeitrag für den Betrieb zu leisten (50% sehr wichtig), herausfordernde Aufgaben (51,5% sehr wichtig), Gestaltungsfreiräume haben (50% sehr wichtig) und mit kooperativen Mitarbeitern zusammenarbeiten (45% sehr wichtig). Dagegen sind Werte wie Patriotismus („dem Land dienen") weiter rückläufig (nur noch für ca. 17% sehr wichtig und wichtig).

Eine **Faktorenanalyse** mit den Werten von 1998 zeigt in Fortsetzung der zurückliegenden Untersuchungen Faktoren wie Arbeits- und Kooperationsorientierung, Einkommens- und Aufstiegsorientierung, gesellschaftliche Orientierung. Im Bereich der **Arbeitsorientierung** insgesamt zeigt sich eine stärkere Ausdifferenzierung in insgesamt **drei Teilfaktoren:** kooperativ zu realisierende Aufgaben, die Mitwirkungs- und Gestaltungschancen bieten, herausfordernde, anspruchsvolle und auch mit Risiko verbundene Aufgaben sowie ein angenehmes Klima und gute Bedingungen bei der Aufgabenrealisierung. Der auf Aufstieg und Einkommen gerichtete Faktor verbindet sich in der Untersuchung 1998, wie auch 1994 mit der Orientierung auf Familie und Freizeit.

3.3 Zufriedenheit, Integration und Wertrealisierung: Unterschiedliche Chancen zur Wertrealisierung - Wachsende Zufriedenheit oben, aber Defizite unten

In den Untersuchungen hat sich gezeigt, daß vor allem die Wertrealisierung, d.h. die **Zufriedenheit mit wichtigen Arbeitsfaktoren** sowie die Art und Weise der Integration der Führungskräfte in das Unternehmen, **für die weitere Wertentwicklung wichtig** ist. Die Untersuchung 1998 zeigt zunächst eine recht hohe Zufriedenheit mit der Tätigkeit insgesamt. Auch mit einzelnen Faktoren wie dem Verhältnis zu Mitarbeitern und Kollegen, dem Spielraum in der Tätigkeit, der Möglichkeit, die eigenen Fähigkeiten anzuwenden und einen Beitrag zum Erfolg des Betriebes zu leisten sowie den Partizipationschancen sind jeweils ca. 90% der Führungskräfte sehr zufrieden oder zufrieden. Dagegen sind nur 67% mit ihrem Verdienst, ca. 62% mit der Beziehung zum Vorgesetzten, 59% mit der Sicherheit des Arbeitsplatzes und ca. 55% mit den Aufstiegschancen zufrieden und sehr zufrieden.

Ein **Vergleich zwischen Bedeutung und Zufriedenheit als Grad der Wertrealisierung** zeigt insbesondere eine erhebliche Diskrepanz zwischen der Bedeutung eines sicheren Arbeitsplatzes und der Zufriedenheit (Differenz: 0,87 Skalenpunkte), die zur Erhaltung eines hohen Stellenwertes des Wertes führt, jedoch auch vor dem Hintergrund des hohen Stellenwertes der Arbeit und des Betriebes insgesamt gesehen werden muß (s.o.). Weitere ggf. kritische Diskrepanzen ergeben sich in der Studie von 1998 für die Werte „Herausfordernde Aufgaben" (0,37) und „Beziehung zum Vorgesetzten" (0,37). Insgesamt ergibt sich jedoch der Eindruck, daß die Führungskräfte über ihre Betriebsverbundenheit und die Chancen zur Mitgestaltung inzwischen recht gut im Unternehmen integriert sind.

Ein Vergleich der **Entwicklung der Zufriedenheit** mit wichtigen Werten macht deutlich, daß vor allem zwischen 1994 und 1998 einige interessante **Veränderungen** zu verzeichnen waren: so verschlechterte sich vor allem die Zufriedenheit mit den Vorgesetzten von 84% (1994) über 72% auf 62% (1998). Andererseits verbesserte sich die Zufriedenheit mit den Aufstiegschancen und dem Verdienst im Verlauf des Transformationsprozesses kontinuierlich, obwohl beide Werte insgesamt noch deutlich hinter Bereichen höherer Zufriedenheit wie der Beziehung zu Kollegen, der Fähigkeitsanwendung oder dem Beitrag zum Unternehmenserfolg zurückbleiben. Die insgesamt niedrigsten Werte erreichte neben der Zufriedenheit mit dem Aufstieg die Zufriedenheit mit der Arbeitsplatzsicherheit.

Ein differenzierter Vergleich macht deutlich, daß es **erhebliche Unterschiede zwischen den Führungskräftegruppen** bezüglich der Zufriedenheit, Integration und damit unterschiedliche Chancen der Wertrealisierung und Reproduktion und Veränderung gibt, wobei sich die Muster im Verlauf der Transformation geändert haben. Unterschiede zeigen sich gegenwärtig insbesondere nach der Position in der Unternehmenshierarchie. So sind die Führungskräfte der ersten Ebene (Geschäftsführer) signifikant häufiger mit ihrer Beziehung zum Vorgesetzten, mit dem Beitrag zum Unternehmenserfolg, dem Handlungsspielraum, den Partizipationschancen, den Aufstiegsmöglichkeiten, der Arbeitsplatzsicherheit und Arbeitsorganisation zufrieden. Im Vergleich dazu fallen die Ost-West-Differenzen weit geringer aus als in den zurückliegenden Studien, in denen die unterschiedlichen Gestaltungschancen für Ost- und Westführungskräfte noch ihren Ausdruck in gravierenden (Un-)Zufriedenheitsdifferenzen gefunden hatten. Dementsprechend sind in der aktuellen Untersuchung zwar noch 32% aus dem Westen mit der Möglichkeit der Nutzung der eigenen Fähigkeiten sehr zufrieden und nur 20% aus dem Osten und auch 43% der westlichen Führungskräfte (gegenüber 34% der aus dem Osten stammenden) sind sehr zufrieden mit der Beziehung zum Vorgesetzten. Die Unterschiede sind jedoch über die gesamte Verteilung nicht signifikant und beziehen sich nur auf diese Werte. Die festgestellten Unterschiede bei der Wertrealisierung machen deutlich, daß eine differenziertere Analyse nach Managergruppen sinnvoll sein dürfte.

3.4 Wertewandel bei verschiedenen Managergruppen: Individualistische und hedo-materialistische Tendenzen bei den jüngeren Führungskräften und Dominanz der Wertesynthese

Hinsichtlich einer Veränderung in den Werthaltungen des Managements insgesamt erscheint insbesondere der **Wertewandel in der Gruppe der jüngeren Manager** von Interesse. Daher wurde ein Vergleich für die Gruppen der Führungskräfte bis 39 Jahre bei den beiden letzten Studien durchgeführt, in den insbesondere die Werte einbezogen wurden, von denen im Zusammenhang mit dem Systemwechsel besondere Veränderungen zu erwarten waren (Pflicht- und Akzeptanzwerte einerseits, Partizipation und Demokratie und Selbstverwirklichung andererseits, Aufstieg und Vergütung, Freizeit sowie Hilfe für andere und Beiträge zum Unternehmenserfolg). Hier zeigten sich folgende Tendenzen: Die jüngere Managergruppe wies in beiden Studien eine **überdurchschnittlich hohe Betonung der Freizeit** auf, wobei die Bedeutung dieses Wertes sowohl für die Gruppe jüngerer Manager als auch für den Durchschnitt insgesamt von 1996 auf 1998 weiter zugenommen hat. Auch der Wert „**Aufstieg**" weist mit 64% sehr wichtig und wichtig sowohl 1996 als auch 1998 eine fast 20% über dem Durchschnitt liegende Betonung durch diese Gruppe auf. „**Vergütung**" wird ebenfalls durch die jüngeren Manager überdurchschnittlich betont; demgegenüber liegt diese Gruppe sowohl bei dem angestrebten Beitrag zum Unternehmenserfolg als auch bei der nur 1998 erhobenen Bedeutung von Hilfe für andere erheblich unter dem Durchschnitt der Untersuchung. Neben der Freizeitorientierung läßt dies die Deutung einer **stärkeren Betonung materialistischer und individualistischer Werte** zu.

Ein Vergleich der ausgewählten Pflicht- und Akzeptanzwerte einerseits und der ausgewählten Selbstentfaltungswerte andererseits zeigt jedoch überraschenderweise nur wenig Unterschiede. Hier ist es insbesondere der Wert der Disziplin, der von den jüngeren Managern weit unter dem Durchschnitt betont wird, und obwohl in der Untersuchung von 1998 sowohl Fleiß als auch Pflichterfüllung in ihrer Bedeutung rückläufig sind, so erfolgt dieser Rückgang jedoch nicht in stärkerem Maße als für die gesamte Gruppe. Sowohl Partizipation als auch Demokratie werden nur geringfügig stärker bzw. in gleichem Umfang betont wie durch die Führungskräfte insgesamt. Ähnliches gilt für den Wert der Selbstverwirklichung, der bei der Gruppe von Managern bis 39 Jahre sogar leicht unterdurchschnittlich ausgeprägt ist. Die Befunde bestätigen also, daß die jüngeren Manager zwar zumindest zum Teil Träger einer verstärkten Individualisierung sowie hedomaterialistischen Orientierung sind, jedoch bei der Gruppe der einbezogenen Führungskräfte nicht für einen grundlegenden Wandel von Pflicht- und Akzeptanzwerten hin zu Selbstverwirklichungswerten angesehen werden können. Vielmehr dürften auch hier die Führungskräfte überwiegen, die versuchen, beide Gruppen von Werten miteinander zu verbinden.

Zur Beantwortung der Frage nach dem **Wertewandel bei differenzierten Managergruppen** wurden sowohl die befragten Führungskräfte als auch die allgemeinen und arbeitsbezogenen Werte mit Hilfe von Clusteranalysen zu charakteristischen Gruppen verdichtet. Dabei wurde zunächst der Stand von 1998 erfaßt. Dabei wurden zunächst **fünf charakteristische Gruppen von Führungskräften** unterschieden:

- In einer ersten Gruppen (87 Personen = 42%) befinden sich vor allem ältere **Führungskräfte über 50 Jahre, männlichen Geschlechts**, die aus Ostdeutschland stammen und überwiegend einen technischen/ingenieur-technischen Berufshintergrund haben. Geschäftsführer überwiegen in dieser Gruppe, deren Mitglieder relativ lange in Führungspositionen sind.
- Die zweite Gruppe (19 Personen = 10%) enthält ebenfalls ausschließlich **Männer**, die vor allem der Gruppe **über 57 Jahre** angehören. Hier dominieren westdeutsche Führungskräfte und ökonomische Berufe sowie Juristen und Pädagogen. Sie sind ebenfalls überwiegend als Geschäftsführer tätig und kürzere Zeit in der entsprechenden Position.
- Die dritte Gruppe (12 Personen = 6%) mit Managern **zwischen 40 und 52** besteht überdurchschnittlich aus **Frauen**. Nur wenige Führungskräfte stammen aus dem Westen. Hier überwiegen vor allem andere Berufsgruppen. Es handelt sich insbesondere um Hauptabteilungsleiter, z.T. Geschäftsführer.
- Die vierte Gruppe (36 Personen = 18%) umfaßt jüngere **Führungskräfte zwischen Mitte 30 und Mitte 40**. Dabei sind der Frauenanteil und der Anteil von Führungskräften aus dem Westen überdurchschnittlich. Es handelt sich um Kaufleute, die vor allem als Abteilungsleiter, z.T. Geschäftsführer, tätig sind und eine relativ kurze Führungserfahrung aufweisen.
- Die letzte Gruppe (42 Personen = 22%) umfaßt ebenfalls **jüngere Führungskräfte.** Frauen und Führungskräfte aus Westdeutschland sind hier im Durchschnitt vertreten. Es überwiegen **Ingenieure**, ein größerer Teil der Gruppe sind auch hier Geschäftsführer, allerdings mit relativ kurzer Betriebszugehörigkeit.

Die Gruppen wiesen jeweils ganz spezifische Muster allgemeiner und auch arbeitsbezogener Werte auf.

Sie zeigen, daß trotz aller Stabilität in vielen Fällen Wertesynthesen dominieren. Die „neuen" Werte wurden oft ganz „pragmatisch" (Gensicke 1995) in das Repertoire aufgenommen oder waren bereits zuvor angelegt. Das erklärt auch die zum Teil durchaus vorhandenen Widersprüche zwischen allgemeinen und arbeitsbezogenen Werten, etwa eine Zustimmung zur Demokratie und zugleich eine Ablehnung betrieblicher Partizipation, oder innerhalb der Wertemuster. Sie sind jedoch auch Ausdruck der widersprüchlichen Anforderungen und Erfahrungen in der Transformation.

Im Vergleich zu 1992 hat dabei der Anteil von „Wertesynthetikern" an der Gesamtstichprobe zu- und der von Führungskräften mit einer Orientierung an den Selbstentfaltungswerten („Wertewandel") abgenommen (1992: 22% bzw. 38%). Auch dieser Befund bestätigt ebenfalls, daß es einem größeren Teil der Führungskräfte im Verlauf des Transformationsprozesses zunehmend gelungen ist, neue Wertvorstellungen in ihr bisheriges Muster zu integrieren.

4 Zusammenfassende Diskussion der Ergebnisse und Konsequenzen für die Managementpraxis

Mit der in der Analyse festgestellten Stabilität bei den wichtigsten Wertorientierungen, aber auch einigen differenzierten Veränderungsprozessen sowie unter Beachtung der dominierenden, spezifischen Wertemuster sind die Ergebnisse der Analysen zu den Organisations- und Führungsauffassungen (vgl. etwa Meinerz 1996; Alt/Lang 1997; Gergs et al. 1998; Windolf 1999) kaum überraschend. So konnten im Verlauf des Transformationsprozesses u.a. folgende **Trends** ermittelt werden (vgl. ausführlich in Alt/Lang 1997; dies. 1998a; dies. 1998b):

- eine **Dominanz** und relativ hohe Stabilität der für ostdeutsche Führungskräfte recht charakteristischen und durch die überwiegende Sozialisation in Groß-betrieben erworbenen, **bürokratisch-tayloristischen Führungsauffassungen**,
- eher **mechanistische Organisationsvorstellungen**, die sich an einem Maschinenmodell des Unternehmens und seiner Optimierung orientieren und mit dem dominanten, ingenieur-technischen Hintergrund der ostdeutschen Führungskräfte in Verbindung stehen,
- überwiegend **sachbezogene Kontrollorientierungen**, die auch Ausdruck der angestrebten Verantwortung sind,

- eine **ausgeprägte Loyalität und Betriebsverbundenheit,**
- eine **Abnahme der** am Beginn des Transformationsprozesses recht hohen **Partizipationsorientierung** und eine **zunehmende (Re-)Zentralisierung von Verantwortung** und **Entscheidung**, in Verbindung mit einer Zunahme von Mißtrauen gegenüber den Mitarbeitern in den letzten 2-3 Jahren.

In fast allen Studien konnten dabei enge Zusammenhänge zwischen den dominierenden Pflicht- und Akzeptanzwerten und den tayloristischen Organisations- und Führungsauffassungen ermittelt werden. Die der Parteikontrolle entronnene, „**gut geölte Maschine**" **als Leitbild** für die Organisation wird dabei in vielen Interviews und Befragungsergebnissen ebenso sichtbar, wie die auf das fachliche Können gestützte, auf individuelle Verantwortung zielende, an der Einzelleitung eingeübte und auf die Steuerung der (Sach-)Prozesse gerichtete Vorstellung von der Ausübung der Führungs- und Managementaufgaben. Diese Ergebnisse decken sich auch mit den neueren Stichpunkt-Untersuchungen von Gergs et al. (1998) und Windolf et al. (1999).

Die Realisierung dieser Leitbilder erforderte jedoch zugleich auch einen Wandel in bestimmten traditionellen Auffassungen der Vergangenheit. So verlangt das Maschinenmodell eine Rücknahme der zur Planerfüllung früher unverzichtbaren Informalität der betrieblichen Beziehungen und der verschiedenen Pakte (vgl. u.a. Voskamp/Wittke 1990) ebenso wie den Erhalt differenzierter Vorgaben, der zugleich durch die zum Teil vorhandene Passivität der Belegschaft legitimiert wird. Partizipation scheint vor diesem Hintergrund eher störend. Die Befunde zeigen auch, daß sich die Führungskräfte auf der ersten Ebene „eingelebt" haben; der **Legitimationsdruck** ist offenbar **geringer** geworden.

Dafür zeigen sich **neue Konfliktlinien:** Nicht nur bei den Wertorientierungen, sondern auch bei den Führungsauffassungen gibt es gravierende Unterschiede zwischen der ersten Ebene und den anderen Hierarchieebenen im Betrieb. Mit dem **Abschied von der Informalität** wird auch ein Teil der Betriebsgemeinschaft früherer Jahre aufgekündigt. Das Mißtrauen wächst offenbar an, auch wenn sich dieser Prozeß in einigen Betrieben eher langsam vollzieht.

Die Führungsstile sind vor dem Hintergrund dieser Grundhaltungen überwiegend als autoritär-patriarchalisch, seltener als konsultativ und kaum als kooperativ zu kennzeichnen. Zugleich erwartet aber selbst ein Drittel der Führungskräfte einen eher autoritären Stil. Da dieser jedoch bürokratisch-tayloristische Züge trägt, kann man kaum transformationales Führungsverhalten erwarten, obwohl die Transformationssituation das Auftreten solcher Führungsstile begünstigen müßte. Die mit den Daten von 1994 sowie von

Längsschnittdaten durchgeführten Analysen (Lang 1997; Müller 1999) bestätigen dies. Die Belege für transformationale Führung sind widersprüchlich. Die Führungskräfte sehen im Einklang mit ihrer Auffassung von Führung den Vorgesetzten vor allem als „Fachvorbild". Die persönliche Ausstrahlung oder das Liefern von Visionen und persönliche Orientierung und Hilfe werden dagegen eher selten betont. Nur in einigen kleineren, privaten Unternehmen (bis maximal 500 Beschäftigte) erwarten Führungskräfte von ihren Vorgesetzten zum Teil etwas stärker transformational-charismatische Eigenschaften und Verhaltensweisen (Müller 1999, 96).

Die Befunde sprechen insgesamt zunächst gegen die häufig kolportierte These von der Systemprägung der Manager (z.B. bei Wuppertaler Kreis 1992; Altschuh/Schultz-Gambard 1993; z.T. Myritz 1992; Marr 1994 und andere Autoren in von Rosenstiel 1994; kritisch dazu Lungwitz/Preusche 1994; Alt/Lang/Weik 1996). Sowohl die Daten zur Entwicklung der Wertorientierungen und Organisationsauffassungen als auch die erhebliche Ausdifferenzierung der Werte und Einstellungen bereits in den ersten Studien 1990 geben vielmehr Raum für die Annahme, daß es sich bei den Veränderungen der Wertorientierungen und Führungsauffassungen um Prozesse handelt, in denen zwar die innerbetriebliche Sozialisation eine erhebliche und homogenisierende Rolle gespielt und die Ausgangssituation entsprechend geprägt hat, daß die Entwicklung jedoch kaum adäquat erfaßt werden kann, wenn man sich auf diese Faktoren beschränkt.

Eine große Bedeutung für die frühe Ausdifferenzierung von Werten kommt z.B. den Tendenzen des Wertewandels insbesondere in der „späten" DDR zu, wie er u.a. von Gensicke sehr differenziert analysiert wurde (vgl. Gensicke 1992; ders. 1995; ders. 1998). Dort wurden auch „nischengesellschaftliche" Interpretationen empirisch wie konzeptionell problematisiert (vgl. Klages/Gensicke 1993). Im weiteren Verlauf des Transformationsprozesses gewinnen vor allem die Erfahrungen bei der Bewältigung der Transformation an Bedeutung, indem sie die vorhandenen Werte und Auffassungen im Alltag bestätigen, reproduzieren und verstärken oder grundlegend in Frage stellen, modifizieren und rekombinieren (vgl. u.a. auch Kudera 1998). Die vorgestellten Befunde belegen dabei sowohl Reproduktion als auch Veränderungen. Daraus ergibt sich die Frage nach den Ursachen oder Bedingungen, unter denen eine Reproduktion stattfindet und nach Realisierungsbedingungen, die Wandel fördern.

Dabei sind die differenzierten Chancen und Bedingungen der Wertrealisierung für verschiedene Führungskräftegruppen zu berücksichtigen: Führungskräfte aus Ost und West, von oberen und unteren Managementebenen, Männer und Frauen haben im Transformationsverlauf sehr unterschiedliche Möglichkeiten, ihre Wertorientierungen umzusetzen.

Während in der mittleren Phase der Transformation und bis etwa 1996/97 die Chancen zur Wertrealisierung für die aus dem Westen stammenden Führungskräfte sowie für die Führungskräfte der oberen Ebenen sehr günstig waren, haben sich mit der vollzogenen Privatisierung und Etablierung des Management auch für die oberen Führungskräfte aus dem Osten günstige Bedingungen für die Wertrealisierung ergeben.

Andererseits sind die Bedingungen für das untere Management und auch für die Managerinnen eher ungünstig. Dabei erweist sich betriebliche Machtstruktur in Form der Eigentumsstruktur und Managementzusammensetzung als ein wichtiger Faktor (vgl. auch Windolf et al. 1999), der oft darüber entscheidet, ob bestimmte soziale und kollektive Werte der ehemaligen Betriebsgemeinschaften erhalten bleiben oder in Richtung auf zweckgemeinschaftliche Muster transformiert werden (vgl. Aderhold 1994). Da insbesondere die jüngeren Manager nicht als Träger eines Wandels zu Demokratie und Partizipation angesehen werden können, sondern vielmehr Träger individualistischer und hedo-materialistischer Werte sind, ist eine weitere „Verzweckung" in den ostdeutschen Unternehmen zu erwarten.

Die Befunde zeigen auch, daß die Wertesynthese ein häufiges Muster darstellt, das auf einer pragmatischen Orientierung zur Bewältigung kritischer Situationen aufsetzt, einen Lernprozeß unterstützt und damit oft auch zu ganz spezifischen, eigenen Mustern führt, die sich bei subjektiver Bewährung im Transformationsgeschehen verfestigen und ausbreiten können (vgl. auch Hradil 1996).

Diese Transformationserfahrungen stellen ein wichtiges Kapital dar, auf das sich die Akteure stützen können. Die Entwicklung von Führungsauffassungen und Führungsstilen im Verlauf der Transformation kann vor dem Hintergrund der Befunde zu den Werten als eine Form der Umsetzung und Wertrealisierung gesehen werden, trägt jedoch zugleich zur Reproduktion und rekursiven Stabilisierung der Wertorientierungen der Führungskräfte bei. Dabei ist von Bedeutung, daß vor allem der Zusammenhang zwischen Pflicht- und Akzeptanzwerten einerseits und bürokratisch-tayloristischen Kontrollorientierungen andererseits sehr ausgeprägt ist und eine wechselseitige Stabilisierung fördert. Die Befunde zeigen auch, daß die Zusammenhänge zwischen entwickelten Selbstentfaltungswerten und den entsprechenden Auffassungen im Unternehmen durch die Chance der Realisierung in der Freizeit und durch die häufige Trennung von allgemeinen Werten und betrieblich-pragmatischen Anschauungen schwächer werden und somit eine rekursive Stabilisierung von gewandelten Werten erschweren.

5 Literatur

Aderhold, J. et al. (1994): Von der Betriebsgemeinschaft zur Zweckgemeinschaft, Berlin.

Alt, R./Bischoff, U./Lang, R. (1991): Sozio-kulturelle Aspekte des Leiterverhaltens, unveröffentlichtes Arbeitspapier der Universität Leipzig, Lehrstuhl für Wirtschaftssoziologie und Sozialpolitik.

Alt, R./Lang, R. (1997): Führungskräfte in sächsischen Klein- und Mittelbetrieben, unveröffentlichter Forschungsbericht für das Sächsische Ministerium für Wissenschaft und Kunst, TU Chemnitz.

Alt, R./Lang, R. (1998a): Führungskräfte im Prozeß tiefgreifender Veränderungen von Unternehmen, in: Becker, M./Kloock, J./Schmidt, R./Wäscher, G. (Hrsg.): Unternehmen in Wandel und Umbruch, Stuttgart, S. 211-234.

Alt R./Lang, R. (1998b): Wertorientierung und Führungsverständnis von Managern in sächsischen Klein- und Mittelunternehmen, in: Lang, R. (Hrsg.): Führungskräfte im osteuropäischen Transformationsprozeß. Tagungsband zum III. Chemnitzer Ostforum, München/Mering, S. 247-270.

Alt, R./Lang, R./Weik, E. (1996): Auf dem Weg zur Theorie? In: Die Betriebswirtschaft, 56. Jg. (1996), Heft 1, S. 85-109.

Altschuh, E./Schultz-Gambard, J. (1993): Denk- und Führungsstile von Managern in Ost- und Westdeutschland, Pfaffenweiler.

Bass, B.M./Avolio, B.J. (1994): Improving Organizational Effectiveness through Transformational Leadership, London/New Dehli.

Bertram, H. (Hrsg.) (1995): Ostdeutschland im Wandel: Lebensverhältnisse – politische Einstellungen, Opladen.

Bourdieu, P. (1983): Ökonomisches Kapital, kulturelles Kapital, soziales Kapital, in: Kreckel, R. (Hrsg.): Soziale Ungleichheit. Soziale Welt, Special Issue 2, Göttingen, S. 183-198.

Child, J. (1981): Culture, Contingency and Capitalism in Cross-National Study of Organizations, in: Research in Organizational Behavior, Vol. 3 (1981), S. 303-356.

Dittrich, E./Fürstenberg, F./Schmidt, G. (Hrsg.) (1997): Kontinuität im Wandel: Betriebe und Gesellschaften Zentraleuropas im Wandel, München/Mering.

Friedrich, W. (1990): Führungsgrundsätze und Gründungspotentiale in der ehemaligen DDR - Unterstützungs- und Beratungsbedarf für die wirtschaftliche Erneuerung, Kerpen.

Gensicke, T. (1992): Werte und Wertewandel im Osten Deutschlands, in: Klages, H./Hippler, H.J./Herbert, W. (Hrsg.): Werte und Wertewandel, Frankfurt a.M./ New York, S. 672-694.

Gensicke, T. (1995): Pragmatisch und optimistisch: Über die Bewältigung des Umbruchs in den neuen Bundesländern, in: Bertram, H. (Hrsg.): Ostdeutschland im Wandel: Lebensverhältnisse – politische Einstellungen, Opladen, S. 127-154.

Gensicke, T. (1998): Die neuen Bundesbürger. Eine Transformation ohne Integration, Opladen.

Gergs, H.-J. et al. (1998): Führungskräfte in der ostdeutschen Industrie. Eine soziologische Analyse ihrer Orientierungsmuster und Handlungsrationalitäten, DFG-Forschungsbericht, Jena.

Giddens, A. (1988): Die Konstitution der Gesellschaft. Grundzüge einer Theorie der Strukturierung, Frankfurt a.M./New York.

Hentze, J./Lindert, K. (1992): Manager im Vergleich. Daten aus Deutschland und Osteuropa, Stuttgart.

Hofstede, G. (1980): Cultures Consequences. International Differences in Work-related Values, Newbury Park u.a.

Hofstede, G. (1991): Cultures and Organizations, London u.a.

Hradil, S. (1996): Überholen ohne Einzuholen? Chancen subjektiver Modernisierung in Ostdeutschland, in: Kollmorgen, R./Reißig, R./Weiß, J. (Hrsg.): Sozialer Wandel und Akteure in Ostdeutschland, Opladen, S. 55-79.

Inglehart, R. (1989): Kultureller Umbruch. Wertewandel in der westlichen Welt, New York/Frankfurt a.M.

Keller, E. von (1982): Management in fremden Kulturen. Ziele, Ergebnisse und methodische Probleme der kulturvergleichenden Managementforschung, Bern/Stuttgart.

Kieser, A./Kubicek, H. (1992): Organisation, Berlin.

Klages, H. (Hrsg.) (1993): Traditionsbruch als Herausforderung. Perspektiven der Wertewandelsgesellschaft, Frankfurt a.M./New York.

Klages, H./Gensicke, T. (1993): Wertewandel in den neuen Bundesländern, in: Klages, H. (Hrsg.): Traditionsbruch als Herausforderung. Perspektiven der Wertewandelsgesellschaft, Frankfurt a.M./New York, S. 215-238.

Klages, H./Hippler, H.J./Herbert, W. (Hrsg.) (1992): Werte und Wertewandel, Frankfurt a.M./New York.

Kollmorgen, R./Reißig, R./Weiß, J. (Hrsg.) (1996): Sozialer Wandel und Akteure in Ostdeutschland, Opladen.

Kudera, W. (1998): Das Stabilitätspotential von Arrangements alltäglicher Lebensführung, in: Lutz, B. (Hrsg.): Subjekt im Transformationsprozeß – Spielball oder Akteur? München/Mering, S. 69-88.

Lang, R. (1994a): Führungskräfte in Ostdeutschland – Forschungsbericht zum Projekt SOKULT92, Arbeitspapier 03, Lehrstuhl für Organisation und Arbeitswissenschaft, TU Chemnitz.

Lang, R. (1994b): Wertorientierungen und Organisationsverständnis ostdeutscher Führungskräfte im Wandel, in: Rosenstiel, L. von (Hrsg.): Führung im Systemwandel, München/Mering, S. 141-168.

Lang, R. (Hrsg.) (1995): Organisationsarbeit und Führungskräfte in ostdeutschen Unternehmen – Berichte und Zwischenergebnisse aus den Projekten „ORGA-OST" und „Interkult", Arbeitspapier 04, Lehrstuhl für Organisation und Arbeitswissenschaft, TU Chemnitz.

Lang, R. (1996): Unternehmenskultur und Managementbildung im ostdeutschen Transformationsprozeß, in: Wagner, D./Nolte, H. (Hrsg.): Managementbildung, München/Mering, S. 141-168.

Lang, R. (1997): Leadership in Transformation – Transformational Leadership? Paper presented at the EGOS-Conference, 3-5 July, Budapest.

Lang, R. (Hrsg.) (1998): Führungskräfte im osteuropäischen Transformationsprozeß. Tagungsband zum III. Chemnitzer Ostforum, München/Mering.

Lang, R./Wald, P. (1992): Unternehmenskulturen in den fünf neuen Ländern – Ansatzpunkte für eine neue Industriekultur im Osten Deutschlands? Ein Diskussionsangebot, in: Zeitschrift für Personalforschung, 6. Jg. (1992), S. 19-35.

Lang, R./Müller, S. (1999): Zwischenergebnisse zum Projekt SOKULT98, TU Chemnitz (unveröffentlicht).

Lindert, K. (1993): Führungskonzeptionen auf der Basis impliziter Wertorientierungen, Stuttgart.

Lungwitz, R./Preusche, E. (1994): Mängelwesen und Diktator? - Ostdeutsche Industriemanager als Akteure betrieblicher Transformationsprozesse, in: Industrielle Beziehungen 3. Jg. (1994), S. 219-238.

Lutz, B. (Hrsg.) (1998): Subjekt im Transformationsprozeß – Spielball oder Akteur? München/Mering.

Marr, R. (1994): Die Rolle der Führungskräfte im Prozeß der Transformation eines Wirtschaftssystems von der Plan- zur Marktwirtschaft, in: Rosenstiel, L. von (Hrsg.): Führung zum Systemwandel, München/Mering, S. 49-65.

Marcharzina, K./Wolf, J./Döbler, Th. (1993): Werthaltungen in den neuen Bundesländern. Strategien für das Personalmanagement, Wiesbaden.

Meinerz, K.-P. (1996): Einstellungen, Werthaltungen und Leitbilder von Managern in Ostdeutschland. Kognitive und normative Voraussetzungen der Rekonstruktion betrieblicher Sozialbedingungen, in: Pohlmann, M./Schmidt, R. (Hrsg.): Management in der ostdeutschen Industrie, Opladen, S. 177-214.

Myritz, R. (1992): Manager in Ostdeutschland, Köln.

Müller, S. (1999): Transformationale Führungskräfte in transformationalen Prozessen? Diplomarbeit, TU Chemnitz.

Pieper, R. (1993): Managementtraining in Osteuropa, Wiesbaden.

Pohlmann, M./Schmidt, R. (Hrsg.) (1996): Management in der ostdeutschen Industrie, Opladen.

Rosenstiel, L. von (Hrsg.) (1994): Führung im Systemwandel, München/Mering.

Stojanov, C. (1997): Die postsozialistische „Revolution der Manager": Betriebliche Transformationsmuster beim Übergang zur Marktwirtschaft, in: Dittrich, E./Fürstenberg, F./Schmidt, G. (Hrsg.): Kontinuität im Wandel: Betriebe und Gesellschaften Zentraleuropas im Wandel, München/Mering.

Sydow, J./Gaulhofer, M. (1995): Führung im Transformationsprozeß, in: Kieser, A. et al.: Handwörterbuch der Führung, Stuttgart, S. 453-466.

Truong van Cam (1999): Ähnlichkeiten und Unterschiede von Wertorientierungen, Führungsverständnis und Führungsverhalten von Managern in Ostdeutschland und Vietnam, in: Lang, R. (Hrsg.): Recht, Kultur und Management in der Transformation – Perspektiven aus drei Ländern. Arbeitspapiere der Fakultät für Wirtschaftswissenschaften der TU Chemnitz, S. 13-26.

Voskamp, U./Wittke V. (1990): Aus Modernisierungsblockaden werden Abwärtsspiralen – Zur Reorganisation von Betrieben und Kombinaten der ehemaligen DDR, SOFI-Mitteilungen 18 (1990), Göttingen, S. 12-30.

Windolf, P./Brinkmann, U./Kulke, D. (1999): Warum blüht der Osten nicht? Zur Transformation der ostdeutschen Betriebe, Berlin.

Wuppertaler Kreis (Hrsg.) (1992): Führungsverständnis in Ost und West. Ergebnisse einer Befragung von Führungskräften, Köln.

Anmerkungen

[1] Der von mir geleiteten Projektgruppe an der Universität Leipzig, die die Untersuchung für Ostdeutschland mit einer Teilstichprobe durchgeführt und die gesamten Daten

46 Wandel in den Wertorientierungen von Führungskräften

für Ostdeutschland ausgewertet hat, gehörten u.a. Ramona Alt und Ursula Bischof an (vgl. Alt et al. 1991).

[2] So wurden u.a. Vergleichsstudien in Vietnam, Slowenien und Estland realisiert. Insbesondere durch die Einbeziehung von Vietnam tauchte das Problem der Ethnozentriertheit der verwendeten Wertebatterien verstärkt auf. Entsprechend der z.B. auch von Hofstede (1991, 247ff.) unterbreiteten Vorschläge wurden die Wertebatterien gemeinsam mit dem Kollegen aus Vietnam um „asiatische Werte" erweitert (vgl. Truong van Cam 1999).

[3] Die Untersuchung konstatiert nur geringe Unterschiede zur westdeutschen Bevölkerung. Dabei bleibt offen, ob es sich bei der geringfügig stärkeren materialistischen Orientierung der Ostdeutschen um einen Ausdruck der Transformationssituation oder um einen systembedingten bzw. kulturellen Unterschied handelt.

Kompetenzvermittlung für Führungskräfte: Entwicklungstendenzen im Management Development

Andreas Kammel

Übersicht:

1	Ausgangslage	48
2	Management Development als strategischer Erfolgsfaktor?	49
3	Von der Instruktions- zur Lernperspektive	54
4	Lernprinzipien und Schlüsselqualifikationen	59
5	Institutionalisiertes Lernen und praktische Problemlösung als Symbiose	61
6	Konklusion	64
7	Literatur	64

1 Ausgangslage

In Unternehmenspraxis und Betriebswirtschaftslehre hielt sich lange Zeit die Auffassung, Management sei eine weder lehr- noch lernbare „Kunst" (Gutenberg 1962, 5). Heute besteht indes weitgehende Übereinstimmung, daß Management Development als ein komplexer zielgerichteter Prozeß der Verbesserung individueller und kollektiver unternehmenshomogener Leistungen in gegenwärtigen und künftigen Rollen der Führungskräfte auf unterschiedlichen Unternehmensebenen eine der bedeutendsten Unternehmensfunktionen repräsentiert (vgl. Baldwin/Lawson 1995; Welge/Häring/Voss 2000, Kammel 2000). Allgemein kann **Management Development** definiert werden als ein kontinuierlicher Prozeß, durch den der Nutzen der Führungskräfte durch den Aufbau neuer Wissensbestandteile, Fertigkeiten, Einstellungen, Motive und Verhaltensweisen für ein Unternehmen erhöht wird (vgl. Kerr/Jackofsky 1989, 158). Die Entscheidungsträger im Unternehmen versuchen auf die **Sozialisations- und Lernprozesse** proaktiv und potentialorientiert gestalterisch Einfluß zu nehmen mit vielfältigen Maßnahmen, um Veränderungsfähigkeit von Management und Organisation zu erreichen und um dauerhaft Wettbewerbsvorteile zu erzielen.

Sozialwissenschaftler bemühen sich um eine **Theoriebasierung** (objekt- und methodenspezifisches Wissen) von Management Development-Leitideen, -Strategien, -Aktionsfeldern und -Methoden. Damit ist die Hoffnung verbunden, daß eine größere Kenntnis der sozialwissenschaftlichen Grundlagen zu einem stärker rationalen Ansatz des Management Development führt und größeren Raum für kritische Reflexion des Handelns und der Wirkungen bestimmter Gestaltungsparameter eröffnet. Das Management des Management Development als formelle Seite der Personalentwicklung für Führungskräfte unter Einsatz von Lern- und Sozialtechnologie (institutionell/instrumentell) sollte sich an einem explizit zielgerichteten und methodisch-systematischen Vorgehen unter Hinzuziehung von Nutzen-Kosten-Kalkülen orientieren (**Rationalität** als regulative Leitidee). Die Verbesserung strategischer Entscheidungsqualität bedeutet indes nicht uneingeschränkte „Erzeugung" von Verhaltensänderungen. Management Development kann nicht erfolgreich umgesetzt werden, wenn es radikale Veränderungen der Persönlichkeit und ihrer grundlegenden Werte und Normen intendiert. Derartige Versuche müssen scheitern, weil die meisten Menschen dagegen immun sind. Interventionen und Maßnahmen des intentionalen Lernens können anleiten, fördern und dabei helfen, daß sich Führungskräfte in bestimmten Situationen effektiv verhalten und bewußt zielwirksame Managementpraktiken und Problemlösungsansätze anwenden. Eine dem Rationalmodell strikt folgende langfristige Planung („Durchrationalisierung") des Management Development ist kaum möglich. Die Anforderungen wechseln oft relativ schnell; die organisationalen Laufbahn- und Karrieremöglichkeiten sind äußerst vielfältig und abhängig von sich wandelnden organisationalen und individuellen Bedingungsfaktoren. Daher ist eine kontinuierliche, evolvierende Steuerung des Management Development und der strategischen Kompetenzen wichtig. In der Managementliteratur wird Management Development bislang nur selten als gleichwertige Managementfunktion beispielsweise komplementär zur Planung anerkannt (vgl. aber Ulrich/Fluri 1995). Aus Unternehmenssicht geht es dabei nicht um individuelle Qualifizierung oder gar Persönlichkeitsentwicklung, sondern um „Veränderung von Arbeitsvermögen", indem auch inter- und apersonale Aspekte in Gestaltungsüberlegungen einbezogen werden (vgl. Neuberger 1994, 69).

2 Management Development als strategischer Erfolgsfaktor?

In der **Erfolgsfaktorenforschung** kristallisiert sich das Ergebnis heraus, daß die **Qualität der Humanressourcen** einen wichtigen Schlüsselfaktor des Unternehmenserfolges manifestiert (vgl. Fritz 1990). In der Literatur findet sich eine Reihe von Hinweisen auf die konstituierende Rolle gerade der Managementfähigkeiten im Hinblick auf strategische Erfolgspotentiale. Dem Managementpotential kommt eine Schüsselrolle insofern zu, als die übrigen Erfolgspotentiale erst durch das Management in ihrer Bedeutung erkannt und durch seine Aktionen erschlossen und gefördert werden. Die Ressource „Management" hat nach Mahoney (1995, 92) „Katalysefunktion": „The firm's managers recombine the firm's resources. Managing resources and skills are the key to a sustainable competitive advantage". Mit dem Anfang der neunziger Jahre in der „Community" des strategischen Managements stark diskutierten **„Resource-based View of the Firm"** werden „superior managerial skills and capabilities" (Castanias/Helfat 1991) einer stärker ökonomisch-theoretischen Analyse und Fundierung im Kontext mit anderen wettbewerbsrelevanten Organisationsressourcen zugeführt. Zwei Basisannahmen kennzeichnen diese Perspektive (vgl. Barney 1991, 101):
Unterschiedliche Organisationen besitzen unterschiedliche Ressourcen und Fähigkeiten. Diese Differenzen erweisen sich vielfach als stabil über längere Zeiträume.
Ressourcen und Fähigkeiten reflektieren die unikale Historie, die lokale Spezifität, die speziellen personalen Netzwerke, die einzigartigen Werte, Normen sowie Traditionen etc. einer betrachteten Organisation. Sie sind insoweit strategisch relevant, als sie es ei-

ner Organisation ermöglichen, auf externale Gefahren und Chancen angemessen zu reagieren. Sie verkörpern Quellen **dauerhafter Wettbewerbsvorteile**, vor allem dann, wenn sie

- nur über längere Zeit im Unternehmen aufgebaut und entwickelt werden können - auf Faktormärkten also nicht unmittelbar zu beziehen sind,
- als selbstverständlich betrachtet werden, primär implizites Wissen („tacit Knowledge") repräsentieren und in ihren Zusammenhängen kausal nicht erklärbar sind sowie
- als sozial komplexe Konstrukte relativ immun gegenüber Interventionsversuchen sind.

Andere Unternehmen sind in dem Fall nur unter ökonomisch nicht vertretbarem Aufwand in der Lage, diese wettbewerbsvorteilhafte Position zu imitieren. Nicht-Imitierbarkeit trifft insbesondere für sogenannte **intangible Ressourcen** zu, wie sie in nicht-substituierbaren, in der Regel seltenen und wertvollen, überragenden Managementfähigkeiten eines erfolgreichen Unternehmens zu finden sind.

Der „Wert" außergewöhnlicher Managementfähigkeiten bemißt sich danach, inwieweit in veränderlichen Umwelten Managementprozesse flexibel beherrscht und strategischer Wandel bewältigt werden können. Je unternehmensspezifischer die Fähigkeiten ausfallen, desto größeren Nutzen darf die hierüber verfügende Unternehmung erwarten. In der **Humankapitaltheorie** (Becker 1964, 8ff.) nimmt die Fluktuationswahrscheinlichkeit qualifizierter Mitarbeiter in Abhängigkeit von der Höhe der allgemeinen Verwertbarkeit bzw. Marktgängigkeit der vermittelten Kompetenzen zu. Anders als die „marktgängigen" Qualifikationen kann der in einer Organisation Tätige die durch eine spezielle Bildungsinvestition vermittelten unternehmensspezifischen Qualifikationen einzig in der betreffenden Organisation produktivitätssteigernd einsetzen.

Die Bedingung der Seltenheit von Managementfähigkeiten ist über die Annahme der heterogenen Verteilung von außergewöhnlichen Fähigkeiten dadurch sichergestellt, daß „**Asset Specificity**" (Transaktionsspezifität) und stark restriktive Mobilität der „Führungsmannschaft" gegeben sind. Im Gegensatz zu allgemeinen Qualifikationen („generic skills", z.B. konzeptionelles und instrumentelles „Lehrbuchwissen"), die der uneingeschränkten Transferierbarkeit zwischen den Einsatzorten unterliegen, erzeugen nur branchenbezogene und unternehmensspezifische Management-Qualifikationen Wettbewerbsvorteile, vorausgesetzt sie sind knapp (z.B. außergewöhnliche „generic skills") und schwierig im Detail zu duplizieren (vgl. auch Castanias/Helfat 1991, 160ff.). Im Falle branchenbezogener und unternehmensspezifischer Qualifikationen verliert die Führungskraft beim Verlassen von Arbeitsplatz und Branche Zuflüsse aus sogenannten

Quasi-Renten, wodurch ein Bleibeanreiz entsteht und das Unternehmen weiterhin über die Arbeitskraft und die maßgeschneiderten Fähigkeiten der Führungskraft verfügen kann. Je mehr unternehmensspezifisches Wissen einzelner Manager erst eingebunden im Kontext eines Teams produktive Wirkungen entfaltet, desto weniger wirksam ist dieses Wissen außerhalb, in unternehmensfremder Umgebung.

Soll die Bedingung der Selten- bzw. Knappheit hervorragender Managementfähigkeiten aufrecht erhalten werden, müssen sie die darüber hinaus die Bedingung der **Nicht-Imitierbarkeit** erfüllen: Dies bedeutet das Vorhandensein „kausaler Ambiguität" zwischen besonderen Fähigkeiten der Manager und Wettbewerbserfolg sowie „sozialer Komplexität" der vielfältigen internen und externen Beziehungen (vgl. Barney 1991, 107ff.), die Ausdruck einzigartiger historisch gewachsener Bedingungen und längerfristiger Entwicklungen („**Path Dependence**") sind. Diese Voraussetzungen mögen unter anderem bestimmte, für den Beobachter „unsichtbare" Komplementaritäten individueller und kollektiver Fähigkeiten in strategische Prozesse involvierter Teams erfüllen - mit leistungs- und innovationsförderlichem „Teamgeist", heterogenem, aber synergetischem Kompetenz-„Mix" und hochkohäsiven, aber nicht Konformitätsdruck erzeugenden interpersonalen Beziehungen - [...] „vitally important for the conception, choice, and implementation of strategies" (Barney 1992, 44f.).

Nicht-Imitierbarkeit und Dauerhaftigkeit ergeben sich aus der Tatsache, daß sich Beziehungsnetzwerke und soziale Strukturen als Bestandteil kollektiver Managementfähigkeiten und den sich hieraus ergebenden Handlungsspielräumen und „Constraints" nur langsam entwickeln. Es besteht Idiosynkrasie aufgrund der unternehmensspezifischen Sozialisation und der Investition in Führungskräfte-Humankapital. Jeder einzelne besitzt unikales Wissen und Erfahrungen durch die Mitgliedschaft in einer Organisation, hat im Laufe der Zeit den situativen „Best Way" der Rollen- und Aufgabenerfüllung gelernt. Entscheidend ist aber, daß die Fähigkeit erworben wird, mit anderen zielwirksam zu interagieren und die Verhaltensweisen der anderen Organisationsmitglieder zur Verfolgung einer bestimmten Strategie richtig zu interpretieren. Die Kompetenzen sind bei alternativer Verwendung weit weniger nutzenstiftend, weil sie Unternehmens- und Strategiespezifika vereinen. Darüber hinaus müßten potentielle Imitatoren einen vergleichbaren Prozeß der Investition in „**Management Capabilities**" durchführen, um das erforderliche „**tacit Knowledge**" (vgl. Sternberg/Horvath 1999) zu erzielen, das strategischen Entscheidungsroutinen zugrunde liegt und letztlich zur Nicht-Imitierbarkeit führt. Die Akkumulation von „tacit Knowledge" ist aufgrund von „**Time Compression Diseconomics**" (Dierickx/Cool 1989, 1507) und Einbettung in allmählich sich entwickelnde soziale Netzwerke und durch Beschleunigungsanstrengungen („Quick Fix"-Lösungen; „Crash-Kurse") nicht nachzuvollziehen. Schrittweises Erfahrungslernen mit dem Ergebnis eines reichhaltigen, nicht verbalisierbaren („versteckten") Erfahrungsschatzes und intuitiven Situationsverständnisses muß als nicht substituierbar gelten.

Im Falle von Routineentscheidungen, Optimierungsrechnungen und bei der Entscheidungsvorbereitung können Managementinformations- und Expertensysteme partiell als funktionale Äquivalente von Managementkompetenz fungieren. Komplexe kognitive Prozesse wie Problemdiagnose, kreative Problemlösungen, schnelle kriseninduzierte Entscheidungen und das Treffen strategischer Entscheidungen unterliegen demgegenüber jedoch der Nicht-Substituierbarkeit. Erfolgreich arbeitende Management-Teams können nach Ansicht von Mahoney (1995, 92) nicht durch andere Führungskräfte oder alternative Management-Teams ersetzt werden, weil diese Mängel in der Kenntnis des genauen Entscheidungs- und Handlungskontextes und hinsichtlich der spezifischen historisch gewachsenen Bedingungen aufweisen, innerhalb derer Handlungen interpretiert werden müssen. Mehr noch als rationales Vorgehen spielen bei Teamwork, Gruppenkonstellationen und Beziehungsnetzwerken sozial komplexe Phänomene eine Rolle: „While there is relatively little research on the question of substitutes for socially complex phenomena, overall it seems unlikely that these phenomena will have many close substitutes" (Barney 1992, 47).

Eine weitere Bedingung für die Generierung von „Managerial Rents" ist die tatsächliche Verfügungsmöglichkeit über die „Management Capabilities" und die daraus resultierende Aneignungsfähigkeit überdurchschnittlicher Gewinne („**Appropriability**"). Hierbei spielen Gruppengröße, Ambiguität und „Tacitness" sowie der Einsatz von Anreizsystemen eine Rolle. Sind die in vielerlei Hinsicht durch „tacit Knowledge" charakterisierbaren, hervorragenden und unikalen „Management Capabilities" auf viele Personen verteilt, profitiert die Unternehmung durch eine hohe Verfügungsmöglichkeit über die Ressource. Bei großzahliger Involvierung sinkt die Verhandlungsmacht auch von „Kerngruppen", da diese eher durch „bereits eingeweihte" Individuen und „Subgruppen" substituiert werden kann. „**Tacitness**" (Reed/DeFillippi 1990, 89) verhindert die Zuordnung der Leistungsbeiträge und des Könnens auf einzelne und mithin ihre Verhandlungsmacht in bezug auf stärkere Teilhabe am Zufluß der „economic Rents". Dennoch wird die Unternehmung nicht umhin können, Schlüsselpersonen mit außergewöhnlichen Fähigkeiten

"managerial Incentives" (Castanias/Helfat 1991, 162f.) zu gewähren, damit diese ihre Fähigkeiten zum Wohle der Unternehmung auch in vollem Umfang einsetzen.
Der „Resource-based View" kann ökonomisch-theoretisch fundiert Erklärungsbeiträge für die zentrale Bedeutung von Managementkompetenz im strategischen Wandel liefern, obgleich empirische Studien zur Überprüfung der Erwartungen des Ansatzes, speziell auch bezogen auf Managementkompetenz, fehlen. Die Theorie-Praxis-Verknüpfung ist relativ vage und beschränkt sich u.a. darauf, die Institutionalisierung eines kohärenten Human-Resource-Systems (nicht isolierte Einzelmaßnahmen!), die Investition in unternehmensspezifisch wertvolle Fähigkeiten (Erfahrungslernen), Teamentwicklung und Freiräume für die Akteure zu fordern (vgl. Barney/Wright 1998). Hinzu kommt die Problematik einer Fokussierung auf gegenwärtige Kompetenzen bei der Analyse, so daß aufgrund von „Kompetenzfallen" die Forderung nach einer dynamischen Perspektive von (Lern-)Fähigkeiten erhoben wird (bei Lei/Hitt/Bettis 1996; Teece/Pisano/Shuen 1997).

Im ressourcenorientierten Ansatz erfolgt eine eindeutige Unterscheidung von Fähigkeiten („Capabilities") auf der einen und Aktivitäten, Systemen, Prozessen und Praktiken, die zu Kompetenz und Verhaltensänderungen führen, auf der anderen Seite. Wright/McMahan/McWilliams (1994, 317) verdeutlichen, daß die Quelle dauerhafter Wettbewerbsvorteile in den Humanressourcen selbst liegt, nicht aber in den Interventionen, mit denen das Humankapital mobilisiert, „genutzt" und erhalten wird. Instrumente, Methoden, Verfahren, Konzepte oder Systeme können aber einen mittelbaren Beitrag zu dauerhaften Wettbewerbsvorteilen leisten, indem sie die Entwicklung von Kompetenzen unterstützen, die spezifischen Nutzen für das betreffende Unternehmen stiften, soziale Netzwerke entstehen lassen, die eingebettet sind in Historie und Organisationskultur und idiosynkratisches, wettbewerbsförderndes „tacit Knowledge" generieren helfen (vgl. Lado/Wilson 1994, 699).

Doch wenden Organisationen idealtypische konzeptionelle Vorschläge („Lehrbuchwissen") oder identifizierbare Praktiken von Referenzunternehmen nicht uneingeschränkt an, sondern lassen sich hiervon allenfalls anregen: „Over time, through a process of trial and error, organizations evolve practices that fit their particular situation" (Jackson/Schuler/Rivero 1989, 782).

Durch evolvierende Anpassung und Weiterentwicklung sowie Kombination mit anderen Praktiken entsteht im Laufe der Zeit **„idiosynkratische Kontingenz"** (Becker/Gerhart 1996, 794) mit der Folge, daß unternehmensspezifisches Know-how im Management Development selbst eine Quelle dauerhafter Wettbewerbsvorteile sein kann. Infolgedessen und aufgrund der Notwendigkeit, unternehmensspezifische Problemlagen zu lösen, können Management-Development-Verantwortliche nicht von der schwierigen und zeitintensiven Aufgabe entbunden werden, eine intern kohärente und extern wettbewerbsfähige konzeptionelle Alternative zu erarbeiten und laufend weiterzuentwickeln.

Es muß aber darauf hingewiesen werden, daß nicht in jedem Fall Management Development die „richtige" instrumentelle Basis zur „Generierung" der notwendigen Managementkompetenz ist. Langfristige Entwicklung des Führungskräftepools induziert z.B. nachhaltige soziale Integrationswirkungen („Management Development as Glue Technology" - Evans 1992). Gezielte Sozialisation und Herbeiführung starker Kohäsion eignen sich weniger für sehr dezentrale, hochgradig divisionalisierte Unternehmungen oder lose gekoppelte Unternehmungsnetzwerke mit relativ kleinen autonomen Einheiten. Hier sind Umweltflexibilität und Markterfordernisse maßgeblich und eine explizite, quantitative Steuerung genießt Vorrang vor einer Verhaltensbeeinflussung über „**Cultural Leadership**" (Trice/Beyer 1991). Weitgehende Unabhängigkeit einzelner Bereiche, Präferierung utilitärer Beziehungen, Verlaß auf objektive Daten und Verzicht auf längerfristiges „Commitment" und auf Synergieeffekte durch interne Mobilität gehen einher mit „Hire and Fire" und der Bevorzugung von Selektion (vgl. Kerr /Jackofsky 1989, 167).

Für die Praxis von Großunternehmen erscheint indes eine dichotome Vereinfachung - entweder nur Entwicklung oder nur Selektion - wenig realitätsnah. Vielmehr gilt die Aufmerksamkeit Mischformen, deren „Mischungsverhältnis" unter anderem auch durch personalpolitische Grundsätze und vielfältige situative Einflüsse bestimmt wird. US-amerikanische Untersuchungen ergeben Hinweise (vgl. Kotter 1982; Hill 1992) darauf, daß erfolgreiche Führungskräfte üblicherweise längerfristig in einer spezifischen Organisation und Branche gearbeitet haben. Der externe Wechsel auf „General Management"-Positionen erweist sich deshalb als risikoreiches Unterfangen, weil „Outsider" - auch solche mit exzellenter Biographie - selten das detaillierte Wissen der Organisation und Branche besitzen, um in angemessener Zeit zu reüssieren. Nicht zuletzt deshalb ist es notwendig, Management-Development-Konzepte von Anfang an mit langfristigen Unternehmungsplanungen zu koppeln.

3 Von der Instruktions- zur Lernperspektive

Management Development wird noch heute vielfach vorwiegend als „intellektuelle Übung" angesehen, als Synonym für verschulte Informations-Präsentation, ohne die

Entwicklung des Managers wesentlich zu beeinflussen. Dabei verwundert es kaum, daß die Konzepte oft genug kaum Kohärenz mit der Unternehmungsstrategie aufweisen und keinen nennenswerten Beitrag zur Erfüllung der Unternehmungsziele leisten. In Abkehr von einer uneingeschränkten Machbarkeits- bzw. Lehrillusion, gelernt werde, was gelehrt wird, tritt zunehmend eine Lernperspektive. Management ist danach primär ein Prozeß des „**Learning by doing**". Aus Erfahrung lernen Führungskräfte insbesondere durch Widrigkeiten des Manageralltags, herausfordernde „Stretch Assignments" oder dadurch, daß sie die Möglichkeit bekommen, „harte" Entscheidungen zu treffen und durchzusetzen (vgl. McCall/Lombardo/Morrison 1988).

An die Stelle eines Lernens als außengesteuerter Aktivität durch „professionelle Erzwingung" (Arnold/Müller 1992, 112) tritt „**gelenktes Erfahrungslernen**", indem Führungskräfte von den Entwicklungsmöglichkeiten aus ihrer täglichen Arbeit heraus profitieren und ihnen möglichst authentische Lernarrangements zur Verfügung stehen. Der Lernende hat im Rahmen der bewußten Verknüpfung von Lern- und Managementprozessen eine aktive Rolle zu spielen, weil Selbständigkeit in der Aneignung, Problemlösungskompetenz, Entscheidungsfähigkeit, strukturelles und analytisches Denken wichtiger sind als die Wiedergabe „gesicherter Erkenntnisse", die, sofern überhaupt vorhanden, im strategischen Management vielleicht schon morgen veraltet sind (vgl. Hamel/Prahalad 1996). Lernen wird als **ganzheitlicher Prozeß** aufgefaßt: nicht nur als kognitiver Prozeß, der die Assimilation von Information in symbolischer Form („Lernen aus Büchern über strategisches Management") beinhaltet, sondern auch als affektiver, sozialer und psychischer Veränderungsprozeß.

Beim intentionalen, aufgabenorientierten und projektartigen Lernen werden ergebnisbezogen explizites („objektives") Wissen, abstrakte Konzeptionen und Präskriptionen strategischen Wissens (Theorie) einerseits und authentische Gestaltungs- und Problemlösungserfordernisse (Praxis) andererseits kombiniert. Durch Erarbeitung von „Lernprodukten" in Interaktion mit anderen werden Lern- und Denkprozesse (prozedurales Wissen) bewußt erfahren. Es entsteht Erfahrungs-, Anwendungs- bzw. Handlungswissen, das Ausgangspunkt und Voraussetzung für erfolgreiches Unternehmensverhalten ist.

Wird der Lernende nicht als „zu Belehrender" behandelt, sondern als wissender Partner, entsteht ein neues Rollenverhältnis für den Personalentwickler, der im wesentlichen Lernberatung zur Förderung **selbstgesteuerter Lernprozesse** leistet, Hilfestellung gibt bei der Lernweltmodellierung und Lernprozesse anregt, begleitet, koordiniert und moderiert. Trainern und Personalentwicklern wird kein Wissensmonopol mehr zugestanden. Anstatt fertige Lösungen zu präsentieren, sorgen Lernmoderatoren dafür, daß

- der Dialog der Lernenden untereinander gefördert wird,
- komplexe Problemstellungen analysiert, verstanden und definiert werden,
- sich Hypothesen, Denkfehler und „Selbstverständlichkeiten" identifizieren und beurteilen lassen und
- Lernen, Handeln und kreative Problemlösung (auf der „Metaebene") kritische Reflexion erfahren („**Double-loop-Learning**" - vgl. Argyris/Schön 1996).

Die mit der Hervorhebung der Lernperspektive herauszuarbeitenden Ansätze und Leitlinien stellen sich nicht ausschließlich als grundsätzlich bessere oder einzige Alternative dar, die bewährte Methoden einfach ablösen. Management Development „lebt" vielmehr von einem multiplen Konzept **komplexer Entwicklungs- und Lernarrangements**, die strategisch und situationsspezifisch unter Nutzung vielfältiger Lernformen auszugestalten sind, wobei die vorhandenen bewährten Vorgehensweisen in das neue Rahmenkonzept und Maßnahmenrepertoire integriert werden.

Einhellig wird in der neueren Management-Development-Literatur die realitätsferne Praxis kritisiert, „[...] to remove managers form the daily stressors and distractions of the workplace in order to provide a conducive environment for the study of general management problems and models of effective performance" (Baldwin/Lawson 1995, 512). Aufgabe des Management Development ist es daher, ganzheitliche und komplexe Lernumwelten zu schaffen, in denen Führungskräfte individuelle Erfahrungen gewinnen, die sie durch aktive Auseinandersetzung mit neuen Situationen für sich verständlich machen und in ihren vorhandenen Wissensschatz und ihre bereits akkumulierten Kompetenzen integrieren können, was zu neuen, im Sinne der Zielerreichung verbesserten Verhaltensweisen führen kann. Unterstützt wird diese Forderung durch Untersuchungen zum Lernverhalten von Führungskräften, wonach deutlich wird, daß Führungskräfte sich vornehmlich durch Konfrontation mit neuartigen Situationen und Problemstellungen entwickeln. Sobald diese bemerken, daß ihr bestehendes Repertoire an Verhaltensweisen nicht adäquat ist, müssen sie neue Wege der Problemlösung erarbeiten und anwenden (vgl. Davies/Easterby-Smith 1984, 180).

Im herkömmlichen Lernverständnis von Management Development wird von „Vorratslernen" relativ abstrakten Wissens, von wohldefinierten Problemstellungen, von vorgefertigten Antworten und von einem „One-best Way" der Problemlösung, von vorherbestimmbaren Fertigkeiten und Fähigkeiten ausgegangen, die zu einem gegebenen Zeitpunkt in neuen Situationen der Problemlösung in der Organisation zur Anwendung kommen sollen. Nicht in jedem Falle aber sind die Lernenden tatsächlich in der Lage, das früher Vermittelte - vorausgesetzt es wurde überhaupt gespeichert - in den neuen Situationen „richtig" aktiv anzuwenden, nicht zuletzt, weil Inkompatibilität zwischen (laborartigem) Lern- und (real-komplexem) Arbeitskontext besteht. Deshalb wird gefordert, Management Development müsse sich genau andersherum an den oft schlechtstrukturierten Problemen, für die es mehrere mögliche Lösungen gibt, orientieren: „The sequence is problem-then-theory not theory-then-application" (Dixon 1993, 247). Die grundlegende Idee des problemorientierten Lernens (vgl. Chaharbaghi/Cox 1995) besteht darin, zunächst das Problem zu identifizieren, Lösungsalternativen mit Hilfe strategischen Grundlagenwissens und auf der Basis kreativer Problemlösung zu generieren, dabei Lernbedarf in einem interaktiven Prozeß herauszuarbeiten und diesem anschließend gezielt gerecht zu werden. Nachdem das angeeignete Wissen in der Problemlösung Anwendung gefunden hat, ist zusammenzufassen und zu bewerten, was im Ergebnis gelernt wurde.

Diese strikte **Problemzentrierung** und Fokussierung auf strategische Ziele und Leistungen wird nach Ansicht von Baldwin/Lawson (1995) sowohl der Unternehmung als auch den Führungskräften viel eher gerecht als die Voranstellung der Wissensvermittlung vor der (im vorhinein nicht genau abschätzbaren) Wissensanwendung: „From the perspective of the manager and the firm, there really are no ‚development' problems, per se, but only business problems, for which management development might be one competitive strategy. The fundamental goal of management development in a new business reality is not to learn new concepts or skills, but to be more committed, more focused, and more competitive in achieving business objectives. Management development will be most successful when it is understood that the manager's prime concern is with success at managing, and that learning is a subsidiary purpose. That is managers want to be effective, but they do not neccessarily want to be learners" (513f.). Theoretisches Wissen ist nur eine von vielen Lern- und Informationsquellen, deren Potentiale in kollektive Problemlösungs- und Lernprozesse „einfließen".

Organisiertes kooperatives Lernen bewirkt die gemeinsame Bewältigung einer Arbeitsaufgabe bzw. Problemlösung, wobei individuelles Lernen durch Kooperationsprozesse in Gruppen gefördert wird. Es läßt sich beschreiben als die Möglichkeit, durch „Exploration" und Präsentation unterschiedlicher Ideen und Erfahrungen in kooperativer Gemeinschaft zu lernen. Die vielseitigen Ressourcen und unterschiedlichen Fähigkeiten der Gruppe sollen für ein vertiefendes Verständnis des Problembereiches, für die Verbesserung der Urteilskraft und die Erweiterung des Wissens- und Problemlösungsspektrums sorgen. Kooperative Lernarrangements zeichnen sich dadurch aus, daß Aufgaben und Lernaktivitäten, die sich für die Arbeit in Gruppen eignen, vorangestellt und Kooperationsregeln aufgestellt werden, die die Interaktion der Beteiligten anleiten. Lernprozesse sind so gestaltet, daß sich die Lernenden bzw. Führungskräfte aktiv beteiligen durch kritische Reflexion, Infragestellung und Diskussion mit ihren Kollegen in (heterogenen) Gruppen. Lernziele sind unter anderem Sozialkompetenz, das Verstehen von alternativen Sichtweisen und das Hinterfragen des eigenen „Weltbildes".

Traditionelle Konzepte des Management Development basieren auf der impliziten Annahme, Management Development sei fremdbestimmt („something that was done to managers by some external force" - Baldwin/Padgett 1993, 70). **Selbstgesteuertes Lernen** (vgl. Manz/Manz 1991) unterscheidet sich hiervon dadurch, daß die Verantwortung für Planung, Durchführung und regelmäßige Evaluation von Lernerfahrungen hauptsächlich dem Lernenden obliegt. Den Lernprozeß weitgehend selbst zu steuern, bedeutet, eine aktive Rolle bei der Identifizierung und Erweiterung von Lernmöglichkeiten einzunehmen. Selbststeuerung steht nicht im Widerspruch zu kooperativem Lernen: Auch bei einem hohen Selbststeuerungsanteil am Lernen wird der interaktive Charakter von Lernprozessen in der Arbeitswelt durch den Dialog mit anderen Lernern und Kollegen, Experten und Trainern gewahrt bleiben und der Lernende Hilfestellung durch vielfältige Lernquellen (menschliche und materielle Ressourcen) suchen. Selbststeuerung ist möglich beim Vorbereiten und Planen des Lernens, wenn Lernbedarfe und Lernziele identifiziert, im einzelnen diagnostiziert und artikuliert werden müssen, wenn sich Lernende selbst zu motivieren haben, wenn der Lernprozeß in Gang zu setzen ist. Die Lernenden planen die notwendigen Lernschritte und führen diese eigenverantwortlich aus.

Im Kern ist eine weitgehende Kopplung von Geschäftsfeldern, strategischem Management, Kernkompetenzen und Management Development notwendig. Die integrierten **kollektiven Problemlösungs- und Lernprozesse** implizieren eine Neubewertung von Lernen: Es hat nicht mehr allein die Maxime Gültigkeit, allgemeines Managementwissen solle strategischen Wandel steuern; vielmehr bilden strategische Problemstellungen den lern- und handlungsleitenden Ausgangspunkt von Management Development, bildet individuelles und kollektives handlungsbezogenes und hochspezialisiertes, vielfach implizites Wissen eine Quelle dauerhafter Wettbewerbsvorteile. Die Schaffung eines Pools von strategisch kompetenten Führungskräften auf allen Ebenen der Organisation impliziert eine am Lernenden und seinen Möglichkeiten und Fähigkeiten ausgerichtete Kombination aus angeleitetem und selbstgesteuertem, aus individuellem und kollektivem Lernen, wobei klare Verantwortlichkeiten für die Lernergebnissicherung festgelegt werden sollten und die Eigenverantwortung der Betroffenen zu stärken ist. Abbildung 1 stellt zusammenfassend die Neuorientierung im Management Development im Vergleich zu herkömmlichen Schwerpunkten gegenüber.

	TRADITIONELL	NEU
WOZU?	konsekutiv: „Qualifications follow Strategy"	prospektiv: Erzielung von Wettbewerbsvorteilen
WAS?	Anwendung bekannter Lösungen („Theorielastigkeit")	handlungsorientiertes problemlösungsbezogenes Lernen
WOMIT?	Instruktion („Training off the Job")	Nutzung vielfältiger Lernarrangements
WO?	Schulungszentrum („Kaderschmiede")	„Real-Work"-Kontext (praxisbezogenes gelenktes Erfahrungslernen)
WANN?	fallweise, insbesondere vor Karrieresprüngen („Insellösungen")	kontinuierliches, „lebenslanges" Lernen
WER?	einige Auserwählte (Elite)	umfassender Pool an Fach- und Führungskräften

Abb.1: Neuorientierung im Management Development

4 Lernprinzipien und Schlüsselqualifikationen

Die menschliche Entwicklung im allgemeinen und das Management Development im speziellen kann gewissermaßen als Kette von komplexen Lernvorgängen interpretiert werden. Unbestritten gilt das Lernpotential im mittleren Erwachsenenalter als besonders hoch, obgleich gerade diese Phase als „Stiefkind" der Lernforschung behandelt wird (vgl. Weidenmann 1991). Es bestehen aber große individuelle Unterschiede im Hinblick auf Lernleistung und Entwicklung von Lernfähigkeit. Dennoch lassen sich einige generelle **Lernprinzipien** für eine effiziente Gestaltung von Management-Development-Programmen formulieren (vgl. Kammel 2000, 503ff.):

- **Lernmotivation**: Klar definierte Lernziele, verbunden mit raschem Feedback, unterstützen Lernvorgänge ebenso wie eindeutige Bezüge der Lerninhalte zu individuellen Motivlagen, Erwartungen und persönlichen Zielen (z.B. Karrierezielen).
- **Lernfähigkeit**: Individuelle Lernunterschiede hinsichtlich Menge, Lerntiefe, Sequenzen und Geschwindigkeit erfordern möglichst homogene Teilnehmergruppen in einzelnen Lernphasen, innerhalb derer konzentrierte und weniger intensive Abschnitte abwechseln.
- **Praxisrelevanz**: Da die Übertragbarkeit des Gelernten ein wichtiger Lernanreiz ist, gilt „Learning by doing" mit direkt anschließendem Feedback („Action/Reflection") als zentraler Ansatzpunkt in der Personalentwicklung ebenso wie gemeinsames praxisnahes Lernen im Team.

- **Vorerfahrungen**: Sofern Lernende das Lernen als Selbstverständlichkeit begreifen und als positiv empfinden, treten Verstärkungseffekte auf. Durch enge Bezugnahmen zu den bisherigen Erfahrungen und dem akkumulierten Wissensstand müssen Gegensätzliches bzw. grundlegende Neuorientierungen oft sehr überzeugend vermittelt werden, um Akzeptanz zu finden.
- **Kennen und Können**: In vielen Fällen reicht reines Wissen über bestimmte Inhalte nicht aus. Nur durch aktives Praktizieren und Anwendungen des Gelernten, z.B. im Rahmen sozialer Kompetenzen und Führungsverhalten, avanciert der „Novize" zum „Spitzenkönner".
- **Einstellungen**: Oftmals werden Fakten erst durch Änderungen von Einstellungen bzw. grundlegenden Wertvorstellungen gelernt.

Aus der Lernforschung (vgl. Slavin 1996) ist bekannt, daß gemeinschaftliches Lernen tendenziell Lernleistungen, kreative Ergebnisse, die Entscheidungsqualität, individuelle Motivation verbessern hilft. Ideen einzelner kommen zur Validierung gewissermaßen „auf den Prüfstand", werden reflektiert und weiterentwickelt. Langfristig positive „Nachwirkungen" bestehen in stark verbesserter Kommunikation auf der Basis gemeinsamer Interpretationen von Fakten und Kohäsionseffekten auch außerhalb der Wokshop-Situation aufgrund gemeinsamer Erfahrungen. Unbedingte Erfolgsvoraussetzungen für kollektives Lernen sind auch u.a. Lernklimata, in denen konstruktiv mit Kontroversen, individuellen Ideen und Vorschlägen umgegangen wird, und große Bereitschaft für Teamentwicklung existiert. Ferner sollte eine möglichst homogene Gruppenzusammensetzung hinsichtlich Hierarchieebene, bisheriger Erfahrungen und Entwicklungsfähigkeit vorliegen. Heterogene Gruppenzusammensetzungen lassen sich oft nicht vermeiden, bedürfen aber besonderer moderierender Interventionen, sollen aus einer solchen gruppendynamischen Herausforderung positive Arbeits- und Lerneffekte resultieren.

Die hohe Verfallgeschwindigkeit gegebener Managerqualifikationen und -aufgaben, Antizipationsschwierigkeiten und Flexibilitätserfordernisse lenken den Blick auf adaptive, fächerübergreifende komplementär zu tätigkeitsspezifischen Qualifikationen (vgl. Gaugler 1987, 76). Zeitunabhängige **Schlüsselqualifikationen** dienen der Vorbereitung auf das nicht Antizipierbare oder mit anderen Worten als „Schlüssel" zum späteren Spezialisierungserfordernis im Hinblick auf konkrete Aufgaben und Handlungen. Da bislang keine fundierten und die einzelnen Kategorien konkretisierenden Aussagen zu Zahl und Art der Schlüsselqualifikationen vorliegen, ist das Konzept eher als Verständigungsformel und Dialogbasis zu verstehen, nicht aber als „Zauberformel" für alle Arten von Personalentwicklungskonzepten. Wesentliche kognitive, affektive und verhaltensbezogene

Bereiche betreffen soziale Kompetenzen, Verbesserung der Lernfähigkeit und des selbstgesteuerten Lernens und innovatorische Qualifikationen. Letztere betreffen die kreative, methodisch gestützte Nutzung der individuellen Wissensbasis, die Lösungen schlecht strukturierter Problemlagen (**Problemlösungskompetenz**), die eigeninitiative Arbeits- und Rollengestaltung und eine flexible Nutzung sich bietender Entscheidungs- und Handlungsspielräume.

Als **Basisqualifikationen** lassen sich personale Schlüsselqualifikationen wie die Entwicklung und Aufrechterhaltung von Beziehungsnetzwerken, Informationskoordination, zumeist multipersonale Entscheidungsfindung und Beeinflussung von Kollegen und Mitarbeitern hervorheben. Da Handlungswissen anders als reines Sachwissen nur langfristig entwickelt werden kann, kommt nur ein frühzeitiger Trainingsbeginn besonders der als „talentierter Nachwuchspool" apostrophierten jüngeren Führungskräfte in Frage. Das gleiche gilt für die Hinführung zu strategischen Kompetenzen, mit denen das Unternehmen in die Lage versetzt werden soll, den Wandel „vorwegzunehmen" und rechtzeitig Strategien zu entwickeln und umzusetzen. Die Fähigkeit, strategisch zu denken, umfaßt die Erarbeitung von Visionen („ Do the right things") und strategischen Plänen auf der Basis von Kenntnissen der Geschäftsfelder und Märkte; strategisches Handeln benötigt u.a. unternehmerische und mikropolitische Fähigkeiten, aber auch administrative Kompetenzen zur Führung von Großunternehmen und Fähigkeiten des Selbstmanagements in der geforderten Rolle.

Schlüsselqualifikationen lassen sich nach Reetz (1990, 25ff.) primär durch handlungsorientiertes Lernen und Problemlösen vermitteln und verbessern das „Lernen im Handeln mit dem Ziel, Handeln zu lernen" (Laur-Ernst 1990, 48), wobei Arbeitskontexte gleichzeitig Potentiale als Lernumgebungen besitzen müssen. Um dies zu gewährleisten, werden in der Literatur Konzepte einer „**lernenden Organisation**" diskutiert (vgl. z.B. Senge 1990, Easterby-Smith/Araujo/Burgoyne 1999), deren wirksame Implementierung sich aber als äußerst schwierig erweist.

5 Institutionalisiertes Lernen und praktische Problemlösung als Symbiose

Traditionellen „Off-the-Job"- und „Near-the-Job"-Trainings- und Entwicklungsprogrammen (einschließlich Fallstudien und Simulationen) haften Probleme zu starker „Theoretisierung", praxisferner „Laborsituationen" und Transferhindernisse vom Lern- in das Anwendungsfeld an. Entwicklung ist aber primär abhängig von den Herausforderungen der Wirklichkeit; gelernt wird vor allem durch praktische Problemlösung im realen Arbeitskontext mit hoher Komplexität, zahlreichen Konflikten und unvermeidlichen Frustrationen, weil eigene Vorstellungen, Ideen usw. keine Berücksichtigung finden. Die enge Verknüpfung von Lernen und Arbeiten bedeutet zweierlei: erstens die stärkere unmittelbare Nutzung von Lernergebnissen bei wichtigen Problemlösungen (z.b. Konzeptionalisierung von Strategien und Programmen) und zweitens die Nutzung der Vorteile gemeinschaftlicher Lernansätze.

Als wichtige Maßnahme dienen **Lernworkshops** unmittelbar der Anwendung von Wissen und Fähigkeiten; die Partizipienten vergegenwärtigen nicht nur Lerneffekte und geänderte bzw. neue Perspektiven, sondern haben das Gelernte anzuwenden unter Berücksichtigung „mikropolitischer" und unternehmenskultureller Einflußgrößen. Voraussetzungen für Lernen sind Experten, die „just in time" spezifisches Wissen in das Arbeits- und Lernteam einbringen, und Moderatoren, die zur gemeinsamen Reflexion von Ideen, Meinungen, Werthaltungen, Entscheidungen und Aktivitäten auffordern. Mit speziellen Aufgabenstellungen betraute **Problemlösungs-Teams** mit Führungskräften aus unterschiedlichen Funktionen und Positionen in der Organisation sind Institutionalisierungen kooperativen Lernens. Die Basisannahme besteht darin, daß kreative Problemlösung bzw. strategische Planung und Lernen eng verbunden sind, weil beide Konstrukte als wissensbasierte Prozesse verstanden werden können. Grundidee ist es, die **strategische Planung** selbst **als Lernprozeß** aufzufassen und zu konzipieren und Management Development im Sinne eines Lernens an konkreten Problemen der Organisation als „Intervention" im Prozeß der Strategieentwicklung und –implementierung aufzufassen (vgl. Ulrich 1989). Strategische Planung und Lernen sollten also als integraler Prozeß verstanden werden. Aufgegeben ist nicht nur die Erstellung und Implementierung eines Planes, sondern gleichzeitig auch die Weiterentwicklung der mentalen Modelle der Führungskräfte. Als Grundidee fungiert das Konzept des „**Action Learning**" (vgl. Revans 1979; Margerison 1988; Raelin 1997), dessen Programme über einen mehrmonatigen Zeitraum konzipiert werden und die praxisbezogene Projektarbeit - unterbrochen von Schulungsseminaren - beinhalten. Die möglichst heterogenen Führungskräfteteams führen „Task Force"-Projekte durch mit komplexen, strategisch relevanten Organisationsproblemstellungen, für die keine klaren Antworten vorhanden sind, unter Zuhilfenahme der Fähigkeiten, die in der „Off-the-Job"-Personalentwicklung gelernt wurden. Die Teams treffen sich periodisch unter Leitung eines professionellen Moderators, um die gesammelten Erfahrungen auszutauschen, zu diskutieren, Probleme zu formulieren, zu lösen und um aus Erfahrungen zu lernen. Außerdem sind die kritische Reflexion von Ideen, Denk- und

Vorgehensweisen sowie auftretenden Konflikten und ein individuelles Leistungs- und Lernfeedback Bestandteile der Programme. Ziel ist weniger die Förderung von Fachwissen als vielmehr die Entwicklung kognitiver und interpersonaler Kompetenzen sowie die praktische Umsetzung von Ergebnissen in der Organisation. Leider wird in den Veröffentlichungen zum „Action Learning" nicht deutlich gesagt, was genau Führungskräfte gelernt haben sollen, nachdem sie an diesen umfassenden und längerfristigen Programmen teilgenommen haben (Baldwin/Padgett 1993, 65). Nach Argyris (1993) ist reflexives Lernen höherer Ordnung („double-loop Learning") erst möglich, wenn im Rahmen praxisorientierter Workshops die lernbehindernden „defensiven Routinen" im Denken und Handeln der Führungskräfte offengelegt und gemeinsam überwunden werden.

In jüngster Zeit werden ferner sogenannte **Lern- und Entwicklungspartnerschaften** als Instrumente der Führungskräfteentwicklung und des organisationalen Lernens proklamiert mit dem Ziel, von den Erfahrungen anderer Personen und Institutionen zu profitieren (vgl. Locke/Jain 1995, 63) und verschiedene Lernerfahrungen zu sammeln. Lern- und Entwicklungspartnerschaften sind Zusammenschlüsse mehrerer Organisationen, oft in Verbindung mit einem Weiterbildungsträger, um praxisbezogene Entwicklungsmöglichkeiten für die Beteiligten zu schaffen (vgl. Baldwin/Lawson 1995, 522). Durch entsprechende Programme unter variierender Beteiligung von „Mitgliedsunternehmen", strategischen Allianzen, Top-Managern, Führungskräften verschiedener Funktionen und Positionen, Personalverantwortlichen, eventuell auch Kunden und Hochschulinstituten werden netzwerkbezogene strategische Lernprojekte initiiert, „Best Practices" diskutiert und zentrale Aspekte strategischen Wissens im Hinblick auf Organisationen, die dies unter gleichen strategischen Herausforderungen zu bewältigen haben, ausgetauscht (vgl. Simon 1994, 154f.; Lorange 1996; zu praktischen Beispielen vgl. Sattelberger 1996, 305ff.). In regelmäßigen Workshops mit Regelungen, die ein strukturiertes und systematisches Bearbeiten der vorgebrachten Fragen gewährleisten sollen, können gemeinsam und in interdisziplinärer Zusammensetzung Problemlösungen angestrebt werden. Das Lernen und die gegenseitige Beratung umfassen weiterhin den **Informationsaustausch** über Trends und Erfahrungen, das kritische Prüfen und Erörtern von neuen strategischen Überlegungen und Ansätzen hinsichtlich wissenschaftlicher Fundierung und der Eignung von Konzepten für eine konkrete Implementierungsmöglichkeit in der Praxis sowie die Auseinandersetzung mit multiplen Perspektiven. Die auf diese Weise erhaltenen Anregungen dienen als Ideengeber bei der Suche nach neuen strategischen Problemlösungen und bei der Beschleunigung des unternehmensspezifischen Wandels.

6 Konklusion

Management Development sollte stärker als bislang die **Managementpraxis** widerspiegeln und zum Gegenstand haben sowie eng mit der Strategie des Unternehmens verknüpft werden. Management Development ist dabei nicht so sehr eine derivative Funktion des strategischen Managements mit flankierendem Charakter, sondern gewissermaßen „Motor" der Strategie (vgl. Wächter 1992). Formale Trainingseinheiten können nur als ein Instrument eines breiten Repertoires von Lernformen verstanden werden, wobei soziales Lernen die Forderung nach realitätsnäheren Lernarrangements häufig besser erfüllt. Es ist allerdings schwierig, umfassende - an **Prinzipien des Erwachsenenlernens** orientierte - Managementkonzepte in der Praxis durchzusetzen, da besonders in hoch kompetitiven Geschäftsfeldern der Druck kurzfristiger Erfolge („Shareholder Value") immens ist.

In der wissenschaftlichen Betrachtung ist eine Schwerpunktverschiebung von der individuellen Analyse auf die der Organisation (strategische Zielerreichung, Organisationslernen, organisationaler Wandel) festzustellen. Dennoch: Die Ermöglichung vielfältiger Lernerfahrung garantiert weder, daß Führungskräfte irgendetwas lernen noch daß sie das lernen, was gewünscht wird, zumal die individuellen Lernunterschiede groß sein können. Das bedeutet, intensive **empirische Forschung** muß klären, welche Wirkungen bestimmte Lernarrangements unter bestimmten Zielsetzungen und Bedingungen auf der Ebene der Individuen und der Organisation aufweisen. Noch gibt es mehr gut gemeinte Gestaltungsvorschläge als lernpsychologisch fundierte Erklärungsansätze, warum, wie, was und unter welchen Bedingungen bestimmte Personen lernen.

7 Literatur

Argyris, Ch. (1993): Education for Leading Learning, in: Organizational Dynamics, 21. Jg. (1993), Heft 3, S. 5-17.

Argyris, Ch./Schön, D.A. (1996): Organizational Learning II: Theory, Method, and Practice, Reading, MA.

Arnold, R./Müller, H.J. (1992): Ganzheitliche Berufsbildung, in: Pätzold, G. (Hrsg.): Handlungsorientierung in der beruflichen Bildung, Frankfurt a.M., S. 97-121.

Baldwin, T.T./Lawson, T.E. (1995): Management Development in a New Business Reality, in: Ferris, G.R./Rosen, S.D./Barnum, D.T. (Eds.): Handbook of Human Resource Management, Cambridge, Oxford, S. 511-527.

Baldwin, T.T./Padgett, M.Y. (1993): Management Development: A Review and Commentary, in: Cooper, C./Robertson, I. (Hrsg.): International Review of Industrial and Organizational Psychology, Vol. 8 (1993), S. 35-85.

Barney, J.B. (1991): Firm Resources and Sustained Competitive Advantage, in: Journal of Management, 17. Jg. (1991), S. 99-120.

Barney, J.B. (1992): Integrating Organizational Behavior and Strategy Formulation Research: A Resource-based Analysis, in: Advances in Strategic Management, Vol. 8 (1992), S. 39-61.

Barney, J.B./Wright, P.M. (1998): On Becoming a Strategic Partner: The Role of HR in Gaining Competitive Advantage, in: Human Resource Management, Vol. 37 (1998), S. 31-46.

Becker, G.S. (1964): Human Capital. A Theoretical and Empirical Analysis with Special Reference to Education, New York/London.

Becker, B.E./Gerhart, B. (1996): The Impact of Human Resource Management on Organizational Performance: Progress and Prospects, in: Academy of Management Journal, Vol. 39 (1996), S. 779-801.

Castanias, R.P./Helfat, C.E. (1991): Managerial Resources and Rents, in: Journal of Management, Vol. 17 (1991), S. 155-171.

Chaharbaghi, K./Cox, R. (1995): Problem-based Learning: Potential and Implementation Issues, in: British Journal of Management, Vol. 6 (1995), S. 249-256.

Davies, J./Easterby-Smith, M. (1984): Learning and Developing from Managerial Work Experiences, in: Journal of Management Studies, Vol. 21 (1984), S. 169-183.

Dierickx, J./Cool, K. (1989): Asset Stock Accumulation and Sustainability of Competitive Advantage, in: Management Science, Vol. 35 (1989), S. 1504-1511.

Dixon, N.M. (1993): Developing Managers for the Learning Organization, in: Human Resource Management Review, Vol. 3 (1993), S. 243-254.

Easterby-Smith, M./Araujo, L./Burgoyne, J. (Hrsg.) (1999): Organizational Learning and the Learning Organization, London et al.

Evans, P.A.L. (1992): Management Development as Glue Technology, in : Human Resource Planning, Vol. 15 (1992), Heft 1, S. 85-106.

Fritz, W. (1990): Marketing - ein Schlüsselfaktor des Unternehmenserfolgs? Eine kritische Analyse vor dem Hintergrund der empirischen Erfolgsfaktorenforschung, in: Marketing ZFP, 12. Jg. (1990), S. 91-110.

Gaugler, E. (1987): Zur Vermittlung von Schlüsselqualifikationen, in: Gaugler, E. (Hrsg.): Betriebliche Weiterbildung als Führungsaufgabe, Wiesbaden, S. 69-84.

Gutenberg, E. (1962): Unternehmensführung. Organisation und Entscheidung, Wiesbaden.
Hamel, G./Prahalad, C.K. (1996): Competing in the New Economy: Managing Out of Bounds, in: Strategic Management Journal, Vol. 17 (1996), S. 237-242.
Hill, L.A. (1992): Becoming a Manager: Mastery of the new Identity, Boston, MA.
Jackson, S.E./Schuler, R.S./Rivero, J.C. (1989): Organizational Characteristics as Predictors of Personnel Practices, in: Personnel Psychology, Vol. 42 (1989), S. 727-786.
Kammel, A. (2000): Strategischer Wandel und Management Development, Frankfurt u.a.
Kerr, J.L./Jackofsky, E.F. (1989): Aligning Managers with Strategies: Management Development Versus Selection, in: Strategic Management Journal, Vol. 10 (1989), S. 157-170.
Kotter, J.P. (1982): The General Manager, New York.
Lado, A.A./Wilson, M.C. (1994): Human Resource Systems and Sustained Competitive Advantage: A Competency-based Perspective, in: Academy of Management Review, Vol. 19 (1994), S. 699-727.
Laur-Ernst, U. (1990): Schlüsselqualifikationen - Innovative Ansätze in den neugeordneten Berufen und ihre Konsequenzen für das Lernen, in: Reetz, L./Reitmann, Th. (Hrsg.): Schlüsselqualifikationen, Hamburg, S. 36-55.
Lei, D./Hitt, M.A./Bettis, R. (1996): Dynamic Core Competencies through Meta-Learning and Strategic Context, in: Journal of Management, Vol. 22 (1996), S. 549-569.
Locke, E.A./Jain, V.K. (1995): Organizational Learning and Continuous Improvement, in: International Journal of Organizational Analysis, Vol. 3 (1995), Heft 1, S. 45-68.
Lorange, P. (1996): Die lernende Partnerschaft als Schlüssel zum Wettbewerbserfolg, in: Management, 65. Jg. (1996), Heft 9, S. 40-43.
Mahoney, J.T. (1995): The Management of Resources and the Resource of Management, in: Journal of Business Research, Vol. 33 (1995), S. 91-101.
Manz, Ch.C./Manz, K.P. (1991): Strategies for Facilitating Self-Directed Learning: A Process for Enhancing Human Recource Development, in: Human Resource Development Quarterly, Vol. 2 (1991), Heft 1, S. 3-12.
Margerison, C.J. (1988): Action Learning and Excellence in Management Development, in: Journal of Management Development, Vol. 7 (1988), Heft 5, S. 43-53.

McCall, M.W./Lombardo, M.M./Morrison, A.M. (1988): The Lessons of Experience, New York et al.
Neuberger, O. (1994): Personalentwicklung, 2. Aufl., Stuttgart.
Raelin, J.A. (1997): A Model of Work-based Learning, in: Organization Science, Vol. 8 (1997), S. 563-578.
Reed, R./DeFillippi, R.J. (1990): Causal Ambiguity, Barriers to Imitation and Sustainable Competitive Advantage, in: Academy of Management Review, Vol. 15 (1990), S. 88-102.
Reetz, L. (1990): Zur Bedeutung der Schlüsselqualifikationen in der Berufsbildung, in: Reetz, L./Reitmann, Th. (Hrsg.): Schlüsselqualifikationen, Hamburg, S. 16-35.
Revans, R.W. (1979): The Nature of Action Learning, in: Management Education and Development, Vol. 10 (1979), S. 3-23.
Sattelberger, Th. (1996): Strategische Lernprozesse, in: Sattelberger, Th. (Hrsg.): Human Resource Management im Umbruch, Wiesbaden, S. 288-313.
Senge, P.M. (1990): The Fifth Discipline: The Art and Practice of the Learning Organization, New York et. al.
Simon, H. (1994): Lernoberfläche des Unternehmens, in: Simon, H./Schwuchow, K. (Hrsg.): Management-Lernen und Strategie, Stuttgart, S. 149-158.
Slavin, R.E. (1996): Research on Cooperative Learning and Achievement: What We Know, What We Need to Know, in: Contemporary Educational Research, Vol. 21 (1996), S. 43-69.
Sternberg, R.J./Horvath, J.A. (Hrsg.) (1999): Tacit Knowledge in Professional Practice, Mahwah, NJ u.a.
Teece, D.J./Pisano, G./Shuen, A. (1997): Dynamic Capabilities and Strategic Management, in: Strategic Management Journal, Vol. 18 (1997), S. 509-533.
Trice, H.M./Beyer, J.N. (1991): Cultural Leadership in Organizations, in: Organization Science, Vol. 2 (1991), S. 149-169.
Ulrich, D. (1989): Executive Development as a Competitive Weapon, in: Journal of Management Development, Vol. 8 (1989), Heft 5, S. 11-22.
Ulrich, P./Fluri, E. (1995): Management, 7. Aufl., Bern/Stuttgart/Wien.
Wächter, H. (1992): Vom Personalwesen zum Strategic Human Resource Management. Ein Zustandsbericht anhand der neueren Literatur, in: Managementforschung, 2. Jg. (1992), S. 313-340.
Weidenmann, B. (1991): Lernen im Erwachsenenalter: Empirische Befunde und Desiderata, in: Grundlagen der Weiterbildung, 2. Jg. (1991), Heft 1, S. 7-11.

Welge, M.K./Häring, K./Voss, A. (Hrsg.) (2000): Management Development. Praxis, Trends und Perspektiven, Stuttgart.

Wright, P.M./McMahan, G.C./McWilliams, A. (1994): Human Resources and Sustained Competitive Advantage: A Resource-based Perspective, in: International Journal of Human Resource Management, Vol. 5 (1994), S. 301-326.

Zielgruppenorientierte Personalpolitik - diskutiert am Beispiel älterer Mitarbeitender

Bruno Staffelbach und Michael Bruggmann

Übersicht:

1	Ausprägungen im Personalmanagement	70
2	Zielgruppenorientierung	71
2.1	Gründe	71
2.1.1	Quantitative und qualitative Verknappung der Arbeitsmärkte	71
2.1.2	Zunehmender Werte- und damit Präferenzpluralismus	72
2.1.3	Personalkosten	72
2.2	Ansätze	72
2.2.1	Labor Economics	72
2.2.2	Personalmarketing	74
2.3	Bildung von Zielgruppen	75
3	Ältere als Zielgruppe der Personalpolitik?	75
3.1	Alter als Kriterium der Zielgruppenbildung	76
3.2	Erfahrung als Charakteristikum älterer Mitarbeitender	77
3.2.1	Fachliche und methodische Kompetenz	79
3.2.2	Einstellung zu Veränderung	80
3.2.3	Lebenserfahrung	80
3.2.4	Soziale Kompetenzen	81
3.2.5	Evaluative Aspekte	81
3.3	Konsequenzen für das Personalmanagement	82
3.3.1	Erfahrung kennen	82
3.3.2	Erfahrung nutzen	82
3.3.3	Erfahrung entwickeln	83
3.3.4	Erfahrung anerkennen	83
4	Schlußfolgerung	84
5	Literatur	85

70 Zielgruppenorientierte Personalpolitik

1 Ausprägungen im Personalmanagement

Die Aufgabe des Personalmanagement entstand, als vor etwa 90.000 Jahren die Mitglieder der damaligen „Menschenrudel" erkannten, daß es wohl besser sei, sich untereinander abzusprechen, wer jagen und sammeln soll, statt daß alle jagten und sammelten. Grundlage war die Erfahrung, daß die individuellen Eignungen und Neigungen für die verschiedenen Aktivitäten ungleich verteilt waren. Daraus entwickelte sich die Herausforderung, die unterschiedlichen Eignungen und Neigungen mit den sich bietenden Handlungsoptionen und mit den Bedingungen der sich herausbildenden Arbeitsteilichkeit zu koordinieren. Bis vor etwa 80 Jahren brauchte es dazu weder eine Personalabteilung noch einen Personalchef. Im Mittelalter nahmen sich die Fürsten, Äbte, Räte oder Rottenführer dieser Aufgabe selber an. Fallweise wurden sie im Söldnerwesen z.B. von „Recruiting Officers" oder von Zahlmeistern unterstützt. Die Personalabteilung entstand erst in den „Modern Times".

Erst mit den größer werdenden Unternehmen, mit der zunehmenden qualitativen und quantitativen Verknappung der Arbeitsmärkte und mit der wachsenden Professionalisierung der Betriebsführung entstand ein Bedarf nach einem **spezifischen Know-how zum Finden, Nutzen und Koordinieren** des betrieblich erforderlichen **Personals**. Dieses spezialisierte Fachwissen – gründend im Erfahrungsschatz betrieblicher Praxis und aus der Forschung verschiedener wissenschaftlicher Disziplinen fließend - arbeitete Joachim Hentze in seinen vielen Lehrbüchern wegleitend und systematisch auf.

In der betrieblichen Praxis prägten sich im Verlaufe der Zeit verschiedene Auffassungen von Personalmanagement heraus. Für „**Institutionalisten**" ist schlagwortartig zusammengefaßt Personalmanagement das, was die Personalabteilung allenfalls zusammen mit den Personalreferenten tut bzw. was in den Zuständigkeitsbereich der „Personaler" fällt. Im Verlaufe der Zeit wurde dieser Bereich immer größer. Personalmanagement in dieser Sicht ist im wesentlichen ein „Body of Knowledge", personifiziert durch die Träger des personalspezifischen Expertenwissens. Seit mehreren Jahren läßt sich allerdings beobachten, daß diese Bereiche zurückgestutzt werden: Führungsebenen werden gestrichen, unter dem Motto „Personalarbeit ist Chefsache – zurück zur Linie" wird rückdelegiert und dezentralisiert, und verschiedene Aufgaben werden vom Computer übernommen und/oder ausgelagert. Damit erscheint die **funktionelle Sicht** des Personalmanagements bedeutsam. Nach Dave Ulrich (1997) erfüllt das Personalmanagement vier wertschöpfende Funktionen: Es hat strategischer Partner der Unternehmensführung zu sein, administrativ effizient zu operieren, günstige Leistungsvoraussetzungen zu schaffen und den Lernwillen auf individueller und kollektiver Ebene zu fördern. Für die Übernahme dieser wertschöpfenden Funktionen kommen ganz unterschiedliche Träger in Betracht: z.B. die Unternehmensleitung, die Stäbe, die Teilbereichsleitungen, die Personalchefs und Personalabteilungen, externe Berater und Partner, Vorgesetzte verschiedener Ebenen und die Beschäftigten selber. Kein Träger wird alle Funktionen erfüllen und keine Funktion ist einem Träger allein vorbehalten. Personalmanagement in diesem Sinne ist nicht mehr einfach das, was die Personalabteilung tut.

Eine dritte Auffassung sieht von der Institutionalisierung und vom funktionellen Aufgabengefüge des Personalmanagements ab und konzentriert sich auf die Frage, auf wen oder worauf sich das Personalmanagement bezieht. Im Zentrum stehen dabei **spezifische Personalgruppen** wie z.B. Führungskräfte, Auszubildende, Angehörige eines bestimmten Unternehmensbereiches oder eine ausgewählte Berufsgruppe. Diese Zielgruppen bilden dann den Inhalt einer spezifischen Personalpolitik.

2 Zielgruppenorientierung

2.1 Gründe

Mangels entsprechender Untersuchungen ist kaum nachweisbar, wann und warum Unternehmen welche Zielgruppe zum Fokus ihrer Personalpolitik machten. Im wesentlichen dürften aber drei Gründe für eine Fokussierung entscheidend sein.

2.1.1 Quantitative und qualitative Verknappung der Arbeitsmärkte

Auf den Arbeitsmärkten sahen sich Unternehmen zusehends mit einer qualitativen und quantitativen Verknappung konfrontiert. Bis Ende der 80er Jahre nahm die Nachfrage nach Arbeitskräften infolge des ständigen Wirtschaftswachstums in den industrialisierten Ländern des Westens zu, das Angebot durch die Verlängerung der Ausbildungszeiten, durch die Zunahme der Umschulungen, durch die Verkürzung der wöchentlichen Arbeitszeit und durch die Senkung des Pensionsalters aber ab. Besonders akzentuiert zeigte sich der Nachfrageüberhang in hochqualifizierten Berufsfeldern (Hochschul-, Universitätsabsolventen/-innen, Führungsnachwuchs). Mit der Verknappung des Arbeitsmarktes fand eine ähnliche Entwicklung statt wie drei bis vier Jahrzehnte vorher auf den Absatzmärkten für Güter und Dienstleistungen: Aus dem Verkäufer- wird ein Käufermarkt und die Unternehmen beginnen zu segmentieren, zu differenzieren und sich zu positionieren.

2.1.2 Zunehmender Werte- und damit Präferenzpluralismus

Eine zweite Stoßrichtung zur Zielgruppenorientierung im Personalmanagement kann im gesellschaftlichen Bereich lokalisiert werden und wird in der Forschung und in der Literatur etwa mit dem Stichwort „Wertewandel" bezeichnet. Zwar sind die Schlußfolgerungen der soziologischen und demoskopischen Forschungen im Detail nicht immer deckungsgleich, übereinstimmend sind sie jedoch in der Diagnose eines sich zunehmend ausfaltenden Wertepluralismus, worin Werte wie „Autonomie", „Selbstbestimmung" und „Selbstverwirklichung" an Gewicht gewinnen. Wertepluralismus heißt Präferenzpluralismus. An die Stelle von Einheitskonzepten treten maßgeschneiderte Lösungen bis hin zur "Individualisierung der Personalwirtschaft" (vgl. Drumm, 1989). Die Zielgruppenorientierung ist eine Antwort auf die Frage nach einem effizienten Umgang mit Präferenzpluralismen.

2.1.3 Personalkosten

Mit der zunehmenden Tertiarisierung der Wirtschaft nimmt die relative Bedeutung des Personals zu. Etwa 70% der Betriebskosten einer Bank sind Personalkosten. Bankkostenmanagement ist mit anderen Worten im wesentlichen Personalkostenmanagement. Der wissenschaftliche Fortschritt und der technische Wandel führen dazu, daß immer mehr in Form von Fort- und Weiterbildung investiert werden muß. Umgekehrt nimmt wettbewerbsinduziert der Kostendruck zu. In dieser Lage eröffnet die Zielgruppenorientierung die Möglichkeit, bestimmte Arbeitsmarktvorgänge und -segmente zu typisieren und zu standardisieren, ausgewählte Bewerberpools gezielter anzusprechen und zu aktivieren, den Nutzungsgrad der bestehenden Personalressourcen zu verbessern und für die Konkurrenz die Eintrittsbarrieren in die eigenen Arbeitsmärkte zu erhöhen.

2.2 Ansätze

Die Bildung von Zielgruppen läßt sich aus unterschiedlicher Warte analysieren. Ein eher theoretisch-analytischer Weg ergibt sich aus der Arbeitsökonomik (Labor Economics), wohingegen im Zusammenhang mit dem Personalmarketing ein mehr pragmatischer Ansatz im Vordergrund steht.

2.2.1 Labor Economics

Arbeitsmärkte weisen im Vergleich zu anderen Märkten (z.B. Finanzmärkte) bestimmte Besonderheiten auf: Sie sind sehr heterogen, die Arbeitsleistung ist stark mit der leistungserbringenden Person verknüpft, es herrscht eine hohe juristische und politische Regelungsdichte und der Lohn als Preis für die Arbeit hat eine wichtige Einkommensfunktion und ist i.d.R. nicht markträumend. Arbeitsmärkte können nach verschiedenen Kriterien differenziert werden, wobei in volkswirtschaftlichen Arbeitsmarktsegmentationstheorien oft von folgender Dreiteilung des Arbeitsmarktes ausgegangen wird (vgl. Doeringer/Piore 1971; Sesselmeier/Blauermel 1990):

- Der **(berufs-)fachliche Teilarbeitsmarkt**: Er bedingt hohe (in der Regel sozialisierte) Investitionen zur Sicherstellung standardisierter Qualifikationen. Letztere sind zertifiziert (z.B. in Form von Berufsabschlüssen) und ersparen den Unternehmen Kosten der (Fach-)Qualifikationsprüfung. Dadurch wird eine hohe horizontale Mobilität möglich.
- Der **betriebsinterne Teilarbeitsmarkt** umfaßt die arbeitsvertraglich gebundenen Arbeitsanbieter mit firmenspezifischen Qualifikationen. Die zwischenbetriebliche (horizontale) Mobilität ist gering, dafür sind die betrieblichen Investitionen für die betriebsspezifischen Qualifikationen hoch.
- Der **unspezifische Teilarbeitsmarkt** besteht aus Arbeitsanbietern ohne fachliche und betriebsspezifische Qualifikation. Es handelt sich um einen „Spot"-Markt mit hoher Fluktuation und Mobilität.

Diese Dreiteilung entspricht zwar nicht der Tiefenschärfe betriebswirtschaftlicher Marktsegmentierung, zeigt aber trotzdem einige **grundsätzliche Implikationen** einer zielgruppenorientierten Personalpolitik auf:

- Heterogene und damit segmentierbare Arbeitsmärkte erfordern differenzierte Erschließungs- und Bearbeitungskonzepte bzw. führen zur Entwicklung und Erhaltung von zielgruppenspezifischen Beschäftigungsverhältnissen. Der Ressourceneinsatz erfolgt dadurch – weil gezielt und spezialisiert – wirtschaftlicher, und durch die Maßschneiderung lassen sich stärkere akquisitorische Potentiale erreichen. Daraus erwachsen Konkurrenzvorteile.
- Von besonderem Interesse sind Arbeitsmärkte mit hohen Qualifikationen. Durch Fluktuation verlorene Investitionen ins Humankapital schlagen betriebswirtschaftlich besonders zu Buche. Umgekehrt lassen sich durch entsprechende Rekrutierungen teure und zeitraubende Qualifizierungen ersparen. Daraus folgt, daß sich eine differenzierte und zielgruppenorientierte Personalpolitik weniger auf Spotarbeitsmärkte, sondern vor allem auf hochqualifizierte Arbeitsmarktsegmente konzentriert.
- Ökonomisch betrachtet liegen die Vorteile einer zielgruppenorientierten Personalpolitik also insbesondere darin, daß Fluktuationskosten eingespart werden können, daß die Rekrutierungskosten sinken, daß das selber aufzubringende Investitionsvo-

lumen ins Humankapital abnimmt und daß der Nutzungsgrad der personalwirtschaftlichen Maßnahmen verbessert werden kann.

2.2.2 Personalmarketing

Ausgangspunkt für das Personalmarketing bildet die Überlegung, daß Menschen als Mitarbeitende genauso unterschiedliche Wünsche, Bedürfnisse und Erwartungen haben wie als Kunden. Personalmarketing heißt damit im Kern, die Bedürfnisse und Erwartungen der derzeitigen und künftigen Mitarbeiter/-innen als Ausgangspunkt für die Personalpolitik zu nehmen, um Beschäftigungsverhältnisse zu entwickeln und zu erhalten, die sowohl für das Unternehmen als auch für die Mitarbeiter/-innen möglichst vorteilhaft sind. Der Handlungsspielraum des Unternehmens konkretisiert sich dabei in drei Bereichen (vgl. Staffelbach 1995):
- der Segmentierung der relevanten Arbeitsmärkte und der Bestimmung der zu bearbeitenden Zielmärkte,
- der Schaffung eines akquisitorischen Potentials in den Zielsegmenten durch eine entsprechende Attraktivität als „Arbeitgeber" und durch ein Angebot von nachhaltigen Beschäftigungsvorteilen und
- der Marktbearbeitung.

Die betriebliche **Segmentierung der Arbeitsmärkte** kann nach verschiedenen Kriterien erfolgen, zum Beispiel geographisch, demographisch, psychographisch, branchen-, tätigkeits- und/oder berufsfeldbezogen. Effizienzannahmen der Segmentierung beinhalten, daß man akquisitorische Potentiale, Attraktivitäts- und Beschäftigungsvorteile eher erkennen und die Marktbearbeitung feiner differenzieren kann. Damit lassen sich die einzusetzenden Mittel wirtschaftlicher verwenden. Das akquisitorische Potential des Unternehmens bestimmt sich durch die in den Arbeitsmärkten wahrgenommenen Beschäftigungsvorteile, die ein Unternehmen relativ zu seiner relevanten Nachfragekonkurrenz besser anzubieten und zu kommunizieren vermag. Sie bestimmen die Attraktivität als „Arbeitgeber" bzw. das Arbeitgeber-Image. Das vom Unternehmen angebotene Leistungsbündel ist eine komplexe Mischung wahrgenommener tangibler und intangibler Elemente (z.B. die Arbeit selber, Lohn, Arbeitsbedingungen, Verantwortlichkeiten, Betriebsklima und Führungsstil). Die Marktbearbeitung beinhaltet alle Vollzugsmaßnahmen, um das Unternehmen in seinen anvisierten Arbeitsmärkten seinem akquisitorischen Potential entsprechend zu positionieren (Positionierungs- und Profilierungsfunktion), um dadurch die erwünschten Beschäftigungsverhältnisse zu induzieren (Akquisitions- und Bindungsfunktion) bzw. die bestehenden Beschäftigungsverhältnisse vorteilhafter zu gestalten (Motivationsfunktion).

2.3 Bildung von Zielgruppen

An und für sich ist in der Praxis des Personalmanagements die Bildung von Zielgruppen nicht neu. So wird in der Regel zwischen einer Personalpolitik für Angehörige des Kaders und für die übrigen Beschäftigten unterschieden. Die Personalpolitik japanischer Unternehmen fällt dadurch auf, daß klar zwischen einer Stammbelegschaft und einer Randbelegschaft unterschieden wird. Andere Unternehmen richten sich in und mit ihrer Personalpolitik nach bestimmten demographischen Zielgruppen aus (z.B. Frauen) oder fokussieren Segmente von besonderer unternehmerischer Bedeutung (z.B. Expatriates, High Potentials). Die **Segmentierungspraxis aus dem Marketing** lehrt dabei, daß für eine Segmentierung drei Bedingungen von Bedeutung sind: Die Segmente sollten klar abgrenzbar und stabil sein sowie eine bestimmte Mindestgröße aufweisen.

Vergegenwärtigt man sich, daß zumindest in den industrialisierten Ländern des Westens die durchschnittliche Lebenserwartung steigt und die Geburtenrate rückläufig ist, dann stellt sich die Frage, ob und wie die Gruppe der älteren Mitarbeitenden, also Mitarbeitende in der zweiten Hälfte des Arbeitslebens, als mögliche Zielgruppe der Personalpolitik ins Auge gefaßt werden kann.

3 Ältere als Zielgruppe der Personalpolitik?

Bei der Fokussierung der älteren Mitarbeitenden wird das chronologische Alter zum Segmentierungskriterium für die Zielgruppenbildung. Das **Alter** stellt dabei primär **ein Informationssurrogat** für andere Merkmale dar, die nur aufwendiger zu beobachten sind. So wird oft wird gesagt, daß ältere Mitarbeitende weniger leistungsfähig und in geringerem Maße lernfähig seien, daß sie weniger flexibel seien und Veränderungsprozesse behindern, und daß sie zu teuer seien. Andererseits sind Ältere auf dem Arbeitsmarkt in überdurchschnittlichem Ausmaß mit Risiken (unfreiwillige/vorzeitige Pensionierung, Qualifikationsrisiko) konfrontiert, welche die Lebenslage Älterer beeinträchtigen (vgl. Naegele 1992). Das Alter als Index für u.a. abnehmende Leistungsfähigkeit, höhere Kosten und erhöhte Risiken auf dem Arbeitsmarkt scheint deshalb auf den ersten Blick ein geeignetes Unterscheidungsmerkmal für die Zielgruppenbildung im Personalmanagement zu sein. Es ist jedoch zu prüfen, inwiefern das Alter tatsächlich Faktoren wie Leistungsfähigkeit, Kosten oder Risiken auf dem Arbeitsmarkt widerspiegelt, d.h. korrekte Informationen darüber wiedergibt.

3.1 Alter als Kriterium der Zielgruppenbildung

Vorerst ist zu beachten, daß die mit dem Alter in Verbindung gebrachten Faktoren nicht unabhängig voneinander sind: Höhere Kosten und eine vermeintlich geringere Leistungsfähigkeit Älterer führen beispielsweise zu geringeren Chancen auf dem Arbeitsmarkt.

Ältere Mitarbeitende sind im Vergleich zu jüngeren tatsächlich mehrheitlich „**teurer**": Ihr Lohnprofil steigt im Altersverlauf oft stärker an als die Produktivität. Höhere Löhne älterer Mitarbeitender lassen sich nicht alleine mit einem größeren Humankapital oder einer im Verlaufe des Berufslebens besseren Zuordnung in Stellen, für die sie am besten geeignet sind, erklären (vgl. Varsanyi 1998). Vielmehr sind die steigenden Lohnprofile auch als langfristiges Motivations- und Bindungsinstrument (vgl. Lazear 1995; Knoll/Koss 1995) zu verstehen. Über die unternehmerische Lohngestaltung und tarifliche Vereinbarungen hinausgehend können auch staatliche Regelungen der beruflichen Vorsorge für Ältere höhere Personalkosten verursachen: In der Schweiz zum Beispiel schreibt das Gesetz den Pensionskassen vor, älteren Mitarbeitenden höhere Sparbeiträge gutzuschreiben. Unter dem Kostenaspekt scheinen ältere Mitarbeitende jüngeren gegenüber im Nachteil zu sein. Unternehmensseitig findet aber eine zunehmend stärkere Gewichtung von Leistung anstelle der Seniorität als Grundlage für die Lohnbemessung statt. Künftige Generationen von Älteren erwartet deshalb eine enger an die Produktivität gekoppelte Entlohnung, was im Hinblick auf die zu erwartenden demographischen Entwicklungen auch erforderlich ist.

Was die **Produktivität** betrifft scheinen ältere Mitarbeitende gemäß einer Vielzahl von empirischen Untersuchungen im Vergleich zu jüngeren Mitarbeitenden nicht schlechter abzuschneiden (vgl. Rhodes 1983; Waldman/Avolio 1986; McEvoy/Cascio 1989; Hansson et al. 1997): Ein Zusammenhang zwischen dem chronologischen Alter und der individuellen Leistung läßt sich allgemein nicht nachweisen.

Ebenfalls im Zusammenhang mit der Produktivität zu beachten ist die **geringere Fluktuationsneigung** älterer Mitarbeitender – wobei auch hier das Alter nur einen geringen Einflußfaktor auszumachen scheint –, was für den Arbeitgeber wiederum mit geringeren Kosten verbunden ist (vgl. Healy et al. 1995).

Hinsichtlich **Lernfähigkeit** läßt sich festhalten, daß Ältere zwar in der Regel schlechter lernen, die Unterschiede der Lernleistungen zwischen den einzelnen Älteren jedoch die

Unterschiede zwischen Älteren und Jüngeren übersteigt (vgl. Kubeck et al. 1996). Durch eine altersgerechte Gestaltung von Trainingsprogrammen, insbesondere durch die Ausschließung des Zeitfaktors, lassen sich die Lernleistungen Älterer auf das Niveau der Jüngeren heben (vgl. Sterns/Alexander 1987).

Diese Ergebnisse lassen darauf schließen, daß die erwähnten Meinungen über eine geringere Produktivität älterer Mitarbeitender **mehr den Charakter stereotyper Vorstellungen** denn der Realität entsprechender Tatsachen aufweisen. Solche Stereotypen sind mit der Gefahr sozial konstruierter Alterseffekte verbunden, welche die ursprünglichen Stereotypen wiederum bestärken.

Aufgrund der Ergebnisse organisationspsychologischer und gerontologischer Untersuchungen liefert das chronologische Alter kaum aussagekräftige Informationen über menschliches Verhalten in der Arbeit und ist deshalb für personalwirtschaftliche Entscheidungen nur in begrenztem Ausmaß heranzuziehen. Das chronologische Alter ist vielmehr als Dimension zu betrachten, entlang der sich andere, aussagekräftigere Dimensionen entwickeln. Eine dieser Dimensionen ist die Erfahrung, die zeitlich stark mit dem Alter korreliert. Im folgenden soll deshalb abgeklärt werden, ob die Erfahrung eine älterenspezifische Kompetenz darstellt und sich zur Zielgruppenbildung eignet.

3.2 Erfahrung als Charakteristikum älterer Mitarbeitender

Multivariate Studien über den **Zusammenhang zwischen Alter und Leistung** zeigen, daß die Erfahrung älterer Mitarbeitender dafür verantwortlich ist, daß diese nicht weniger leisten als jüngere: Bei (statistisch) konstant gehaltener Erfahrung verringert sich nämlich die Leistung mit zunehmendem Alter (vgl. Giniger et al. 1983; Avolio et al. 1990).

Geht man davon aus, daß ältere Mitarbeitende mehr Erfahrung aufweisen, so stellt sich die Frage, wieso die berufliche Leistung dann nicht mit dem Alter weiter ansteigt. Zum einen wird angenommen, daß Erfahrung altersbedingt rückläufige fluide kognitive Fähigkeiten kompensiert. Zum anderen ist von einem „abnehmenden Grenznutzen" zusätzlicher Erfahrung auszugehen, mit anderen Worten flacht der Zusammenhang zwischen Erfahrung und Leistung ab einem gewissen Niveau ab.

Zunächst stellt sich die Frage nach dem **Wesen der Erfahrung**. Um diese zu beantworten, kann auf eine theoretische Analyse von Bruggmann (2000) zurückgegriffen werden, in der die verschiedenen Dimensionen und Facetten von Erfahrung aufgezeigt werden. Erfahrung läßt sich quantitativ als Zeitgröße (3 Jahre Berufserfahrung) oder als Fallzahl (z.B. Anzahl Projekte) verstehen. Qualitativ läßt sich Erfahrung als „Erlebnis" auffassen, beispielsweise eine bestimmte Aufgabe (Leitung eines Projektes) oder ein Lebensereignis (Scheidung). Diese quantitativen und qualitativen Merkmale sagen jedoch noch nichts darüber aus, was eine bestimmte Person daraus lernt. Sie stellen lediglich sogenannte Inputs der Erfahrung dar.

Erst durch die Transformation – durch aktives Handeln oder durch Reflexion – solcher Inputs werden diese zu Ergebnissen in Form von Wissen, Expertise oder Humankapital, aber auch zu Ergebnissen emotionaler, motivationaler oder evaluativer Art (Werte, Einstellungen).

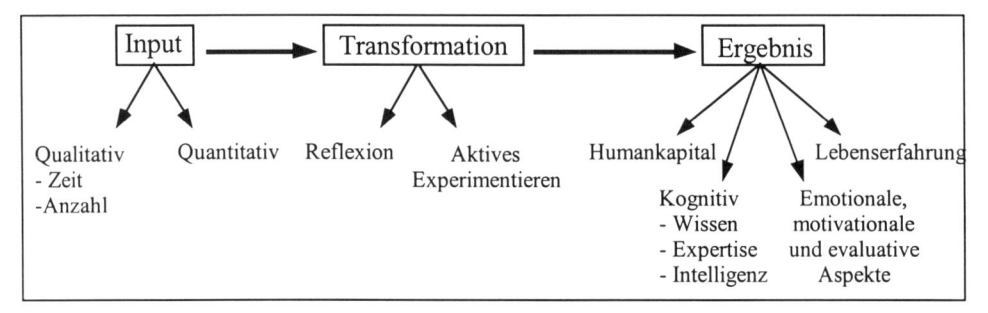

```
      Input ──────▶ Transformation ──────▶ Ergebnis
      ╱   ╲           ╱         ╲           ╱       ╲
Qualitativ Quantitativ Reflexion  Aktives   Humankapital  Lebenserfahrung
- Zeit                Experimentieren
-Anzahl                                    Kognitiv      Emotionale,
                                           - Wissen      motivationale
                                           - Expertise   und evaluative
                                           - Intelligenz Aspekte
```

Abb. 1: Dimensionen von Erfahrung

„Erfahrung gründet auf (wiederholtem) Wahrnehmen (Erleben, Anschauen, Empfinden) von Ereignissen, die sich vorwiegend in der Auseinandersetzung mit den Arbeitsaufgaben, aber auch mit anderen Lebenssituationen sowie mit sich selbst ergeben (Input). Die Transformation der Wahrnehmungsinhalte erfolgt durch (teils unbewußte) Aufnahme, reflexive Verarbeitung, Interpretation und Verknüpfung mit bestehenden Konzepten (Prozeß bzw. Transformation). Dadurch entstehen veränderte Erlebensweisen und Handlungsvoraussetzungen kognitiver, emotionaler und motivationaler Natur (Ergebnis). Diese wiederum bilden die Grundlage für neue Erfahrungen" (vgl. Bruggmann 2000, 48).

Durch die Unterscheidung von Erfahrunginputs und -ergebnissen wird verständlich, warum weniger die zeitliche Erfahrung, sondern mehr das, was in dieser Zeit gelernt wurde, die berufliche Leistung determiniert (vgl. Schmidt et al. 1986). Gleiche zeitliche Erfahrung zweier Mitarbeitender bedeutet nämlich weder, daß die beiden dieselben Inputs erfahren haben noch daß sie daraus dasselbe gelernt haben. Je ergebnisnäher demzufolge Erfahrung gemessen wird, desto enger hängt das entsprechende Maß mit der beruflichen Leistung zusammen: Die Anzahl ausgeführter Aufgaben sagt mehr über die entsprechende Leistung aus als die Zeit, die man bislang in der Stelle verbrachte, welche u.a. diese Aufgabe beinhaltet (vgl. Quiñones et al. 1995).

Damit also Erfahrung im Human Resource Management als aussagekräftige Variable verwendet werden kann, ist sie entweder auf einer ergebnisnahen Inputgrösse (wie die Fallzahl) oder gar auf der Ergebnisebene zu erfassen. Soll die Erfahrung älterer Mitarbeitender generell ermittelt werden, so ist eine ergebnismäßige Erfassung, unter Berücksichtigung der Inputs, die zu diesen Erfahrungsergebnissen führen, unabdingbar. Bruggmann (2000) hat mittels einer Befragung von Experten die Inhalte der Erfahrung älterer Mitarbeitender ermittelt und diese inhaltsanalytisch zu **Kategorien der Erfahrung** verdichtet. Diese werden im folgenden dargestellt.

3.2.1 Fachliche und methodische Kompetenz

Ein erstes Bündel von Erfahrungsinhalten älterer Mitarbeitender besteht aus Faktoren fachlicher und methodischer Kompetenz. Diese umfaßt zum einen **Routine**, womit eingeübte, bewährte Problemlösungen gemeint sind. Routine ist problemspezifisches prozedurales Wissen, das vielfach auch ohne bewußte Steuerung, ausgelöst durch Signale, abläuft. Durch den Rückgriff auf bekannte Erfolgsmuster lassen sich unter Umständen Leerläufe vermeiden. Wird ein neuartiges Problem jedoch routinemäßig angegangen, kann dies auch zu Mißerfolg führen.

Erfahrung beinhaltet zum anderen **fachspezifisches Wissen**, das auf den jeweiligen Beruf, Arbeitsplatz oder bestimmte Leistungen bezogen ist. Fachwissen ist zuweilen auch generationenspezifisch und beinhaltet beispielsweise Wissen über ältere Produkte einer Unternehmung. Es besteht sowohl aus deklarierbarem Faktenwissen als auch aus Handlungsprozeduren (Routine).

Negativ betrachtet beinhaltet Erfahrung zudem auch die Summe der Fehler, die jemand gemacht hat. **Fehler** führen so zum Wissen, welches Verhalten nicht zum Erfolg führt und - möglicherweise - warum dieses nicht erfolgreich war. Auf einer emotionalen Ebene fördern mit Fehlverhalten verbundene Gefühle wie Scham das Lernen aus Fehlern.

Ferner kann Erfahrung methodische Kompetenz im Sinne allgemeiner Problemlösestrategien beinhalten. Diese **allgemeine Problemlösekompetenz** umfaßt das Wissen, wie Probleme generell anzugehen, zu strukturieren und zu lösen sind. Damit verbunden ist oftmals auch ein intuitives Vorgehen: Aufgrund der Intuition können Probleme erfaßt und Lösungen beurteilt werden. Die methodische Kompetenz äußert sich zudem darin, daß nicht frühere erfolgreiche Problemlösungen übertragen („was haben wir gemacht?"), sondern problemadäquate Lösungen gesucht werden („was müssen wir machen?").

3.2.2 Einstellung zu Veränderung

Die Einstellung gegenüber Veränderung ist ein zweites Ergebnis persönlicher Erfahrungen, wobei Ältere sich mehrheitlich mit Veränderungen schwerer tun als Jüngere. Dafür scheint mitunter eine generationenspezifische langjährige Gewöhnung an eher stabile Verhältnisse im Arbeitsleben verantwortlich zu sein. Werden die in Veränderungen liegenden Chancen erkannt oder erlebt jemand, daß er Veränderungen zu meistern imstande ist, können Veränderungen auch positiv erfahren werden. So gibt es durchaus auch Ältere, die Veränderungen gegenüber positiv eingestellt sind – vor allem, wenn sie in ihrem Leben den Umgang mit Veränderungen üben konnten bzw. mußten. Neben solchen kontextbezogenen Einflußfaktoren hängt die Einstellung gegenüber Veränderungen auch von individuellen Faktoren wie der Persönlichkeit ab.

3.2.3 Lebenserfahrung

Ältere Menschen haben ein längeres Leben hinter sich als jüngere und haben deshalb in der Regel auch „mehr erlebt": Sie haben mehr Erfahrungen mit sich selbst, mit spezifischen Lebensphasen und mit dem Leben als Ganzes gemacht. Diese Lebenserfahrung äußert sich einmal in einer besseren **Selbstkenntnis**: Ältere kennen ihre Stärken und Schwächen besser, haben ihre Grenzen ausgelotet und können sich daher auch realistischer einschätzen.

Zudem zeichnen sich ältere Mitarbeitende tendenziell durch eine **Abgeklärtheit** aus. Dadurch, daß sie belastende Ereignisse bereits erlebt haben, sind sie oftmals souveräner, abgeklärter. Sie stehen eher über der „Sache" und reagieren gelassener auf Probleme als Jüngere. Dazu werden Ältere als ausgeglichener und ruhiger bezeichnet: Sie können sich auch einmal aus hitzigen Diskussionen und Rivalitäten heraushalten.

Mit zunehmender Lebensdauer und damit verbundenen Erlebnissen wie persönlichen Schicksalsschlägen werden die **Relationen im Leben** anders betrachtet. Das Leben wird in einem größeren Zusammenhang gesehen. Man erkennt, „daß es nicht nur Wachstum gibt, sondern auch Rückbildung" und daß es noch „andere Werte gibt im Leben" als berufliche Leistung und Erfolg.

Schließlich beinhaltet die Lebenserfahrung auch ein besseres **Urteilsvermögen**: Private wie berufliche Situationen und auch fachliche oder zwischenmenschliche Probleme können aufgrund der Erfahrung besser eingeschätzt werden.

3.2.4 Soziale Kompetenzen

Ein viertes Bündel von Erfahrungen sind soziale Kompetenzen. Aufgrund ihrer längeren Lebenszeit verfügen ältere Mitarbeitende in der Regel auch über mehr Erfahrungen mit anderen Menschen, was sich generell in einer Entwicklung der Sozialkompetenz auswirkt. Dies gilt jedoch mehr für die Entwicklung im Verlaufe der persönlichen Biographie als im Vergleich älter - jünger. Im einzelnen scheinen Ältere aufgrund ihrer Erfahrung mehr **Einfühlungsvermögen** entwickelt und auch einen verständnisvolleren Zugang zu zwischenmenschlichen Problemen zu haben. Dazu haben sie in der Regel **Beziehungen** aufgebaut und auch Wissen über das Funktionieren von Beziehungen erworben. Oft haben sie ein stärkeres Bewußtsein für den Wert eines sozialen Geflechtes entwickelt. Ferner weisen ältere Mitarbeitende vielfach eine bessere **Menschenkenntnis** auf als jüngere.

3.2.5 Evaluative Aspekte

Ein fünftes Bündel von Erfahrungen beinhaltet evaluative Aspekte wie Werte, Einstellungen oder Bedürfnisse. So haben ältere Mitarbeitende vielfach ein höheres **Commitment**. Darunter sind Faktoren wie Loyalität gegenüber dem Arbeitgeber, Identifikation mit der Firma und den Produkten, Verantwortungsgefühl für die eigene Arbeit und Pflichtbewußtsein sowie generell ein höheres Arbeitsethos zu verstehen. Dieses Commitment scheint jedoch stärker durch die Sozialisation, welche die heutige Generation älterer Mitarbeitender erfahren hatte und weniger durch das Alter bedingt zu sein. Ältere haben außerdem oftmals eine höhere **Zufriedenheit** als Jüngere. Zufriedenheit ist dabei einerseits als Wert – im Sinne eines erstrebenswerten Zustands – zu betrachten, andererseits als Einstellung gegenüber Aspekten der persönlichen beruflichen und/oder privaten Situation. Für die höhere Zufriedenheit mit ihrer Situation spielen dabei angepaßte Erwartungen eine Rolle, was wiederum auf die Bedeutung von Zufriedenheit als Wert hindeutet. Schließlich ist die tendenziell höhere **Sicherheitsorientierung** älterer Mitarbeitender ebenfalls ein Erfahrungsergebnis: Die Konfrontation mit Unsicherheit, z.B. bezüglich des eigenen Arbeitsplatzes, läßt Sicherheitsaspekte in den Vordergrund rücken.

Die Erfahrung älterer Mitarbeitender äußert sich vorwiegend in Aspekten der dargestellten fünf Kategorien. Einschränkend ist jedoch festzuhalten, daß das kalendarische Alter wohl in der Tendenz mit diesen Erfahrungen verbunden ist, sich individuell aber **beträchtliche Differenzen zwischen den einzelnen Älteren** zeigen. „Das Alter als zeitliche Größe ist, abgesehen von zahlreichen anderen Einflußfaktoren, oftmals als notwendige, nicht aber als hinreichende Bedingung für bestimmte Erfahrungen zu sehen" (Bruggmann 2000, 159). Aus diesem Grund kann nicht direkt vom Alter einer Person auf deren Erfahrung geschlossen werden. Aussagen über die Erfahrung einer Person als Kompetenz erfordern daher eine individuelle Betrachtung.

3.3 Konsequenzen für das Personalmanagement

Sollen die Erfahrungen Älterer als Ressource genutzt werden, so zeichnen sich aufgrund der dargestellten Erfahrungskategorien, in denen sich ältere Mitarbeitende in der Tendenz von jüngeren unterscheiden, verschiedene Konsequenzen für das Personalmanagement ab.

3.3.1 Erfahrung kennen

Voraussetzung für die Nutzung der Ressource Erfahrung ist die Kenntnis ihres Inhaltes. Dieser ist jedoch auch unter älteren Mitarbeitenden individuell unterschiedlich ausgeprägt. Die beschriebenen Erfahrungskategorien bilden einen ersten groben Ansatzpunkt, um die individuelle Ausprägung der Erfahrung älterer Mitarbeitender zu erfassen, z.B. im Rahmen einer Kompetenzbeurteilung. Eine Erfassung der Erfahrung im Rahmen der Kompetenzbeurteilung ist auch deshalb erstrebenswert, weil ein Großteil der beruflichen Entwicklung durch On-the-job-Erfahrungen erfolgt, die dadurch ebenfalls dokumentiert werden könnten. Auf der Grundlage einer Kompetenzbeurteilung könnten anstelle senioritätsabhängiger Lohnbestandteile, die allein zeitliche Erfahrung honorieren, kompetenzabhängige Lohnkomponenten tatsächliche Erfahrungsergebnisse vergüten. Dafür ist jedoch ein gemeinsames Verständnis über die für eine Unternehmung wertvollen Erfahrungsinhalte vorauszusetzen.

3.3.2 Erfahrung nutzen

Die Kenntnis der individuellen Kompetenzen und damit auch der Erfahrung bildet nun die Basis für Maßnahmen des Personalmanagements zu deren Nutzung.
Älteren Mitarbeitenden können Aufgaben übertragen werden, für die sie aufgrund ihrer Erfahrung besondere Leistungsvoraussetzungen mitbringen. Als mögliche Aufgaben bieten sich beispielsweise interne Beratungsaufgaben wie temporäres Management (z.B. für „trouble shooting"), Projektleitungen, Mentoring, Moderationen oder langfristige Planungen an. Auf der Gruppenebene können die Erfahrungen älterer Mitarbeitender durch die Bildung von gemischtaltrigen Teams eingebracht werden. Damit ihre Erfahrung genutzt werden kann, sind auch mögliche Ursachen für ein Ausscheiden Älterer aus dem Arbeitsleben zu vermeiden. Je nach Bedürfnissen sind für Mitarbeitende auf einem Kar-

riereplateau unterschiedliche Laufbahnen anzubieten: z.B. High-Involvement-Pfade mit Verantwortung und lateralen Aufgabenwechseln für Ältere mit weiterhin starkem Bedürfnis nach Stimulierung in der Arbeit; „Low-Involvement-Pfade" mit reduzierter Verantwortung und weniger belastenden Aufgaben und allenfalls gleitender Pensionierung für solche mit vermehrten Bedürfnissen und Zielen im privaten Bereich (vgl. Hall/Mirvis 1995). Flexible Arbeitszeit- und Pensionierungsschemen eignen sich ebenfalls zur (Weiter-)Nutzung der Erfahrungen Älterer, indem dadurch Mitarbeitende dem Unternehmen erhalten bleiben, die sich bei einer starren Ordnung vorzeitig pensionieren lassen würden. Bei veralteten fachlichen Kompetenzen ermöglichen altersadäquat gestaltete Umschulungsprogramme ebenfalls eine Weiterbeschäftigung und damit die Weiternutzung nicht-fachlicher Erfahrungen.

Über die Pensionierung hinaus ist auch an Call-back-Arrangements zu denken, mit denen Schwankungen im Arbeitsvolumen durch Mitarbeiter aufgefangen werden können, die mit dem Betrieb vertraut sind, oder an die gezielte Rekrutierung von Pensionierten für spezifische Aufgaben.

3.3.3 Erfahrung entwickeln

Da die Erfahrungen der Mitarbeitenden mitunter stark vom Arbeitskontext geprägt werden, können gewünschte Erfahrungen durch proaktive personalpolitische Maßnahmen gefördert werden. Zu denken ist an prospektive Arbeitsgestaltung in Form vollständiger Tätigkeiten mit inhaltlichen und zeitlichen Spielräumen, die motivierend und qualifizierend wirken und dadurch einer Veralterung der Kompetenzen entgegenwirken (vgl. Jordan 1995) und zudem die Innovationsfähigkeit älterer Mitarbeitender fördern (vgl. Maier 1998). Flexible Laufbahngestaltung, die neben vertikalen auch horizontale und laterale Entwicklungspfade anbietet, kann auch älteren Mitarbeitenden herausfordernde Tätigkeiten ermöglichen und durch regelmäßige Aufgabenwechsel zur Entwicklung einer positiven Einstellung gegenüber Veränderung beitragen. Periodische Karriereberatungen geben Mitarbeitenden Anlaß zu Reflexion über die eigenen Stärken und Schwächen und lassen sie auch rechtzeitig veränderte Anforderungen im Berufsleben erkennen, um ihre Kompetenzen entsprechend anpassen zu können. Gerade vor dem Hintergrund der Ablösung von der Arbeitsplatzsicherheit durch Arbeitsmarktfähigkeit (Employability) ist diese Selbstkenntnis von zunehmender Bedeutung.

3.3.4 Erfahrung anerkennen

Die Nutzung der Erfahrung älterer Mitarbeiter bedingt auch, daß diese als wertvolle Ressource betrachtet wird. Die Anerkennung der Erfahrung als wertvolle Ressource wird erstens durch entsprechende Maßnahmen des Personalmanagements in der

Unternehmungskultur verankert, z.B. über Qualifikationslöhne, die Erfahrungskomponenten vergüten. Zweitens prägen Führungskräfte mit ihrem Verhalten die Kultur und können beispielsweise durch die gemischtaltrige Zusammensetzung von Projektteams oder über die Zuweisung von Spezialaufgaben an Ältere den Wert von deren Erfahrung verdeutlichen. Gefordert sind aber auch die erfahrenen Mitarbeitenden selbst, indem sie ihr Erfahrungswissen in konstruktiver Weise weitergeben, dabei den Taten- und Entwicklungsdrang jüngerer Mitarbeitender respektieren und ihnen auch die Chance geben, Fehler zu machen.

Ferner ist für die Akzeptanz der Erfahrung von Bedeutung, daß diese im Rahmen des Personalmanagements **vom Lebensalter entkoppelt** wird. Solange das chronologische Alter als Prädiktor für Kompetenz betrachtet wird und personalwirtschaftliche Entscheidungen (z.B. Selektion, Enwicklung, Lohnbemessung) darauf basieren, besteht die Gefahr, daß negative Altersstereotypen auf die Erfahrung ausstrahlen. Sozial konstruierte Alterseffekte lassen sich deshalb mit einem Personalmanagement, daß auf Mitarbeiterkompetenzen - und damit auch auf Erfahrung statt auf das Alter - abstellt, vermeiden.

4 Schlußfolgerung

Steht die Nutzung des Erfahrungsschatzes älterer Mitarbeiter im Vordergrund, so ist eine Zielgruppenbildung nach dem Kriterium des chronologischen Alters nicht angezeigt. Das Alter als Informationssurrogat gibt insbesondere über Faktoren wie Kompetenz oder Leistungsverhalten nur ungenügend Auskunft, und auch hinsichtlich der individuellen Ausprägung der Erfahrung älterer Mitarbeitender scheint das chronologische Alter lediglich tendenziell aussagekräftig zu sein. Vielmehr wäre das Personalmanagement auf die Kompetenz der Mitarbeiter auszurichten, wozu auch die Erfahrung zu zählen ist. Da die Kompetenzen und die Erfahrung individuell sehr unterschiedlich ausgeprägt sind, ist nicht eine zielgruppsspezifische Personalpolitik zu fordern, sondern deren Individualisierung, um damit die Ressource „Erfahrung" besser zu nutzen. Eine nach Kompetenz im allgemeinen und Erfahrung im speziellen individualisierte Personalpolitik hat im Vergleich zur Zielgruppenbildung nach dem chronologischen Alter den Nachteil, daß die Erfassung der Erfahrung mit mehr Kosten verbunden ist. Das Alter als klares und objektives Abgrenzungsmerkmal ist zwar inhaltlich weniger aussagekräftig, erlaubt aber eine gerechte, da objektive Gruppenzuordnung. Damit auf Erfahrung basierende personalwirtschaftliche Entscheidungen ebenfalls als gerecht wahrgenommen werden, ist insbesondere das **Erfassungsverfahren** „gerecht" zu gestalten. Geeignete Instrumente sind jedoch bereits vorhanden: Im Rahmen der Potential- oder Leistungsbeurteilung lassen sich mit erfahrungsorientierten Kriterien, wie sie in diesem Beitrag vorgeschlagen wurden, auch Erfahrungen erfassen. Das chronologische Alter wäre dann lediglich noch für Fragen relevant, die direkt mit den zeitlichen Aspekten des Alters verbunden sind, wie z. B. der Pensionierung.

5 Literatur

Avolio, B.J./Waldman, D.A./McDaniel, M.A. (1990): Age and work performance in nonmanagerial jobs: The effects of experience and occupational type, in: Academy of Management Journal, Vol. 33 (1990), S. 407–422.

Bruggmann, M. (2000): Die Erfahrung älterer Mitarbeiter als Ressource, Wiesbaden.

Doeringer, P.B./Piore, M.J. (1971): Internal labor markets and manpower analysis, Lexington.

Drumm, H.J. (1989): Individualisierung der Personalwirtschaft, Bern/Stuttgart.

Giniger, S./Dispenzieri, A./Eisenberg, J. (1983): Age, experience, and performance on speed and skill jobs in an applied setting, in: Journal of Applied Psychology, Vol. 68 (1983), S. 469–475.

Hall, D.T./Mirvis, P.H. (1995): The new career contract: Developing the whole person at midlife and beyond, in: Journal of Vocational Behavior, Vol. 47 (1995), S. 269–289.

Hansson, R.O./DeKoekkoek, P.D./Neece, W.M./Patterson, D.W. (1997): Successful aging at work: Annual review, 1992-1996: The older worker and transitions to retirement, in: Journal of vocational behavior, Vol. 51 (1997), S. 202–233.

Healy, M.C./Lehmann, M./McDaniel, M.A. (1995): Age and voluntary turnover: A quantitative review, in: Personnel Psychology, Vol. 48 (1995), S. 335–345.

Jordan, P. (1995): Anforderungen an einen altersgerechten Personaleinsatz, in: Angew. Arbeitswiss., Heft 146 (1995), S. 70–89.

Kubeck, J.E./Delp, N.D./Halett, T.K./McDaniel, M.A. (1996): Does job-related training performance decline with age? In: Psychology and Aging, Vol. 11 (1996), S. 92–107.

Knoll, L./Koss, B. (1995): Spezifisches Humankapital, in: Zeitschrift für Personalforschung, 9. Jg. (1995), S. 401–415.

Lazear, E.P. (1995): Personnel economics, Cambridge.

Maier, G. (1998): Formen des Erlebens der Arbeitssituation: ein Beitrag zur Innovationsfähigkeit älterer Arbeitnehmer, in: Zeitschrift für Gerontologie, 31. Jg. (1998), S. 127–137.

McEvoy, G.M./Cascio, W.F. (1989): Cumulative evidence of the relationship between employee age and job performance, in: Journal of Applied Psychology, Vol. 74 (1989), S. 11–17.

Naegele, G. (1992): Zwischen Arbeit und Rente, Augsburg.

Quiñones, M.A./Ford, J.K./Teachout, M.S. (1995): The relationship between work experience and job performance: a conceptual and meta-analytic review, in: Personnel Psychology, Vol. 48 (1995), S. 887–910.

Rhodes, S.R. (1983): Age-related differences in work attitudes and behavior. A review and conceptual analysis, in: Psychological Bulletin, Vol. 93 (1983), S. 328–367.

Schmidt, F.L./Hunter, J.E./Outerbridge, A.N. (1986): Impact of job experience and ability on job knowledge, work sample performance, and supervisory ratings of performance, in: Journal of Applied Psychology, Vol. 71 (1986), S. 432–439.

Sesselmeier, W./Blauermel, G. (1990): Arbeitsmarkttheorien, Heidelberg.

Staffelbach, B. (1995): Strategisches Personalmarketing, in: Scholz, Ch./Djarrahzadeh, M. (Hrsg.): Strategisches Personalmanagement: Konzeptionen und Realisationen, Stuttgart, S. 144-158.

Sterns, H.L./Alexander, R.A. (1987): Industrial gerontology: The aging individual and work, in: Annual Review of Gerontology and Geriatrics, Vol. 7 (1987), S. 243–264.

Tesluk, P.E./Jacobs, R.R. (1998): Toward an integrated model of work experience, in: Personnel Psychology, Vol. 51 (1998), S. 321–355.

Ulrich, D. (1997): Human resource champions: the next agenda for adding value and delivering results, Boston.

Varsanyi, A. (1998). Lohn- und Produktivitätsprofile aus der Perspektive ökonomischer Theorien. Unveröffentlichte Lizentiatsarbeit, Universität Zürich.

Waldman, D.A./Avolio, B.J. (1986): A meta-analysis of age differences in job performance, in: Journal of Applied Psychology, Vol. 71 (1986), S. 33–38.

Die interkulturelle Kompetenz von Managern - ein Schlüsselfaktor für den Erfolg auf Auslandsmärkten

Wolfgang Fritz

Übersicht:

1	Problemstellung	88
2	Die interkulturelle Kompetenz von Managern als Desideratum der Wirtschaftspraxis	89
2.1	Die Bedeutung der interkulturellen Kompetenz für das internationale Management	89
2.2	Die interkulturelle Kompetenz als Gegenstand internationaler Personalentwicklung	91
3	Die interkulturelle Kompetenz von Managern als Gegenstand von Lehre und Forschung	93
3.1	Die Förderung der interkulturellen Kompetenz im Rahmen der Hochschulausbildung	93
3.2	Stand und Perspektiven der Forschung zur interkulturellen Kompetenz	94
4	Resümee	97
5	Literatur	98

1 Problemstellung

Die weltweite Verflechtung von Wirtschaft und Gesellschaft setzt sich nicht nur fort, sondern scheint an Intensität noch zu gewinnen. Immer deutlicher hervortretende Trends transformieren unsere Welt zunehmend in ein „Global Village" (vgl. Chen/Starosta 1996a, 354ff.; dies. 1997, 1ff.):

- Die fortschreitende **Entwicklung der Kommunikations- und Transporttechnologie** bewirkt eine immer engere Verknüpfung auch der entferntesten Gebiete unseres Planeten. Der Fluß der Ideen und Informationen überwindet (fast) jede nationale Grenze. Personen können schneller als je zuvor in (fast) jeden Sektor der Welt reisen und Angehörigen fremder Kulturen begegnen.
- Die leichtere Erreichbarkeit annähernd aller Teile der Erde begünstigt auch den Prozeß der **Globalisierung der Wirtschaft**. Die wachsende internationale Verflechtung wirtschaftlicher Aktivitäten führt immer mehr Menschen aus den verschiedensten Kulturen zusammen. Zur erfolgreichen Führung internationaler Unternehmen bedarf es daher in zunehmendem Maße eines kultursensitiven Managements, das in der Lage ist, auf Geschäftspartner aus anderen Kulturen kompetent einzugehen.
- Auch der Vorgang der **gesellschaftlichen und politischen Globalisierung** erhöht die Kontakte zwischen Personen unterschiedlicher Kulturzugehörigkeit erheblich. So steigt das Ausmaß grenzüberschreitender Bevölkerungsmigration in den westlichen Industrienationen z.T. beträchtlich an und verstärkt die Herausbildung multiethnischer und multikultureller Bevölkerungsstrukturen. Da interkulturelle Kontakte damit unvermeidbar werden, müssen die Angehörigen der verschiedenen Ko-Kulturen und ethnischen Gruppen lernen, sich auf die jeweils andere Identität einzustellen. Zugleich schwächt sich, aufs Ganze gesehen, auch die Idee der nationalen Identität ab, was durch die Entstehung Ländergrenzen übergreifender politischer Gebilde (z.B. EU, NAFTA, NATO) noch unterstützt wird. Der mit dieser Entwicklung einhergehende politische Bedeutungsrückgang des Nationalstaats fördert grenzüberschreitende Begegnungen unterschiedlicher Kulturen ebenso wie die weitere Migration ethnischer Bevölkerungsgruppen.

In Zukunft wird das Zusammenleben der Menschen stärker als je zuvor vom erfolgreichen Umgang mit kulturellen Unterschieden abhängen. Somit reift in nahezu allen Bereichen von Wirtschaft und Gesellschaft die **interkulturelle Kompetenz** der Menschen zu einer Schlüsselqualifikation heran.

In diesem Beitrag wird zunächst aus der speziellen Perspektive der **Wirtschaftspraxis** der Bedeutung der interkulturellen Kompetenz nachgegangen, insbesondere auch mit Blick auf ihren Stellenwert innerhalb der internationalen Personalentwicklung großer deutscher Unternehmen (Kapitel 2). Darüber hinaus wird die interkulturelle Kompetenz auch auf der Ebene der **Wirtschaftswissenschaften** thematisiert, da die Vermittlung dieser Fähigkeit in zunehmendem Maße auch eine zentrale Aufgabe der Hochschulausbildung ist. Dabei wird auch auf Stand und Perspektiven der Forschung eingegangen (Kapitel 3).

2 Die interkulturelle Kompetenz von Managern als Desideratum der Wirtschaftspraxis

2.1 Die Bedeutung der interkulturellen Kompetenz für das internationale Management

Zu den wichtigsten Quellen des Unternehmenserfolgs zählen neben der Marktorientierung insbesondere die Mitarbeiterorientierung eines Unternehmens sowie die Qualität seiner Human-Ressourcen (vgl. Fritz 1990, 104; ders. 1995, 261, 266; ders. 1997, 61f., 213). In besonderem Maße gilt dies für international tätige Unternehmen, deren Erfolg auf Auslandsmärkten wesentlich vom Einsatz auslandsorientierter und international erfahrener Führungskräfte und Mitarbeiter abhängt (vgl. Müller 1991; 1996).

Mit der Internationalisierung der Unternehmenstätigkeit steigt die Notwendigkeit, Manager in das Ausland zu entsenden. Dadurch entstehen den Unternehmen **erhebliche Kosten**, etwa für vorbereitende Maßnahmen (Sprachkurse, Trainings), den Familienumzug, für Mietkostenzuschüsse, Erschwerniszulagen und Auslandsprämien.

Diese Kosten werden durch den Mißerfolg der Entsandten nicht selten erheblich gesteigert. So scheitern z.B. US-amerikanische Führungskräfte im Ausland oft an ihrer Unfähigkeit, sich in einer fremden Kultur zurechtzufinden. Experten schätzen, daß zwischen 20% und 50% aller Entsendungen ins Ausland mit einer vorzeitigen Rückkehr der „Expats" in die USA enden. Bei einer Versetzung in Entwicklungsländer erhöht sich dieser Anteil sogar auf 70% (vgl. Copeland/Griggs 1986, XIX). Ähnliches gilt für zahlreiche westeuropäische Manager, denen z.B. die kulturellen Gegebenheiten Mittel- und Osteuropas erhebliche Probleme bereiten und die daher nach kurzer Zeit wieder in ihre Heimat zurückkehren (vgl. o.V. 1996). Die den Unternehmen dadurch entstehenden Schäden sind gewaltig. Man kann davon ausgehen, daß die Kosten eines mißlungenen Auslandseinsatzes prinzipiell mit der Bedeutung der Auslandsposition des Entsandten wachsen. So kann z.B. der Leiter einer bedeutenden Auslandsniederlassung die Beziehung zu ausländischen Geschäftspartnern und möglicherweise sogar zu Regierungsvertretern nachhaltig schädigen, wenn er kulturell völlig unangemessen auftritt. Zusätzlich zu dem dadurch entstehenden Imageverlust kann sich der direkte finanzielle Folgeschaden der Fehlbesetzungen wichtiger Auslandspositionen auf das Drei- bis Vierfache eines Manager-Jahresgehalts belaufen (Stahl 1999, 688). Bhagat und Prien (1996, 217f.) schätzen die Kosten eines fehlgeschlagenen Auslandseinsatzes auf US$ 250.000 bis US$ 1.000.000. Hinzu kommen die für den gescheiterten „Expat" z.T. gravierenden negativen Folgen beruflicher und oft auch privater Art.

Als Folge davon wird vielfach ein **„Global Manager"** gefordert, der sich, ausgestattet mit der nötigen **interkulturellen Kompetenz**, in verschiedenen Kulturen souverän zu bewegen vermag (vgl. Ingelfinger 1995; Schneidewind 1996; Karmasin/Karmasin 1997, 193; Matthäus 1998).

Für die erfolgreiche Internationalisierung eines Unternehmens ist interkulturell kompetentes Personal somit eine wichtige Voraussetzung. Dies betont z.B. auch Heinrich von Pierer, indem er die kulturelle Sensibilität von Führungskräften als wichtige Vorbedingung nicht nur für den Umgang mit Kunden auf Auslandsmärkten, sondern auch für die Zusammenarbeit mit Unternehmen, die eine andere Unternehmenskultur aufweisen, hervorhebt (von Pierer 1999). Daraus ergeben sich zunächst Aufgaben für die betriebliche **Personalwirtschaft**, insbesondere für die Personalauswahl, die Personalführung und die Personalentwicklung (vgl. Hentze/Kammel 1994). Diese personalwirtschaftliche Perspektive wird im folgenden unter dem Aspekt der **Personalentwicklung** vertieft, die alle Maßnahmen umfaßt, mit denen das Leistungspotential der Unternehmensmitglieder verbessert werden soll (vgl. Hentze 1994, 315) – und damit u.a. auch ihre interkulturelle Kompetenz (zur kultursensitiven Personalauswahl vgl. Bergemann/Sourisseaux 1996).

Da die Internationalisierung auch als eine Basisstrategie des Marketing aufgefaßt werden kann (vgl. Raffée 1984, 74), stellt die Entwicklung interkulturell kompetenten Personals aber ebenso eine wichtige Aufgabe für das **interne Marketing** eines Unternehmens dar. Damit ist insbesondere das sog. **personalorientierte interne Marketing** angesprochen, das u.a. die personellen Voraussetzungen für die erfolgreiche Realisation von Marketing-Strategien schaffen soll, wozu auch Maßnahmen der internationalen Personalentwicklung zählen (vgl. Stauss 1995, Sp. 1048f.; Fritz/von der Oelsnitz 1998, 27; von der Oelsnitz 1999, 247ff.). Personalentwicklung und Marketing gehen hier ineinander über.

2.2 Die interkulturelle Kompetenz als Gegenstand internationaler Personalentwicklung

In einer eigenen empirischen Studie wurde untersucht, welcher Stellenwert der interkulturellen Kompetenz im Rahmen der **internationalen Personalentwicklung** deutscher Großunternehmen zukommt und welche Personalentwicklungsinstrumente zur Vermittlung interkultureller Kompetenz eingesetzt werden. Die Untersuchung erbrachte u.a. folgende Ergebnisse (vgl. Fritz/Möllenberg 1999a):

International engagierte deutsche Großunternehmen sehen die **interkulturelle Kompetenz** auslandsorientierter Mitarbeiter als eine **außerordentlich wichtige Schlüsselqualifikation** an. Gleichwohl gehen die inhaltlichen Vorstellungen davon in der Praxis weit auseinander. Oft wird die interkulturelle Kompetenz nur auf ein erfolgreiches Zusammenarbeiten mit Angehörigen fremder Kulturen bezogen. Toleranz, Offenheit und Neugier werden ebenfalls mit interkultureller Kompetenz gleichgesetzt, ebenso die perfekte Beherrschung der Sprache des Gastlands. Seltener versteht man in der Praxis unter interkultureller Kompetenz auch die Fähigkeit, in anderen Kulturkreisen angemessen auftreten zu können.

Bereits für den Einsatz von Mitarbeitern im europäischen Ausland messen die Unternehmen der interkulturellen Kompetenz eine große Bedeutung bei. Dies gilt in weitaus höherem Maße aber für einen Auslandseinsatz in Asien oder in islamischen Ländern. Nur allmählich schlägt sich diese Bedeutung auch in der Personalentwicklung nieder, denn interkulturelle Ausbildungs- und Trainingsprogramme werden erst seit wenigen Jahren in größerem Umfang eingesetzt.

Von jenen **Personalentwicklungsmaßnahmen**, welche die Unternehmen selbst für die Verbesserung der interkulturellen Kompetenz am geeignetsten halten, kommt aber nur ein Teil auch tatsächlich zum Einsatz, was im einzelnen aus Abbildung 1 hervorgeht. So werden die Abordnung von Mitarbeitern zu ausländischen Tochtergesellschaften, das Coaching sowie internationale Gruppendiskussionen und das Teamentwicklungstraining von der Mehrheit bzw. Hälfte der befragten Unternehmen praktiziert. Andere, ebenfalls als gut geeignet angesehene Instrumente, wie z.B. Cultural Self-Awareness, Cultural-Assimilator- und Sensitivity-Training, werden demgegenüber meist vernachlässigt. Diese Befunde bestätigen auch, daß insbesondere der Einsatz des Assimilator-Trainings in Deutschland immer noch in den Anfängen steckt (vgl. Thomas/Hagemann 1996, 188).

92 Die interkulturelle Kompetenz von Managern

Einsatz und Eignung

| Personalentwicklungs-instrumente | sehr gut geeignet 100% | geeignet 50% | ungeeignet 0% |

1. Selbststudium
2. Informations- und Präsentationsseminar
3. Abordnung zu Tochterunternehmen
4. Coaching
5. Gruppendiskussion (international)
6. Teamentwicklungstraining
7. Mitnahme auf Auslandsreisen
8. Rollenspiel-Seminar
9. Cultural Self-Awareness
10. Sensitivity-Training
11. Urlaubsvertretung Ausland
12. Question-Answer-Session
13. Kognitive Verhaltensmodifikation
14. Culture-Assimilator-Training

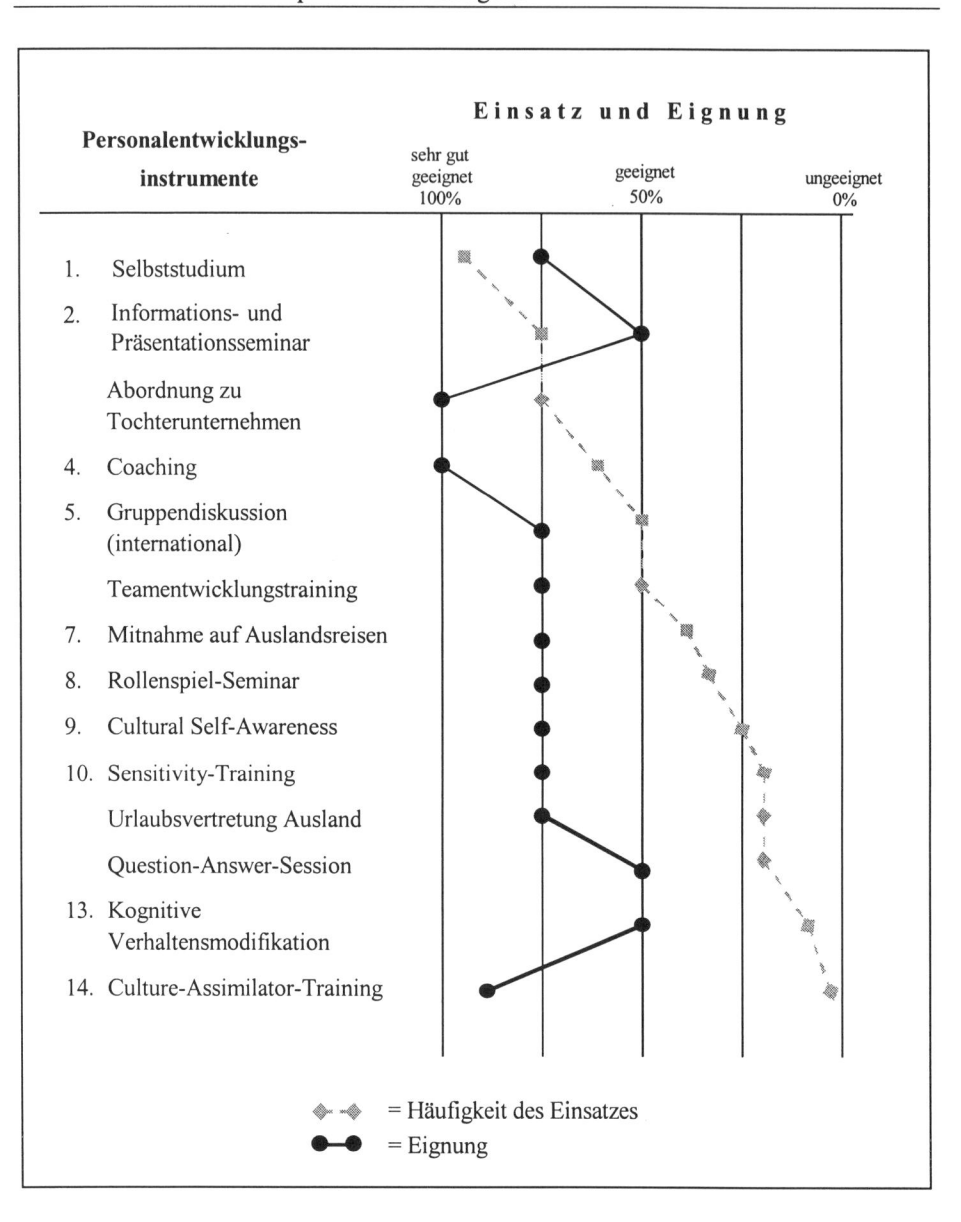

◆--◆ = Häufigkeit des Einsatzes
●—● = Eignung

Abb. 1: Einsatz und Eignung interkultureller Personalentwicklungsinstrumente zur Förderung interkultureller Kompetenz
(Fritz/Möllenberg 1999a)

Insgesamt wird deutlich, daß die große Bedeutung, die der interkulturellen Kompetenz für die auslandsorientierte Personalentwicklung in der Praxis beigemessen wird, sich vorerst noch nicht in demselben Maße in der Auswahl und im Einsatz der Personalentwicklungsinstrumente manifestiert. In vielen Fällen werden Expatriates ihren Auslandseinsatz somit nur unzureichend präpariert antreten, nicht zuletzt auch aufgrund der meist viel zu kurz bemessenen Vorbereitungszeit (vgl. ausführlicher Fritz/Möllenberg 1999a. Zu einem ähnlichen Resultat gelangt auch Stahl 1999, 698ff.).

3 Die interkulturelle Kompetenz von Managern als Gegenstand von Lehre und Forschung

3.1 Die Förderung der interkulturellen Kompetenz im Rahmen der Hochschulausbildung

Die zunehmende Internationalisierung von Wirtschaft und Gesellschaft stellt für die Hochschulausbildung eine erhebliche Herausforderung dar. Besonders in den Wirtschaftswissenschaften nimmt das Angebot international orientierter Lehrveranstaltungen und Studiengänge dementsprechend ständig zu, und die Programme des internationalen Dozenten- und Studentenaustauschs werden immer stärker genutzt.

Eines der wichtigsten Ziele einer internationalen wirtschaftswissenschaftlichen Ausbildung bildet die **Vermittlung interkultureller Kommunikations- und Handlungskompetenz** im Managementkontext (vgl. Holzmüller/Schuh 1998, 145). Dies gilt in besonderem Maße für jene betriebswirtschaftlichen Fächer, in deren Berufsfeldern ein großer Bedarf an kultursensitiven Managern existiert, womit insbesondere Fächer wie Unternehmensführung, Marketing und natürlich internationales Management angesprochen sind (vgl. Holzmüller 1997, 799ff.).

Die Konzepte zur systematischen Förderung der interkulturellen Kompetenz, die im Rahmen der internationalen Personalentwicklung eingesetzt werden können, bieten sich in den meisten Fällen grundsätzlich auch als **Lehrinstrumente** an – Cultural-Awareness- und Cultural-Assimilator-Trainings, Coaching und Teamentwicklungstraining, ergänzt z.B. um Exkursionen/Field Trips und Cross-Cultural Dialogues (vgl. Holzmüller/Schuh 1998, 154ff.; Kim 1999, 625ff.) Allerdings werden solche Instrumente bisher nur in Ausnahmefällen in der Hochschulausbildung angewandt.

Ein breites Spektrum z.T. neuer didaktischer Möglichkeiten bietet das **Internet**. Ein Beispiel dafür bildet die internationale E-Mail-Debatte, die schon in den späten 80er Jahren an der University of Rhode Island maßgeblich von Chai K. Kim entwickelt worden ist und Anfang der 90er Jahre weltweit bekannt wurde (vgl. Kim 1999, 622ff.).

94 Die interkulturelle Kompetenz von Managern

Seit 1993 ist die **internationale E-Mail-Debate** auch fester Bestandteil der Marketing-Ausbildung an der Technischen Universität Braunschweig (vgl. Fritz/Kerner/Kim/ Mundorf 1994, 1995, 1999). Sie besteht aus einer strukturierten Diskussion von Sachthemen aus dem Management- bzw. Marketingbereich zwischen studentischen Teams aus unterschiedlichen Ländern, wobei die Kommunikation mittels E-Mail stattfindet. Mit ihrer Hilfe sollen u.a. die interkulturelle Sensibilität sowie das interkulturelle Bewußtsein ihrer Teilnehmer verbessert werden, die zwei zentrale Teilaspekte der interkulturellen Kommunikationskompetenz darstellen (vgl. Fritz/Kerner/Kim/Mundorf 1999, 317f.) Wie die Ergebnisse einer empirischen Evaluation der E-Mail-Debate zeigen, beeinflußt diese bisher jedoch nur Einzelaspekte der interkulturellen Kompetenz der Teilnehmer in der gewünschten Weise. Sie trägt aber dennoch tendenziell dazu bei, die Wahrnehmung fremder Kulturen zum Teil zu verbessern und einige Hindernisse, die der kulturübergreifenden Kommunikation entgegenstehen, abzubauen (vgl. ebenda, 320ff.).

3.2 Stand und Perspektiven der Forschung zur interkulturellen Kompetenz

Trotz ihrer großen Bedeutung für die Wirtschaftspraxis ist die interkulturelle Kompetenz in bisher eher geringem Maße Gegenstand der Personalentwicklung in Unternehmen und der Ausbildung an Hochschulen. Ein wesentlicher Grund dafür ist in dem unbefriedigenden Stand der Forschung zur interkulturellen Kompetenz zu sehen. So existiert, trotz der nicht unerheblichen Forschungstradition vorwiegend kommunikationswissenschaftlicher Art auf diesem Gebiet, bis heute kein allgemein anerkanntes, empirisch validiertes und zugleich praktisch nutzbares Gesamtmodell der interkulturellen Kompetenz von Managern, das etwa die Auswahl und Entwicklung interkulturell kompetenten Personals zuverlässig steuern könnte (vgl. Fritz/Möllenberg/Werner 1999; Müller/Gelbrich 1999). Die wissenschaftliche Erkenntnissituation auf dem Gebiet der interkulturellen Kompetenz ist durch eine Konkurrenz unterschiedlicher Definitionen, Konzepte und Modelle gekennzeichnet. So existiert keine einheitliche Konzeptualisierung des Konstrukts (vgl. Chen/Starosta 1996a, 1996b). Jedoch werden in der Literatur vielfach sowohl die **Effektivität** als auch die kulturelle **Angemessenheit** des Handelns als wesentliche Merkmale hervorgehoben. Die interkulturelle Kompetenz von Managern besteht nach dieser Auffassung in der **Fähigkeit**, kulturellen Erwartungen und Regeln zu entsprechen und im Kontakt mit Angehörigen einer anderen Kultur Arbeitsaufgaben erfolgreich wahrzunehmen. Allerdings wird dabei oft nicht ausreichend zwischen der **Kompetenz** als Fähigkeit und der **Performanz** als tatsächlichem Handeln bzw. Handlungsergebnis unterschieden (vgl. Fritz/Möllenberg/Werner 1999, 15). In der Forschung sind zahlreiche

Modelle entwickelt worden, die diese spezielle Fähigkeit und teilweise auch die durch sie hervorgebrachten Handlungen bzw. Handlungsergebnisse abbilden. Dazu zählen u.a. diverse Eigenschaftsansätze, Einstellungsmodelle, Synthesemodelle, Relationale Modelle und Interaktionsmodelle (vgl. Fritz/Möllenberg/Werner 1999, 18ff.). Ohne an dieser Stelle auf Einzelheiten näher eingehen zu können, läßt sich zeigen, daß in den meisten Fällen die interkulturelle Kompetenz als individuelles Konstrukt mit Hilfe **kognitiver, affektiver** und/oder **konativer Grunddimensionen** charakterisiert wird (vgl. Müller/Gelbrich 1999, 56).

Dies kann man am Beispiel des **Modells von Chen und Starosta** (1996a, 362ff.) besonders deutlich erkennen. Nach Chen und Starosta umfaßt die **interkulturelle Kommunikationskompetenz** einer Person folgende **drei** grundlegenden **Dimensionen:**

(1) Das **interkulturelle Bewußtsein** („Intercultural Awareness") als die Fähigkeit einer Person, die charakteristischen Merkmale der eigenen Kultur und die der fremden Kulturen wahrzunehmen, zu verstehen und zu erklären (kognitive Dimension),

(2) die **interkulturelle Sensibilität** („Intercultural Sensitivity"), die der emotionalen Fähigkeit einer Person gleichkommt, im Umgang mit anderen Personen kulturelle Unterschiede zu registrieren, zu bewerten und zu akzeptieren (affektive Dimension), sowie

(3) die **interkulturelle Gewandtheit** („Intercultural Adroitness") als dem Vermögen eines Individuums, im Umgang mit Personen anderer Kulturzugehörigkeit die eigenen Kommunikationsziele zu erreichen (handlungsbezogene Dimension).

Im Modell von Chen und Starosta umfassen diese Grunddimensionen jeweils eine Reihe weiterer Faktoren, wodurch die Komplexität des Gesamtmodells erhöht wird. So sind allein der Grunddimension der **interkulturellen Sensibilität** („Intercultural Sensitivity") fünf weitere Teildimensionen (Faktoren) mit insgesamt 24 Indikatoren zugeordnet (Interaction Enjoyment, Respect for Cultural Differences, Self Confidence, Self-Esteem und Interaction Attentiveness). Dieses in den USA exploratorisch entwickelte Modell der interkulturellen Sensibilität wurde von uns anhand einer deutschen Stichprobe mit Hilfe einer konfirmatorischen Faktorenanalyse (LISREL 8) getestet und hat sich dabei als weitgehend stabil erwiesen (vgl. Fritz/Möllenberg 1999b; Chen/Fritz/Möllenberg 2000).

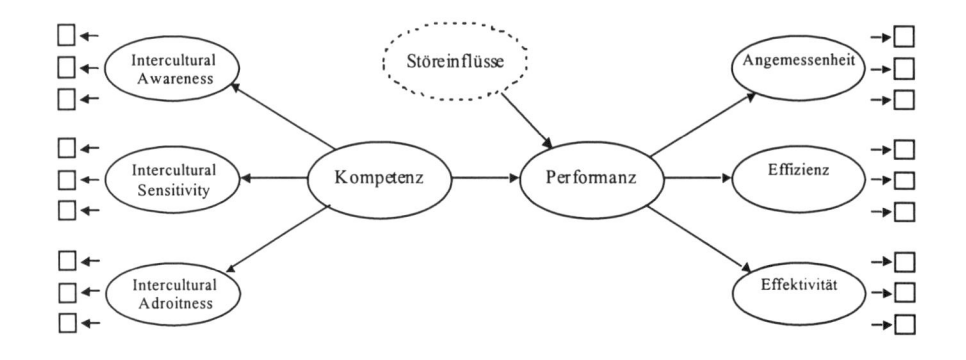

Abb. 2: Das Performanzmodell der interkulturellen Kompetenz
(Kompetenz-Performanz-Modell)
(Fritz/Möllenberg/Werner 1999, 30)

Das Chen/Starosta-Modell der interkulturellen Kompetenz läßt sich unter Hinzufügung von Variablen des Handlungserfolgs (z.B. Angemessenheit, Effizienz, Effektivität) zu einem **Kompetenz-Performanz-Modell** weiterentwickeln, wie es vereinfacht in Abbildung 2 dargestellt ist (vgl. Fritz/Möllenberg/Werner 1999, 26ff.). Ein solches Modell kann grundsätzlich auch als lineares Strukturgleichungsmodell (Kausalmodell) mit latenten Variablen höherer Ordnung formuliert sowie mit Hilfe leistungsfähiger Software (z.B. LISREL; EQS) und großer Datensätze empirisch getestet werden.
In Abbildung 3 ist das Kompetenz-Performanz-Modell als LISREL-Kausaldiagramm mit Faktoren erster und zweiter Ordnung dargestellt (vgl. ebenda, 30f.). Die empirische Prüfung dieses umfassenden Modells steht jedoch noch aus.

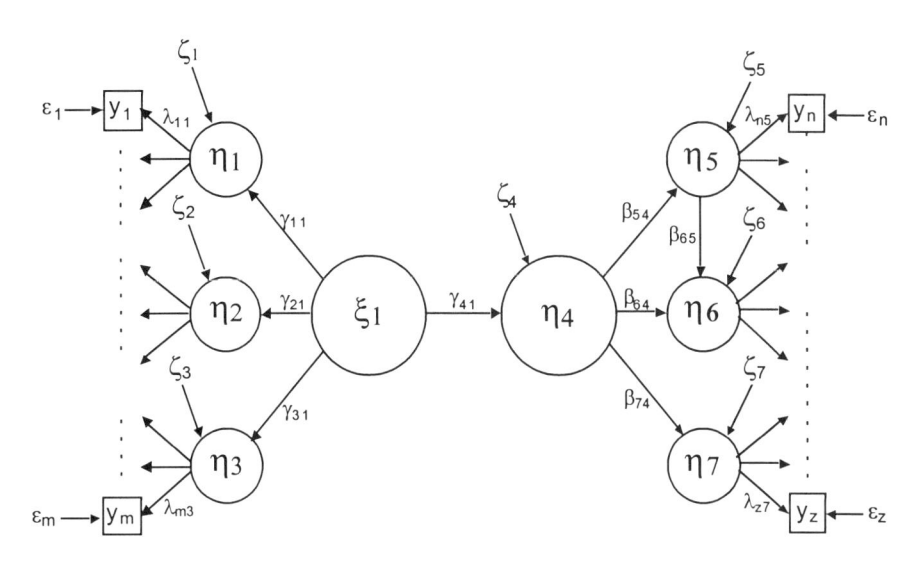

Erläuterung:

η_1	Intercultural Awareness
η_2	Intercultural Sensitivity
η_3	Intercultural Adroitness
ξ_1	Interkulturelle Kompetenz
η_4	Performanz
η_5	Angemessenheit
η_6	Effizienz
η_7	Effektivität
y_i	Indikatoren (Items)
ζ_i, ε_i	Störeinflüsse bzw. Meßfehler
$\lambda_{ii}, \beta_{ii}, \gamma_{ii}$	Pfadkoeffizienten

Abb. 3: Das Kompetenz-Performanz-Modell als Kausaldiagramm (LISREL) (Fritz/Möllenberg/Werner 1999, 31)

4 Resümee

Die zunehmende Internationalisierung und Globalisierung von Wirtschaft und Gesellschaft führt immer mehr Personen unterschiedlicher Kulturzugehörigkeit zusammen. Sowohl das friedliche Miteinander der Menschen als auch die erfolgreiche Führung von

Unternehmen wird künftig stärker als je zuvor vom Umgang mit Kulturunterschieden abhängen. Die interkulturelle Kompetenz entwickelt sich somit zu einer Schlüsselqualifikation der Menschen. Dieser Entwicklung müssen u.a. sowohl die betriebliche Personalentwicklung als auch die Hochschulausbildung Rechnung tragen. Das zur Vermittlung interkultureller Kompetenz grundsätzlich zur Verfügung stehende Instrumentarium wird bisher aber weder in der betrieblichen Personalentwicklung selbst internationaler Großunternehmen noch in der Hochschulausbildung in zufriedenstellendem Maße eingesetzt, sieht man von wenigen Ausnahmen ab.

Ein tieferer Grund dafür liegt in der mangelhaften Unterstützung der Praxis durch die Wissenschaft. Trotz einer erheblichen Forschungstradition, die allerdings jenseits der Betriebswirtschaftslehre existiert, ist es der Forschung bisher nicht gelungen, ein allgemein anerkanntes, empirisch bewährtes und praktisch brauchbares Gesamtmodell der interkulturellen Kompetenz zu entwickeln. Lediglich hinsichtlich der Grunddimensionen eines solchen Modells scheint sich eine Übereinkunft anzudeuten, was u.a. am Beispiel des Modells von Chen und Starosta illustriert worden ist. Dieses Modell bietet darüber hinaus einen geeigneten Ausgangspunkt für die Entwicklung eines umfassenderen Kompetenz-Performanz-Modells, mit dem der Einfluß der interkulturellen Kompetenz auf den Handlungserfolg empirisch näher untersucht werden kann. Daraus könnten sich letztlich wichtige Anhaltspunkte und Einsichten insbesondere für die Entwicklung neuer und geeigneterer personalwirtschaftlicher Instrumente zur Diagnose und Verbesserung der interkulturellen Kompetenz von Managern ergeben.

5 Literatur

Bergemann, N./Sourisseaux, A.L.J. (1996): Internationale Personalauswahl, in: Dieselben (Hrsg.): Interkulturelles Management, 2. Aufl., Heidelberg, S. 141-171.

Bhagat, R.S./Prien, K.O. (1996): Cross-cultural Training in Organizational Contexts, in: Landis, D./Bhagat, R.S. (Eds.): Handbook of Intercultural Training, 2. Aufl., Thousand Oaks, S. 216-230.

Chen, G.-M./Fritz, W./Möllenberg, A. (2000): Measuring Intercultural Sensitivity in Different Cultures – An International Comparison Study, Kingston, R.I., USA, 2000 (forthcoming).

Chen, G.-M./Starosta, W.-J. (1996a): Intercultural Communication Competence: A Synthesis, in: Communication Yearbook, Vol. 19. (1996), S. 353-383.

Chen, G.-M./Starosta, W.-J. (1996b): Foundations of Intercultural Communication, Boston.

Chen, G.-M./Starosta, W.-J. (1997): A Review of the Concept of Intercultural Sensitivity, in: Human Communication, Vol. 1 (1997), S. 1-16.

Copeland, L./Griggs, L. (1986): Going International, New York.

Fritz, W. (1990): Marketing - ein Schlüsselfaktor des Unternehmenserfolgs? In: Marketing ZFP, 12. Jg. (1990), S. 91-110.

Fritz, W. (1995): Marketing-Management und Unternehmenserfolg, 2. Aufl., Stuttgart.

Fritz, W. (1997): Erfolgsursache Marketing, Stuttgart.

Fritz, W./Kerner, M./Kim, Ch.K./Mundorf, N. (1994): Die E-Mail Debate als Instrument der internationalen Management- und Marketing-Ausbildung an Universitäten, Bericht des Instituts für Wirtschaftswissenschaften der Technischen Universität Braunschweig, AP-Nr. 94/04, Braunschweig.

Fritz, W./Kerner, M./Kim, Ch.K./Mundorf, N. (1995): Die E-Mail Debate, in: Personal, 47. Jg. (1995), S. 20-24.

Fritz, W./Kerner, M./Kim, Ch.K./Mundorf, N. (1999): Die internationale E-Mail Debate, in: Fritz, W. (Hrsg.): Internet-Marketing, Stuttgart, S. 309-328.

Fritz, W./Möllenberg, A. (1999a): Interkulturelle Kompetenz als Gegenstand internationaler Personalentwicklung, Bericht des Instituts für Wirtschaftswissenschaften der Technischen Universität Braunschweig, AP-Nr. 99/14, Braunschweig.

Fritz, W./Möllenberg, A. (1999b): Die Messung der interkulturellen Sensibilität in verschiedenen Kulturen - eine internationale Vergleichsstudie, Bericht des Instituts für Wirtschaftswissenschaften der Technischen Universität Braunschweig, AP-Nr. 99/22, Braunschweig.

Fritz, W./Möllenberg, A./Werner, T. (1999): Die interkulturelle Kompetenz von Managern – Ihre Bedeutung für die Managementpraxis und Perspektiven für die Forschung, Bericht des Instituts für Wirtschaftswissenschaften der Technischen Universität Braunschweig, AP-Nr. 99/13, Braunschweig.

Fritz, W./Oelsnitz, D. von der (1998): Marketing, 2. Aufl., Stuttgart.

Hentze, J. (1994): Personalwirtschaftslehre 1, 6. Aufl., Bern u.a.

Hentze, J./Kammel, A. (1994): Erfolgsfaktoren im internationalen Management: Zur Bedeutung der interkulturellen Personalführung in der multinationalen Unternehmung, in: Die Unternehmung, 48. Jg. (1994), S. 265-275.

Hentze, J./Lindert, K. (1992): Manager im Vergleich. Daten aus Deutschland und Osteuropa, Bern, Stuttgart.

Holzmüller, H.H. (1997): Bedeutung der Instrumente zur Handhabung der kulturellen Heterogenität im internationalen Unternehmensverbund, in: Macharzina, K./Oesterle, M.-J. (Hrsg.): Handbuch internationales Management, Wiesbaden, S. 785-807.

Holzmüller, H.H./Schuh, A. (1998): Zur Internationalisierung der Management- und Marketing-Ausbildung, in: Mosser, A. et al. (Hrsg.): Die Wirtschaftsuniversität Wien. Bildung und Bildungsauftrag, Wien, S. 141-157.

Ingelfinger, T. (1995): Interkulturelle Kompetenz als Notwendigkeit der Internationalisierung, in: Marktforschung und Management, 39 Jg. (1995), S. 103-106.

Karmasin, H./Karmasin, M. (1997): Cultural Theory, Wien.

Kim, Ch.K. (1999): Improving Intercultural Communication Skills: A Challenge facing Institutions of Higher Education in the 21th Century, in: Hesse, H./Rebe, B. (Hrsg.): Vision und Verantwortung, Hildesheim, S. 617-629.

Matthäus, C. (1998): Der Global Manager, in: Blick durch die Wirtschaft, 26.06.1998.

Müller, S. (1991): Die Psyche des Managers als Determinante des Exporterfolgs, Stuttgart.

Müller, S. (1996): Auslandsorientierung als Zielsetzung der Personalentwicklung, in: Thomas, A. (Hrsg.): Psychologie interkulturellen Handelns, Göttingen, S. 341-364.

Müller, S./Gelbrich, K. (1999): Interkulturelle Kompetenz und Erfolg im Auslandsgeschäft: Status quo der Forschung, Dresdner Beiträge zur Betriebswirtschaftslehre Nr. 21/99, Technische Universität Dresden, Dresden.

Oelsnitz, D. von der (1999): Marktorientierter Unternehmenswandel, Wiesbaden.

o.V. (1996): Auslandseinsatz gezielt vorbereiten, in: Blick durch die Wirtschaft, 13.12.1996.

Pierer, H. von (1999): Kulturelle Sensibilität, in: Wirtschaftswoche Nr. 38/1999, S. 181.

Raffée, H. (1984): Strategisches Marketing, in: Gaugler, E. et al. (Hrsg.): Strategische Unternehmensführung und Rechnungslegung, Stuttgart, S. 61-81.

Schneidewind, D.K. (1996): Eine neue Kompetenz, in: Gablers Magazin, Nr. 3 (1996), S. 34-37.

Stahl, G.K. (1999): Deutsche Führungskräfte im Auslandseinsatz: Probleme und Problemlösungserfolg in Japan und den USA, in: Die Betriebswirtschaft, 59. Jg. (1999), S. 687-703.

Stauss, B. (1995): Internes Marketing, in: Tietz, B. et al. (Hrsg.): Handwörterbuch des Marketing, 2. Aufl., Stuttgart, Sp. 1045-1056.

Thomas, A./Hagemann, K. (1996): Training interkultureller Kompetenz, in: Bergemann, N./Sourisseaux, A.L.J. (Hrsg.): Interkulturelles Management, 2. Aufl., Heidelberg, S. 173-199.

Erfolgsfaktor ‚implizites Wissen'

Günther Schanz

Übersicht:

1 Persönlich gefärbte Vorbemerkungen 104
2 Attribute impliziten Wissens 104
3 Individuelle Verfügbarkeit impliziten Wissens 107
4 Transferierbarkeit impliziten Wissens 116
5 Literatur 119

„Wir sind mehr, als wir zu sein scheinen, und wir wissen mehr, als wir zu wissen glauben" (Cytowic 1996, 213).

1 Persönlich gefärbte Vorbemerkungen

Die folgenden, dem sogenannten impliziten Wissen gewidmeten Ausführungen sind von der Überzeugung getragen,
(1) daß dieser Wissenskategorie im Unternehmensgeschehen eine viel größere Bedeutung zukommt, als gemeinhin angenommen bzw. bewußt wird, und
(2) daß auf seine Nutzung – in Grenzen – gestaltend Einfluß genommen werden kann.
Was hier in Form eines wissenschaftlichen Essays vorzutragen ist, speist sich aus unterschiedlichen Quellen und persönlichen Interessen. Herausgehobene Bedeutung kommt dabei neurowissenschaftlichen Erkenntnissen zu, aber auch (tiefen-)psychologische Einsichten spielen eine Rolle. Zudem sind, wenngleich weitestgehend unausgesprochen, erkenntnistheoretisch-methodologische Überzeugungen im Spiel.
Als überraschend wird möglicherweise empfunden, daß verschiedentlich auch von Japan und von den Japanern die Rede sein wird. Abgesehen davon, daß die betriebswirtschaftliche Ostasienforschung einen weiteren persönlichen Interessen- und Forschungsschwerpunkt bildet, rechtfertigt sich der Blick auf dieses fernöstliche Land damit, daß implizites Wissen dort offensichtlich eine besondere Rolle spielt. Unter Bezug auf die Welt der Wirtschaft haben dies beispielsweise Ikujiro Nonaka und Hirotaka Takeuchi (1997) systematisch herausgearbeitet, freilich ohne dafür eine Erklärung anzubieten. Das hier verfolgte Anliegen besteht unter anderem darin, mögliche Ursachen für dieses Phänomen auf die Spur zu kommen.
Die anzustellenden Überlegungen sind überwiegend von einem spezifischen Erkenntnisinteresse geleitet. Daß sich aus ihnen auch praktisch relevantes, im Dienst von Gestaltungsinteressen stehendes Wissen ableiten läßt, sollte gleichwohl spürbar werden.

2 Attribute impliziten Wissens

Es war nicht vorauszusehen, daß Michael Polanyis fein ziselierter Satz, wonach *„wir mehr wissen, als wir zu sagen wissen"* (Polanyi 1985, 14; Hervorhebung im Original), einmal ausgerechnet in der meist vergleichsweise hemdsärmelig daherkommenden Managementliteratur zu Ehren gelangen würde. Maßgeblich zu verdanken ist dies dem vehement aufgekommenen Interesse am Wissensmanagement. Seine pragmatische Begründung liegt darin, daß sich mehr und mehr Unternehmen heute als ‚wissensbasiert' oder ‚wissensintensiv' begreifen (müssen). Wissen wird damit zu einer wertvollen, den Unternehmenserfolg nachhaltig mitbestimmenden Ressource.

Ein erweiterter Wissensbegriff
In zahlreichen Aufsätzen und Monographien – sie stammen überwiegend aus den sechziger Jahren – hat Polanyi den Blick auf eine Teilmenge des Wissens gelenkt, deren Stellenwert geradezu systematisch unterschätzt wird. Letzteres dürfte maßgeblich seiner Eigenschaft zuzuschreiben sein, daß es „sich nicht in Worte fassen läßt" (Polanyi 1985, 17). Polanyi spricht deshalb von tacit knowledge bzw. – als Buchtitel – von The Tacit Dimension (Polanyi 1966). 1985 ist die deutsche Übersetzung mit dem Titel Implizites Wissen erschienen.
Daß implizites Wissen nicht gerade „der Inbegriff von (in erster Linie rationalen) Kenntnissen" – so ein Teil der Wissensdefinition des Brockhaus, Jahrgang 1974 – sein kann, liegt auf der Hand. Ein so gewählter Wissensbegriff liefe faktisch auf die Diskriminierung von wichtigen Wissensarten hinaus, zu denen hier neben Information („inhaltlicher Kernbestandteil des Wissens") und Erkenntnis („qualifiziertes Wissen" in Gestalt von Theorien, Befunden, Schlußfolgerungen u.v.m.) auch Ideen („gedankliche Keimformen des Wissens mit hohem Neuigkeitsanspruch und [noch] geringem Informationsgehalt"), einschließlich Intuitionen, Kognitionen .(„subjektive Wissensarten und -teile"), Meinungen („geäußertes subjektives Wissen") bis hin zu Überzeugungen („durch Gewißheitsanspruch oder Glaubenshaltungen verstärkte Meinungsäußerungen und [Vor-]Urteile"; Spinner 1998, 16ff.) gezählt werden. Dieses begriffliche Verständnis erfaßt auch implizites Wissen oder schließt dieses zumindest nicht von vornherein aus.

Der Tausendfüßler als Wissensträger
Polanyis Hauptanliegen besteht in dem Nachweis, daß implizites Wissen auch und gerade in der Wissenschaft eine herausragende Rolle spielt. Es liege nämlich „der Fähigkeit des Wissenschaftlers zugrunde, (1) ein Problem richtig zu erkennen, (2) dem Problem nachzugehen und sich bei der Annäherung an die Lösung von seinem Orientierungssinn leiten zu lassen und (3) die noch unbestimmten Implikationen der endlich erreichten Entdeckung richtig zu antizipieren" (Polanyi 1985, 30).

Bei dem von Polanyi fokussierten Phänomen geht es allerdings keineswegs nur um menschliches, schon gar nicht lediglich um wissenschaftliches Erkennen. Wer zu akzeptieren vermag, daß homo sapiens das Ergebnis eines sehr langen Evolutionsprozesses ist, der wird vielleicht auch nichts gegen die Art und Weise haben, in der dies – zugegebenermaßen etwas spielerisch – im folgenden demonstriert werden soll: Stellen wir uns einen Tausendfüßler vor und fragen wir uns, was an diesem Tier so bemerkenswert ist.

Über die Antwort hinaus, daß allein der Besitz von tausend Füßen etwas Erstaunliches darstellt, ist natürlich auch ein etwas sophistischeres Herangehen möglich. Wer sich für das Funktionieren von (Wirtschafts-)Organisationen interessiert, dem drängt sich vermutlich eine einzige, *die* zentrale Frage schlechthin auf: Wie *koordiniert* dieses Tier seine vielen Laufwerkzeuge?

Könnte er diese Frage verstehen und mit uns sprachlich kommunizieren, so würde unser Tausendfüßler wohl antworten, daß er das Problem überhaupt nicht zu sehen vermag. Er, so sein mutmaßlicher Kommentar, benutze einfach seine Füße, die nun einmal so und nicht anders funktionieren. Ein Koordinationsproblem existiert für ihn nicht.

Um Polanyis einprägsam-rätselhafte Formulierung – „[...] daß wir mehr wissen, als wir zu sagen wissen" – hier wieder ins Spiel zu bringen: Besagter Tausendfüßler verfügt offensichtlich über Wissen, das ihm nicht bewußt ist. Folglich könnte er uns dieses selbst dann nicht mitteilen, wenn wir uns mit ihm sprachlich zu verständigen in der Lage wären. Sein implizites Wissen ist angeboren.

Allgegenwart impliziten Wissens

Weil sich beim Menschen angeborene und erworbene Bestandteile impliziten Wissens vermengen, stellt sich die Frage nach dem Stellenwert dieser Kategorie sehr viel diffiziler dar. Polanyis Beispiele für seine Gegenwärtigkeit beziehen sich daher auf vergleichsweise komplexe Situationen, etwa darauf, daß wir Gesichter „unter Tausenden, ja unter einer Million wiedererkennen. Trotzdem können wir gewöhnlich nicht sagen, wie wir ein uns bekanntes Gesicht wiedererkennen" (Polanyi 1985, 14). Daß implizites Wissen darüber hinaus auf vielfältige andere Weise (all-)gegenwärtig ist, deutet sich in Polanyis Bemerkung an, es komme „in den nicht-explizierbaren Fähigkeiten des wissenschaftlichen und künstlerischen Genies zur Geltung. Als nächstes wäre die Kunst des erfahrenen Diagnostikers zu nennen, als eine etwas abgeschwächte Form des Entdeckens; zur selben Klasse können wir auch die Ausübung von Geschicklichkeiten rechnen, seien sie künstlerischer, athletischer oder technischer Natur" (Polanyi 1985, 16).

Was hier angesprochen ist, bezieht sich erkennbar sowohl auf ‚intellektuelles' als auch auf praktisches Wissen, wie es in der Unterscheidung zwischen ‚Kennen' (bzw. knowing that) und ‚Können' (knowing how) mitschwingt. Im Unternehmensgeschehen spielen beide Kategorien eine bedeutende Rolle.

Weshalb implizites Wissen schwer zugänglich ist
Um es an dieser Stelle kurz zu machen: Einer Auswertung der betriebswirtschaftlichen, vorrangig allerdings angelsächsischen Literatur (Rüdiger/Vanini 1998, 469) zufolge bestehen besonders markante Eigenschaften impliziten (bzw. ‚taciten') Wissens darin, daß es schwer zu artikulieren, zu kommunizieren, zu kodifizieren, zu erklären und zu formalisieren; folglich auch schlecht zu definieren und nicht oder kaum zu dokumentieren ist. Die Gründe dafür liegen insbesondere darin, daß es eine sehr persönliche, subjektive Qualität hat; vielfach als selbstverständlich betrachtet wird; stark kontextgebunden ist und seinen Trägern nicht ins Bewußtsein gelangt.

Als Konsequenz ergibt sich daraus, daß implizites Wissen schwer zu identifizieren, zu speichern, zu übertragen und zu kopieren; vorrangig durch Beobachtung, Imitation, praktisches Tun und Erfahrung zu erlernen; vielfach nur über persönliche Kontakte und eher informell und unbewußt zu erwerben sowie von Person zu Person unterschiedlich ausgeprägt und damit stark an seinen Träger gebunden ist.

„Wovon man nicht sprechen kann, darüber muß man schweigen" – angesichts der angeführten Attribute impliziten Wissens ist man möglicherweise versucht, Ludwig Wittgensteins berühmten Schlußsatz seines Tractatus logico-philosophicus zu bemühen und sich ‚handfesteren' Dingen zuzuwenden. Abgesehen davon, daß damit Chancen vergeben würden, den faktischen Stellenwert dieser Wissenskategorie angemessen einschätzen zu können, gibt es dafür jedoch keinen zwingenden Grund. In der Wissenschaft bedient man sich bekanntlich einer Metasprache, mit deren Hilfe sehr wohl verständlich gemacht werden kann, weshalb es ein Wissen gibt, das sich nicht (einfach) in Worte fassen läßt und wozu uns dieses Wissen befähigt. Dank des innerhalb der modernen Neurobiologie zwischenzeitlich erreichten Erkenntnisstandes haben sich die Möglichkeiten dazu beträchtlich erweitert.

3 Individuelle Verfügbarkeit impliziten Wissens

Polanyis Botschaft von der Existenz eines stillschweigenden, im Verborgenen blühenden Wissens ist mittlerweile längst in den Fokus der Gehirnforschung gerückt. Die von

Neurowissenschaftlern angebotene Erklärung besteht unter anderem im Hinweis auf Diskrepanzen, die sich daraus ergeben, „daß unsere Sprache völlig andere Codierungsstrategien verwendet als unser Nervensystem. Sprache besteht aus einem engumgrenzten Wortschatz und kann sich daher nur mit mehr oder weniger treffenden Metaphern behelfen, wenn ihr für die subtile Vielfalt sinnlicher Wahrnehmungen die normalen Begriffe ausgehen, wie es oft der Fall ist. Das Nervensystem dagegen benutzt ein kombinatorisches *System von Repräsentationen*, das eine detaillierte *Analyse* [...] erlaubt. Dadurch können wir weit differenzierter wahrnehmen und unterscheiden als wir gemeinhin in Worten auszudrücken vermögen" (Churchland 1997, 24; Hervorhebung im Original).
Diese Passage wurde hier nicht nur deshalb ausgewählt, weil sie in der gebotenen Kürze erkennen läßt, warum wir (viel) mehr wissen, als wir zu sagen wissen. Sie zeigt darüber hinaus auf mustergültige Weise, daß und wie Wissenschaft Beiträge zur Entmystifizierung zu leisten vermag.

Ein Blick auf das menschliche Gedächtnis
Wie hat man sich die Speicherung impliziten Wissens wohl vorzustellen? Diese Frage aufzuwerfen ist erforderlich, weil eine (wie auch immer erfolgende) ‚Ablage' von Wissen die Voraussetzung für seine Verfügbarkeit ist. Es dürfte nicht überraschen, daß in diesem Zusammenhang Eigenheiten des menschlichen Gedächtnisses zur Sprache zu bringen sind.
Das Gedächtnis – dies sei vorab gesagt – stellt eine wahre Großleistung des Gehirns dar. Stets geht es um ein Registrieren und Anwenden von Erfahrungen, aber der Vorgang selbst ist viel komplizierter, als man sich dies, die Festplatte eines Computers vor dem geistigen Auge, vermutlich vorstellt. Dies läßt bereits die Unterscheidung zwischen einem ultrakurzen, einem Kurzzeit- und einem Langzeitgedächtnis erahnen (Thompson 1994, 380ff.), deren Notwendigkeit hier allerdings nicht näher erörtert werden muß. Lediglich letzteres, das Langzeitgedächtnis, verdient im thematischen Zusammenhang Interesse. In ihm werden neben Sinneseindrücken auch intern generierte Informationen – also Meinungen, Einstellungen, Werte oder (kreative) Ideen etwa – gespeichert. Dies erfolgt jedoch keineswegs immer gleich, sondern informationstypisch auf folgende Weise (Zimbardo 1992, 282ff.):
- Das prozedurale Gedächtnis – daher hat es seinen Namen – enthält Erinnerungen daran, wie etwas getan wird oder zweckmäßigerweise zu tun ist und wie motorische und kognitive Fähigkeiten erworben werden. Das hier gespeicherte Prozeßwissen hat eine sehr bemerkenswerte Eigenschaft: Sein Erwerb ist zwar nicht immer ganz

einfach, aber viel schwieriger – man denke etwa an Fahrradfahren oder Schwimmen – und manchmal sogar unmöglich ist es, derartige Fertigkeiten wieder zu vergessen bzw. zu verlernen. Hinzu kommt, daß ihre Ausführung häufig erschwert oder behindert wird, wenn man darüber nachzudenken beginnt. Prozeßwissen geht im sprichwörtlichen Sinn in Fleisch und Blut über. Würde der bereits angesprochene Tausendfüßler über die Fähigkeit zum Nachdenken über das eigene Tun verfügen, so müßte er wohl zwangsläufig arg ins Stolpern kommen!

- Unser semantisches Gedächtnis speichert Wissen, das von persönlichem Erleben unabhängig ist. Gemeint sind damit beispielsweise mathematische Formeln, physikalische Gesetzmäßigkeiten, musikalische Strukturen oder auch – damit die Betriebswirtschaftslehre nicht zu kurz kommt – die Grundsätze ordnungsmäßiger Buchführung. In allen und vielen weiteren Fällen kann man von typischem ‚Weltwissen' sprechen.
- Schließlich ist davon auszugehen, daß wir über ein episodisches Gedächtnis verfügen. In ihm ist persönliches Erfahrungswissen bzw. autobiographische Information gespeichert. Dieses Wissen ist damit zwangsläufig kontextgebunden, bezieht sich aber keineswegs nur auf private Angelegenheiten, sondern auch auf Erfahrungen, die in der Welt der Arbeit gemacht werden.

Die genannten Gedächtnisleistungen werden von unterschiedlichen Teilen des Gehirns erbracht. Die (ja nicht ganz abwegige, vielleicht sogar ausgesprochen naheliegende) Vorstellung, für das Gesamt unserer Erinnerungen sei ein spezifisches Areal oder ein irgendwie ‚abgeschlossener' größerer Bereich unseres Weltbildorgans zuständig, ist demnach nicht zutreffend.

So ist das erwähnte prozedurale Gedächtnis, bei dem es sich zugleich um einen besonders wichtigen Speicher impliziten Wissens handelt, im subkortikalen Teil des Gehirns angesiedelt – verorten wir es der Einfachheit halber und speziell unter Bezug auf das Gehirn des Menschen schwerpunktmäßig im Zwischenhirn bzw. im sogenannten limbischen System. Entwicklungsgeschichtlich stellt es einen vergleichsweise alten Gehirnteil dar, der, auch wenn sich hier im Laufe der Evolution verschiedene funktionale Veränderungen vollzogen haben, ganz typische ‚Zuständigkeiten' hat. Thematische Bedeutung kommt insbesondere dem Tatbestand zu, daß das limbische System – bestehend unter anderem aus Hypothalamus, Hippocampus und den beiden Mandelkernen – maßgeblich an der Affektregulation beteiligt ist (Ciompi 1994, 122). Das limbische System ist, mit anderen Worten, der Sitz von Instinkten und Gefühlen. Entscheidende Bedeutung kommt ihm ferner im Zusammenhang mit der Motivation zu. Damit ist – wohl alles andere als zufällig – ein Spektrum menschlichen Erlebens, Empfindens und Verhaltens angesprochen, bei dem wir uns bekanntlich schwer tun, es in Worte zu fassen.

Das semantische Gedächtnis ist entwicklungsgeschichtlich wesentlich jünger. Sein Sitz ist das Großhirn bzw. der Neocortex. Wohl wissend, daß die Evolution keine abrupten Sprünge zu machen pflegt, kann man gleichwohl sagen, daß dieser Teil unseres Weltbildorgans der typisch menschliche ist. Als Großhirn wird er übrigens deshalb bezeichnet, weil er etwa sieben Achtel der Gesamtmasse des Zentralnervensystems ausmacht. Das limbische System ist von ihm vollständig überwachsen. Seiner Existenz ist ein entscheidender Teil unseres Bewußtseins, unseres Denk- und Vorstellungsvermögens und auch unserer sprachlichen Fähigkeiten zu verdanken. Als Folge davon ist das semantische Gedächtnis dafür prädestiniert, das erwähnte ‚Weltwissen' zu speichern. Dieses ist expliziter Art und für die erfolgreiche Führung von Unternehmen unabdingbar, aber in der Unterschätzung impliziten Wissens liegt zugleich der Grund, weshalb seine Bedeutung eher überschätzt zu werden pflegt. Die Erfahrung mit reinen Informationsstrategien, die man im Zusammenhang mit Prozessen organisationalen Wandels gemacht hat (vgl. Schanz 1994, 382ff.), belegt dies recht eindeutig.

Das episodische Gedächtnis ist – zwangsläufig, möchte man sagen – ebenfalls eine evolutionsgeschichtlich jüngere Errungenschaft. Seine Bindung an das Bewußtsein einer eigenen Biographie läßt nur diese Deutung zu. Das hier gespeicherte Wissen ist ein Produkt persönlicher Erfahrung und hat damit nicht nur, wie oben bereits erwähnt, eine kontextbezogene, sondern auch eine zeitliche Komponente. Solange diese Eigenschaften als Merkmale impliziten Wissens gelten (vgl. Abschnitt 2), muß es dieser Kategorie auch zugerechnet werden – definitionsgemäß gewissermaßen.

Andererseits ist nicht zu übersehen, daß autobiographisches Wissen seinen Trägern vielfach durchaus bewußt ist, und sie haben vielleicht auch keinerlei Schwierigkeiten, dieses Wissen zu artikulieren. Es handelt sich also nicht zwangsläufig um das, was ‚tacit' eigentlich meint und worauf sich Polanyis Rede von jedem Wissen bezieht, das sich nicht in Worte fassen läßt. Es scheint sich also durchaus zu lohnen, zwischen ‚implizitem Wissen' und ‚tacit knowledge' begrifflich zu differenzieren bzw. letzteres als Teilmenge des ersteren zu begreifen (vgl. hierzu auch die im weiteren nicht näher verfolgten Bemühungen von Rüdiger/Vanini 1998, 470ff.).

Die besondere Bedeutung des limbischen Systems

Unabhängig von dem hier aufgetauchten Abgrenzungs- bzw. Definitionsproblem sollten die Ausführungen zu den verschiedenen Erscheinungsformen des Langzeitgedächtnisses deutlich gemacht haben, weshalb wir in der Tat mehr wissen, als wir zu sagen wissen oder, noch etwas allgemeiner formuliert, als wir zu wissen glauben (zum Stand der dies bestätigenden Forschung zu Beginn der 90er Jahre vgl. Perrig 1990). Der Grund liegt offensichtlich darin, daß unser Gehirn um einiges leistungsfähiger ist, als man gemeinhin annimmt. Wenn sich die moderne Neurowissenschaft auf dem richtigen Weg befindet, dann liegt diese Unterschätzung allerdings weniger daran, daß die Möglichkeiten unseres Großhirns noch nicht vollumfänglich erkannt sind. Obwohl auch hier noch mit vielen überraschenden Entdeckungen zu rechnen sein dürfte, scheint es eher das limbische System zu sein, dessen wahre Bedeutung sich erst allmählich zu erschließen beginnt.

Vor allem scheint es so zu sein, daß Menschen insofern einzigartig sind, als sich bei ihnen „[...] sowohl die limbischen Strukturen wie die kortikalen Dimensionen erweitert haben... Beide haben sich gemeinsam weiterentwickelt. Tatsächlich sind unsere limbischen Nervenverbindungen sowohl stärker wie auch zahlreicher als andere Nervenfasern... Es ist gerade das limbische System, und nicht so sehr der Kortex, das bei Menschen am weitesten entwickelt ist. Zufällig ist es auch am engsten mit jenen emotionalen und subjektiven Merkmalen assoziiert, die wir als spezifisch menschlich ansehen" (Cytowic 1996, 203).

Implizites Wissen und Intuition

Das limbische System ist nicht gerade jener Gehirnteil, der vorstellungsmäßig mit der von Ökonomen hochgeschätzten Rationalität zu tun hat. Es handelt sich vielmehr um die Schaltstelle unserer Emotionalität. Aber dies bedeutet keineswegs, daß dort die Vernunft auf der Strecke bleibt. Im Licht neurowissenschaftlicher Erkenntnisse neueren Datums liegt es sogar nahe, von emotionaler Vernunft zu sprechen. Entscheidungsfindung unter Beteiligung von Gefühlen gilt sogar als für rationales Verhalten unentbehrlich. Warum wohl? Nun, hier wird offensichtlich der in Gestalt von implizitem Wissen verfügbare Erfahrungsschatz unbewußt genutzt.

Mit dieser Bemerkung wird zugleich auf den von der Managementwissenschaft notorisch unterschätzten oder sogar überhaupt nicht zur Kenntnis genommenen Stellenwert der Intuition für das Treffen von Entscheidungen im allgemeinen und auf die Bedeutung von ‚Fingerspitzengefühl' im Management im besonderen angespielt (vgl. hierzu ausführlich Schanz 1997). Gefühle wirken, wie sich insbesondere aus den Arbeiten von Antonio R. Damasio ergibt, als Navigatoren, die „uns in einem Entscheidungsraum an den Ort [führen; G.S.], wo wir die Instrumente der Logik am besten nutzen können" (Damasio 1994, 13). Indem dabei auch kognitive Prozesse – typische Großhirnleistungen also – beteiligt sind, verweist dies ein weiteres Mal auf den Sachverhalt, daß sich limbisches System und Neocortex im Laufe der Evolution wechselseitig ‚hochgeschaukelt' haben und innerhalb unseres Weltbildorgans eng kooperieren.

Individuelle Unterschiede bei der Verfügbarkeit impliziten Wissens
Polanyis gelegentliche Anmerkung, daß manche Menschen in der Lage seien, dort Probleme zu sehen, wo andere dies nicht können (Polanyi 1962, 12f.), soll im folgenden mit dem Ziel aufgegriffen werden, zumindest ansatzweise der Frage nachzugehen, weshalb implizites Wissen auf individuell unterschiedliche Weise und im individuell unterschiedlichen Ausmaß zur Verfügung steht. Zuvor ist klarzustellen, daß Polanyi mit seinem Hinweis keine notorischen ‚Schwarzseher' im Auge hat, wie man dies vielleicht vermuten könnte. Er bezieht sich, ganz im Gegenteil, auf ‚Hellseher' mit den für sie charakteristischen intuitiven Fähigkeiten.

Zum Verständnis dessen, was im folgenden vorzutragen ist, dürfte es zweckmäßig sein, das Gehirn zunächst ganz allgemein als ein umweltoffenes Organ zu charakterisieren (Schanz 1998, 55ff.). Damit ist gemeint, daß die Art, wie wir denken und fühlen, unsere spezifische Motivation, unsere Wahrnehmungen und verschiedenes mehr hochgradig von Erfahrungen geprägt werden, die wir im Kontakt mit der Außenwelt machen. Da jedes Individuum seine höchst persönlichen Erfahrungen macht, resultiert daraus die prinzipielle Einmaligkeit des individuellen Gehirns. Die Art dieser Erfahrungen führt unter anderem auch zu einem individuenspezifischen Fundus impliziten (aber natürlich auch expliziten) Wissens.

Als besonders nachhaltig erweisen sich dabei solche Erfahrungen, die im Rahmen der frühen Entwicklungsphase(n) des Individuums gemacht werden. Dies ist jener Zeitraum, in dem das Gehirn besonders plastisch ist. Seinen neurophysiologischen Niederschlag findet dies im Bereich der synaptischen Verbindungen zwischen einzelnen Nervenzellen durch Bildung grundlegender ‚Schaltkreise'. Die einprägsam-anschauliche Vorstellung von Lernfenstern bzw. von Fenstern der Gelegenheit (Goleman 1996, 282) trägt dem Rechnung, und man hat heute auch längst recht präzise Vorstellungen über deren Lage und Dauer, etwa in bezug auf grundlegende Bewegungsabläufe, emotionale Kontrolle, sprachliche (einschließlich fremdsprachliche), mathematische oder musische Fähigkeiten – und verschiedenes mehr. Bei den erwähnten Lernfenstern handelt es sich um biologisch festgelegte Zeitspannen maximaler Sensitivität für die Bildung neuronaler Schaltkreise.

Der Mensch ist selbstverständlich auch jenseits der besonders ‚prägungssensiblen' Phasen für Lernprozesse offen; zeitlebens sogar. Es ist allerdings davon auszugehen, daß die Einflüsse der Umwelt dann zunehmend stärker – vielleicht kann man auch sagen: expliziter – sein müssen, um eine nachhaltige Verhaltenswirkung zu erlangen (Roth 1995, 298).

Kulturspezifische Einflüsse auf die Verfügbarkeit impliziten Wissens
Was hier zunächst als Folge einer individuellen Lerngeschichte beschrieben wurde, hat auch eine kollektive Dimension. Sie gewinnt dann Bedeutung, wenn Menschen Einflüssen unterliegen, die sie als Gemeinschaft erfahren. Unter Bezug auf unser Gehirn läuft das unter anderem darauf hinaus, daß dieses Organ auch von allgemeinen Merkmalen der Kultur geprägt wird.
Damit soll natürlich nicht gesagt werden, daß jede kulturelle Besonderheit ihre Spuren im individuellen Gehirn hinterläßt. Von der Sprache darf dies jedoch erwartet werden, auch wenn unser Weltbildapparat möglicherweise nicht in der Weise differenziert, wie man dies im ersten Moment vielleicht annimmt – etwa zwischen Deutsch und Italienisch.
Anders könnte dies aussehen, wenn Sprachen verglichen werden, die in nahezu keiner Hinsicht miteinander verwandt sind. Und tatsächlich gibt es ernstzunehmende Hinweise darauf, daß das Gehirn von Japanern strukturelle Merkmale aufweist, die auf Eigenheiten ihrer Sprache zurückzuführen sind (Tsunoda 1985). Diese Eigenheiten könnten einen vergleichsweise leichten Zugang zu implizitem Wissen ermöglichen, eine These, die es im folgenden zu begründen gilt.
Einleitend ist dabei zunächst festzustellen, daß die Diskussion über implizites Wissen im Sinn eines Erfolgsfaktors vermutlich nicht zufällig von japanischen Autoren ‚losgetreten' wurde, vor allem von der Gruppe um Ikujiro Nonaka. Im Vorwort der besonders bekannt gewordenen und 1995 publizierten Studie „The Knowledge-Creating Company" (deutsch: 1997) heißt es beispielsweise, dieser Wissenstyp baue „auf die Erfahrung des einzelnen und betrifft schwer faßbare Faktoren wie persönliche Überzeugungen, Perspektiven und Wertsysteme. Implizites Wissen ist als entscheidender Bestandteil des kollektiven menschlichen Verhaltens bislang weitgehend vernachlässigt worden. Dies dürfte wohl auch einer der Hauptgründe sein, weshalb die Erfolge des japanischen Managements den Menschen im Westen nach wie vor ein Rätsel sind" (Nonaka/Takeuchi 1997, 8f.).

„The Knowledge-Creating Company" dient mir hier lediglich als Einstieg für das, was jetzt gleich zu Eigenheiten des japanischen Gehirns ausgeführt werden soll. Dankbar bin ich allerdings für die folgende Charakterisierung des Verständnisses der Japaner von Wissen, denn sie bekräftigt erstens die oben angestellten Überlegungen zu den Attributen dieser Wissenskategorie. Zweitens regt sie an, nach den Ursachen zu fragen, weshalb in Japan – und damit auch in der japanischen Arbeitswelt – implizites Wissen eine so herausragende Rolle spielt: Für die Japaner, so Nonaka/Takeuchi, „stellt das in Worten und Zahlen faßbare Wissen nur die Spitze des Eisbergs dar. Sie sehen das Wissen hauptsächlich als etwas Implizites. Implizites Wissen ist sehr persönlich und entzieht sich dem formalen Ausdruck, es läßt sich nur schwer mitteilen. Subjektive Einsichten, Ahnungen und Intuition fallen in diese Wissenskategorie. Darüber hinaus ist das implizite Wissen tief verankert in der Tätigkeit und der Erfahrung des einzelnen sowie in seinen Idealen, Werten und Gefühlen" (Nonaka/Takeuchi 1997, 18f.).

Zum Einfluß der japanischen Sprache auf die Hirndominanz
Eine jenseits dieser Beschreibung liegende Frage richtet sich darauf, warum sich dieses Wissensverständnis herausgebildet haben könnte, und es liegt natürlich nahe, eine Antwort in Merkmalen oder Besonderheiten des japanischen Gehirns zu suchen. (Die gewählte Ausdrucksweise signalisiert dem einen oder anderen Leser möglicherweise wenig Gespür für ‚politische Korrektheit'. Es ist zu hoffen, daß sich ein solcher Eindruck später in Luft auflöst.) Wie schon angedeutet, könnten diese Besonderheiten ‚sprachbedingt' sein. Es besteht Anlaß zu der Vermutung, daß Japanisch das Gehirn in besonderer Weise ‚fordert'.
Ableiten läßt sich dies aus Untersuchungen des japanischen Neurowissenschaftlers Takeo Tsunoda (1985). Seine (im naturwissenschaftlichen Geist akribisch betriebenen) Studien lassen den Schluß zu, daß die japanische Sprache die Struktur des Gehirns in gewisser Weise prägt. Mit welchen methodischen Hilfsmitteln – sie sind sorgfältig dokumentiert – dies herausgefunden wurde, muß hier nicht nachvollzogen werden. Aber das Ergebnis ist wegen der sich daraus (möglicherweise) ergebenden Folgen mitteilenswert: Japanisch – wie übrigens auch Polynesisch – begründet offensichtlich eine von anderen Sprachen abweichende cerebrale Dominanz.
Zum Verständnis des gerade Gesagten dürfte der Hinweis nützlich sein, daß damit – und dies zunächst ohne direkten Bezug zum ‚japanischen Gehirn' – auf eine charakteristische (funktionale) Zweiteilung des menschlichen Weltbildorgans angespielt wird (vgl. hierzu den Literaturüberblick bei Springer/Deutsch 1998). Stark vergröbernd, aber viel-

leicht ganz einprägsam ausgedrückt läuft sie darauf hinaus, daß die linke Hirnhemisphäre eher für eine logisch-analytische sowie sequentielle Betrachtungsweise der Welt zuständig ist, die rechte hingegen primär zum gestalthaft-ganzheitlichen und intuitiven ‚Denken' neigt. Aus Gründen, die sich selbst nachvollziehen lassen, ist Sprache dabei – wiederum etwas verkürzt ausgeführt – eine im Prinzip linkshemisphärische Angelegenheit. (Sowohl das Brocasche als auch der Wernickesche Areal sind in der linken Hirnhälfte angesiedelt.)

Darüber hinaus scheint die japanische Sprache die Struktur des Gehirns in spezifischer Weise zu prägen, und zusammenhängen dürfte dies damit, daß in ihr Vokale – sowohl im Hinblick auf ihre Anzahl als auch wegen Besonderheiten ihrer Aussprache – eine besondere Rolle spielen: Japanisch ist stark vokaldominiert. Städtenamen wie Tokio, Osaka, Yokohama, Nagoya, Kyoto oder Kumamoto belegen dies; dasselbe gilt, wovon noch die Rede sein wird, für amae oder amaeru.

Vokale sind nun allerdings nicht nur Buchstaben, sondern auch Ausdrucksmittel von Gefühlen bzw. emotionalen Regungen. Mit einem langgezogenen ‚ah' drücken wir beispielsweise Schmerz, mit einen ‚oh' Überraschung und mit einem ‚uh' Verwunderung aus. Im Gehirn von Nicht-Japanern wird derartiges tendenziell von der rechten, für Gefühle zuständigen Hemisphäre gesteuert bzw. verarbeitet. Anders bei Japanern: Verbalisierte Gefühle oder emotionale Regungen werden, wie Tsunoda herausgefunden hat, mit Hilfe ihrer linken Hirnhälfte ausgedrückt; dies macht, so würde ich es interpretieren, offensichtlich schon der Vokalreichtum ihrer Sprache erforderlich. Aber da natürlich auch bei Japanern die Welt der Emotionen eine im Prinzip rechtshemisphärische Angelegenheit ist, läuft das hier Vorgetragene auf die Schlußfolgerung hinaus, daß die Lateralisierung des Gehirns, d.h. die Arbeitsteilung zwischen den beiden Hemisphären, bei ihnen weniger stark ausgeprägt zu sein scheint. Um es auf den Punkt zu bringen: ‚Logos' (links) und ‚pathos' (rechts) bzw. ‚ratio' und ‚emotio' sind für Japaner keine strikten Opponenten. (Damit soll nicht zum Ausdruck gebracht werden, daß dies ausschließlich ihrer Sprache zuzuschreiben ist; zu einer etwas ausführlicheren Darstellung vgl. Schanz 1998, 69ff.)

An dieser Stelle kann nun auf implizites Wissen und seine Merkmale zurückgeblickt werden: Wie erinnerlich ist es persönlicher Natur, eher mehrdeutig, vor allem intuitiv usw. Wird dies im Kontext dessen gesehen, was hier zur japanischen Sprache ausgeführt wurde, dann läßt sich in aller Kürze – aber hoffentlich nicht zu kurz – schlußfolgern, daß Japaner allem Anschein nach komparative Vorteile im Hinblick auf die Verfügbarkeit dieser Wissenskategorie haben. Zu verdanken sein dürften diese Vorteile Eigenheiten der Arbeitsweise ihres Gehirns, zu deren Herausbildung die japanische Sprache maßgeblich beizutragen scheint.

4 Transferierbarkeit impliziten Wissens

Individuelle Verfügbarkeit impliziten Wissens bedeutet noch nicht, daß dieses Wissen in sozialen Kontexten auch wirklich zum Tragen kommt oder zum Tragen gebracht werden kann. Unter speziellem Bezug auf die Arbeitswelt ist daher nach einem (wirksamen) **Verbreitungsmechanismus** Ausschau zu halten. Auch hier könnte der Blick auf Japan lehrreich sein.

Daß es in diesem fernöstlichen Land einen solchen Mechanismus gibt, dürfte außer Frage stehen. Bis vor wenigen Jahren (und in naher Zukunft vielleicht wieder) haben japanische Großunternehmen mit ihren Erfolgen den Rest der Welt das Fürchten gelehrt, was nur unzulänglich mit mehr oder weniger obskuren Verschwörungstheorien – etwa mit dem Verweis auf die Rolle des MITI – erklärt werden kann. Es scheint dort vielmehr eine spezifische **Unternehmenskultur** zu geben, die zumindest zeitweilig außerordentlich erfolgswirksam war.

Daß man diese Kultur mit Hinweisen auf **kaizen**, eine konsequente Teamorganisation, das System der (angeblich) lebenslangen Beschäftigung oder auf das Streben nach harmonischen Beziehungen und einige weitere Faktoren beschreiben kann, ist hinlänglich bekannt. Es gibt ein japantypisches Produktions- und Managementkonzept, das die genannten Merkmale aufweist. Aber was ist der **Leim**, der es zusammenhält?

Die Wissenskultur als Teil der Unternehmenskultur

Nun steht hier allerdings nicht die gesamte Unternehmenskultur, sondern die **Wissenskultur** zur Diskussion. Von dieser ist anzunehmen, daß sie den Transfer bzw. die Transferierbarkeit impliziten Wissens in bestimmter Weise prägt. Dabei ist eingangs abermals auf die Studie von Nonaka/Takeuchi zu verweisen, wo zwischen vier Formen der Wissensumwandlung unterschieden wird. Zwei davon – **Sozialisation** und **Externalisierung** – betreffen den hier interessierenden Wissenstransfer und beziehen sich auf die interpersonelle Übertragung und Umwandlung von implizitem zu implizitem bzw. von implizitem zu explizitem Wissen (Nonaka/Takeuchi 1997, 74ff.). Ihre Beispiele, wie das funktioniert – etwa im Rahmen der von Honda eingerichteten Brainstorming-Camps, „wo die Teilnehmer schwierige Probleme eines Entwicklungsprojekts bei einer Mahlzeit mit Sake und einem Bad in einer heißen Quelle besprechen" (Nonaka/Takeuchi 1997, 75) –

werden nicht wenige ‚westliche' Manager vermutlich mit einem (überheblichen) Lächeln zur Kenntnis nehmen. Aber so oder auf ähnliche Weise läuft der Wissenstransfer innerhalb japanischer Unternehmen nun einmal ab – und dies vergleichsweise erfolgreich.

Amae als Sozialisationserfahrung
Statt Nonakas und Takeuchis weiterer Beschreibung zu folgen, soll im weiteren die Frage aufgeworfen werden, **warum** sich in Japan implizites Wissen relativ mühelos verbreitet und damit einer unternehmensweiten Nutzung zugänglich wird.
In diesem Fall ist kein neurowissenschaftliches, sondern ein **tiefenpsychologisches** Konzept zu Rate zu ziehen. Entwickelt wurde es ebenfalls von einem japanischen Wissenschaftler, dessen fachliche Reputation im übrigen völlig außer Frage steht. Gemeint ist Takeo Doi, Autor von **Amae no Kozo** (wörtlich: Die Struktur von Amae) und einiger weiterer Studien, die sich mit der japanischen Psyche befassen.
Damit gut Vertraute sind der Ansicht, das von Doi entwickelte Konzept sei ein Schlüssel für das Verständnis der Mentalität und des Verhaltens der Japaner.
Dois Analyse ist hierzulande unter dem (treffend gewählten) Titel „Freiheit in Geborgenheit" erschienen (Doi 1982). Mit **amae**, das in einem einzigen deutschen Wort auszudrücken kaum möglich sein dürfte, wird auf einen Aspekt der Mutter-Kleinkind-Beziehung angespielt, der sich im mütterlichen Verhalten darin niederschlägt, daß dem Kind bei seiner frühen Entwicklung praktisch unbegrenzte Freiheit gewährt wird. Der Japanexperte Kurt Singer hat dies – unabhängig von und deutlich vor Doi übrigens – wie folgt ausgedrückt: „Die Japaner scheinen wenig geneigt, die Macht der vitalen Triebe einzuschränken, und so erhält das Kind nicht nur die begehrte Nahrung, sondern auch das Gefühl eines stets gegenwärtigen, unbegrenzten Vorrats an lebenserhaltender Substanz ... sowie von dem Bewußtsein seiner Macht, nach Belieben darüber zu verfügen" (Singer 1991, 77).
Damit wird zumindest ungefähr erkennbar, was **amae** bzw. das Verb **amaeru** bedeutet: ‚einem anderen Unterstützung und Zuneigung geben'. Diese frühkindliche Erfahrung – es liegt nahe, an die Ausführungen zur Gehirnentwicklung zu erinnern – prägt das Verhalten im späteren Erwachsenenalter und spielt daher auch in der Arbeitswelt eine Rolle. Dort begegnen uns beispielsweise sehr japanspezifische Vorgesetzten-Mitarbeiter- bzw. Mentor-Protegé-Beziehungen, und auch die Mitglieder von Teams bzw. Arbeitsgruppen gehen deutlich anders miteinander um, als wir dies hierzulande beobachten und erleben können. Ferner ist die Bindung an das arbeitgebende Unternehmen natürlich viel stärker

als in einem Kulturkreis, in dem kalkulatives Engagement im Vordergrund steht. Es sind in erster Linie **emotionale Beziehungen**, die eine typisch japanische Unternehmenskultur begründen.

Nun ist es nicht sonderlich schwer, von hier eine Brücke zur **Verbreitung impliziten Wissens** zu schlagen: Der Geist von *amae*, eine Atmosphäre des beinahe bedingungslosen Vertrauens und der nahezu totalen Zugehörigkeit zu einer Gruppe bzw. zu einem Unternehmen also, begünstigt die Artikulation und Verbreitung impliziten Wissens. Implizites Wissen wird unternehmensweit verfügbar.

„Wissen ist Macht"

An dieser Stelle liegt es nahe, die Formel vom Wissen, das Macht bedeutet, ins Spiel zu bringen. Was der radikale Empirist Francis Bacon (1561 – 1626) damit einst zum Ausdruck zu bringen suchte, gehört sicherlich auch zum impliziten Erfahrungsschatz der Japaner.

Ihnen ist ferner bewußt, daß Wissen im Konkurrenzkampf der Unternehmen einen ausschlaggebenden Faktor darstellt, denn fast nirgendwo sonst ist der Wettbewerb so hart wie im Land der aufgehenden Sonne.

Es gibt freilich noch eine zweite, jüngere Interpretation der Baconschen Formel – Wissen als **Mittel mikropolitischen Agierens**; Wissen als Schatz, mit dem man tunlichst ‚strategisch' umgeht; den man, wenn die Situation es nahelegt, ggf. zurückhält; den man dann gezielt einsetzt, wenn es der Erhaltung oder dem Ausbau persönlicher Macht zweckdienlich erscheint...

Damit ist eine Facette des (persönlichen) Wissensmanagements angesprochen, die in der japanischen Arbeitswelt kaum eine Rolle spielt. In *unserem* Kulturkreis ist sie jedoch reichlich verbreitet (vgl. Crozier/Friedberg 1979). Auch wenn sich durchaus einige ‚funktionale' Aspekte von **Machtspielen** im organisationalen Alltag aufzählen lassen, dürfte feststehen, daß von bewußt zurückgehaltenem, von solchermaßen strategisch eingesetztem Wissen das Unternehmen nicht zu profitieren vermag. Dabei ist es vor allem **implizites** Wissen, das damit dem Unternehmen vorenthalten wird.

Lassen sich aus dem hier Vorgetragenen praktisch verwertbare Lehren ziehen? Es kann sicherlich nicht darum gehen, japanisches Management, das über weite Strecken auch Wissensmanagement ist, als ‚Vorbild' zu begreifen. Dies wäre schon deshalb unangebracht, weil sich die grundlegenden Mechanismen, die, wenn auch natürlich nicht ausschließlich, mit der japanischen Sprache und ihrem mutmaßlichen Einfluß auf die Gehirnstruktur sowie mit dem sehr japanspezifischen **amae**-Erleben zusammenhängen, nicht einfach imitieren lassen.

Dennoch kann von dem Wissen um Andersartigkeit profitiert werden. Vor allem sollte es möglich sein, bestimmte Probleme schärfer zu fokussieren, mit denen beim Umgang mit dem Erfolgsfaktor ‚Wissen' im allgemeinen und im Hinblick auf Förderungs- und Nutzungsmöglichkeiten impliziten Wissens im besonderen zu rechnen ist. Ein häufig kolportierter Seufzer – „[...] wenn wir wüßten, was wir wissen" – zeigt immerhin, daß Spuren eines entsprechenden Bewußtseins durchaus vorhanden sind.

5 Literatur

Churchland, P. (1997): Die Seelenmaschine. Eine philosophische Reise ins Gehirn, Heidelberg/Berlin/Oxford.

Ciompi, L. (1994): Affektlogik – die Untrennbarkeit von Fühlen und Denken, in: Fedrowitz, J./Matejovski, D./Kaiser, G. (Hrsg.): Neuroworlds. Gehirn – Geist – Kultur, Frankfurt a.M./New York, S. 117-130.

Crozier, M./Friedberg, E. (1979): Macht und Organisation. Die Zwänge kollektiven Handelns, Königstein.

Cytowic, R.E. (1996): Farben hören, Töne schmecken. Die bizarre Welt der Sinne, München.

Damasio, A.R. (1994): Descartes' Irrtum. Fühlen, Denken und das menschliche Gehirn, München/Leipzig.

Doi, T. (1982): Amae. Freiheit in Geborgenheit, Frankfurt a.M.

Goleman, D. (1996): Emotionale Intelligenz, München/Wien.

Nonaka, I./Takeuchi, H. (1997): Die Organisation des Wissens. Wie japanische Unternehmen eine brachliegende Ressource nutzbar machen, Frankfurt a.M./New York.

Perrig, W.J. (1990): Implizites Wissen: Eine Herausforderung für die Kognitionspsychologie, in: Schweizerische Zeitschrift für Psychologie, 49. Jg. (1990), S. 234-249.

Polanyi, M. (1962): Tacit Knowing: Its Bearing on some Problems of Philosophy, in: Review of Modern Physics, Vol. 34 (1962), S. 601-616.

Polanyi, M. (1966): The Tacit Dimension, London.

Polanyi, M. (1985): Implizites Wissen, Frankfurt am Main.

Roth, G. (1995): Das Gehirn und seine Wirklichkeit. Kognitive Neurobiologie und ihre philosophischen Konsequenzen, Frankfurt am Main.

Rüdiger, M./Vanini, S. (1998): Das Tacit-knowledge Phänomen und seine Implikationen für das Innovationsmanagement, in: Die Betriebswirtschaft, 58. Jg. (1998), S. 467-480.

Schanz, G. (1994): Organisationsgestaltung. Management von Arbeitsteilung und Koordination, 2. Aufl., München.

Schanz, G. (1997): Intuition als Managementkompetenz, in: Die Betriebswirtschaft, 57. Jg. (1997), S. 640-654.

Schanz, G. (1998): Der Manager und sein Gehirn. Neurowissenschaftliche Erkenntnisse im Dienst der Unternehmensführung, Frankfurt am Main.

Singer, K. (1991): Spiegel, Schwert und Edelstein. Strukturen des japanischen Lebens, Frankfurt am Main.

Spinner, H.F. (1998): Die Architektur der Informationsgesellschaft. Entwurf eines wissensorientierten Gesamtkonzepts, Bodenheim.

Springer, S.P./Deutsch, G. (1998): Linkes - rechtes Gehirn, 4. Aufl., Heidelberg/Berlin.

Thompson, R.F. (1994): Das Gehirn. Von der Nervenzelle zur Verhaltenssteuerung, 2. Aufl., Heidelberg/Berlin/Oxford.

Tsunoda, T. (1985): The Japanese Brain. Uniqueness and Universality, Tokyo.

Zimbardo, P.G. (1992): Psychologie, 5. Aufl., Berlin u.a.

Unternehmungsvitalisierung durch Aktivierung von Humanressourcen

Claus Steinle, Friedel Ahlers und Sandra Fengewisch

Übersicht:

1 Personalpolitik als Impulsgeber einer „Neuen Lebendigkeit" von Unternehmungen 122
2 Unternehmungsvitalisierung: Konturen eines neuen Konzeptes der Unternehmungsführung 123
3 Personalseitige Voraussetzungen der Vitalisierung: Vitalisierungsbereitschaft und – fähigkeit der Unternehmungsmitglieder 125
4 Akteurorientierte Vitalisierungsansätze: Intrapreneurship und Mitunternehmertum in Unternehmungen 127
5 Aktivierung von Humanressourcen durch Empowerment und Commitment 130
6 Vertrauenskultur als Basis vitaler Management- und Personalkonzepte 132
7 Vitalisierung als Wegbereiter einer intelligenten und zukunftsfähigen Unternehmung 135
8 Literatur 136

> 122 Unternehmungsvitalisierung durch Aktivierung von Humanressourcen

1 Personalpolitik als Impulsgeber einer „Neuen Lebendigkeit" von Unternehmungen

Das Spannendste an der Betriebswirtschaftslehre und speziell der Unternehmungsführung ist die Frage nach dem Erfolg und damit den Erfolgsfaktoren betrieblicher Aktivität. Diese Frage ist vor dem Hintergrund sich verändernder Situationsfaktoren immer wieder neu zu durchdenken und somit nicht endgültig und situationsübergreifend zu beantworten. Dennoch hat sich in der betriebswirtschaftlichen Theorie und Praxis im letzten Quartal des 20. Jahrhunderts die Erkenntnis durchgesetzt, daß die **Humanressourcen zu den zentralen Erfolgsfaktoren** von Unternehmungen zählen. Entsprechend wird der Personalpolitik neuerdings eine strategische Funktion zugesprochen mit der Zielrichtung, „[...] proaktiv zukünftige Entwicklungen in Organisationen mitzugestalten" (Hentze 1994, 25).
Noch eine weitere Tendenz prägt nachhaltig die Unternehmungsführungs-Diskussion zum Jahrtausendwechsel: ‚Change Management'. Die Überlebens- und Entwicklungsfähigkeit von Unternehmungen ist eng mit ihrem Potential verbunden, proaktiv auf Umweltveränderungen durch flexible Handlungsmuster reagieren zu können (vgl. auch den Beitrag von v. d. Oelsnitz in diesem Band). Diese Tendenz hat wiederum Rückwirkungen auf die Personalpolitik. An sie werden dadurch insbesondere **zwei Anforderungen** gestellt:
(1) Flexibilität und innovative Lösungen im Rahmen der Personalpolitik selbst und
(2) ebenen- und prozeßübergreifende Impulsgeberfunktion der Personalpolitik zur Vitalisierung des Unternehmungsgeschehens.
Die erstgenannte Anforderung spiegelt sich beispielsweise in der aktuellen Diskussion um variable Vergütungsstrukturen und flexible Arbeitszeitmodelle wider. Sie ist insofern hinreichend erkannt und aufgegriffen worden. Zum zweiten Aspekt liegen sicherlich auch erste Überlegungen vor, wenn z.B. das Konzept des Mitunternehmertums fokussiert wird. Aber es fehlte bislang eine konzeptionelle Gesamtvorstellung, die die in den Vordergrund gerückten Begriffe wie ‚Innovation', ‚Flexibilität' und ‚Lebendigkeit' aufnimmt und systematisch zu einem Unternehmungsführungs-Konzept ausformt, das der Personalpolitik eine Impulsgeberfunktion zuweist. Ein solcher Denkrahmen liegt dem Konzept der Unternehmungsvitalisierung zugrunde.

2 Unternehmungsvitalisierung: Konturen eines neuen Konzeptes der Unternehmungsführung

Die Diskussion um Unternehmungsvitalisierung hat derzeit nicht nur Hochkonjunktur, sie hat auch Substanz und hebt sich dadurch wohltuend von kurzlebigen Management-Moden mit wohlklingenden Bezeichnungen ab. Davon unberührt steht die Diskussion erst noch am Anfang. Dieses kann schon an der Übertragung des aus anderen Erkenntnisbereichen entlehnten Begriffs „Vitalisierung" auf das System Unternehmung festgemacht werden, die noch Konkretisierungspotential beinhaltet.

Den noch entwicklungsfähigen Diskussionsstand spiegeln auch die vorliegenden Konzepte zur Unternehmungsvitalisierung wider. Für den deutschsprachigen Raum können hier insbesondere die Ansätze von Fuchs (1995), Booz/Allen/Hamilton (1997), Scholz (1997) und Steinle et al. (2000) genannt werden. Im folgenden konzentrieren wir uns auf einen integrativen Ansatz, da er ein ganzheitliches Vitalisierungsverständnis fokussiert und damit dem facettenreichen Phänomen Vitalisierung am ehesten Rechnung trägt (vgl. dazu Steinle 2000). Einen Überblick vermittelt Abbildung 1.

Der Kerngedanke einer ganzheitlichen Vitalisierung basiert auf der expliziten Verbindung von zwei zentralen Grundrichtungen der Unternehmungsführung: Die als **„Outside-In"** bezeichnete Sichtweise von der Marktseite (Kunden-Produkt-Kette) und die unter dem Begriff **„Inside-Out"** zu verstehende Betrachtungsperspektive von der Kompetenzseite (Kompetenzen-Kunden-Kette) her. Eine isolierte Betrachtung nur einer dieser beiden Sichtweisen birgt die Gefahr einer „Schieflage" der Unternehmungsführung in sich, da dann einer der beiden Aspekte in den Hintergrund tritt mit dem damit verbundenen latenten Gefahrenpotential einer einseitigen Ausblendung wichtiger Phänomene. Damit liegt in der simultanen Verfolgung beider Sichtweisen der Schlüssel für eine vitale Unternehmungsführung. Um das Nutzenpotential einer derartigen „doppelten Prozeßkettenvorstellung" voll ausschöpfen zu können, sind gezielte Gestaltungsaktivitäten in den Vitalisierungsfeldern „Restrukturierung" „Reorientierung" und „Transformation" erforderlich. Die Vorsilbe „Re" bei den erstgenannten Vitalisierungsfeldern soll die Notwendigkeit andeuten, daß sich Unternehmungen auf ihre ursprünglichen Stärken besinnen und damit eine vitale „Start-up-Mentalität" wiedergewinnen. Die damit angesprochene Idee der „Wieder-Belebung" alter Firmenprinzipien wie die direkte und unmittelbare Kommunikation mit internen und externen Kunden findet in Unternehmungen, die eine kritische Größe erreicht haben, derzeit starken Anklang.

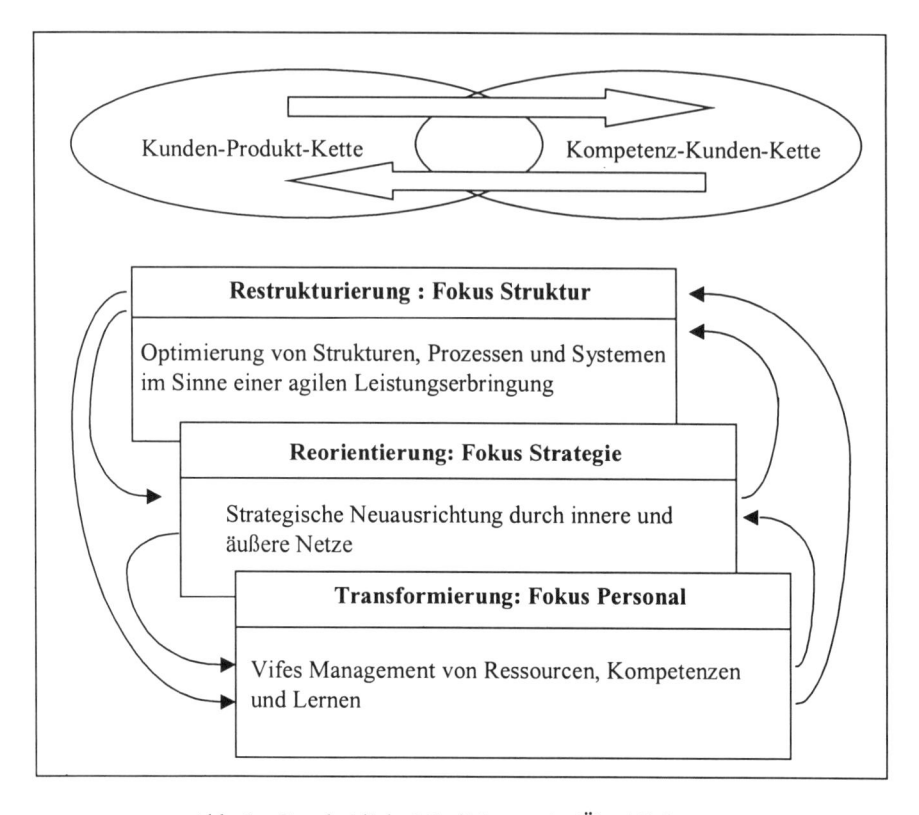

124 Unternehmungsvitalisierung durch Aktivierung von Humanressourcen

Abb. 1: Ganzheitliche Vitalisierung im Überblick

„Reorientierung" umschreibt die strategische Neuausrichtung von Unternehmungen als Reaktion auf die hohe Umweltdynamik und -komplexität. Einen besonders hohen Stellenwert hat in diesem Zusammenhang eine innovationsorientierte Unternehmungsführung. Dabei steht die Schaffung eines „Innovativen Milieus" im Vordergrund, die zu einer Ideenstimulierung auf allen Unternehmungsebenen beitragen soll. Neben der Aktivierung des Kreativitätspotentials innerhalb der Unternehmungen können hier Impulse von Netzwerken z.B. in Richtung Universitäten und Forschungseinrichtungen ausgehen. Die Impulse für eine strategische Neuorientierung erwachsen insbesondere aus dem Zusammenspiel kunden- und kompetenzbezogener Aspekte. Unternehmungsbezogene Stärken sind dann auf der Marktseite von hoher Relevanz. Aufgrund der Marktdynamik ist aber ein permanentes unternehmerisches Vorausschauen erforderlich, zumal Vitalität nicht am Status quo orientiert ist, sondern eher eine permanente Änderungsbereitschaft signalisiert.

Das anzustrebende „Innovative Milieu" ist auch eine zentrale Gestaltungsvorgabe bei der Optimierung von Strukturen, Prozessen und Systemen in Unternehmungen, hier durch den Terminus **„Restrukturierung"** angesprochen. Ziel ist dabei die agile Leistungserbringung in Unternehmungen. Die Abkehr von zentralistisch-bürokratischen Strukturen hin zu einer verstärkten Modularisierung ist damit vorgezeichnet. Kleinere, flexiblere Einheiten können schneller auf sich ändernde Marktbedingungen reagieren. Auch hier zeigt sich wieder die enge Verknüpfung kompetenz- und marktbasierter Aspekte.

Strukturen bieten nur die Rahmenbedingungen für vitales Handeln, das durch die Unternehmungsmitglieder vollzogen werden muß. Insofern stellt die Übernahme vitaler Grundsätze in das alltägliche Handeln der Mitarbeiter den entscheidenden Implementierungsschritt dar. Unter dem Vitalisierungsfeld **„Transformierung"** wird daher ein vifes Management von Ressourcen, Kompetenzen und Lernen gefaßt. Eine Schaffung und Nutzung von Lernprozessen bei in hohem Maße eigenverantwortlich handelnden Mitarbeitern und Teams in modularen und netzwerkartigen Strukturen kennzeichnen die notwendige neue Arbeitsform innerhalb lebendiger Unternehmungen.

Die Überlegungen verdeutlichen, daß Vitalisierung mehr ist als ein „Sammelsurium" altbekannter Überlegungen zu einer zukunftsorientierten Unternehmungsführung, sondern dafür ein substantielles Denkgerüst und erste Handlungsempfehlungen bereitstellt. Gerade die Mehrperspektivenbetrachtung in Form der Verbindung kompetenz- und marktorientierter Aspekte läßt diese Feststellung als gerechtfertigt erscheinen. Auch zieht sich eine weitere Erkenntnis wie ein „Roter Faden" durch die Ausführungen zur Unternehmungsvitalisierung: **Der Grad an „Lebendigkeit" wird durch die Mitarbeiter** und ihr konkretes Handeln **bestimmt** und nicht – oder zumindest nicht primär – durch abstrakte Systemkonfigurationen. Insofern ist eine entsprechende Vitalisierungsbereitschaft und -fähigkeit auf seiten der Unternehmungsmitglieder eine Conditio sine qua non für ein hohes Maß an betrieblicher Entwicklungsenergie bzw. „Fitneß".

3 Personalseitige Voraussetzungen der Vitalisierung: Vitalisierungsbereitschaft und – fähigkeit der Unternehmungsmitglieder

Vitalisierung ist permanentes Change Management. Die „Lebendige Unternehmung" stellt sich in Form ihrer Strukturen, Mechanismen und Prozesse immer wieder selbst in Frage, um sich neu zu positionieren. Damit sind hohe Anforderungen an das System und speziell die Systemmitglieder verbunden. Die wohlklingenden und zunächst keinen Widerspruch hervorrufenden Forderungen nach Flexibilität und Kreativität können aber nicht darüber hinwegtäuschen, daß ein ausgeprägtes Beharrungsvermögen, manifestiert im Festhalten am Status quo, noch vielfach an der Tagesordnung in Betrieben ist. Diese ernüchternde Erkenntnis lenkt das Augenmerk auf das entscheidende Potential, das den Vitalisierungsprozeß in Unternehmungen in Gang setzt und ohne das im Umkehrschluß „nichts läuft": den Mitarbeiter. Seine Bereitschaft, entsprechende Strategien zu initiieren bzw. zumindest mitzutragen und sein Fähigkeitsreservoir zur Generierung und Forcierung neuer Ideen entscheidet über den Erfolg oder Mißerfolg der Vitalisierungsstrategien.

Die ‚**Könnens'-Dimension** der Vitalisierungsfähigkeit der einzelnen Unternehmungsmitglieder stellt unmittelbar auf das betriebliche Qualifizierungssystem ab. Dieses hat durch geeignete Maßnahmen das „Können zur Vitalisierung" zu vermitteln. Schlüsselqualifikationen wie Sozialkompetenz und ganzheitliches Denken begünstigen dabei von Mitarbeiterseite ausgehende Impulse in Richtung einer neuen Lebendigkeit von Unternehmungen. Auch die Ansprache der neuerdings unter dem Stichworten „Emotionale Intelligenz" bzw. „Intuition" diskutierten Aspekte ist in diesem Zusammenhang von hoher Bedeutung. So akzentuiert z.B. die kreative Intuition das divergente Denken der Mitarbeiter, das eine wichtige Voraussetzung für die Entwicklung einer Vielfalt von Ideen und Lösungsalternativen ist (vgl. Schettgen 1997, 91 sowie den Beitrag von Schanz in diesem Band).

Voraussetzung für vitalisierungsaffine Qualifizierungsprogramme ist das Kennen und bewußte Wahrnehmen der Vitalisierung durch die Mitarbeiter. Vitalisierung sollte zunächst als gewollte Strategie bewußt auf allen Unternehmungsebenen kommuniziert werden, wobei neben der Einweg-Information durch z.B. Mitarbeiterzeitschriften Instrumenten der Zweiweg-Kommunikation mit Dialogorientierung (Abteilungsbesprechungen etc.) eine tragende Rolle zukommt.

Diese Vorgehensweise kann die Akzeptanz von Vitalisierungsstrategien auf Mitarbeiterseite erheblich verbessern und ragt damit schon weit in die neben der Fähigkeitskomponente zu betrachtende Bereitschaftskomponente hinein, hier durch die Begriffe ‚Wollen' und ‚Sollen' umschrieben. Auf das ‚**Wollen zur Vitalisierung**' kann insbesondere durch das betriebliche **Anreizinstrumentarium** Einfluß genommen werden. Dabei erscheinen uns zwei Ansatzpunkte entscheidend zu sein: Die Mitarbeiter sind zunächst einmal darüber zu informieren, daß rein anwesenheitsbezogene und erfolgsneutrale Gratifikationsmuster der Vergangenheit angehören. Als weitaus diffiziler erweist sich der zweite Aufgabenkomplex, objektiv bestimmbare Bewertungskriterien für den angestrebten Vitalisierungserfolg zu eruieren. Zu einzelnen Bereichen wie dem Verbesserungsvorschlagswesen liegen hier schon methodische Ansatzpunkte vor (wobei allerdings herkömmliche Konzepte des betrieblichen Vorschlagswesens aufgrund ihrer primär passiven Ausrichtung, des Wartens auf Vorschläge, selbst einer Re-Vitalisierung z. B. in Richtung einer kontinuierlichen Verbesserungsphilosophie bedürfen - vgl. dazu Hentze 1995, 171). Andere Kriterien wie Flexibilität und Änderungsbereitschaft sind über qualitativ ausgelegte Beurteilungssysteme zu erfassen. Die gewonnenen Informationen sollten als Eingangsgrößen für personalpolitische Entscheidungen z.b. über den Aufstieg verwandt werden, um deutlich zu machen, daß vitalisierungsförderliches Verhalten belohnt wird.

Das ‚**Sollen zur Vitalisierung**' manifestiert sich insbesondere in der aktiven Förderung kreativitäts- und flexibilitätsbegünstigender Formen der Zusammenarbeit. Unternehmungsübergreifend ist hier an einen hohen Stellenwert der Projektarbeit zu denken, während einheitenbezogen z.B. Qualitäts- und Innovationszirkel Ausdruck einer vitalen Struktur sein können. Damit sind wichtige Rahmenbedingungen für eine erfolgreiche Unternehmungsvitalisierung angesprochen. Da aber systemische Lebendigkeit letztlich nur durch das lebendige Element in Unternehmungen, die Mitarbeiter, initiiert werden kann, rücken zunächst einmal akteurorientierte Vitalisierungsansätze in den Vordergrund der Diskussion.

4 Akteurorientierte Vitalisierungsansätze: Intrapreneurship und Mitunternehmertum in Unternehmungen

Ein System ist nur so vital wie es seine Mitglieder sind. Die Mitarbeiter sind dementsprechend die entscheidenden Akteure im Vitalisierungsgeschehen. Von ihnen müssen die Impulse zu einer Vitalisierung ausgehen.

Bezogen auf die Stimulierung von Innovationen liegt hierzu schon eine Reihe interessanter und wegweisender Überlegungen vor. So hat Pinchot das **Konzept des Intrapreneurship**, des Unternehmertums in der Unternehmung, begründet (vgl. dazu umfassend Pinchot 1988). Ein Intrapreneur zeichnet sich insbesondere durch Eigenschaften wie Kreativität, ‚Mut zur Phantasie', Initiative, Engagement, (gemäßigte) Risikofreude, Beharrlichkeit und mikropolitische Steuerungsfähigkeiten aus (vgl. Hentze/Kammel/Lindert 1997, 566). Die weiteren mit dem Intrapreneurship verbundenen konstitutiven Merkmale wie z. B. die Zugriffsmöglichkeit auf Ressourcen und die stark personenzentrierte Projektverfolgung etc. verdeutlichen den segregativen Charakter dieses Ansatzes, der für sich nicht eine breitgefächerte Perspektive im Sinne einer Ansprache vieler bzw. aller Unternehmungsmitglieder in Anspruch nehmen kann (vgl. auch Bruch 2000, 211).

Genau hier setzt der **Mitunternehmer-Ansatz** von Wunderer an. Dieser unterscheidet sich vom Intrapreneurship klassischer Prägung insbesondere durch die bewußte Rücknahme der Ansprüche einer stark individuumszentrierten Innovations-„Treiber"-Sichtweise, dokumentiert durch die bewußt gewählte Vorsilbe „Mit"-Unternehmertum. „Mitunternehmer sind diejenigen Mitarbeiter, die sich über die Dimensionen Mitwissen und Mitdenken, Mitfühlen, Mitentscheiden und Mitverantworten sowie Mithandeln an der Umsetzung der Unternehmensstrategien in ihrer jeweiligen Funktion innovativ, aktiv und nach den Prinzipien verstärkter Selbststeuerung und –organisation beteiligen" (Wunderer 1997, 242). Wunderer schätzt den Anteil der dafür vom Qualifikations- und Motivationspotential her in Frage kommenden Mitarbeiter an der Gesamtbelegschaft auf 30 bis 40 Prozent (vgl. Wunderer 1995, 484), wobei es hier sicherlich aufgrund unternehmungsspezifischer Besonderheiten große Spannbreiten geben kann (z.B. zwischen jungen Start-up-Unternehmungen und „ausgereiften" großen Produktionsbetrieben).

Die Ansätze des Intrapreneurship und des Mitunternehmertums stehen bei genauer Analyse nicht in Konkurrenz zueinander. Vielmehr eröffnet gerade eine Verbindung beider Ansätze ein hohes Vitalisierungspotential. Vereinfachend soll dies hier am Beispiel einer dreistufigen „Ideenpyramide" dargestellt werden (Abb. 2). Konstitutiv ist zunächst die Überlegung, daß von allen Unternehmungsmitgliedern Vitalisierungsimpulse ausgehen können und ihnen entsprechende Möglichkeiten dazu offen stehen. Mitarbeiter mit guten Ideen können temporär den (gedachten) Status eines Mitunternehmers bzw. bei besonders innovativen Projekten den eines Intrapreneurs einnehmen, der jeweils mit entsprechenden Anreizen immaterieller und materieller Art verbunden ist.

Das Besondere daran ist das temporäre Element. Entgegen herkömmlicher Status- und Hierarchievorstellungen wird die einmal erreichte Ebene und **Position** nicht für immer zementiert, sondern sie ist **projektbezogen legitimiert** und damit im Fluß begriffen, was auch das ursprünglich in der Karriereplanung als Sonderfall diskutierte „downward movement" aus einem anderen Blickwinkel erscheinen läßt. Dieser Vorstellung abstrakter und rochierender Positionsebenen ist ein hohes Maß an Vitalisierung inhärent, wenn sie auch aufgrund des immer noch ausgeprägten Besitzstands- und Positionsdenkens in Unternehmungen sicherlich auf viele Vorbehalte stoßen wird.

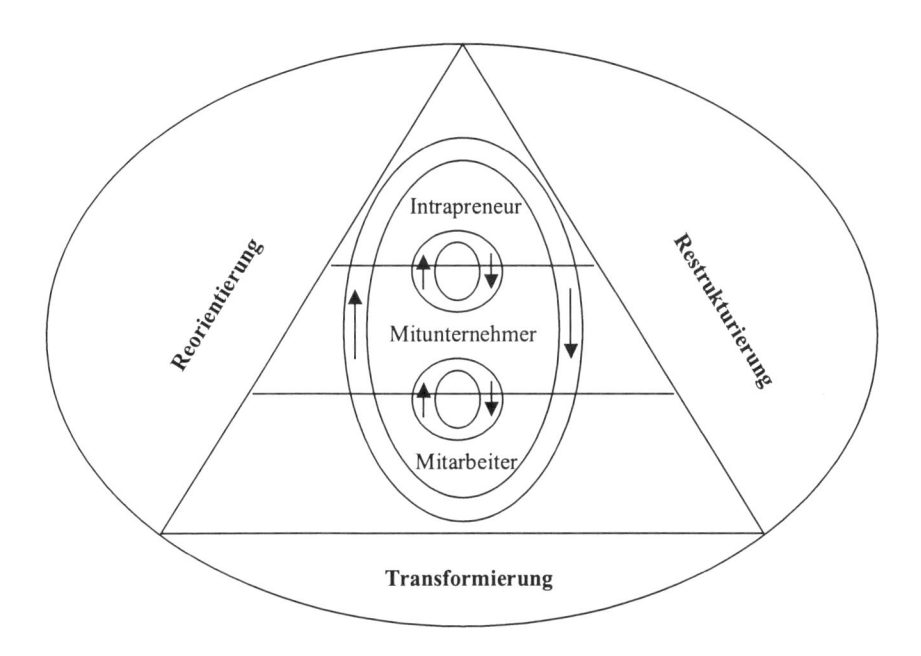

Abb. 2: Trägerbezogene Vitalisierungspyramide

Stärker als bei den primär individuumszentriert ausgerichteten Konzepten des Intrapreneurship sollten **multipersonale Einheiten** (Projektgruppen, Arbeitsteams) als Impulsgeber von Vitalisierungsprozessen in die Betrachtung einbezogen werden. Die durch neue Ideen aufgeworfenen Fragestellungen lassen sich durch einen breitgefächerten Sachverstand besser beantworten. Insofern können „Vitalisierungszellen" in Unternehmungen entstehen, in denen projektorientiert an der Umsetzung neuer Ideen gearbeitet wird. Die (zeitweilige) Entbindung der involvierten Mitarbeiter vom operativen Tagesgeschäft, zur intensiven Verfolgung der ins Visier genommenen neuen Idee, ist dabei von entscheidender Bedeutung. Einige große Unternehmungen haben z.B. unter dem Stichwort „Zukunftslabors" eigens organisatorische Einheiten mit ‚Vordenkerfunktion' institutionalisiert (vgl. z.B. Ruff 1998, 19), die durch eine aktive Zukunftserkundung einen Beitrag zu einer vitalen Unternehmungsentwicklung leisten. Interessant – wenn auch sicherlich aufgrund des vorherrschenden permanenten Termin- und Kostendrucks in Unternehmungen nur schwer zu realisieren – sind Überlegungen, den Mitarbeitern Zeitkontingente „zum Tüfteln" obligatorisch und nicht erst nach einer kreativen Initialzündung

einzuräumen, was bei ihnen latente Kreativitätspotentiale anspricht und insofern sehr vitalisierungsförderlich wirken würde (vgl. dazu z. B. Böttcher 1999, 274f.).
Vital tätige Akteure bzw. Akteursgruppen brauchen ein Umfeld, das diese Lebendigkeit nicht nur zuläßt, sondern auch aktiv einfordert. Damit von den Mitarbeitern die erhofften vitalen Impulse ausgehen bzw. sie diese unterstützen, sind die unter den Stichworten „Empowerment" und „Commitment" diskutierten Sachverhalte von ausschlaggebender Bedeutung.

5 Aktivierung von Humanressourcen durch Empowerment und Commitment

Die Motivationsdiskussion setzte in den 70er und 80er Jahren des 20. Jahrhunderts stark auf kooperative Elemente und einen entsprechenden Führungsstil, um Mitarbeiter zu hoher Leistung anzuregen. In der letzten Dekade hat sich die Diskussion mehr in Richtung einer potential- und ressourcenorientierten Sichtweise unter expliziter Fokussierung selbststeuerungsrelevanter Elemente verlagert, die auch für die intendierte Unternehmungsvitalisierung einen hohen Stellenwert hat. Die Termini „Empowerment" und „Commitment" umschreiben zwei zentrale Entwicklungsrichtungen dieser aktuellen Führungsdiskussion.
Empowerment kann als „[...] strukturelle Ermächtigung der Mitarbeiter zu einem ‚neuen' unternehmerischen Verhalten [...]" (Kuhn 1997, 205) verstanden werden. So sind in den Unternehmungen z.B. die strukturellen Rahmenbedingungen für eigenständiges Entscheidungshandeln der Mitarbeiter in Form geeigneter Delegationskonzepte zu schaffen. Dies korrespondiert mit der zentralen Entwicklungsrichtung einer zukunftsorientierten Personalführung, die sich in einer zunehmenden Eigenverantwortung von Mitarbeitern und Arbeitsgruppen manifestiert (vgl. dazu Ahlers 1996, 76ff.). Zu realisieren ist diese vermehrte Entscheidungsautonomie nur durch die **Abkehr von bürokratisch-hierarchisch geprägten Entscheidungs- und Kontrollmustern**, wie sie z.B. durch das Harzburger Modell noch verkörpert werden, da sie eine erfolgszentrierte Aktivierung der Mitarbeiter kaum ermöglichen dürften (vgl. Steinle 1999, 198).
Das bewußte Zulassen von Handlungs- und Entscheidungsfreiräumen, gepaart mit dem ausdrücklichen Verzicht auf eine stringente sanktionsorientierte Fremdkontrolle, ist aufgrund des vielfach noch ausgeprägten Rechenschaftsdrucks in den Unternehmungen für die Führungskräfte **nicht unproblematisch**. Als Frage kristallisiert sich somit heraus, wie die weitgehend eigenverantwortlich handelnden Mitarbeiter und Arbeitsgruppen auf

Unternehmungskurs gehalten werden können. Führungsmodelle wie das „Führen durch Ziele" (MbO) in seiner kooperativen Ausprägung können zur Beantwortung dieser Frage einen wichtigen Beitrag leisten.

Bezogen auf den einzelnen Entscheidungsträger sollte das „Empowerment" sein Pendant im **„Commitment"** im Sinne der Selbstverpflichtung des Mitarbeiters auf die für ihn relevanten Bereichs- und Unternehmungsziele finden. Diese Selbstverpflichtung kann sich durchaus bei starker Kongruenz von den zu erfüllenden Aufgaben mit den Wünschen des Mitarbeiters quasi „urwüchsig" ohne bewußte Gestaltungsakte ergeben. In den meisten Fällen sind aber gezielte Gestaltungsaktivitäten erforderlich, die auf die Schaffung selbstverpflichtungsförderlicher Rahmenbedingungen abzielen. Als zentraler Ansatzpunkt ist dabei die Werteebene der Unternehmung und die damit verbundene Möglichkeit der Sinnstiftung und -vermittlung anzusehen. Darunter soll hier „[...] die Genese und Weitergabe unternehmungsindividueller Orientierungs- und Wertmuster durch und an alle Mitarbeiter verstanden werden" (Ahlers 1996, 78). Sinnhaltig und damit Sinnträger in Unternehmungen sind insbesondere Visionen, Wertvorstellungen und Kulturen. Eine Selbstverpflichtung auf der Werteebene sollte dann auf der Handlungsebene in einem vitalen Selbstmanagement der Mitarbeiter ihren Ausdruck finden, wobei die Systemziele die Handlungsgrenzen darstellen (zum Thema Commitment vgl. näher Steinle/Ahlers/Riechmann 1999).

Eine entsprechende Identifikation mit den Unternehmungswerten einerseits und den spezifischen Aufgabenerfüllungsprozessen andererseits schafft das notwendige Maß an Commitment bei den Mitarbeitern. Der Nährboden für Identifikation und Commitment darf sich dabei allerdings nicht aus Status quo-orientierten Werte- und Aufgabensystemen zusammensetzen, da dies mit der intendierten Unternehmungsvitalisierung kollidieren würde. Die Selbstverpflichtung der Mitarbeiter muß vielmehr auch den Wandel per se mit einschließen in dem Sinne, daß sie notwendige Veränderungen proaktiv mitbegleiten und dabei die Rolle von Wandlungspromotoren übernehmen. Um das damit verbundene hohe Maß an Unsicherheit zu absorbieren, müssen die Mitarbeiter zu ihrer Unternehmung Vertrauen haben. Insofern ist eine Vertrauenskultur eine grundlegende Voraussetzung für eine nachhaltige Unternehmungsvitalisierung.

6 Vertrauenskultur als Basis vitaler Management- und Personalkonzepte

Traditionelle Managementkonzepte fußten stark auf einer Mißtrauensorganisation und bedienten sich teilweise ausgeklügelter Kontrollsysteme. Lebendiges und spontanes Agieren der Mitarbeiter wird dabei kritisch verfolgt und zumeist schon im Vorfeld unterbunden. Der Organismus Unternehmung ist damit zwar formalbezogen ‚lebend', aber nicht aktivitätsorientiert ‚lebendig', um in der Sprache der Vitalisierung zu sprechen. Die zunehmende Marktdynamik und -komplexität und das Erfordernis zu schnelleren und flexibleren Reaktionsweisen unter Einbezug der Kompetenz und der Ideen der Mitarbeiter erzwingt hier ein Umdenken, das in besonderer Weise auch die Unternehmungskultur tangiert. Der Weg zu einer Vertrauensorganisation und -kultur wird damit vorgezeichnet.

Die **Merkmale einer Vertrauenskultur** wie z.B. eine starke Betonung von Selbstregulierungsoptionen sind in der neueren Führungsliteratur schon hinreichend detailliert umschrieben worden (vgl. z.B. Nieder 1997, 36ff.). Insofern sollen hier exemplarisch zwei Aspekte herausgegriffen werden, die eine besonders enge Affinität zum Thema Unternehmungsvitalisierung aufweisen:

Eine Vertrauenskultur sollte sich auf allen Unternehmungsebenen durch offene Informations- und Kommunikationsstrukturen auszeichnen. Davon profitiert auch die intendierte Vitalisierung erheblich, da Informationen „Rohstoff" für neue Ideen sind und der bereichsübergreifende Dialog darüber die Konkretisierung der Inventionen voranbringt. Abteilungsegoismen und damit verbundene Informationsbarrieren müßten zugunsten eines unkomplizierten Wissensaustausches innerhalb der und zwischen den Unternehmungseinheiten zurücktreten. Projektgruppenarbeit und themenbezogene Gesprächskreise, aber auch die Förderung informaler Kontakte über die Bereichsgrenzen hinweg erweisen sich somit als belebendes Instrument in Unternehmungen. Die „Neue Lebendigkeit" bedeutet auch das „Wagen" und „Austesten" neuer Wege durch die Unternehmungsmitglieder bzw. von Systemeinheiten, was von der Unternehmungsspitze explizit zugelassen werden muß. Die in diesem Zusammenhang sicherlich naheliegende Forderung nach „Fehlertoleranz" erscheint mittlerweile in der Literatur ein wenig überstrapaziert zu werden. In betriebswirtschaftlichen Systemen sind Regulierungsmechanismen, die das Fehlerausmaß begrenzen, unverzichtbar. Alles andere wäre auch nicht realitätsnah. Dem steht aber nicht entgegen, daß Selbstregulationsmechanismen wie etwa der eigeninitiierte Abgleich mit den vereinbarten Zielen im Rahmen des MbO ein Teil der

Fremdkontrolle obsolet macht. Der weiterhin notwendige Teil der vorgesetztenzentrierten Fremdkontrolle sollte unter Vertrauensgesichtspunkten in erster Linie in ein **unterstützungsorientiertes Feedback** einmünden. Dies setzt allerdings eine konstruktive Dialogbereitschaft der Kommunikationspartner voraus.

Vertrauen spiegelt sich – wie schon beim Kontrollaspekt angedeutet - in seiner persönlichen mikroorganisatorischen Dimension im Interaktionsverhältnis Vorgesetzter/Mitarbeiter und der Mitarbeiter untereinander wider. Letzterer Aspekt ist für eine funktionierende Zusammenarbeit in Teams unerläßlich, soll hier aber nicht weiter ausgeführt werden.

Der Stellenwert von **Vertrauen im Interaktionsprozeß** von Führer und Folger hat aufgrund der starken Zunahme delegativer Tendenzen und selbstverantwortlicher Handlungsprozesse erheblich an Bedeutung gewonnen. Vertrauen in der Gesamtunternehmung baut auf der vertrauensorientierten Zusammenarbeit in den vielfältigen Interaktionsprozessen der Unternehmungsmitglieder auf. Um die interaktionsorientierte Vertrauensvorstellung näher zu konkretisieren, ist die Verständigung auf die Annahme wichtig, daß Vertrauen wechselseitig und endlich ist. Wechselseitigkeit bzw. Reziprozität bedeutet, daß beide Seiten (Vorgesetzte und Mitarbeiter) durch ihre Handlungen Vertrauen demonstrieren wie auch rechtfertigen müssen (zur Reziprozität im Führungsprozeß vgl. näher Steinle 1992, Sp. 977ff.). Unendliches und damit fast schon „blindes" Vertrauen kann nicht zielführend sein. Vertrauen hat Grenzen, die aber von den Interaktionspartnern durch entsprechende Formen der Zusammenarbeit hinausgeschoben - wenn auch nicht ganz aufgehoben - werden können. Vertrauen ist damit eine zentrale Grundlage für die Lebendigkeit in den interaktionsorientierten Mikroprozessen in der Unternehmung, aus denen dann Impulse auf Meso- (Abteilungs- bzw. Bereichs-) und Makroebene (Unternehmungsebene) erwachsen können und vice versa (vgl. Abb. 3).

Die **Personalpolitik** muß sich im Gefolge der notwendigen Unternehmungsvitalisierung von der Philosophie her **neu positionieren**. Die Bandbreite der Neupositionierung bilden dabei die Extrema „Jedem das Gleiche" und „Jedem das Seine" ab. Stark kollektivistisch motivierte und einem dezidierten Gerechtigkeitspostulat anhängende Positionen vermögen dabei aufgrund der fehlenden, aber anreizpolitisch notwendigen Differenzierungsmöglichkeiten ebenso wenig zu überzeugen wie eine stringente Individualisierung, die das pragmatische Möglichkeitsspektrum in Betrieben oft überfordert.

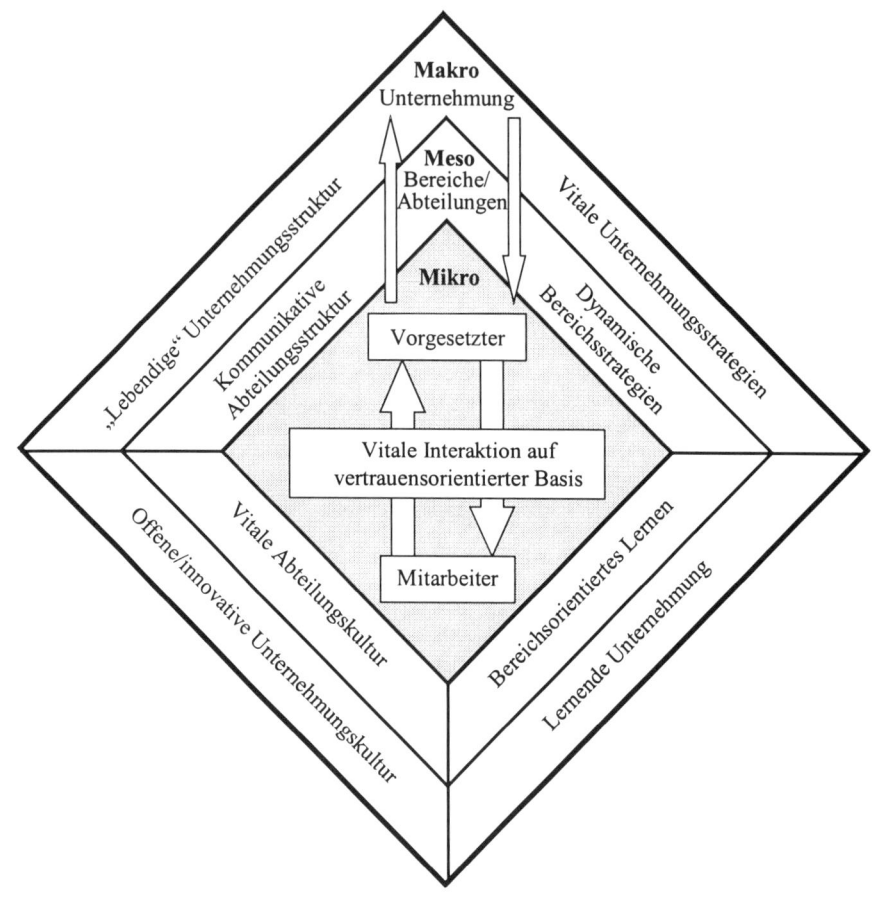

134 Unternehmungsvitalisierung durch Aktivierung von Humanressourcen

Abb. 3: Vertrauensorientierte Interaktion
zwischen Vorgesetzten und Mitarbeitern als
Keimzelle der Vitalisierung

Insofern lohnt es sich, verstärkt über den **Ansatz einer differentiellen Personalwirtschaft** nachzudenken, der auf Mitarbeitergruppen zugeschnittene anreizbezogene Optionen bereitstellt (vgl. Wiegran 1996, 11), dabei aber auch den Differenzierungsgrad beherrschbar beläßt. Die Abkehr von dem traditionellen „Normalarbeitsverhältnis" sowohl aus zeitlicher als auch örtlicher Sicht wird in Zukunft verstärkt eine solche differenzierte Personalpolitik einfordern. Gerade am Beispiel einer stärkeren Differenzierung nach internen Kundengruppen im Personalbereich wird aber auch deutlich, daß Vertrauen und Vitalität eng miteinander verknüpft sind: Ohne eine entsprechende Vertrauenskultur als gemeinsamer wertebezogener Klammer wird die eigentlich Vitalität widerspiegelnde Differenzierung leicht zu einer Segregation mit den damit verbundenen negativen Effekten für das Gesamtsystem.

7 Vitalisierung als Wegbereiter einer intelligenten und zukunftsfähigen Unternehmung

Aus den biologisch-systembezogenen Wurzeln der Vitalisierungsdiskussion geht hervor, daß das Gesetz der Anpassung (des „Fit") entscheidend ist für den Fortbestand einer Spezies. Lebewesen haben dies über erdgeschichtliche Perioden hinweg vielfältig bewiesen. Für Unternehmungen ist im Vergleich dazu die Zeit zur Anpassung bzw. Antizipation von relevanten Veränderungen extrem kurz. Transparent wird dies z.B. durch die Schwierigkeiten, die die Erarbeitung einer verläßlichen strategischen Planung den meisten Unternehmungen bereitet. Das Überleben auf turbulenten Märkten ist schon lange nicht mehr mit Strategien „von gestern" und schon auch nicht mehr mit denen „von heute" nachhaltig zu sichern, sondern es bedarf (auch) antizipativer Strategiemuster.

Dazu ist ein hohes Maß an „Systemintelligenz" erforderlich. Dieser schillernde und facettenreiche Begriff findet sich in der aktuellen Diskussion zum Wissensmanagement in vielen Beiträgen. Er bezeichnet die wissensorientierte Problemlösungskompetenz einer Unternehmung. Vitalisierung kann in diesem Zusammenhang als Wegbereiter einer intelligenten Unternehmung verstanden werden, da das Problemlösepotential der Systemmitglieder und -einheiten immer aufs neue herausgefordert wird, um Impulse für eine erfolgreiche Unternehmungsentwicklung zu generieren. Vor diesem Hintergrund wird die Aussage nachvollziehbar: „Systemvitalität, -intelligenz und -entwicklung bilden [...] eine eng verflochtene Triade, die ausschlaggebend für die Überlebensfähigkeit von Unternehmen ist" (Eggers/Ahlers 2000, 274).

Die Diskussion wäre sicherlich unvollständig, würde zum Abschluß nicht eine kurze Auseinandersetzung mit **den Gefahren einer übermäßigen Vitalisierung** erfolgen. Eine solche „Hypervitalisierung" die den notwendigen Balanceakt zwischen Stabilität und Flexibilität einseitig und unreflektiert zugunsten der Flexibilität verschiebt, gefährdet die Zukunftssicherung von Unternehmungen, anstatt sie nachhaltig zu fördern. Vitalisierung „um jeden Preis" könnte eher wie ein Bumerang wirken und die Überlebensfähigkeit der Unternehmung selbst aushebeln. Vitalisierung sollte vielmehr als eine gezielt und dabei mit Bedacht eingesetzte Strategie zur Veränderung von Unternehmungen mit permanenter Berechtigung und evolutionärem Anspruch interpretiert werden.

Die Personalarbeit des 21. Jahrhunderts wird selbst in hohem Maße vital sein (müssen). Das Management der Triade Loyalität, Identität und Wissen wird dabei als der Schlüssel zu einer wertschaffenden und zukunftsgerichteten Personalarbeit angesehen (vgl. Sattelberger 1999, 18). Dies alles zielt auf eine dezidierte Aktivierung der Humanressourcen unter geänderten Vorzeichen (z.B. Netzwerk- und Wissensmanagement) ab. Damit ist eine Vielzahl neuer Herausforderungen für das Personalmanagement verbunden. Vitalisierung gibt hierauf weniger als Allzweckinstrument, sondern eher als konzeptionelle Denkhaltung eine grundlegende Antwort, wofür die mit diesem Begriff verbundenen Konnotationen ‚Spannkraft' und ‚Entwicklungsenergie' stehen. Die Personalarbeit in Zeiten von Change Management und Unternehmungsvitalisierung bleibt bzw. wird erst recht zu einer „spannenden Sache" für alle Beteiligten.

8 Literatur

Ahlers, F. (1996): Zukunftsorientierte Personalführung. Sinnstiftung und –vermittlung als Führungsaufgabe, in: Bruch, H./Eickhoff, M./Thiem, H. (Hrsg.): Zukunftsorientiertes Management: Handlungshinweise für die Praxis, Frankfurt, S. 71-82.

Böttcher, K. (1999): Ökologisch-innovative Unternehmungsführung: Entwicklungsstand – Empirie – Gestaltungskonzept, München/Mering.

Booz/Allen/Hamilton (Hrsg.) (1997): Unternehmensvitalisierung: Wachstumsorientierte Innovation – Lernende Organisation – Wertebasierte Führung, Stuttgart.

Bruch, H. (2000): Intrapreneurship und Mitunternehmertum – Konzepte einer kompetenzbasierten Vitalisierung, in: Steinle, C. et al. (Hrsg.): Vitalisierung. Das Management der neuen Lebendigkeit, Frankfurt, S. 207-231.

Eggers, B. /Ahlers, F. (2000): „Corporate University": Ein Ansatz zur Entwicklung lernender Organisationen, in: Steinle, C. et al. (Hrsg.): Vitalisierung. Das Management der neuen Lebendigkeit, Frankfurt, S. 261-276.

Fuchs, J. (Hrsg.) (1995): Wege zum vitalen Unternehmen: die Renaissance der Persönlichkeit, Wiesbaden.

Hentze, J. (1994): Personalwirtschaftslehre 1, 6. Aufl., Bern u.a.

Hentze, J. (1995): Personalwirtschaftslehre 2, 6. Aufl., Bern u.a.

Hentze, J./Kammel, A./Lindert, K. (1997): Personalführungslehre, 3. Aufl., Bern u.a.

Kuhn, T. (1997): Vom Arbeitnehmer zum Mitunternehmer. Anmerkungen zur Intention, Begründung und Umsetzung eines Transformationsvorhabens, in: Zeitschrift für Personalforschung, 11. Jg. (1997), Heft 2, S. 195-220.

Pinchot, G. (1988): Intrapreneuring: Mitarbeiter als Unternehmer, Wiesbaden.

Nieder, P. (1997): Erfolg durch Vertrauen: Abschied vom Management des Mißtrauens, Wiesbaden.

Ruff, F. (1998): Zukunftsforschung im Unternehmen als Katalysator für Innovationen, in: Personalführung, 31. Jg. (1998), Heft 5, S. 18-24.

Sattelberger, T. (1999): Wissenskapitalisten oder Söldner?: Personalarbeit in Unternehmensnetzwerken des 21. Jahrhunderts, Wiesbaden.

Schettgen, P. (1997): Intuition: Führen mit Kalkül oder mit Gefühl? In: Zeitschrift Führung und Organisation, 66. Jg. (1997), Heft 2, S. 89-93.

Scholz, Ch. (1997): Strategische Organisation: Prinzipien zur Vitalisierung und Virtualisierung, Landsberg/Lech.

Steinle, C. (1992): Führungsstil, in: Gaugler, E./Weber, W. (Hrsg.): Handwörterbuch des Personalwesens, 2. Aufl., Stuttgart, Sp. 966-980.

Steinle, C. (1999): Unternehmungsführung – ein grundlegender Überblick, in: Steinle, C./Bruch, H. (Hrsg.): Controlling: Kompendium für Controller/innen und deren Ausbildung, 2. Aufl., Stuttgart, S. 152-202.

Steinle, C. (2000): Unternehmensvitalisierung: „Schwache" Signale eines „starken" Trends, in: Steinle, C. et al. (Hrsg.): Vitalisierung. Das Management der neuen Lebendigkeit, Frankfurt, S. 18–50.

Steinle, C. et al. (Hrsg.) (2000): Vitalisierung. Das Management der neuen Lebendigkeit, Frankfurt.

Steinle, C./Ahlers, F./Riechmann, C. (1999): Management by Commitment – Möglichkeiten und Grenzen einer ‚selbstverpflichtenden' Führung von Mitarbeitern, in: Zeitschrift für Personalforschung, 13. Jg. (1999), Heft 3, S. 221-245.

Wiegran, G. (1996): Entwicklungsansatz einer differentiellen Personalwirtschaft, München.

Wunderer, R. (1995): Führung - quo vadis? In: Personalführung, 28. Jg. (1995), Heft 6, S. 480-486.

Wunderer, R. (1997): Führung und Zusammenarbeit: Beiträge zu einer unternehmerischen Führungslehre, 2. Aufl., Stuttgart.

Fraktalisierung der Personalarbeit oder Virtualisierung der Personalabteilung?

Christian Scholz

Übersicht:

1	Die Ausgangslage: Strategische Umbrüche und personalwirtschaftliche Herausforderungen	140
2	Die grundsätzliche Neuorientierung im Personalmanagement	141
2.1	Paradigmenwechsel im Unternehmensverständnis	141
2.2	Paradigmenwechsel im Virtualisierungsverständnis	142
2.3	Paradigmenwechsel in der Personalarbeit	143
2.4	Paradigmenwechsel in der Personalorganisation	144
3	Zwischenergebnis: Zwei Szenarien zur Personalarbeit	146
3.1	Fraktalisierung der Personalarbeit als Negativszenario	146
3.2	Virtualisierung der Personalabteilung als Positivszenario	147
4	Erste Gestaltungskonsequenzen	148
4.1	Voraussetzung: Charismatischer Personalchef	148
4.2	Aktion: Integrative Personalstrategie	149
4.3	Basismaßnahme: Professionalisierung der „Personaler"	150
5	And that's just the beginning ...	151
6	Literatur	152

1 Die Ausgangslage: Strategische Umbrüche und personalwirtschaftliche Herausforderungen

Unternehmen konzentrieren sich als Reaktion auf den durch Globalisierung und Technisierung verursachten Wettbewerbsdruck auf jene Segmente ihrer Wertschöpfungskette, in denen sie den höchsten Wertschöpfungsbeitrag sehen. Überflüssig erscheinende Segmente werden ausgelagert. In den verbliebenen Bereichen liegen dann die Kernkompetenzen des Unternehmens, in denen es über einen komparativen Vorteil am Markt verfügt (vgl. Prahalad/Hamel 1990): Dies können, müssen aber nicht Produkte sein; die Kernkompetenz kann sich auch auf bestimmte Fähigkeiten wie Facility Management (vgl. Hentze/Lange 1999, 1099) beziehen. In diesen Segmenten versuchen Unternehmen zu wachsen, entweder aus eigener Kraft oder aber durch Fusionen im Sinne einer Zusammenlegung von Kernkompetenzen.

Diese Veränderung von Unternehmen stößt zwangsläufig die **Auflösung von gewohnten Strukturen** an und kann zu einer Fülle neuer Probleme führen: intern zu Identifikationsproblemen der Mitarbeiter oder zu erheblichen Koordinations- und Kontrollproblemen, extern zu Profilierungsschwierigkeiten im Markt. Gesucht – und nicht immer gefunden – ist damit vor allem Integration und Identifikation, jeweils wichtig zum Aufbau von Identität und Sinn.

Ändern sich Strategie, Strukturen und Kulturen von Unternehmen, so erfordert dies ein professionelles **Personalmanagement** (vgl. Hentze 1994; 1995; Scholz 2000a), zu verstehen als Schnittstelle zwischen Organisation und Mitarbeiter. Eine solche Personalarbeit ist unabhängig davon, ob sie in der Linie, in der Personalabteilung oder durch externe Dienstleister realisiert wird.

Herausfordernd sind im Personalmanagement derzeit zwei diametral entgegenlaufende **Trends**: Auf der einen Seite wird Personalmanagement als Funktion immer wichtiger und anerkannter. Empirische Untersuchungen belegen eindeutig, daß sich sinnvolle Personalarbeit auf den Unternehmenserfolg auswirkt (vgl. Stichweh/Lynch 1992; Brewster/Hegewisch 1994). In diesem Zusammenhang wird zunehmend gefordert, die Veränderungsprozesse im Unternehmen massiv an den Mitarbeitern auszurichten und die Funktion „Personalmanagement" (unabhängig von ihrer institutionalen Verankerung) als strategischen Change Agent zu operationalisieren. Auf der anderen Seite durchlebt die Personalabteilung als Institution eine ernste Krise. Oft läßt sie strategische Ausrichtung, innerbetrieblichen Einfluß und Akzeptanz vermissen (vgl. Gentz 1996), sinkt deshalb in ihrer Personalausstattung – teilweise zu Recht – auf ein quantitatives Rekordtief und wird schlichtweg hinsichtlich ihrer Existenz in Frage gestellt. Begleitet wird dies durch krampfhafte Rückzugsgefechte der „klassischen" Personalverwalter, die immer noch davon ausgehen, daß „Personalmanagement" überwiegend in der Personalabteilung stattfindet.

2 Die grundsätzliche Neuorientierung im Personalmanagement

Wie einschneidend diese Veränderungen sind, erschließt sich, wenn man die zugrundeliegenden Denkwelten in ihren gegenwärtigen Veränderungen begreift. Gerade in bezug auf das Personalmanagement haben sich radikale Neuorientierungen ergeben: Ein solcher Paradigmenwechsel führt dazu, daß in einem ersten Schritt die grundsätzliche Neuartigkeit des neuen Zustandes begriffen werden muß, ehe in einem zweiten Schritt die gestalterische Funktion in Aktion treten kann. Für die Personalarbeit ist hier gegenwärtig vor allem die Veränderung im **Konstrukt „Unternehmen"** wichtig. Eng verbunden damit - aber ausgestattet mit einer eigenständigen Konsequenz - ist die Virtualisierung von Unternehmen, die selbst gegenwärtig eine paradigmatische Verschiebung erfährt. Daß in diesem Kontext gravierende Veränderungen in der Personalarbeit eintreten, liegt ebenso auf der Hand wie die generelle Neuausrichtung der Personalorganisation.

2.1 Paradigmenwechsel im Unternehmensverständnis

Die **Grenzen** zwischen Unternehmen sowie zwischen Unternehmensbereichen **verschwimmen** (vgl. Ohmae 1990; Kanter 1991; Ashkenas et al. 1995; Scholz 2000b). Diese Grenzaufweichung („Blurred Boundaries") bedeutet zwar nicht, daß sich alle Grenzen vollständig auflösen. Sie werden aber durchlässiger, Systemzugehörigkeiten unschärfer. Zudem verschieben sich Bezugspunkte, etwa von individuellen, subjektiven Sichtweisen hin zu kollektiven Sinngrenzen: Zum Unternehmen gehört nicht mehr nur das, was der direkten hierarchischen Kontrolle unterliegt, sondern auch das, was im weitesten Sinne zur Zweckerfüllung des Unternehmens beiträgt.

Jede Gruppierung verliert jedoch tendenziell ihre Identität, wenn sich ihre stabilitätserhaltende Integritätshülle aufzulösen beginnt. Den Mitarbeitern droht durch ausfasernde Unternehmensgrenzen eine Orientierungslosigkeit. Die erforderliche Neuorientierung impliziert jetzt den permanenten Zwang zur abgestimmten Wahl zwischen Mechanismen zur destabilisierend-flexibilisierenden Grenzaufweichung und zur stabilisierendsinnstiftenden Orientierung. Gelingt der Organisation dies, dann kann sie in der Tat die räumlichen und zeitlichen Grenzen überwinden, globalisieren oder flexibilisieren, ohne ihre Identität zu verlieren. Bei dieser „systematisch-orientierten" Grenzenlosigkeit sind dann die Managemententscheidungen als Aktionsmuster kreative Beiträge zur Weiterentwicklung des Unternehmens in einem fluiden Umfeld.

2.2 Paradigmenwechsel im Virtualisierungsverständnis

Seit 1993 sind virtuelle Unternehmen als temporär-integrierter Zusammenschluß von Kernkompetenzträgern ein bestimmender Faktor in der Managementforschung – weshalb an dieser Stelle auf eine umfassende Diskussion dieses Konzeptes verzichtet wird (vgl. u.a. Byrne/Brandt/Port 1993; Davidow/Malone 1993; Scholz 1994; 2000b; Mertens/Griese/Ehrenberg 1998). Wichtiger sind vielmehr die aktuellen Akzentsetzungen, die bereits in dieser noch recht jungen Forschungsrichtung **paradigmatische Veränderungen** andeuten:

(1) Virtualisierung kann sowohl unternehmensextern zwischen zwei oder mehreren Unternehmen als auch rein unternehmensintern stattfinden. Dies führt – bei demselben Prinzip der Virtualisierung – im einen Fall zu virtuellen (Verbund-) Unternehmen, im anderen Fall zu virtuellen Abteilungen. Die interorganisatorische Variante ist ein spezifischer Unternehmenszusammenschluß, der – meist zeitlich begrenzt – für ein bestimmtes Projekt oder einen Auftrag durchgeführt wird. Jedes der beteiligten Unternehmen bringt dabei seine Kernkompetenz ein. Die intraorganisatorische Virtualisierung bezieht sich auf die Optimierung der Zusammenarbeit einzelner Teilbereiche im Unternehmen; dies impliziert eine Abkehr vom Denken in festgefügten Strukturen und verlangt eine dynamische Organisationsgestaltung in Abhängigkeit von der jeweiligen Aufgabenstellung.

(2) Virtualisierung ist nicht nur ein geplanter und implementierter Managementprozeß, sondern auch Resultat unbewußter Emergenz. Strategien entstehen nach Mintzberg (1978; 1994) nicht ausschließlich aus Planungsaktivitäten. Sie setzen sich vielmehr zusammen aus Bestandteilen, die beabsichtigt waren (intendierte Strategien), aber zugleich auch aus Bestandteilen, die während der Strategieimplementation laufend die ursprünglichen Planungen ergänzen (emergente Strategien). Dies führt dazu, daß die realisierte Strategie immer auch Aspekte beinhaltet, die der unbeeinflußten organisationalen Eigendynamik entstammen. Emergenz ist gerade in bezug auf die Entstehung virtueller Strukturen wichtig: Unternehmen bewegen sich teilweise in diese Richtung, und zwar unabhängig davon, ob Unternehmensplaner oder Berater derartige Konzepte vorschlagen. In der Gestaltung virtueller Strukturen ist dagegen eine Bewegung hin zu einer bewußteren Vorgehensweise beobachtbar.

Fraktalisierung der Personalarbeit oder Virtualisierung der Personalabteilung? 143

(3) Virtualisierung ist kein binärer Prozeß, sondern sie ergibt sich graduell als fortschreitende Bewegung hinsichtlich verschiedener Virtualisierungs-Aspekte. Von einem virtuellen Unternehmen als Gegenteil eines „nicht-virtuellen" Unternehmens zu sprechen, erscheint verlockend, wird aber dem realen Phänomen nicht gerecht. Was zur Zeit beobachtbar ist, sind verschiedene Stadien und Pfade auf dem Weg zu virtualisierten Organisationsformen. Ob emergent und/oder geplant: Tatsache ist, daß die unterschiedlichsten Zwischenformen virtueller Unternehmen existieren.

2.3 Paradigmenwechsel in der Personalarbeit

Geprägt durch die grundlegende Veränderung der Sichten von Unternehmen und Virtualisierung orientiert sich auch die Personalarbeit neu. Die zukünftigen Beschäftigungsverhältnisse sind gekennzeichnet durch eine hohe Variabilität hinsichtlich Arbeitsort, Arbeitszeit und Arbeitsinhalt. Es wird in Zukunft nur noch gearbeitet, wo, wann und wie es die Kundenbedürfnisse erfordern.

(1) Die Inhalte des Personalmanagements werden sich zukünftig nicht nur auf das bestehende Kernkompetenz-Portfolio konzentrieren, sondern auch **externe Gegebenheiten** berücksichtigen müssen. Dies wirkt sich auf alle Bereiche unternehmerischer Personalarbeit aus. Bereits die Ermittlung des quantitativen und qualitativen Personalbestandes ist bei virtualisierenden Unternehmen ein zunehmendes Problem: Es sind hier auch die Mitarbeiter zu berücksichtigen, die nicht „exklusiv" an das Unternehmen gebunden sind. Die binäre ja/nein-Zugehörigkeit wird also ersetzt durch eine unscharfe Zugehörigkeitsfunktion. Analoges gilt für die Personalbedarfsplanung mit dem Ziel der Sicherstellung eines ausgewogenen HR-Portfolios, das sich aus den Dimensionen „Kernkompetenz" und „Bindung an das Unternehmen" ergibt.

(2) Hinsichtlich der Bindung an das Unternehmen wird es mit einer stabilen Kernmannschaft und der Satellitengruppe aus „fluktuierenden" Mitarbeitern **zwei extreme Varianten** geben: Die höchstqualifizierten Mitarbeiter der kleinen Kernmannschaft schaffen Strategie, System und Kultur. Sie sind die Spielmacher und Firmenexperten, die strategische Stoßrichtung und Profil des Unternehmens festlegen. Zusätzlich werden auf breiter Basis zeitlich begrenzt Mitarbeiter engagiert, eingestellt, entweder aus der hart umkämpften (und hoch-bezahlten) Gruppe der Experten oder aus der unterbeschäftigten (und niedrigbezahlten) Gruppe der „Tagelöhner". Mitarbeiter, die nur temporär oder partiell zum Unternehmen gehören, müssen dann geführt und entwickelt werden. Diese unterschiedlichen Bindungsverhältnisse verlangen

nach unterschiedlichen Integrationsmechanismen. Vor allem das Verhältnis zwischen „freien" und „festen" Mitarbeitern im Bereich der Hochqualifizierten birgt erhebliches Konfliktpotential.

(3) Im Umgang mit Telekommunikation-Information-Medien-Entertainment (TIME) gilt generell: Weniger gut ist das, was viele andere bereits tun! Dieser simple Satz führt zu völlig neuen Inhalten der Personalarbeit, die sich jetzt mehr auf den **„unorthodoxen" Bereich** konzentrieren muß: Die neue Welt stellt eine technologische Basis bereit, auf der sich – bei entsprechender organisatorischer Ausgestaltung – eine Reihe von interessanten Ansätzen zur Lösung anstehender Probleme implementieren läßt. Das Personalmanagement folgt hier bewußt den Prinzipien der Selbstorganisation und Heterarchie, so daß zum Teil die Mitarbeiter Steuerungs- und Beeinflussungsmöglichkeiten haben. Durch die Bereitstellung von medialisierten Personalmanagementmaßnahmen sind Technologieaufgeschlossenheit und Anwendungskompetenz gefordert: Sie ergeben sich nicht zuletzt durch praktische Übung! Das Personalmanagement nimmt hier die erforderliche Querschnittsfunktion ein und sorgt für die Akzeptanz der neuen TIME-Technologien. Bezogen auf die Personalentwicklung bedeutet dies nicht mehr Schulung von tätigkeitsbezogenen Inhalten, sondern die Vermittlung von TIME-Kompetenz auf einer Meta-Ebene.

2.4 Paradigmenwechsel in der Personalorganisation

Im Konflikt zwischen Krise der Personalabteilung und Bedeutungsgewinn des Personalmanagements steckt ein zentrales Problem, das die Lösung dringend anstehender Aufgaben im Unternehmen blockiert. Das Ergebnis dieser Diskussion sind vielfältige Veränderungsvorschläge, die sich mit der Organisation der Personalabteilung befassen (vgl. Wunderer/Arx 1998; Scholz 1999a). Gefragt ist auch hier ein radikales Umdenken, da die herkömmliche Organisationsform der Personalarbeit den **neuen Anforderungen kaum gewachsen** sein wird (vgl. Scholz 1995; 1999b; Neuberger 1997).

(1) Personal-Kernkompetenzen gibt es auch außerhalb der Personalabteilung. Diese relativ harmlos klingende Aussage hat gravierende Konsequenzen, führt sie doch zum Verzicht des Alleinvertretungsanspruchs der Personalabteilung - auch wenn sie diesen in der Praxis sowieso schon oft verloren hat. Eine neuartige Personalorganisation impliziert deshalb zwingend eine Zusammenführung von Kernkompetenzträgern - wodurch der erste Schritt in Richtung auf eine virtuelle Personalabteilung getätigt wird. Virtualisierung der Personalabteilung bedeutet daher vor allem Lokalisation

Fraktalisierung der Personalarbeit oder Virtualisierung der Personalabteilung? 145

von personalwirtschaftlichen Kernkompetenzträgern, wobei es überhaupt keine Rolle spielt, wo die Personen organisatorisch positioniert sind: in der Personalabteilung, in der Fachabteilung oder sogar außerhalb des Unternehmens. Derartige Fachführungskräfte mit personalwirtschaftlichen Kernkompetenzen übernehmen dann über ihre „normalen" Aufgaben hinaus neue Verantwortungen wie Personalentwicklung oder -betreuung. Auf diese Weise werden
- Kernkompetenzen genutzt und gefördert,
- wird eine höhere Durchdringung des Unternehmens mit Personalmanagementaktivitäten erreicht und
- eine größere Nähe der Personalfunktion zu den wertschöpfenden Aktivitäten gewährleistet.

Das traditionelle Mitarbeiter-Führungskräfte-Verhältnis löst sich also zugunsten eines Kernkompetenznetzwerkes auf.

(2) Personalabteilungen müssen heraus aus der Ecke der bewahrend-juristischen Zögerlichkeit. Sie müssen offensiv und ungefragt die Funktion der **integrativ-visionären Klammer** übernehmen. Nur so ist es möglich, daß die Spezialisierungsvorteile durch die Kernkompetenzträger nicht durch aufwendige Koordinationsmechanismen zunichte gemacht werden. Nach wie vor müssen alle Personalaufgaben wahrgenommen werden und den Kunden der Personalabteilung wie aus einer Hand erstellt erscheinen. Die virtuelle Personalabteilung folgt dabei einer gemeinsamen Vision und basiert auf einem hohen Maß an gegenseitigem Vertrauen. Die Notwendigkeit der Kooperation aller Beteiligten führt zu gemeinsamen Standards des internen (und externen) Erscheinungsbildes und zeigt sich in einer unternehmenskulturellen Übereinkunft, an dem gemeinsamen Ziel einer professionellen Personalarbeit mitzuwirken.

(3) Auch wenn computergestützte Informationssysteme immer umfassendere Datenberge verwalten, bergen sie die Gefahr, im Sog der entstehenden Standardisierungserfordernisse zu organisationaler Starrheit zu führen. Doch gerade die **multimediale Realisierung** eröffnet faszinierende Gestaltungsräume, sowohl im Hinblick auf die Kernkompetenzfokussierung als auch im Hinblick auf die Möglichkeit zur Integration der einzelnen Kernkompetenzträger. So können über ein Intranet Informationen und Standards auch außerhalb der physikalisch vorhandenen Personalabteilung verbreitet und aktualisiert werden. Erst durch eine hochentwickelte, multimediale Informationstechnologie wird eine effiziente Personalarbeit gewährleistet. Anstatt die Personaldatenverwaltung operativ zu perfektionieren, ist eine strategisch sinnvoll eingesetzte Multimedialisierung erforderlich.

3 Zwischenergebnis: Zwei Szenarien zur Personalarbeit

3.1 Fraktalisierung der Personalarbeit als Negativszenario

Das Szenario der Fraktalisierung der Personalarbeit zeigt auf, wie durch ein fehlendes Verständnis für die existenten Neuorientierungen eine fatale Entwicklung in Gang gesetzt wird: Da die Personalarbeit dem Änderungsdruck ausgeliefert ist, finden zwar Reaktionen statt, allerdings unreflektiert und nicht zielgerichtet. Dadurch entsteht eine Situation, in der die Effektivität der Personalarbeit schrittweise abnimmt und die Existenzberechtigung der Personalabteilung durch sie selbst in Frage gestellt wird.

(1) Eine entprofessionalisierte und ungesteuerte Zergliederung der Personalarbeit bedeutet die **Fraktalisierung und Atomisierung des Personalmanagements**. Grundsätzlich ist die Verlagerung von Personalarbeit auch in die Linienfunktionen hinein wünschenswert; geschieht dies jedoch allein aus dem Grund, Linienmanagern pro forma Personalkompetenz zuzubilligen, dann ist dies zu wenig. Ebenso unsinnig ist es, wenn die Linienmanager plötzlich beginnen, das „Rad der Personalarbeit neu zu erfinden", nur weil sie prinzipiell eine höhere Autonomie von der Personalabteilung anstreben oder eine Reorganisation des Unternehmens sie ad hoc zum „obersten Personaler" gemacht hat. Infolge solcher Handlungsmuster geht jegliche klare Linie der Personalarbeit verloren, sie fasert aus und ist damit weder professionell noch kompetent.

(2) Über die Frage der adäquaten Verteilung der Personalarbeits-Teilaufgaben wird zunächst vergessen, daß eine Herausforderung immer auch in der **Gesamtoptimierung der betrieblichen Personalarbeit** liegt. Die Folge ist dann eine (meist verspätete) Diskussion darüber, wie die einzelnen im Unternehmen zu verteilenden Personalaufgaben durch entsprechende Steuerungsinstrumente wieder koordiniert werden können. Ergebnis ist eine Rebürokratisierung, bei der übersehen wird, welche Transaktionskosten hierdurch verursacht werden. Allein die schriftliche Fixierung von Regeln und ihre Überwachung bindet Ressourcen, die anderswo für inhaltliche Personalarbeit zur Verfügung stehen würden.

(3) Ein mit den ersten zwei Reaktionen einhergehendes Handlungsmuster ist die **zögerliche und restriktive Technologisierung**. Schlägt sich eine Reserviertheit gegenüber technologischen Fortschritten in der Personalarbeit nieder, wird damit auf ein zentrales Mittel zur Effektivitätssteigerung verzichtet. Die unternehmensinterne Dienstleistung Personalarbeit bleibt damit immer mehr hinter Produktion,

Marketing, Rechnungswesen oder Controlling zurück, deren Produktivitätsschübe wesentlich durch den Einsatz moderner computerisierter Steuerungssysteme ausgelöst wurden.

3.2 Virtualisierung der Personalabteilung als Positivszenario

Das Gegenszenario zeigt auf, wie gerade eine bewußte Ausrichtung der Personalarbeit einen anderen Weg ermöglicht, durch den die Personalabteilung in ihrem funktionellen Bestand nicht gefährdet wird und nach wie vor Wertschöpfung im Unternehmen realisieren sowie Kernkompetenzen demonstrieren kann.

(1) Bei einer kernkompetenzorientierten und professionalisierten Zergliederung werden zunächst die Personalarbeiten identifiziert, bei denen die Personalabteilung besondere Stärken aufweist. Sie werden nachfolgend daraufhin überprüft, ob sie sich auch im Wettbewerb mit anderen unternehmensinternen Abteilungen und unternehmensexternen Outsourcing-Anbietern aufrechterhalten lassen. Ist dies der Fall, so ist noch zu untersuchen, ob die Tätigkeit einen Kundennutzen erzeugt, also einen Deckungsbeitrag für das Unternehmen oder eine Servicefunktion für einen Mitarbeiter. Die auf diese Weise gefundenen Kernkompetenzen werden, falls personalrelevant, in der Personalabteilung belassen, ansonsten aber dorthin verteilt, wo sie am professionellsten erledigt werden können.

(2) Um die Integration und damit letztlich die Akzeptanz bei den Beteiligten zu sichern, ist es erforderlich, daß die in einer sinnvoll zergliederten Personalabteilung erlangten Spezialisierungsvorteile nicht wieder durch aufwendige Koordinationsmechanismen kompensiert werden. Die dazu notwendige visionär-kulturelle Klammerung soll sicherstellen, daß alle Personalaufgaben weiterhin wahrgenommen werden und unter einer einheitlichen Abteilung erstellt wirken: Hier bieten sich zur Integration gemeinsame Standards und unternehmenskulturelle Übereinkünfte an.

(3) Die offensive und innovative Technologisierung ermöglicht die effektive Realisierung der zielführenden Kernkompetenzfokussierung genauso wie die der bürokratieminimalen Integration von Kompetenzen. Standards für einen Informationsaustausch lassen sich genauso setzen, wie sich völlig neue Kommunikationswege erschließen lassen.

4 Erste Gestaltungskonsequenzen

4.1 Voraussetzung: Charismatischer Personalchef

Jenseits aller strategischen Planung und aller faszinierenden Geschäftsideen hat die jüngste Vergangenheit eines deutlich gemacht: Großfusionen werden gesteuert und getragen vom Machtstreben der Schlüsselfiguren, kleine start-ups geprägt und gefördert von der begeisternden Vision der Gründer. Hier zeigt sich deutlich, daß der initiale Impuls zu grundlegenden Neuorientierungen und dessen Nachhaltigkeit von einem personellen Anschub abhängig sind.

Gerade virtualisierende Organisationsformen erwecken oft den Anschein, als würde es sich lediglich um eine - wenn auch komplexe - Anwendung von Informationstechnologie handeln. Betrachtet man aber die vorliegenden Forschungsarbeiten (vgl. z.B. Handy 1995; Hedberg et al. 1997; Scholz 2000b) näher, so spielen zunehmend „soft factors" wie Vision, Identität, Firmenphilosophie und Unternehmenskultur eine wichtige Rolle. Diese Faktoren sind aber personengebunden: Nur wenn an der Spitze des Unternehmens beziehungsweise der jeweiligen Organisationseinheit Führungskräfte stehen, die gleichzeitig Veränderung und Kontinuität, gleichzeitig Dynamik und Stabilität sowie gleichzeitig Überraschung und Berechenbarkeit signalisieren, lassen sich derartige Veränderungen durchführen. Vor allem aber müssen die Führungskräfte in flexibel-virtuellen Organisationen Vertrauen und Vision verkörpern, damit die Mitarbeiter ihnen auch auf dem Weg in ungewisse Segmente der Zukunft folgen.

Genau das gleiche gilt auch für die Bewältigung der aktuellen Aufgabenstellungen im Zusammenhang mit der Personalarbeit: Der blutarme Personalverwalter mit seinem Gesetzestext unter dem Arm wird weder ein sinnvolles Management der Human Resources praktizieren können noch wird er sich der „soften" Themen wie Unternehmenskultur annehmen können. Hier werden sich im günstigsten Fall sehr schnell andere Machtzentren im Unternehmen bilden, im schlechtesten Fall werden die entsprechenden Felder sich selbst überlassen.

Heutige Personalarbeit, mit organisationaler Basis über den Personalbereich hinaus, verlangt nicht Vermittlungsprozesse zum kleinsten gemeinsamen Nenner, sondern Akzentsetzung. Virtualisierungskonzepte im Personalbereich bauen gerade auf **Motivation, Involvement, Vertrauen** und **Engagement** – all dies Potentiale, die durch charismatische Führung gezielt aktiviert werden (vgl. Hentze/Kammel 1996, 69f. sowie den Beitrag von v. d. Oelsnitz in diesem Band). Daß dies weiterhin im (sozial-)partnerschaftlichen Umfeld stattfinden kann und soll, ist unbestritten, geht es doch beim intelligent eingesetzten Charisma insbesondere in Unternehmen um die Förderung von Autonomie und Partizipation mündiger Mitarbeiter statt um das Erzwingen eines blinden Nachfolgens (vgl. Hentze/Kammel 1996, 72).

Die **Besetzung des obersten Personalverantwortlichen** wird damit zur **Schlüsselfrage**. Je nachdem, ob er (in der Terminologie von Ulrich 1998) mehr einen Partner bei der Strategieumsetzung, einen wirklichen Verwaltungsexperten, einen Verfechter von Mitarbeiter-Anliegen oder einen Change Agent verkörpert, wird er auch die Personalarbeit in eine bestimmte Richtung prägen. Mehr noch als bei den anderen Positionen in der obersten Geschäftsführung ist damit der „Personaler" bereits durch seine Person „Programm", wenngleich in der unternehmerischen Praxis hier nicht immer richtig entschieden wird.

4.2 Aktion: Integrative Personalstrategie

Personalstrategie meint, daß nicht nur die einzelnen Personalarbeiten, sondern auch die Struktur, in der diese stattfinden, unter einer einheitlichen Leitidee zusammenfaßbar sein müssen. Diese **Leitidee** ergibt sich derivativ aus der Unternehmensstrategie, etwa hinsichtlich Kundennutzen und Servicequalität als besonders personalarbeitsrelevante Ausprägungen (vgl. Hentze 1999, 348f.). Durch einen Abgleich von Unternehmensstrategie, Personalstrategie und Organisationsstruktur wird die Stimmigkeit des strategischen Gesamtsystems sichergestellt.

Diese strategische Gesamtsicht entspricht dem, was Hentze (vgl. Hentze/Kammel/Lindert 1997) als das personalwirtschaftliche Führungsmodell begreift: die Steuerung und Gestaltung des Handelns anderer Personen mit dem Ziel, Umweltkomplexität zu bewältigen. Dies geschieht durch Koordination und Integration, wobei insbesondere die Integration den Aspekt der Verganzheitlichung abdeckt: Bereits vor einer Handlung werden spezifische Strukturen aufgebaut, die der Personalarbeit im Sinne eines stimmigen, „harmonischen" Organisationsrahmens für unterschiedliche Handlungssituationen dienen.

Konkret bedeutet dies im Zusammenhang der zukünftigen Personalarbeit, weniger die Zentralisation gegen die Dezentralisation der Personalfunktion auszuspielen, sondern vielmehr eine kontingenzaktive **Föderalisierung der Personalarbeit** zuzulassen. Erst die Bildung eines unternehmensumfassenden und mit der Unternehmensstrategie koordinierten Personalarbeits-Netzwerkes kann sicherstellen, daß die Erledigung von Personalarbeit ohne größere dispositive Planung auch selbstorganisierend erledigt werden kann.

Eine Personalstrategie ist immer integrativ **auf die Unternehmensstrategie abgestimmt** bzw. aus ihr abzuleiten. Dies betrifft im einzelnen alle Personalmanagementfelder (vgl. Scholz 2000a): Nicht nur der Soll-Bestand an Personal, der sich in der Personalbedarfsbestimmung ergibt, leitet sich aus unternehmerischen Gesamterfordernissen ab, sondern auch die Vorgaben an die Personalbestandsanalyse hinsichtlich des Analysefokus und die Ziele der Personalbeschaffung, -entwicklung und -freisetzung. Sinnvoll ist ebenfalls die Zusammenfassung und integrative Abstimmung der Personalbeschaffungs-, Personalentwicklungs- und Personalfreisetzungsplanung im Personalveränderungsmanagement, um Aktivitäten zu koordinieren und Prioritäten festzulegen. Das Personaleinsatzmanagement trägt zur Optimierung der unternehmerischen Leistungserstellung durch die wertschöpfungsorientierte Allokation der Mitarbeiter bei, während das Personalkostenmanagement das Personalmanagement mit den übrigen Teilen der Unternehmensplanung verbindet, vor allem mit der Finanz- und Budgetplanung. Die Personalführung schließlich konkretisiert das Verhältnis zwischen Führungskraft und Mitarbeiter.

4.3 Basismaßnahme: Professionalisierung der „Personaler"

Seit langem diskutiert, aber noch wenig umgesetzt ist die Professionalisierung der hauptberuflich für Personalarbeit zuständigen Personen: Aus der Personalstrategie und der angestrebten Rollenverteilung leitet sich hier unmittelbar das Aufgabenfeld für die Personalspezialisten ab. Das Ergebnis ist ein klar definiertes Anforderungsprofil. Anders als bei Marketingexperten gibt es hier aber noch keine Standardisierung, so daß Unternehmen teilweise hochgradig unterschiedliche Lösungen anstreben.

Spätestens hier trennt sich rasch Spreu vom Weizen: Für die einen sind Personalstrategie und Personalentwicklung unverzichtbarer Teil des Aufgabenbereichs von Personalern, für die anderen ausschließlich Betriebsverfassungsrecht und Stechkartenadministration. Daß an dieser Stelle zwangsläufig darwinistische Markttendenzen zum Tragen kommen und die letztere Sorte Personalabteilungen (vielleicht sogar inklusive der zugehörigen Unternehmen) vom Markt verdrängen, liegt auf der Hand.

Im Kern müssen die Personalexperten daher als Mindestqualifikation **Grundkenntnisse in allen Personalmanagementfeldern** aufweisen: Dies betrifft die strategische Dimension ebenso wie das operative Handwerkszeug. Ob und inwieweit sie aber tatsächlich in der Behandlung operativer Einzelmaßnahmen tätig werden, hängt von der Personalstrategie ab.

Ein spezieller Teil der Professionalisierung betrifft Fragen der Informationstechnologie und Multimedialisierung, da hier die Personalabteilung ein eklatantes Defizit aufweist: Oft gegängelt von einer zentralen EDV-Abteilung, eingegrenzt durch Vorschriften zur Corporate Identity und limitiert durch Regelungen, die eigentlich auf andere Abteilungen abzielen, haben die Träger der Personalarbeit massive Probleme, zeitnah und flexibel Informationen zu erhalten und zu verteilen. Und je schneller die Entwicklung im IT-Bereich voranschreitet, desto massiver werden diese Probleme. Die Gründe liegen jedoch nicht nur im restriktiven Umfeld, sondern auch bei den Personalern selbst und ihrer IT-Kompetenz:

- Teilweise verstehen sie Informationstechnologie und Multimedialisierung weder konzeptionell noch technologisch.
- Darüber hinaus verstehen sie nicht, was Informationstechnologie und Multimedialisierung konkret mit Personalmanagement zu tun haben.
- Ebenso können sie die vorhandene Informationstechnologie nicht anwenden.
- Schließlich können sie die Informationstechnologie nicht mitgestalten, also über gezielte Entwicklungsimpulse bewußt eine Gestaltung des IT-Umfeldes in ihrem Sinne anregen.

Es kann ohne visionäre Weitsicht prognostiziert werden, daß sich Informationstechnologie und Multimedialisierung in ihrer derzeitigen Geschwindigkeit weiterentwickeln werden. Es zeichnen sich bereits personalrelevante Angebote ab, etwa Internet-TV als Substitut für das traditionelle Business TV, oder die Idee, Kernkompetenzen selber zu Personalangeboten zusammenzustellen, anstatt auf die Paketlösungen der Personalabteilung zu warten. Im Mittelpunkt des Virtualisierungsprozesses stehen jedoch nicht technische Faszinationen, sondern Menschen, die den Prozeß gestalten und sich gleichzeitig als Betroffene mit ihm auseinandersetzen müssen.

Hier kommt der Personalarbeit eine neue Rolle zu, die eine ungleich höhere strategische Bedeutung besitzt als bisher: Personalmanagement wird zum Wegbereiter und Begleiter ihrer eigenen Neuorientierung. Verpassen die Träger der Personalarbeit die Nutzung der zur Verfügung stehenden Technologien, so rückt das Horrorszenario näher, daß die Personalabteilung überflüssig ist. Im anderen Fall sind die Personaler die Motoren dieser Entwicklung.

5 And that's just the beginning ...

Um es in aller Deutlichkeit zu formulieren: Auch wenn die Neuorientierung nur graduell und vielleicht sogar emergent erfolgt, hat das Personalmanagement nur die Wahl zwischen „Bremser" und „Vorreiter".

Im ersten Fall stellt sich die Personalarbeit über den Weg der Fraktalisierung selbst zur Disposition. Angesichts der damit verbundenen Reaktionsmuster ist es dann äußerst unwahrscheinlich, daß die klassische Personalabteilung in ihrer traditionellen Form dauerhaft beibehalten wird. Ebenso ist es aber ein Trugschluß zu glauben, daß sich ohne entsprechende Integrationsmechanismen und technologisch-strategische Grundausrichtungen bei Linienvorgesetzten effektiv die Zusatzqualifikationen als Personalmanager wecken lassen. Werden die Abläufe der Personalarbeit letztlich kostenintensiver und läßt sich der Deckungsbeitrag der Personalarbeit nicht mehr in vertretbaren Bandbreiten halten, so wird die betriebliche Funktion Personalmanagement langfristig nicht mehr durch das Unternehmen selbst erstellt werden.

Im zweiten Fall ist ein Paradigmenwechsel nötig, dann gelingt aber auch die Virtualisierung der Personalarbeit hin zu einer flexiblen und wertschöpfungsorientierten Unternehmensfunktion. Das Szenario einer virtualisierten Personalabteilung resultiert darin, daß unter Verzicht auf die räumliche Verbundenheit und unmittelbare Zuordnung der Mitarbeiter zu einem Personalverantwortlichen eine professionelle Erfüllung der Personalarbeit sichergestellt werden kann. Das traditionelle hierarchische Mitarbeiter-Vorgesetzten-Verhältnis wird durch Netzwerkverbindungen über Kernkompetenzträger ersetzt, wobei bürokratievermeidende Integrationsmechanismen und modernste TIME-Technologien zum Einsatz kommen.

6 Literatur

Ashkenas, R./Ulrich, D./Jick, T./Kern, S. (1995): The Boundaryless Organization. Breaking the Chains of Organizational Structure, San Francisco.

Brewster, Ch./Hegewisch, A. (1994): Policy and Practice in European Human Resource Management, London.

Byrne, J.A./Brandt, R./Port, O. (1993): The Virtual Corporation, in: Business Week, o. Jg., 08.02.1993, S. 36-40.

Davidow, W.H./Malone, M.S. (1993): Das virtuelle Unternehmen. Der Kunde als Co-Produzent, Frankfurt/New York.

Gentz, M. (1996): Die personalpolitischen Ziele werden neu definiert, in: Personal, 48. Jg. (1996), S. 103-110.

Handy, Ch. (1995): Trust and the Virtual Organization, in: Harvard Business Review, Vol. 73 (1995), Nr. 3, S. 40-50.

Hedberg, B. et al. (1997): Virtual Organizations and Beyond. Discover Imaginary Systems, Chichester et al.

Hentze, J. (1994): Personalwirtschaftslehre 1, 6. Aufl., Bern, Stuttgart,Wien.

Hentze, J. (1995): Personalwirtschaftslehre 2, 6. Aufl., Bern, Stuttgart, Wien.

Hentze, J. (1999): Personalorganisation im Bank- und Versicherungswesen, in: Scholz, Ch. (Hrsg.): Personalorganisation. Center-Modelle für Wertschöpfung, Strategie, Intelligenz und Virtualisierung, Neuwied, Kriftel, Berlin, S. 348-359.

Hentze, J./Kammel, A. (1996): Benötigen Organisationen charismatische Führung? In: Zeitschrift Führung + Organisation, 65. Jg. (1996), S. 68-72.

Hentze, J./Kammel, A./Lindert, K. (1997): Personalführungslehre, 3. Aufl., Bern u.a.

Hentze, J./Lange, L. (1999): Facility Management, in: Das Wirtschaftsstudium, 28. Jg. (1999), S. 1092-1099.

Kanter, R.M. (1991): Transcending Business Boundaries: 12,000 World Managers View Change, in: Harvard Business Review, Vol. 69 (1991), Nr. 3, S. 151-164.

Mertens, P./Griese, J./Ehrenberg, D. (Hrsg.) (1998): Virtuelle Unternehmen und Informationsverarbeitung, Berlin u.a.

Mintzberg, H. (1978): Patterns in Strategy Formation, in: Management Science, Vol. 24 (1978), S. 934-948.

Mintzberg, H. (1994): The Rise and Fall of Strategic Planning. Reconceiving Roles for Planning, Plans, Planners, New York u.a.

Neuberger, O. (1997): Personalwesen 1. Grundlagen, Entwicklungen, Organisation, Arbeitszeit, Fehlzeiten, Stuttgart.

Ohmae, K. (1990): The Borderless World. Power and Strategy in the Interlinked Economy, New York.

Prahalad, C.K./Hamel, G. (1990): The Core Competences of the Corporation, in: Harvard Business Review, Vol. 68 (1990), Nr. 3, S. 79-91.

Scholz, Ch. (1994): Die virtuelle Organisation als Strukturkonzept der Zukunft?, Diskussionsbeitrag Nr. 30 des Lehrstuhls für Betriebswirtschaftslehre, insb. Organisation, Personal- und Informationsmanagement, Universität des Saarlandes, Saarbrücken.

Scholz, Ch. (1995): Ein Denkmodell für das Jahr 2000? Die virtuelle Personalabteilung, in: Personalführung, 28. Jg. (1995), S. 398-403.

Scholz, Ch. (Hrsg.) (1999a): Personalorganisation. Center-Modelle für Wertschöpfung, Strategie, Intelligenz und Virtualisierung, Neuwied/Kriftel/Berlin.

Scholz, Ch. (1999b): Die virtuelle Personalabteilung als Zukunftsvision?, in: Scholz, Ch. (Hrsg.): Personalorganisation. Center-Modelle für Wertschöpfung, Strategie, Intelligenz und Virtualisierung, Neuwied, Kriftel, Berlin, S. 233-253.

Scholz, Ch. (2000a): Personalmanagement. Informationsorientierte und verhaltenstheoretische Grundlagen, 5. Aufl., München.

Scholz, Ch. (2000b): Strategische Organisation. Multiperspektivität und Virtualität, 2. Aufl., Landsberg/Lech.

Stichweh, R.C./Lynch, J.T. (1992): Priorities for Competitive Advantage, New York.

Ulrich, D. (1998): Das neue Personalwesen: Mitgestalter der Unternehmenszukunft, in: Harvard Business Manager, Vol. 20 (1998), Nr. 4, S. 59-69.

Wunderer, R./Arx, S. von (1998): Die Personalabteilung als Wertschöpfungscenter, Wiesbaden.

Zukunft der Personalarbeit?
Eine sektorale Untersuchung zum Ausbaustand des Personalmanagements unter besonderer Berücksichtigung des tertiären Sektors

Wenzel Matiaske und Wolfgang Weber

Übersicht:

1	Problemstellung	156
2	Determinanten des Personalmanagements	157
3	Ausbaustand des Personalmanagements	160
4	Datenbasis und Operationalisierung	162
5	Empirische Befunde	165
5.1	Determinanten des Personalmanagements und Personalstrategien	166
5.2	Determinanten des Personalmanagements und personalwirtschaftliche Instrumente	170
6	Resümee	174
7	Literatur	175

1 Problemstellung

Die Dienstleistungsgesellschaft, die noch vor wenigen Jahrzehnten als Zukunftsentwurf industrieller Gesellschaften proklamiert wurde (Fourastié 1954; Touraine 1972; Bell 1975), ist - der vielfach beschworenen Dienstleistungslücke zum Trotz – weitgehend Realität. Waren Mitte der 70er Jahre nur 42,5 % der Erwerbstätigen im tertiären Sektor beschäftigt, so sind es im Jahr 1998 bereits 63,7 % (Statistisches Jahrbuch 1998). Wird als Bezugspunkt nicht das in der amtlichen Statistik übliche sektorale Abgrenzungskriterium gewählt, sondern legt man der Zählung einen funktionalen Ansatz zugrunde, der die tatsächlich ausgeübten Tätigkeiten unabhängig von der sektoralen Zuordnung des Unternehmens berücksichtigt, fallen die Schätzungen erheblich höher aus. Haisken-De New et al. (1998) berichten auf Basis des sozio-ökonomischen Panels, daß im Jahr 1997 zwischen 71,4 % und 75,5 % der abhängig Beschäftigten in Deutschland Tätigkeiten mit Dienstleistungscharakter ausführten (vgl. auch Cornetz/Schäfer 1998; Klodt et al. 1997). In der Betriebswirtschaftslehre wird der gewachsenen ökonomischen Bedeutung des tertiären Sektors durch Spezialisierung Rechnung getragen. Vor allem in der Teildisziplin Marketing liegt eine Vielzahl von Beiträgen vor, die dem **Phänomen Dienstleistung** nachspüren. Grundlegend sind dabei Vorschläge, welche die Begriffe Dienstleistung oder Dienstleistungssektor genauer fassen (vgl. Kleinaltenkamp 1998). In Abgrenzung zu älteren, volkswirtschaftlich geprägten Definitionen, die sektorale Merkmale wie die Einkommenselastizität, die Produktivität oder den dominierenden Produktionsfaktor (vgl. Fisher 1952; Fourastie 1954; Wolfe 1955) in den Mittelpunkt rückten, betont die Literatur zum Dienstleistungsmarketing prozeßbezogene Merkmale der Leistungserstellung. Neben Dimensionen wie Immaterialität, Autonomie oder Individualität der Güter (vgl. Meffert/Bruhn 1997) wird vor allem auf den direkten oder synchronen Kundenkontakt (vgl. Hentschel 1992; Hüther 1997) bei der Erstellung von Leistungsbündeln abgestellt. Der Begriff des Leistungsbündels (vgl. Engelhardt et al. 1994) prononciert die Abkehr von der strikt branchenbezogenen Definition von Dienstleistungen; sie sind vielmehr eine mehr oder weniger stark ausgeprägte Komponente dieser Leistungsbündel.

Obgleich die Branche als Standardvariable in kaum einer empirischen Studie der Personalforschung fehlt, ist sie bislang weder in gleicher Weise wie im Marketing systematisch aufgearbeitet worden noch hat sie zu einer vergleichbaren Spezialisierung der Personalwirtschaftslehre geführt. Dabei ist es naheliegend, die höhere Personalintensität des Dienstleistungssektors zum Ausgangspunkt weitergehender Überlegungen hinsichtlich der branchenspezifischen Ausgestaltung des Personalmanagements zu machen.

Diesen Leitgedanken wollen wir im folgenden theoretisch und vor allem empirisch entfalten. Im zweiten Abschnitt stellen wir einige Argumente zusammen, die einen sektoral unterschiedlichen Ausbaustand des Personalmanagements begründen können. Neben – im weitesten Sinne ökonomischen Argumenten – berücksichtigen wir institutionelle Überlegungen. Die skizzierten theoretischen Argumente bündeln wir zu zwei Leitannahmen, welche die explorative empirische Untersuchung anleiten. Bevor wir im vierten Abschnitt Datenbasis und Befunde des sektoralen Vergleichs zum Ausbaustand des Personalmanagements in Deutschland vorstellen, erläutern wir im dritten Kapitel dieses Beitrages, wie die abhängige Variable des empirischen Designs operational definiert werden kann.

2 Determinanten des Personalmanagements

Aus Sicht ökonomischer Theorien ist **Personalintensität** eher notwendige denn hinreichende Bedingung für den Ausbaustand der Personalarbeit. Eine hinreichende Unternehmensgröße, gemessen an der Mitarbeiterzahl, ist Grundvoraussetzung für den Aufbau des Personalmanagements. Personalintensität der Leistungserstellung ist darüber hinaus ein Indikator für das relative Gewicht des Personals im Vergleich zu anderen Input-Faktoren. Die Art und Weise der Ausgestaltung des Personalmanagements ist jedoch nicht ausschließlich eine Funktion der Mitarbeiterzahl.

Aus ökonomischer Sicht ist vielmehr die relative Knappheit des benötigten Personals oder – in der Sprache des Ressourcen-Abhängigkeits-Ansatzes (vgl. Pfeffer/Salancik 1978) formuliert – die Abhängigkeit von der kritischen Ressource Humankapital von ausschlaggebender Bedeutung (vgl. Nienhüser 1998). Bezieht man dieses Argument auf die hier in den Mittelpunkt gerückte Variable „Sektor", sind entsprechend branchenspezifische Gründe zu benennen, die ein unterschiedliches Ausmaß dieser Abhängigkeit bedingen. Das Argument der Ressourcenabhängigkeit wollen wir mit Blick auf den unterschiedlichen Prozeß der Leistungserstellung und des Absatzes von Sachgütern und Dienstleistungen präzisieren, indem wir auf eine zentrale Überlegung des Transaktionskostenansatzes zurückgreifen.

Williamson (1984) folgend ist der Ausbaustand des Personalmanagements von zwei Variablen abhängig. Dies ist einerseits die Spezifität des benötigten Humankapitals und andererseits die Möglichkeit, Prozeß und Ergebnis der Leistungserstellung zu kontrollieren. Für unternehmensspezifisches Humankapital ist charakteristisch, daß dieses interne Kenntnisse und Fertigkeiten beinhaltet, die on-the-job erworben werden und daher bestenfalls teilweise über den externen Arbeitsmarkt „fremdbezogen" werden kann. **Spezifität ist also keineswegs mit Qualifikation des Personals gleichbedeutend**, jedoch sind beide Aspekte empirisch korreliert, insoweit Qualifikation Voraussetzung für den Erwerb spezifischen Humankapitals ist. Die Kontrollproblematik ist davon unabhängig und mit der Produktion im Team verbunden. Sind Leistungen nicht autonom, sondern nur in der Zusammenarbeit mit anderen zu erbringen, können die Anteile an der Leistungserstellung nicht individuell zugeordnet werden, denn die Produktionsfunktionen der Beteiligten lassen sich nicht separieren. Teamproduktion bietet daher die Gelegenheit opportunistischen Verhaltens in Form der „Drückebergerei" zu Lasten anderer.

Die Problematiken der Spezifität und der Leistungskontrolle erhöhen die Abhängigkeit von personellen Ressourcen: einerseits vom spezifischen Arbeitsvermögen der Mitarbeiter, andererseits von ihrem „guten Willen" im Sinne der Leistungsmotivation und der Kooperationsbereitschaft. Zur Verringerung dieser Abhängigkeiten steht dem Personalmanagement eine Reihe von Möglichkeiten zur Personalbindung sowie zur Potential- und Handlungskontrolle zur Verfügung (vgl. den Aufsatz von Lindert in diesem Band). Der Ausbaustand dieser Maßnahmen sollte also mit dem **Ausmaß des benötigten spezifischen Humankapitals** oder des **Einsatzes von Teamproduktion** kovariieren.

Mit Bezug auf die einleitend angesprochenen Definitionsvorschläge des Dienstleistungsmarketing sind zwei Ansatzpunkte – das ergebnisorientierte Merkmal der Immaterialität oder Intangibilität sowie das prozeßbezogene Merkmal des direkten oder synchronen Kundenkontakts – zu benennen, von denen aus argumentiert werden kann, daß Unternehmen des Dienstleistungssektors stärker mit den genannten Problemen konfrontiert sind als Unternehmen des produzierenden Gewerbes.

Das höhere Maß der Immaterialität, das Dienstleistungen gegenüber Sachgütern auszeichnet, ist Anlaß der Vermutung, daß Unternehmen des tertiären Sektors stärker auf **wissensbasierte Ressourcen** (vgl. Grant 1996) zurückgreifen und damit in höherem Ausmaß auf das personengebundene Wissen ihrer Mitarbeiter angewiesen sind als produzierende Unternehmen. Während sich Wissen zur Produktion von Sachgütern in Produktionsanlagen gleichsam materialisieren läßt, ist dies im Fall von Dienstleistungen bislang nicht in gleicher Weise möglich. Viele Zweige des Dienstleistungssektors sind jedoch ganz ähnlich wie produzierende Unternehmen auf sachliche Anlagen – sei es zur Bereitstellung der Logistik oder von Informationen – angewiesen, deren Handhabung ebenso wie in der Industrie spezifisches „Produktionswissen" verlangt. Darüber hinaus prägt die informations- und kommunikationstechnische Unterstützung zunehmend auch den „Dienst am Kunden", d.h. den definitorischen Kern der Immaterialität von Dienstleistungen. Die „systemische Rationalisierung" (Baethge/Oberbeck 1986) stellt vielfältige neue Möglichkeiten zur Unterstützung der Mitarbeiter durch **wissensbasierte Systeme** zur Verfügung. Diese Systeme erleichtern die Suche nach relevanten Informationen und unterstützen bei der Entscheidungsfindung. Sie sind daher sowohl geeignet, das Tätigkeitsfeld von Mitarbeitern in horizontaler wie vertikaler Richtung zu erweitern als auch Handlungsspielräume, die zuvor auf personengebundener Expertise basierten, zu beschneiden. Von dieser Seite läßt sich u.E. weder argumentieren, daß im Dienstleistungssektor ein tendenziell höheres Qualifikationsniveau herrscht noch daß ein damit korrespondierender höherer Anteil spezifischen Humankapitals erforderlich ist. In Dienstleistung wie Industrie sind vielmehr durch die neuen Informations- und Kommunikationstechnologien Tendenzen der Qualifikation wie Dequalifikation zu konstatieren. Der entscheidende **Aspekt der Immaterialität** erschließt sich in Verbindung mit dem zweiten Charakteristikum, dem **synchronen Kundenkontakt**. Dienstleistungen sind aus Sicht des Kunden eher Erfahrungs- denn Sachgüter (vgl. Nelson 1970), deren wünschenswerte Eigenschaften sich nicht unabhängig von ihrem Konsum erschließen. Der Dienstleistungskunde ist in diesem Sinne kein Abnehmer, sondern Klient und vielfach Koproduzent der Leistung. Die zur Bereitstellung von Kundennähe aus Unternehmenssicht notwendigen Fähigkeiten – wie verbindliche Ansprache oder Signalisierung von Vertrauenswürdigkeit – sind kein spezifisches Humankapital, gleichwohl ist diese Basiskompetenz knapp. Spezifisch ist dagegen das Wissen der Mitarbeiter um Eigenheiten der Klienten, soweit es sich nicht auf objektivierbare Merkmale reduzieren läßt, sondern sich erst als Erfahrungswissen im kommunikativen Interaktionsprozeß zwischen Mitarbeitern und Klienten erschließt.

Die spezielle Form der Teamproduktion bei Dienstleistungen, dem Team zwischen dem Agenten des Unternehmens und dem externen Koproduzenten, bringt darüber hinaus die im Transaktionskostenansatz thematisierte Kontrollproblematik mit sich. Der Agent des Unternehmens stellt der Organisation sein Sozialkapital (vgl. Coleman 1988; Matiaske 1998) zur Verfügung, das sich nicht ohne weiteres auf andere Personen oder Institutionen übertragen läßt, und fungiert daher als Gatekeeper für das Unternehmen. Die Problematik läßt sich durch Externalisierung lösen oder durch Umstellung von externer Fremd- auf interne Selbstkontrolle mildern. Im zweiten Fall ist das Personalmanagement gefordert, die Bindung der Mitarbeiter an das Unternehmen und deren Verpflichtung auf die Unternehmensziele zu unterstützen. Schwierig einzuschätzen bleibt, inwieweit sich die skizzierte Argumentation auf die Variable „Sektor" reduzieren läßt. Die vorgetragenen Argumente gelten in gleicher Weise für Abteilungen oder Mitarbeiter von Industrieunternehmen, die im direkten Kontakt zu Kunden oder auch Zulieferern stehen. Ferner ist zu berücksichtigen, daß Industrieunternehmen in den vergangenen Jahren verstärkt Leistungsbündel mit hohem Dienstleistungsanteil anbieten (vgl. Albach 1989).

Im Sinn einer „schwachen" **Leitannahme** wollen wir im folgenden davon ausgehen, daß sich sektorale Unterschiede im Ausbaustand des Personalmanagements zu Gunsten von Dienstleistungsunternehmen ausmachen lassen, und diese Annahme empirisch prüfen. Die ökonomische Argumentation geht keineswegs davon aus, daß sich situative Abhängigkeiten umstandslos in rationale Entscheidungen der Akteure umsetzen. Sie basiert vielmehr auf der Prämisse voluntaristischer Handlungsakte, die im Falle kollektiver Akteure institutionell verankert werden müssen. Die Überlegungen der neuen Institutionenökonomie sind insoweit enger mit klassischen institutionalistischen Ansätzen verwandt, als auf den ersten Blick gelegentlich erwartet wird (vgl. Martin/Düll 2000). Die Institutionalisierung des Personalmanagements ist dabei von seiner Professionalisierung und mithin von der Professionalisierung der Unternehmensleitung abhängig (vgl. Wächter 1987). Dies korrespondiert mit dem einleitenden Hinweis auf die Bedeutung der Unternehmensgröße bzw. der Personalintensität und expliziert die Überlegung der notwendigen Bedingung für den Aufbau eines Personalmanagements. Die zweite Leitannahme unserer empirischen Exploration stellt entsprechend auf die Professionalisierung des Managements ab, deren Bedingungen wir hier nicht weiter eruieren wollen.

3 Ausbaustand des Personalmanagements

Die abhängige Variable unserer Studie, der Ausbaustand des Personalmanagements, ist dieser theoretischen Skizze folgend, nicht auf einfache organisatorische Größen zu reduzieren. Die Stellung der Personalabteilung im hierarchischen Gefüge des Unternehmens oder die relative Anzahl der Mitarbeiter in der Personalabteilung geben sicherlich erste Hinweise auf den Stellenwert des Personalmanagements. Allerdings sind derartige Indikatoren angesichts dezentraler Organisationsformen nur bedingt aussagekräftig und vor allem reflektieren sie den Professionalisierungsgrad der Personalarbeit nur unzureichend. Das Konstrukt Ausbaustand des Personalmanagements sollte vielmehr inhaltlich – mit Blick auf die angesprochenen Probleme der sozialen Kontrolle, der Motivation und der Personalbindung – die **eingesetzten personalwirtschaftlichen Instrumente** berücksichtigen. Ein guter Ausgangspunkt zur Klassifikation der Instrumente ist die Führungsthematik, die unter dem Bezugsproblem der sozialen Kontrolle eine Vielzahl verschiedener Maßnahmen integriert. Personalführung meint hier die beabsichtigte und zielgerichtete Beeinflussung der Handlungen von Organisationsmitgliedern (vgl. Weber/Mayrhofer/Nienhüser 1993, 107f.) und dient dem Zweck effizienter Leistungserstellung (vgl. Hentze 1995, 181). Der Begriff beschränkt sich nicht auf interaktionale Führung durch andere Organisationsmitglieder, sondern umfaßt darüber hinaus unpersönliche Maßnahmen der sozialen Kontrolle.

In Anlehnung an Türk (1981) lassen sich **drei Kategorien sozialer Kontrolle** differenzieren, die um Hinweise zur Motivation und Personalbindung zu ergänzen sind.

- Die **Potentialkontrolle** umfaßt Instrumente der Selektion und innerorganisatorischen Allokation des Personals sowie der Personalentwicklung und der betrieblichen Sozialisation. Verfahren der Personalauswahl sind insbesondere unter der Randbedingung wichtig, daß die auszuwählenden Komponenten des Humankapitals knapp und nicht offenkundig sind. Die seitens der Personalwirtschaft zur Verfügung gestellten Sozialtechnologiebündel der Personalentwicklung dienen verschiedenen Zwecken. Neben der manifesten Funktion der Verbesserung von Kenntnissen und Fähigkeiten verfolgen diese Maßnahmen den Zweck der Einfügung in die Sozialstruktur der Unternehmen sowie der Internalisierung von Normen und Wertorientierungen.
- **Unpersönliche** oder **organisationale Maßnahmen** wie Technologien, Verfahrensregeln oder strukturelle Merkmale der Organisation konstituieren Handlungsräume und dienen der Handlungskontrolle. Aus personalwirtschaftlicher Sicht ist diese Aufzählung um Maßnahmen der Arbeitsplatzgestaltung sowie unpersönliche Anreizmechanismen wie Entlohnungssystem oder Sozialleistungen zu ergänzen. Auch diese Sozialtechnologiebündel verfolgen mehrere Zwecke. Neben der Mitarbeitermotivation ist der Gesichtspunkt der Personalbindung hervorzuheben.
- Soziale Kontrolle wird auf der **personalen Ebene** durch Rückkopplung und Hinweise zur Handlungskorrektur durch Kollegen auf verschiedenen Ebenen und durch Führungskräfte im Rahmen der interaktionalen Personalführung geleistet. Vor dem Hintergrund organisational wenig transparenter Aufgabenfelder kommt der Art und Weise der Personalführung – dem Führungsstil – hohe Bedeutung zu. Dieser sollte partizipative Elemente aufweisen (vgl. Matiaske 1992).

Eine Maximalforderung an die inhaltliche Operationalisierung des Ausbaustandes der Personalarbeit setzt auf die Zweckdienlichkeit der eingesetzten Maßnahmen. Dieses Kriterium verlangt eine extensive Diskussion der Instrumente, die im Rahmen dieses Beitrages nicht geleistet werden kann, und hat eine ausgebaute Theorie der Sozialtechnologien zur Voraussetzung, die bislang, wenn überhaupt, nur für Teilbereiche vorliegt. Ein schwächeres Kriterium stellt auf die Kohärenz der Maßnahmenbündel im Verständnis eines gemeinsamen Stils ab (vgl. Gooderham et al. 1998). Jedoch verlangt auch dieses Kriterium eine Diskussion der Zweckdienlichkeit, wenn auch auf der abstrakteren Ebene der Stilistik.

Ein praktikabler Indikator des Ausbaustandes ist aus unserer Sicht der **Differenzierungsgrad der Maßnahmen** in den skizzierten Aufgabenfeldern. Dieses Kriterium reflektiert zumindest Erfahrungs- und Kenntnisstand praktischer Personalarbeit sowie das Bemühen um Problemlösungen.

Neben dem Differenzierungsgrad der eingesetzten Instrumente wollen wir die **vorausschauende Reflexion** und **systematische Planung** personalwirtschaftlicher Aktivitäten berücksichtigen. Dies sind gängige Konnotationen des Strategiebegriffes. Personalwirtschaftliche Strategien werden hier als systematisch geplante Aktivitäten verstanden, die einem gemeinsamen Muster und gemeinsamen Zielen folgen, um Veränderungen im personalwirtschaftlichen Umfeld zu bewältigen (vgl. Weber/Kabst 1997). Sicherlich ist der Strategiebegriff ebenfalls kritisch zu hinterfragen (vgl. Marr 1987; Wächter 1992). Die verbindliche Formulierung von Zielsetzungen z. B. im Rahmen von MbO (vgl. Hentze 1995, 219f.) und Leitlinien des Managements läßt sich jedoch als ein weiterer Indikator professionellen Handelns in personalwirtschaftlichen Aufgabenfeldern interpretieren.

4 Datenbasis und Operationalisierung

Datenbasis der empirischen Studie ist die deutsche Teilstichprobe des „**Cranfield Network on European Human Resource Management**". Ziel dieser seit 1990 regelmäßig durchgeführten Querschnittserhebung ist die Untersuchung der Struktur und Politik der Personalarbeit. Zentrale Themen sind die institutionelle Einbindung des Personalmanagements, Aufgabenfelder wie Personalbeschaffung, -entwicklung und -vergütung sowie die Arbeitsbeziehungen. Die Erhebung erfolgt als schriftliche Befragung des jeweils obersten Personalverantwortlichen. Die folgenden Operationalisierungen und Befunde basieren auf der Erhebung des Jahres 1995, die sich an rund 3.500 Unternehmen in Ost- und Westdeutschland richtete. Realisiert wurden 457 Befragungen in West- (Rücklaufquote 23 %) und 223 Befragungen in Ostdeutschland (Rücklaufquote 15 %) (vgl. Weber/Kabst 1995).

Kurztext	Beschreibung
2. Sektor	Energie, Wasser, Chemie, Maschinen, Metall, Elektro, Nahrungsmittel, Textil, Papier, Druck, übrige Industrie
3. Sektor	Handel, Hotel, Gaststätten, Freizeit, Transport, Nachrichtenübermittlung (Bahn, Post, Telekom etc.), Banken, Versicherungen, Wirtschaftsdienstleistungen (Beratung, Werbung etc.), übrige Dienstleistungen
4. Sektor	Gesundheitswesen, Erziehungswesen, Kommunal-, Länder-, Bundesverwaltung
Professionalisierung des Managements	Schriftlich verfaßte Unternehmensstrategie
Größe	Anzahl der Beschäftigten
Personalkosten	Anteil der Personalkosten am Umsatz/Haushalt des Vorjahres
Fluktuationsrate	in % pro Jahr
Organisationsgrad	Anteil der gewerkschaftlich organisierten Mitarbeiter
Unternehmenserfolg	guter Ertrag, geringer Ertrag, Break-Even, keine Kostendeckung, größere Verluste

Tab. 1: Determinanten des Personalmanagements

Die in die folgenden Analysen einbezogenen unabhängigen Variablen stellt Tabelle 1 zusammen. Der **primäre Sektor** findet auf Grund seiner untergeordneten Bedeutung keine Berücksichtigung. Die Unternehmen des produzierenden Gewerbes sind im **sekundären Sektor** zusammengefaßt (395 Unternehmen). Die Kategorie des **tertiären Sektors** bündelt sämtliche Dienstleistungsunternehmen einschließlich der Finanzdienstleistungen (178 Unternehmen). Letztere werden wegen ihrer volkswirtschaftlichen Bedeutung von einigen Autoren wie Bell (1975) gesondert behandelt, hier jedoch aus Gründen der Fallzahl wie die anderen Dienstleistungsunternehmen eingeordnet. Der quartiäre Sektor bezeichnet öffentliche Verwaltungen und Organisationen des Erziehungs- und Gesundheitswesens (44 Organisationen).

Ferner berücksichtigen wir die **Unternehmensgröße**, gemessen durch die Anzahl der Mitarbeiter, und die Personalintensität, die über den Anteil der Personalkosten am Umsatz bzw. am Haushalt im Fall öffentlicher Verwaltungen operationalisiert wird. Die Professionalisierung der Unternehmensführung wird hier, in Ermangelung einer aussagekräftigeren Variablen, nur über das Vorhandensein einer Unternehmensstrategie einbezogen. Die Qualität der Unternehmensstrategie wird durch die Variable „Partizipation der Führungskräfte bei Einführung der Strategie" indiziert (vgl. Tab. 2).

Der Anteil der gewerkschaftlich organisierten Mitarbeiter und die Fluktuationsrate werden im empirischen Design als Kontrollvariablen behandelt, um den Handlungsdruck auf das Personalmanagement zu berücksichtigen. Der wirtschaftliche Erfolg der Unternehmen soll als weitere Kontrollvariable den Handlungsspielraum für personalwirtschaftliche Maßnahmen abbilden.

Der **Ausbaustand des Personalmanagements** wird mittels der in Tabelle 2 berichteten abhängigen Variablen **operationalisiert**. Empirisch erfassen wir den Ausbaustand i.d.R. über den Grad der Differenzierung der personalwirtschaftlichen Teilstrategien, der eingesetzten Instrumente zur Personalauswahl, zur Planung und Durchführung der Personalentwicklung sowie Maßnahmen der Arbeitserweiterung. In gleicher Weise verfahren wir bei der Operationalisierung des Einsatzes von Familienleistungen und der Bedeutung des Themas Kundenorientierung in der Personalentwicklung. Die Führungsthematik wird lediglich durch ein Item abgebildet. Über die genannten additiven Konstrukte hinausgehend, verwenden wir die Variable Investitionen im Bereich Personalentwicklung über den Anteil der Mitarbeiter, die im Vorjahr an Weiterbildungsmaßnahmen teilgenommen haben.

Technisch werden die in die additiven Konstrukte einbezogenen Variablen zunächst dichotomisiert; die verwendeten Kategorien sind in Tabelle 2 in Klammern notiert. Im Beispiel der Familienleistungen berücksichtigen wir das Vorhandensein betrieblicher Kindergärten, Kontaktprogramme während der Kinderphase sowie Mutterschafts- bzw. Vaterschaftsurlaub, wenn diese Maßnahmen über gesetzliche Vorschriften hinaus gewährt werden. Die einbezogenen Items werden zu einer additiven Skala verdichtet. Die Reliabilität der Konstrukte ist in der Tabelle mit dem Koeffizient Cronbachs Alpha ausgewiesen. Da hier lediglich ein Vergleich auf hochaggregierter Ebene zwischen wenigen Kategorien angestrebt ist, kann die Güte der Skalen als befriedigend angesehen werden. Anzumerken bleibt, daß eine alternative Operationalisierung, die nicht nur den Differenzierungsgrad, sondern auch die Güte der einbezogenen Maßnahmen reflektiert, aus theoretischer Sicht wünschenswert wäre. Eine Möglichkeit bestände in der Verwendung moderner probabilistischer Verfahren wie der Mokken-Skalierung, die hier jedoch aus technischen Gründen nicht eingesetzt werden konnten.

Kurztext	Beschreibung	Reliabilität α
Personalstrategien	Entgelt-, Personalentwicklungs-, Selektions-, Kommunikations-, Führungs-, Geichstellungsstrategie, Strategie für High-Fligher (ja, schriftlich)	.59
Partizipation	Führungskräfte bei Einführung der Unternehmensstrategie beteiligt	
Auswahlverfahren	Analyse der Bewerbungsunterlagen, Eignungstests, Psychometrische Tests, Assessment Center (für jede/die meisten Stellen)	.83
Planung von PE	Analyse geplanter Geschäftsvorhaben, Weiterbildungsbedarfsermittlung, Vorschläge durch Vorgesetzte/Mitarbeiter, Bestandteil der Leistungsbeurteilung (immer/oft)	.75
Verfahren der PE	Assessment Center, Systematische Job Rotation, spez. Laufbahnpläne für Führungskräfte (vorhanden)	.58
Arbeitserweiterung	Führungskräfte, hoch qual. technische u. kaufm. Angestellte, Verwaltungsangestellte (Inhalte wurden vielfältiger u. weiter)	.65
Bildungsanteil	Anteil der Mitarbeiter, die im Vorjahr an Weiterbildungsmaßnahmen teilgenommen haben	-
Kundenorientierung	Themen: Marketing und Vertrieb, Kundenorientierung, Qualitätsmanagement (ja)	.70
Mitarbeiterführung	Thema: Mitarbeiterführung	-
Familienleistungen	Betriebliche Kindergärten, Kontaktprogramme während des Mutterschafts-/Erziehungsurlaubs, Mutterschafts-, Vaterschaftsurlaub (über gesetzliche Vorschriften hinaus)	.71

Tab. 2: Ausbaustand des Personalmanagements

5 Empirische Befunde

Die Berichterstattung der empirischen Ergebnisse gliedert sich in zwei Abschnitte. Wir teilen die Gruppe der abhängigen Variablen und betrachten zunächst die Teilstrategien des Personalmanagements in Abhängigkeit von den zuvor herausgearbeiteten Determinanten, insbesondere des Sektors und der Unternehmensstrategie. Im zweiten Abschnitt diskutieren wir die Wirkung dieser Größen auf die Instrumente des Personalmanagements.

Methodisch verwenden wir eine **multivariate Analysestrategie**. Im ersten Schritt setzen wir die Korrespondenzanalyse ein, die es ermöglicht, die Zusammenhänge zwischen einer Vielzahl kategorialer Variablen zu visualisieren. Diese Methode der Zusammenhangsanalyse besitzt neben der intuitiv verständlichen grafischen Darstellungsform der Ergebnisse den besonderen Vorteil, daß sie kaum Probleme mit gering besetzten Zellen mit sich bringt (vgl. Matiaske et al. 1994). Wir wollen auf eine prüfende Statistik jedoch nicht vollständig verzichten. Im Anschluß testen wir daher eine Teilmenge der aufgezeigten Beziehungen mittels der Diskriminanz- bzw. der Regressionsanalyse.

5.1 Determinanten des Personalmanagements und Personalstrategien

Die Korrespondenzanalyse (vgl. Abb.1) basiert auf den verketteten Kreuztabellen des Sektors in Kombination mit der Unternehmensstrategie einerseits und den personalwirtschaftlichen Teilstrategien andererseits. Die zusätzliche Variable Partizipation reflektiert, ob die Führungskräfte der Unternehmen bei der Einführung der Unternehmensstrategie aktiv beteiligt waren. Die Kontrollvariablen – Anzahl der Beschäftigten, relative Personalkosten, Fluktuationsrate, Organisationsgrad und Unternehmenserfolg – werden in der multiplen Analyse als supplementäre Kategorien berücksichtigt. Das heißt, sie bleiben ohne Einfluß auf das Ergebnis der Analyse und runden das Bild lediglich ab. Ihr eigenständiger Beitrag zur Erklärung der Personalstrategien wird in einer abschließenden Analyse zu klären sein. Anzumerken ist, daß alle metrischen bzw. quasi-metrischen Variablen am Mittelwert dichotomisiert werden. Die zweidimensionale Darstellung der Korrespondenzen bildet insgesamt rund 96 % der Varianz ab. Der weitaus größte Varianzanteil von 72 % entfällt dabei auf die erste Trägheitsachse oder, in faktorenanalytischer Terminologie, die erste Hauptkomponente, weshalb ihr bei Interpretation der Befunde entsprechend größere Bedeutung beizumessen ist. Faktoriell interpretiert, differenziert der erste Faktor zwischen privatwirtschaftlich verfaßten Unternehmen des sekundären und tertiären Sektors je nach Ausprägung der **zusätzlich berücksichtigten Variable Unternehmensstrategie**. Unternehmen, die über eine schriftlich verfaßte Unternehmensstrategie verfügen, sind im negativen Bereich der ersten Trägheitsachse positioniert, wohingegen Unternehmen ohne schriftlich fixierte strategische Orientierung im positiven Bereich liegen. Der Sektor hat demgegenüber untergeordnete Bedeutung, gleichwohl ist feststellbar, daß Dienstleistungsunternehmen geringfügig häufiger als Industrieunternehmen personalwirtschaftliche Teilstrategien ausformulieren.

Darstellung der 1. und 2. Trägheitsachse: **fett** sind die am stärksten mit dem 1. Faktor korrelierenden Indikatoren hervorgehoben, *kursiv* gesetzt die des 2. Faktors. Kreise kennzeichnen supplementäre Kategorien, Vektoren außerhalb der Darstellung liegende Punkte.

Abb. 1: Korrespondenzanalyse von Wirtschaftssektoren, Unternehmensstrategie und personalwirtschaftlichen Teilstrategien

Die zweite Achse korreliert dagegen mit den Organisationen des öffentlichen Bereichs, und zwar unabhängig von deren strategischer Ausrichtung. Die personalwirtschaftlichen Teilstrategien korrelieren – mit Ausnahme der Gleichstellungsstrategie – sämtlich mit dem ersten Faktor.

Betrachtet man die gemeinsame Verteilung der Variablen vom Zentrum der Darstellung ist festzuhalten, daß die personalwirtschaftlichen Teilstrategien ein kohärentes Muster aufweisen. *Unternehmensstrategisch orientierte Unternehmen entwickeln häufiger als andere Teilstrategien zur Personalauswahl und -entwicklung, fixieren Entgeltstrategien und legen Grundsätze zur Personalführung und Unternehmenskommunikation fest.* Ferner verfügen sie häufiger über Strategien für die Förderung und Entwicklung hochqualifizierter Kräfte. Der konträre Befund gilt für Unternehmen ohne strategische Ausrichtung und Organisationen des öffentlichen Bereichs. Diese zeichnen sich im Unterschied zu den übrigen dadurch aus, daß sie über Gleichstellungsgrundsätze verfügen.

Schriftliche Verfaßtheit einer Strategie bedeutet nicht, wie in der kritischen Würdigung der Diskussion um das strategische Management regelmäßig bemerkt wird, daß diese auch Wirksamkeit entfaltet. Dazu müßten Strategien kommuniziert und mit Leben gefüllt werden. Vor dem Hintergrund dieser Kritik könnte auch die Bedeutung des vorgelegten Befundes bezweifelt werden, da die gewählte Operationalisierung auf Schriftlichkeit abstellt. Schriftlichkeit ist jedoch eine Voraussetzung der Kommunizierbarkeit strategischer Grundsätze. Darüber hinaus ist bemerkenswert, *daß Unternehmen mit schriftlich verfaßten Strategien in der Regel auch ihre Führungskräfte bei der Ausarbeitung, zumindest aber bei der Implementation der Grundsätze beteiligten.*

Es ist also nicht die sektorale Zuordnung eines Unternehmens zum Bereich des produzierenden Gewerbes oder der Dienstleistungen, die für die Ausarbeitung personalwirtschaftlicher Strategien entscheidend ist, sondern vielmehr das **Vorhandensein einer korrespondierenden Unternehmensstrategie** (vgl. auch Weber/Kabst 1997).

Die Diskriminanzanalyse in Tabelle 2 stützt diesen zentralen Befund der Korrespondenzanalyse. Die Prozentzahlen im Tabellenkorpus zeigen die deutliche Differenz in der Häufigkeit des Einsatzes personalwirtschaftlicher Strategien zwischen Unternehmen mit bzw. ohne Verfaßtheit einer Unternehmensstrategie und den, in der grafischen Darstellung ebenfalls erkennbaren, geringfügigen Vorsprung der Dienstleistungsunternehmen in dieser Hinsicht. Die ausgewiesenen Signifikanzniveaus sollten, aufgrund der geringen Fallzahl öffentlicher Organisationen, nur zurückhaltend interpretiert werden.

		Mittelwerte						Signifikanz p	
	Insg.	2. Sektor		3. Sektor		4. Sektor			
		Unternehmensstrategie						bi-	multi-
Kurztext		ohne	mit	ohne	mit	ohne	mit	variat	variat
Entgelt	.64	.51	.71	.51	.75	.50	.56	0.0004	0.1491
PE	.64	.42	.73	.51	.81	.40	.77	0.0000	0.0003
Auswahl	.25	.14	.28	.10	.39	.20	.22	0.0001	0.5523
Kommunikation	.29	.13	.34	.22	.46	.10	.33	0.0000	0.0245
Gleichstellung	.14	.07	.14	.08	.18	.60	.67	0.0000	0.0000
Führung	.55	.35	.66	.27	.79	.20	.22	0.0000	0.0000
HiFli	.23	.16	.29	.16	.25	.10	.00	0.0151	0.1700
Partizipation	.88	.81	.90	.82	.94	.90	.89	0.0458	0.4647
n	493	119	216	51	88	10	9		

Wilks Λ = .66, p = .000
Mahalanobis D^2 = 228.83, p = .000
Korrekt klassifiziert 35, 7%

Tab. 3: Diskriminanzanalyse von Wirtschaftssektoren, Unternehmensstrategie und personalwirtschaftlichen Teilstrategien

Wie verhält es sich mit dem Einfluß der übrigen Determinanten auf den Ausbaustand der personalwirtschaftlichen Teilstrategien? Um deren Erklärungsbeitrag zu prüfen, verwenden wir das in Tabelle 4 wiedergegebene Regressionsmodell. Zielvariable des Modells ist der Differenzierungsgrad der personalwirtschaftlichen Teilstrategien insgesamt. Die Ausprägung dieses Indikators wird zurückgeführt auf die **Einflußgrößen** Sektor, Professionalisierung (Unternehmensstrategie), Größe, Personalkosten, Fluktuationsrate, Organisationsgrad und Unternehmenserfolg. Das Modell verzichtet wegen der problematischen Fallzahl auf den Einbezug der öffentlichen Organisationen.

Die in Tabelle 4 zusammengestellten Befunde unterstreichen die herausragende Bedeutung einer Unternehmensstrategie für den Differenzierungsgrad personalwirtschaftlicher Teilstrategien. Die Variable trägt mit 77 % den weit überwiegenden Teil zum Erklärungsbeitrag des gesamten Modells von etwa 30 % bei. Daneben spielen die Unternehmensgröße und der gewerkschaftliche Organisationsgrad eine untergeordnete Rolle. Der in der bivariaten Analyse feststellbare schwache Einfluß des Sektors (r = .09, Codierung 0 = 2. Sektor, 1 = 3. Sektor) verschwindet in der multiplen Analyse fast vollständig.

	bivariate Korrelation	Regressionskoeffizienten		Beitrag	Sign.
Kurztext	r	B	β	zu R^2	p
Konstante	-	1.87	-	-	-
Sektor*	.09	.03	.01	.01	.05
Professionalisierung*	.48	1.52	.47	.23	.00
Größe	.18	.00	.16	.03	.00
Personalkosten*	-0.05	-0.14	-0.04	.00	.94
Fluktuationsrate*	.06	.01	.06	.00	.49
Organisationsgrad*	-0.18	-0.48	-0.15	.03	.00
Unternehmenserfolg*	.12	.27	.08	.01	.05
N = 238					

$R^2 = 0.30$, adj. $R^2 = 0.28$, $p = 0.00$
* Dummy-Codierung

Tab. 4: Regressionsanalyse des Differenzierungsgrades personalwirtschaftlicher Strategien auf Determinanten des Personalmanagements

5.2 Determinanten des Personalmanagements und personalwirtschaftliche Instrumente

Bei der Analyse des zweiten Variablenbündels zur Operationalisierung des Ausbaustandes des Personalmanagements – dem Differenzierungsgrad des eingesetzten personalwirtschaftlichen Instrumentariums – verfahren wir in gleicher Weise wie im vorherigen Auswertungsschritt. Ausgangspunkt der Exploration ist eine Korrespondenzanalyse zwischen der sektoralen Zugehörigkeit der Unternehmen in Kombination mit dem Vorhandensein einer Unternehmensstrategie auf der einen und dem Differenzierungsgrad des Instrumentariums (Auswahlverfahren, Planung und Instrumente der Personalentwicklung, Arbeitserweiterungen, Familienleistungen) sowie der thematischen Indikatoren Kundenorientierung bzw. Personalführung und des Bildungsanteils auf der anderen Seite. Sämtliche metrischen und quasi-metrischen Variablen werden wiederum am Mittelwert dichotomisiert. Im Anschluß an die Darstellung der Korrespondenzanalyse stellen wir die Befunde der diskriminanzanalytischen Betrachtungsweise vor und klären abschließend den Einfluss der übrigen Determinanten mittels der Regression.

Der in Abbildung 2 wiedergegebene Bi-Plot bindet rund 90 % der gesamten Varianz. Der größere Teil von etwa 59 % entfällt dabei auf die erste Trägheitsachse, die in der Interpretation entsprechend stärker zu gewichten ist. Wir berücksichtigen auch in dieser Analyse eine Reihe supplementärer Zeilen – neben Unternehmensgröße, Personalkosten, Fluktuationsrate, Organisationsgrad und wirtschaftlichem Erfolg auch die zuvor analysierten Variablen Differenzierungsgrad der personalwirtschaftlichen Strategien insgesamt und die Partizipation der Führungskräfte –, die in der Berechnung der gesamten Variation unberücksichtigt bleiben.

Betrachten wir zunächst die Position der Sektoren. Im Unterschied zur vorhergehenden Korrespondenzanalyse differenziert die erste Trägheitsachse nun deutlicher zwischen produzierenden und dienstleistenden Unternehmen. Im positiven Bereich sind **Industrieunternehmen ohne Unternehmensstrategie** lokalisiert. Dienstleistungsunternehmen, die über eine Unternehmensstrategie verfügen, finden sich hingegen im negativen Bereich dieser Achse. **Dienstleister ohne Unternehmensstrategie** sind nahe des Schwerpunkts abgebildet. Diese Kategorie korreliert zwar mit der zweiten Hauptachse, ihre Variation kann jedoch innerhalb einer zweifaktoriellen Darstellung nur relativ schlecht aufgeklärt werden. Der zweite Faktor differenziert vielmehr zwischen öffentlichen Unternehmen einerseits und Industrieunternehmen mit einer Unternehmensstrategie andererseits. Das Triple der strategisch ausgerichteten Dienstleistungs- und Industrieunternehmen sowie der Unternehmen des produzierenden Gewerbes ohne Unternehmensstrategie ist für die Differenzierung der personalwirtschaftlichen Instrumente von besonderem Interesse.

Bei der Unterscheidung des personalwirtschaftlichen Instrumentariums entlang der ersten Hauptachse ist festzuhalten, daß *Unternehmen des tertiären Sektors, die über eine Unternehmensstrategie verfügen, vielfältigere Instrumente bei der Personalauswahl einsetzen und mehr Instrumente zur Planung sowie Durchführung der Personalentwicklung nutzen.* Darüber hinaus ist für diese Gruppe von Unternehmen festzuhalten, daß Mitarbeiterführung ein vergleichsweise wichtiges Thema der Personalentwicklung ist und daß in Personalentwicklungsmaßnahmen mehr Mitarbeiter einbezogen werden. Bezugspunkt des Vergleichs sind produzierende Unternehmen ohne Unternehmensstrategie. Das Einsatzspektrum personalwirtschaftlicher Instrumente ist erheblich eingeschränkter, der Anteil der Mitarbeiter in Personalentwicklungsmaßnahmen geringer und Personalführung kein wichtiges Thema. Strategisch orientierte Industrieunternehmen nehmen ebenso wie die übrigen Dienstleistungsunternehmen bezüglich dieser Aufgabenfelder eine mittlere Position ein. Die supplementäre Kategorie des Differenzierungsgrades personalwirtschaftlicher Teilstrategien ergänzt das Bild und schließt an die Interpretation der ersten Korrespondenzanalyse an. Ein **hoher Differenzierungsgrad personalwirtschaftlicher Teilstrategien** korrespondiert mit der Kategorie **strategisch orientierter Dienstleistungsunternehmen**, wohingegen Industrieunternehmen ohne schriftliche Strategie diesbezüglich einen geringen Differenzierungsgrad aufweisen.

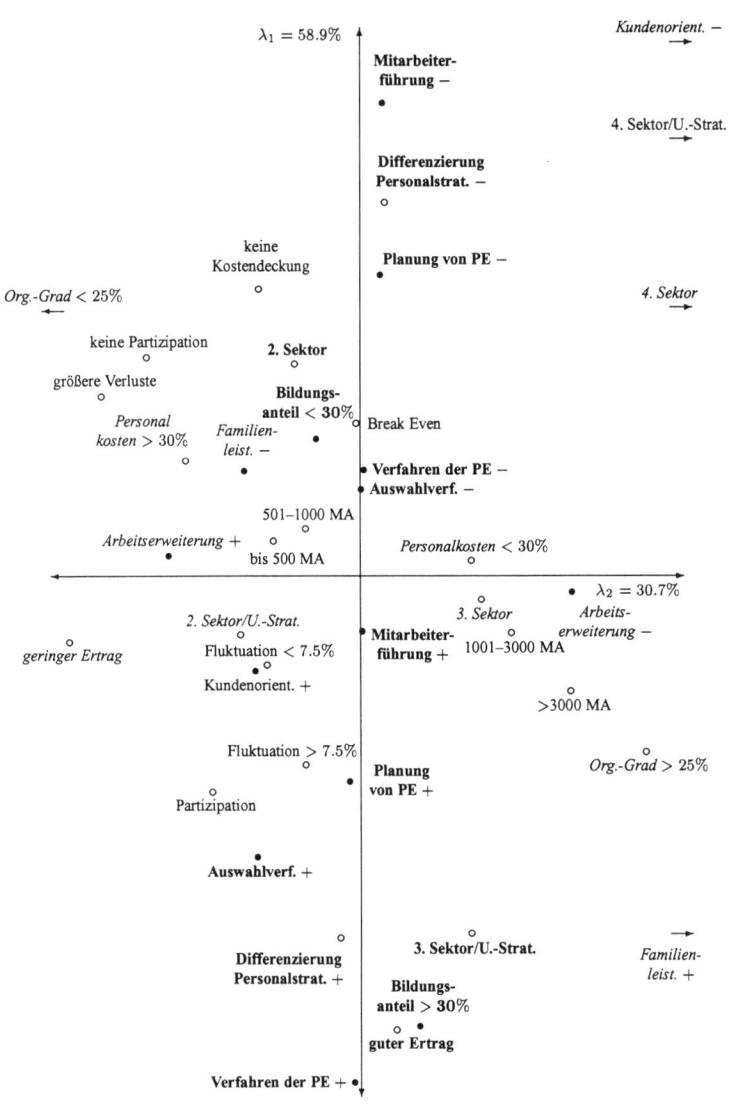

Abb. 2: Korrespondenzanalyse von Wirtschaftssektoren, Unternehmensstrategie und personalwirtschaftlichen Instrumenten

Daß sich strategisch orientierte Dienstleistungs- und Industrieunternehmen in dieser Analyse stärker unterscheiden als in bezug auf das Indikatorenbündel personalwirtschaftlicher Teilstrategien, ist vor allem auf den unterschiedlichen Einsatz von Maßnahmen der Arbeitserweiterung zurückzuführen. Vielfältigere Aufgabenzuschnitte für verschiedene Mitarbeitgruppen sind ein Charakteristikum industrieller Unternehmen. Die zweite Hauptachse unterscheidet ferner zwischen der Gewährung von Familienleistungen durch den Arbeitgeber; ein Leistungsbündel, das in Industrieunternehmen nahezu unberücksichtigt bleibt.

Für **öffentliche Unternehmen**, die auch in dieser Analyse eine Außenseiterrolle einnehmen, ist typisch, daß der Differenzierungsgrad des personalwirtschaftlichen Instrumentariums vergleichsweise gering ist und die spezielle Thematik Kundenorientierung eine untergeordnete Rolle spielt. Von den supplementären Kategorien ist mit Blick auf den zweiten Faktor lediglich der Organisationsgrad der Belegschaft bemerkenswert, der im sekundären Sektor tendenziell höher liegt.

Kurztext	Insg.	2. Sektor	3. Sektor		4. Sektor		Signifikanz p	
			Unternehmensstrategie				bi-	multi-
		ohne	mit	ohne	mit	ohne	mit	variat	variat
Auswahlverfahren	2.10	1.99	2.08	2.10	2.18	1.69	2.00	0.1426	0.6567
Planung von PE	2.03	1.39	2.43	1.68	2.82	1.92	1.50	0.0000	0.0009
Verfahren der PE	.66	.50	.69	.63	1.05	.23	.25	0.0163	0.6561
Arbeitserweiterung	1.55	1.51	1.77	1.53	1.27	1.15	1.50	0.1234	0.0460
Bildungsanteil	27.75	21.68	27.85	30.85	40.48	16.82	14.75	0.0003	0.0283
Kundenorientierung	2.39	2.41	2.54	2.08	2.73	1.23	2.00	0.0000	0.0000
Mitarbeiterführung	.88	.81	.91	.90	1.00	.69	.50	0.0007	0.0890
Familienleistungen	.38	.27	.25	.55	.64	.46	.75	0.0588	0.2495
n	276	82	93	40	44	13	4		
Wilks Λ = .64, p = .000 Mahalanobis D^2 = 129,67, p = .000 Korrekt klassifiziert 35,1 %									

Tab. 5: Diskriminanzanalyse von Wirtschaftssektoren, Unternehmensstrategie und personalwirtschaftlichen Instrumenten

Der numerische Vergleich der Mittelwerte in Tabelle 5 unterstreicht diese Aussagen. Mit Blick auf die ausgewiesenen Signifikanzniveaus sind die diskutierten sektoralen Differenzierungen abzuschwächen. Das diskriminanzanalytische Modell ist zwar insgesamt signifikant, die Unterschiede zwischen den einzelnen Maßnahmenbündeln jedoch nicht in jedem Fall. Die multivariate Betrachtung verdeutlicht, daß Unterschiede vor allem hinsichtlich der Planung von Personalentwicklungsmaßnahmen und – zurückzuführen auf die Besonderheiten öffentlicher Organisationen – bezüglich des Themas Kundenorientierung zu verzeichnen sind.

Das Regressionsmodell auf die ausgewählten Determinanten des Personalmanagements zeigt, daß der **Differenzierungsgrad** personalwirtschaftlicher Instrumente insgesamt **nicht sonderlich gut erklärt werden kann** (vgl. Tab. 6). Mit Ausnahme der Professionalisierung und der damit korrespondierenden Unternehmensgröße sind keine signifikanten Determinanten zu berichten. Bemerkenswert ist, daß der Sektor keinen Einfluß auf den globalen Differenzierungsgrad der personalwirtschaftlichen Instrumente hat.

Kurztext	bivariate Korrelation	Regressionskoeffizienten		Beitrag	Sign.
	r	B	β	zu R^2	p
Konstante	-	3.51	-	-	-
Sektor*	.02	.00	.00	.00	.99
Professionalisierung*	.20	.52	.20	.04	.02
Größe	.25	.00	.23	.05	.00
Personalkosten*	.01	-0.03	-0.01	.00	.91
Fluktuationsrate*	-0.00	-0.00	-0.00	.00	.98
Organisationsgrad*	-0.12	-0.27	-0.10	.01	.26
Unternehmenserfolg*	.02	-0.06	-0.02	.00	.79
n = 141					

$R^2 = 0.11$, adj. $R^2 = 0.06$, p = 0.03
* Dummy-Codierung

Tab. 6: Regressionsanalyse des Differenzierungsgrades personalwirtschaftlicher Instrumente auf Determinanten des Personalmanagements

6 Resümee

Die Dienstleistungsgesellschaft ist in der Bundesrepublik weitestgehend nicht mehr Zukunftsentwurf, sondern Realität. Dies war Anlaß dieses Beitrages und ist Grund genug für die Personalforschung, dem Phänomen Dienstleistungen die ihm zustehende Aufmerksamkeit zu widmen.

Unsere empirischen Analysen auf Basis des Cranfield Projektes 1995 zeigen jedoch, daß die **Variable „Sektor" nur geringen Erklärungsgehalt** für den Ausbaustand des Personalwesens hat. Weder hinsichtlich der Differenzierung personalwirtschaftlicher Teilstrategien noch hinsichtlich des Differierungsgrades des personalwirtschaftlichen Instrumentariums zur Auswahl, Entwicklung oder zu den Sozialleistungen weist der Wirtschaftssektor einen nennenswerten Einfluß auf. Einschränkend ist anzumerken, daß feinere Indikatoren und genauere Operationalisierungen der abhängigen Variablen möglicherweise zu deutlicheren Ergebnissen führen können. Diese standen im Rahmen unserer Sekundäranalyse nicht zur Verfügung. Wir vermuten jedoch, daß dieses Resultat auf die Operationalisierung der unabhängigen Variable zurückzuführen ist.

Wie im Rahmen unserer theoretischen Argumentation gezeigt, sind die erwarteten Auswirkungen dienstleistender Arbeit im Unternehmen auf das Personalmanagement weniger vom Sektor als vielmehr von Charakteristika der Tätigkeit abhängig. Dienstleistende Tätigkeiten werden aber nicht nur in Dienstleistungsunternehmen erbracht. Mit Blick auf die Personalforschung bedeutet dieses Ergebnis, daß es spezialisierterer Datensätze bedarf, um den Zusammenhang von Tätigkeiten und Anforderungen bzw. Ausprägungen des Personalmanagements zu klären. Diese Datensätze müßten Daten sowohl auf Ebene des Arbeitsplatzes als auch auf Ebene des Unternehmens, insbesondere des Personalmanagements, enthalten.

7 Literatur

Albach, H. (1989): Dienstleistungsunternehmen in Deutschland, in: Zeitschrift für Betriebswirtschaft, 59. Jg. (1989), S. 397-421.

Baethge, M./Oberbeck, H. (1986): Zukunft der Angestellten, Frankfurt am Main, New York.

Bell, D. (1975): Die nachindustrielle Gesellschaft, Frankfurt am Main, New York.

Bruhn, M. (1998): Internes Marketing als neue Schwerpunktsetzung für das Personalmanagement in Dienstleistungsunternehmen, in: Bruhn, M./Meffert, H. (Hrsg.): Handbuch Dienstleistungsmanagement. Von der strategischen Konzeption zur praktischen Umsetzung, Wiesbaden, S. 707-732.

Coleman, J.S. (1988): Social capital in the creation of human capital, in: American Journal of Sociology, 94 Suppl. (1988), S. 95-120.

Cornetz, W./Schäfer, H. (1998): Hat Deutschland den Dienstleistungsrückstand gegenüber den USA aufgeholt? In: Wirtschaftsdienst, 78. Jg. (1998), S. 418-425.

Engelhardt, W.H./Kleinaltenkamp, M./Reckenfelderbäumer, M. (1993): Leistungsbündel als Absatzobjekte. Ein Ansatz zur Überwindung der Dichotomie von Sach- und Dienstleistungen, in: Zeitschrift für betriebswirtschaftliche Forschung, 45. Jg. (1993), S. 395-426.

Engelhardt, W.H./Schnittka, M. (1998): Entwicklungstendenzen des Dienstleistungsmanagements aus Sicht der Wissenschaft, in: Bruhn, M./Meffert, H. (Hrsg.): Handbuch Dienstleistungsmanagement. Von der strategischen Konzeption zur praktischen Umsetzung, Wiesbaden, S. 915-932.

Fisher, A.G.B. (1952): A note on tertiary production, in: Economic Journal, Vol. 62 (1952), S. 820-834.

Fourastié, J. (1954): Die große Hoffnung des zwanzigsten Jahrhunderts, Köln-Deutz.

Gooderham, P./Nordhaug, O./Ringdal, K. (1998): When in Rome, do they do as the romans? HRM practices of US subsidiaries in Europe, in: Weber, W. (Hrsg.): Cross-cultural and comparative international human resource management, Wiesbaden, S. 47-64.

Grant, R.M. (1996): Toward a knowledge-based theory of the firm, in: Strategic Management Journal, Vol. 17 (1996), pp. 109-122.

Haisken-De New, J./Horn, G.A./Schupp, J./Wagner, G. (1998): Das Dienstleistungs-Puzzle: Ein aktualisierter deutsch-amerikanischer Vergleich, DIW-Wochenbericht 1998, Nr. 35.

Hentschel, B. (1992): Dienstleistungsqualität aus Kundensicht, Wiesbaden.

Hentze, J. (1995): Personalwirtschaftslehre 2, 6. Aufl., Bern/Stuttgart/Wien.

Hüther, M. (1997): Potentiale für Dienstleistungsmärkte, in: Bullinger, H.-J. (Hrsg.): Dienstleistungen für das 21. Jahrhundert, Stuttgart, S. 191-200.

Kleinaltenkamp, M. (1998): Begriffsabgrenzungen und Erscheinungsformen von Dienstleistungen, in: Bruhn, M./Meffert, H. (Hrsg.): Handbuch Dienstleistungsmanagement. Von der strategischen Konzeption zur praktischen Umsetzung, Wiesbaden, S. 29-52.

Klodt, H./Maurer, R./Schimmelpfennig, A. (1997): Tertiarisierung der deutschen Wirtschaft, Tübingen.

Marr, R. (1987): Strategisches Personalmanagement – Des Kaisers neue Kleider? In: Lattmann, C. (Hrsg.): Personalmanagement und strategische Unternehmensführung, Heidelberg, S. 13-23.

Martin, A./Düll, H. (2000): Betriebliche Weiterbildung und Arbeitsmarktsituation, in: Matiaske, W./Mellewigt, T./Stein, F.A. (Hrsg.): Empirische Organisations- und Entscheidungsforschung, Heidelberg, S. 81-121.

Matiaske, W. (1992): Wertorientierungen und Führungsstil, Frankfurt am Main u.a.

Matiaske, W. (1998): Zur Integration von Tausch- und Machttheorie, in: Berthel, J. (Hrsg.): Unternehmen im Wandel. Konsequenzen für und Unterstützung durch die Personalwirtschaft, München/Mering, S. 45-82.

Matiaske, W./Dobrov, I./Bronner, R. (1994): Anwendung der Korrespondenzanalyse in der Imageforschung. Dargestellt am Beispiel eines Segmentes des Automobilmarktes, in: Marketing-ZFP, 16. Jg. (1994), S. 42-54.

Meffert, H./Bruhn, M. (1997): Dienstleistungsmarketing. Grundlagen, Konzepte, Methoden, 2. Aufl., Wiesbaden.

Nelson, P. (1970): Information and consumer behavior, in: Journal of Political Economy, Vol. 78 (1970), S. 311-329.

Nienhüser, W. (1998): Macht bestimmt die Personalpolitik! Erklärung der betrieblichen Arbeitsbeziehungen aus macht- und austauschtheoretischer Perspektive, in: Martin, A./Nienhüser, W. (Hrsg.): Personalpolitik. Wissenschaftliche Erklärungen der Personalpolitik, München/Mering, S. 158-167.

Pfeffer, J./Salancik, G.R. (1978): The External Control of Organizations: A Resource Dependence Perspective, New York.

Statistisches Bundesamt (1999): Statistisches Jahrbuch 1999, Stuttgart.

Touraine, A. (1972): Die postindustrielle Gesellschaft, Frankfurt am Main.

Türk, K. (1981): Personalführung und soziale Kontrolle, Stuttgart.

Weber, W./Kabst, R. (1996): Personalwesen im europäischen Vergleich, Ergebnisbericht 1995, Paderborn.

Weber, W./Kabst, R. (1997): Personalwirtschaftliche Strategien im europäischen Vergleich: Eine Analyse organisations- und länderspezifischer Prädiktoren, in: Klimecki, R./Remer, A. (Hrsg.): Personal als Strategie, Neuwied et al., S. 20-45.

Weber, W./Mayrhofer, W./Nienhüser, W. (1993): Grundbegriffe der Personalwirtschaft, Stuttgart.

Williamson, O.E. (1984): Efficient labour organization, in: Stephen, F.H. (Ed.): Firms, Organization and Labour. Approaches to the economics of work Organization, London, S. 87-146.

Wolfe, M. (1955): The concept of economic sectors, in: The Quarterly Journal of Economics, Vol. 69 (1955), No. 2, pp. 402-420.

Wächter, H. (1992): Vom Personalwesen zum Strategic Human Resource Management – ein Zustandsbericht anhand der neuen Literatur, in: Staehle, W.H./Conrad, P. (Hrsg.): Managementforschung 2, Berlin/New York, S. 313-340.

Wächter, H. (1987): Professionalisierung im Personalbereich, in: Die Betriebswirtschaft, 47. Jg. (1987), S. 141-150.

- Teil II -
Innerbetriebliche Organisation

Kernkompetenzen und Organisation -
Konsequenzen für Organisationsgestaltung und Organisationsarbeit

Klaus Tragsdorf

Übersicht:

1	Die Mehrdeutigkeit des Kompetenzbegriffes	182
2	Organisationsgestaltung bei Ausrichtung des Unternehmens auf Kernkompetenzen	185
2.1	Die Gestaltung von Aufbaustrukturen	185
2.2	Die Gestaltung von Prozeßstrukturen	189
3	Kernkompetenzen von Organisatoren und Organisationsbereichen	191
4	Literatur	195

1 Die Mehrdeutigkeit des Kompetenzbegriffes

Veränderungen in Unternehmen sind häufig mit einer strategischen Neuausrichtung und einer Restrukturierung verbunden. Geht man von einem wechselseitigen Zusammenhang von Strategie und Organisation aus, so muß die Anwendung theoretischer Erkenntnisse der Strategieforschung Auswirkungen auf Organisationsgestaltung und Organisationsarbeit in den Unternehmen haben. Das betrifft beispielsweise die Berücksichtigung der strategischen „Resource-based-view" für die Unternehmensentwicklung, die auf einen Aufbau und Ausbau unternehmensspezifischer Stärken zur Erringung von Wettbewerbsvorteilen durch die Entwicklung und Nutzung von Kernkompetenzen gerichtet ist.

Die Betrachtung des Zusammenhangs von Kompetenzstrategien und Organisation erfordert die Charakterisierung des Kompetenzbegriffes. **Kompetenz** steht in der Betriebswirtschaftslehre, speziell in der Organisationslehre und Personalwirtschaftslehre, traditionell personenbezogen für Sachverstand oder Zuständigkeit und in der Strategielehre unternehmensbezogen für eine bestimmte Aggregation von Ressourcen.

Im Zusammenhang mit **Sachverstand** bezeichnet Kompetenz die Fähigkeit der Mitarbeiter, anforderungsgerecht, zielgerichtet, situationsbedingt und verantwortungsbewußt Aufgaben im Unternehmen zu erfüllen. Diese personenbezogene Kompetenz beruht auf einer Bündelung persönlicher Fähigkeiten, die als Fachkompetenz, Sozialkompetenz oder Methodenkompetenz gruppiert und summarisch als Handlungskompetenz bezeichnet wird. Durch Bündelung von Führungsfähigkeiten (z.B. Motivieren, Kommunizieren oder Organisieren) erfährt die Handlungskompetenz beispielsweise eine spezielle Ausprägung als Führungskompetenz.

Im Zusammenhang mit **Zuständigkeit** ist Kompetenz die Befugnis, Maßnahmen zur Erfüllung von Aufgaben zu ergreifen. Die Festlegung von Zuständigkeiten erfordert die Regelung von individueller Entscheidungskompetenz, Verfügungskompetenz, Weisungskompetenz und Vertretungskompetenz als Element eines Systems „aufsteigender Regelungskompetenz" (vgl. von der Oelsnitz 2000, 98) im Unternehmen. Zwischen dieser organisatorisch begründeten Führungskompetenz und der arbeitsrechtlichen Führungskompetenz des Arbeitgebers (vgl. Kramer 1995, 1168) und seiner Beauftragten besteht insofern ein enger Zusammenhang, als der individuellen Weisung eine besondere Bedeutung für die Aktivierung der arbeitsrechtlichen Führungskompetenz zukommt.

Neuere theoretische Arbeiten zum strategischen Management basieren auf einer „Resource-based-View of Strategy" und führen den Begriff Kernkompetenz ein. In der Literatur werden **Ressourcen** unterschiedlich weit charakterisiert. Sehr allgemein ist die

Charakteristik der Ressourcen durch die Elemente Arbeit, Kapital, Ideen, Rohstoffe usw. (vgl. Hinterhuber 1996, 1). Von Osterloh/Frost wird folgende, wesentlich präzisere Übersicht gegeben.

	Physisch greifbare Ressourcen	Physisch nicht-greifbare Ressourcen
handelbare Ressourcen	■ maschinelle Ausstattung ■ Personalausstattung ■ Standard Software	■ Lizenzen ■ individuelles Expertenwissen
nicht-handelbare Ressourcen	■ selbsterstellte Anlagen ■ selbstprogrammierte Software	■ Unternehmenskultur ■ einzigartige Stakeholderbeziehungen ■ unternehmensspezifische Ausbildung ■ implizites Wissen

Abb. 1: Eigenschaften von Ressourcen
(Osterloh/Frost 1996, 151)

Aus organisatorischer Sicht ist die Auffassung von Thiele interessant, der ausgehend von der Gliederung von Grant (Abb. 2) die Aussage formuliert, daß die Aggregation mehrerer Ressourcen zu unternehmensspezifischen Fähigkeiten den Mittelpunkt des Konzeptes der (Kern-)Kompetenzen darstellt. Das heißt, erst die geeignete Zusammenführung mehrerer Ressourcen zu einer in ihrer Konstellation einzigartigen Fähigkeit des Unternehmens ist die Quelle ressourcenbedingter Wettbewerbsvorteile (vgl. Thiele 1997, 45).

Der Kompetenzbegriff wird in der **Strategielehre** auf das Unternehmen als Ganzes bezogen und nicht, wie in der Organisations- oder Personalwirtschaftslehre, auf Personen. Die „**Resource-based-View**" orientiert die Unternehmen darauf, unternehmensspezifische Stärken zielstrebig auszubauen. Strategische Wettbewerbsvorteile eines Unternehmens werden danach primär durch ein gezieltes Ressourcenmanagement, das auf die Ausnutzung bzw. Herausbildung von Kernkompetenzen gerichtet ist, begründet. Dazu gehören auch Fähigkeiten und Kompetenzen der Ressource Mensch.

184 Kernkompetenzen und Organisation

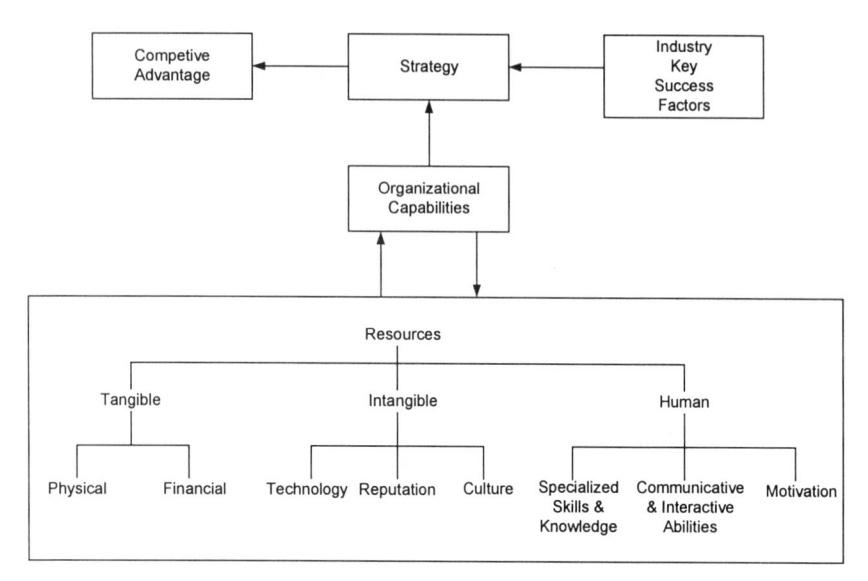

```
                  Competive          Strategy          Industry
                  Advantage    ←                 ←    Key Success
                                                      Factors
                                        ↑
                                  Organizational
                                   Capabilities
                              ↑         ↑         ↑
                                    Resources
                      ┌─────────────┼─────────────┐
                   Tangible      Intangible       Human
                   ┌───┴───┐    ┌────┴────┐    ┌────┴────┬────────┐
                Physical Financial Technology Reputation Culture Specialized Communicative Motivation
                                                              Skills &    & Interactive
                                                              Knowledge    Abilities
```

Abb. 2: Ressourceneinteilung, Fähigkeiten und Wettbewerbsvorteile:
die grundlegenden Beziehungen nach Grant
(Thiele 1997, 43)

Kernkompetenz steht für eine bestimmte Qualität unternehmensbezogener Ressourcen, bei denen Fähigkeiten (assets, capabilities, skills) eine besondere Bedeutung zukommt. Damit eine Kompetenz die Qualität Kernkompetenz erreicht, muß sie einige Anforderungen erfüllen (vgl. Prahalad/Hamel 1991, 71; Krüger/Homp 1997, 28; Steinmann/Schreyögg 1997, 218f.; Thiele 1997, 69f.). Danach muß eine Kernkompetenz

- von entscheidender Bedeutung für das Überleben des Unternehmens sein;
- unsichtbar für den Wettbewerber sein;
- schwer zu imitieren sein;
- eine Mischung verschiedener Ressourcen darstellen;
- eine dauerhafte Fähigkeit für das Unternehmen darstellen;
- mehr sein als die Kompetenz eines einzelnen Mitarbeiters;
- von ausschlaggebender Bedeutung für die Entwicklung marktfähiger Produkte sein;
- als Grundlage strategischer Entscheidung dienen;
- selten sein.

In dem Begriff Fähigkeiten treffen sich der Strategieansatz und der betriebswirtschaftliche Ansatz. Es erscheint deshalb zulässig, den Begriff Kernkompetenz nicht nur für die Kennzeichnung einer bestimmten Qualität unternehmensbezogener Fähigkeiten, sondern auch personenbezogener Fähigkeiten zu nutzen. Verfügt ein Mitarbeiter über Fähigkeiten, die ihn von anderen Mitarbeitern dahingehend unterscheiden, daß er eine Aufgabe schneller, umfassender und mit geringerem Aufwand bearbeiten und effizienter lösen kann, so ist es angemessen, von einer persönlichen Kernkompetenz auszugehen.

2 Organisationsgestaltung bei Ausrichtung des Unternehmens auf Kernkompetenzen

Bei einer strategischen Neuausrichtung des Unternehmens ist die Überprüfung der Organisationsstrukturen notwendig. Das betrifft Aufbaustrukturen und Prozeßstrukturen. Es stellt sich dabei die Frage, „ob im Rahmen einer Restrukturierung zunächst die Aufbaustruktur verändert werden soll und anschließend die Auseinandersetzung mit den Prozessen erfolgt, oder ob die Prozesse den Ausgangspunkt für Änderungen der Aufbaustruktur bilden. Es zeigt sich, daß eine eindeutige Tendenz nicht erkennbar ist" (Arbeitskreis 1996, 639). Insofern müssen die Ergebnisse einer Situationsanalyse entscheiden, welche Gestaltungsrichtung in den Vordergrund zu stellen ist. In jedem Fall muß eine prozeßorientierte Organisationsgestaltung gesichert, das heißt, es müssen Prozesse von Anfang an stärker in die Überlegungen einbezogen werden (vgl. Theuvsen 1996, 81).

2.1 Die Gestaltung von Aufbaustrukturen

Die strategische Ausrichtung auf Kernkompetenzen ist häufig mit einer Restrukturierung des Unternehmens verbunden. Die zielgerichtete Bündelung von Ressourcen zwingt das Unternehmen zu unterstützenden aufbauorganisatorischen Maßnahmen. Eine besondere Bedeutung hat die **Überprüfung geregelter Zuständigkeiten** für die Ressourcenentwicklung aus dem Blickwinkel der Entwicklung von Kernkompetenzen, die die Herstellung wettbewerbsfähiger Produkte oder Dienstleistungen ermöglichen. Prahalad/Hamel (1991) stellen fest, daß die wahren Quellen eines strategischen Vorteils in der Fähigkeit des **Managements** liegen, Technologien und Produktfertigkeiten konzernweit zu Kompetenzen zu bündeln. Dadurch werden die Geschäftseinheiten stark genug, um auf sich bietende Chancen rasch zu reagieren. Diesen grundlegenden Zusammenhang zeigt Abbildung 3. Zugleich muß gewährleistet werden, daß beim Auslagern von Aufgabenbereichen und Aktivitäten aus den Unternehmen durch Outsourcing keine Kernkompetenzen ausgehöhlt werden.

186 Kernkompetenzen und Organisation

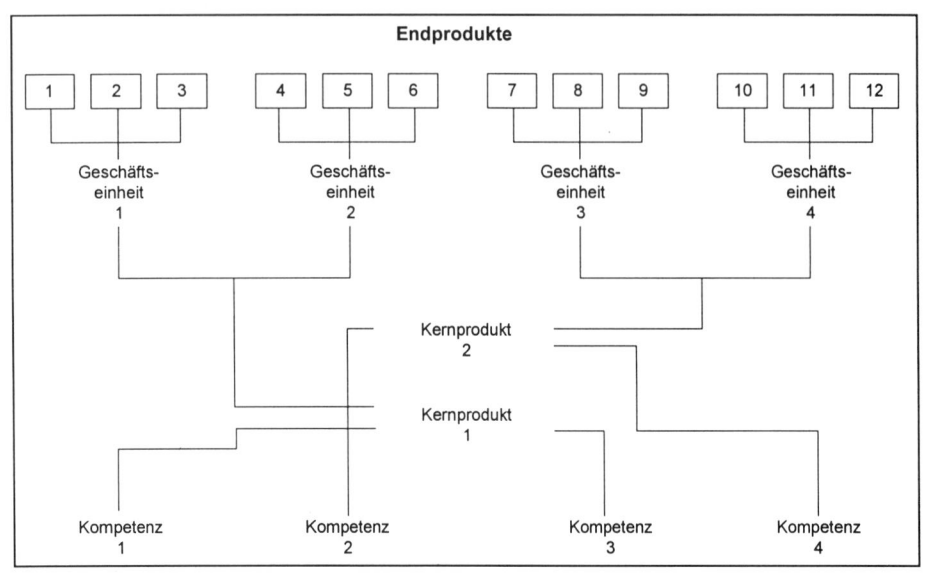

Abb. 3: Kompetenzen – die Wurzeln der Wettbewerbsfähigkeit
(Prahalad/Hamel 1991, 68)

Für die praktische Umsetzung einer **organisatorischen Zusammenfassung von Kernkompetenzen** innerhalb des Unternehmens und über Unternehmensgrenzen hinweg diskutiert Thiele folgende **Möglichkeiten** (Thiele 1997, 159ff.):

a) **Kernkompetenzorientierte Neugestaltung von Primärstrukturen**
   Die traditionellen Strukturierungsmerkmale von Geschäftsbereichen (Sparten, Divisionen) sind Objekte, und zwar Produkte (Produktgruppen), Kunden (Kundengruppen) oder Regionen. Dabei sind vor allem marktorientierte strategische Konzeptionen Ausgangspunkt der Überlegungen. Als theoretisches Konstrukt wären als ein weiteres Gliederungsmerkmal Kernkompetenzen denkbar. Thiele weist darauf hin, daß eine alternative Gliederung der Geschäftsbereiche nach Kernkompetenzen insofern problematisch ist, als die Gefahr des Verlustes einer marktnahen Tätigkeit besteht. Er plädiert deshalb für eine ergänzende Berücksichtigung der Kernkompetenzen in der Organisationsstruktur (vgl. Thiele 1997, 162ff.).

b) **Strategiegerechte Gestaltung von Sekundärstrukturen im Unternehmen**
   Neben der Bildung von Geschäftsbereichen in der Primärstruktur besteht die Möglichkeit, daß die Integration von strategischen Geschäftseinheiten (auch als strategische Geschäftsfelder bezeichnet) komplementär zur bestehenden formalen Organi-

Kernkompetenzen und Organisation 187

sationsstruktur erfolgt und damit als Element einer dualen Organisation eine Sekundärstruktur entsteht (vgl. Hentze 1985, 77). Diesen Ansatz greift Thiele auf und diskutiert die Möglichkeit der Bildung strategischer Kompetenzeinheiten (Abbildung 4), die die Basis für die weitere strategische Unternehmensplanung bilden (vgl. Thiele 1997, 193ff.).

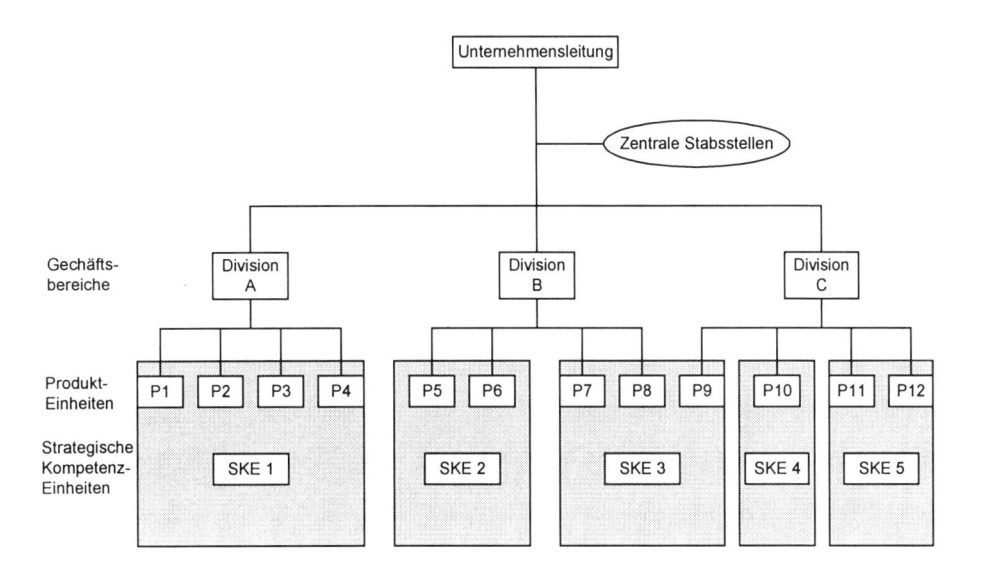

Abb. 4: Strategische Kompetenzeinheiten als Sekundärorganisation im divisional gegliederten Unternehmen
(Thiele 1997, 194)

c) **Einrichtung von Centers of Competence**
Eine weitere Möglichkeit der Bündelung von Kernkompetenzen ist die Bildung von Centers of Competence. Hier wird einmal der Gedanke der Bündelung und Zuordnung von speziellen Kernkompetenzen zu einem Geschäftsbereich, der dann eine Dienstleistungsfunktion im Unternehmen wahrnimmt, verfolgt (vgl. Thiele 1997, 200ff.). Zum anderen kann auf das Konzept der Bildung von Zentralbereichen (Zentraleinheiten) in divisionalisierten Unternehmen zurückgegriffen werden. Die mit unterschiedlichen Zuständigkeiten (Kompetenzen) ausgestatteten Zentralbereiche (Frese 1998, 465) bieten ebenfalls die Möglichkeit, Kernkompetenzen zu bündeln und organisatorisch in das Unternehmen einzuordnen.

188 Kernkompetenzen und Organisation

d) **Der Aufbau kernkompetenzorientierter Netzwerke**
In Theorie und Praxis werden zunehmend Netzwerkstrukturen beschrieben oder beispielhaft vorgestellt. Sie werden als Strategische Allianzen, Strategische Netzwerke, Virtuelle Unternehmen oder Joint Ventures realisiert. Derartige Netzwerkstrukturen können Basis für die Bündelung und Zuordnung von Kernkompetenzen sein.

(1) Joint-Venture mit dem amerikanischen Unternehmen Selectron-Leiterplattenfertigung und -bestückung (Auslagerung)
(2) Strategische Allianz für Blechbearbeitung und Gehäuseherstellung (Auslagerung)
(3) Joint-Venture als Neugründung LGI-Lagerlogistik für das Produktionsmaterial einschließlich der Versorgung der Produktionslinien
(4) Kooperationsvereinbarung mit Kühne & Nagel-Distributionlogistik

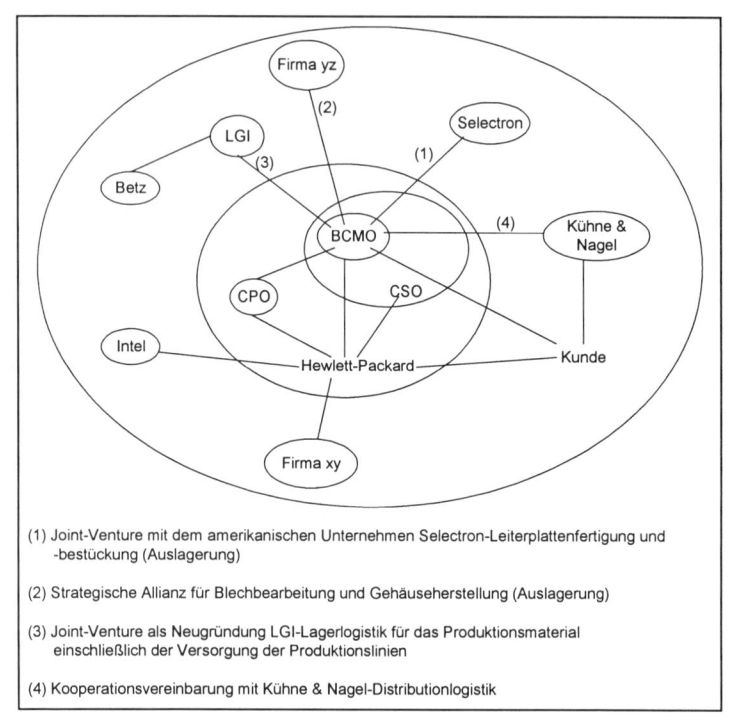

Abb. 5: Teile des kernkompetenzorientierten Netzwerkes
der Böblingen Computer Manufacturing Operation
(Thiele 1997, 242f.)

Thiele diskutiert verschiedene Realisierungsformen der Netzwerkorganisation für das Kernkompetenzmanagement im Unternehmen und zwischen Kooperationspartnern und demonstriert am Beispiel der Böblinger Computer Manufacturing Operation (ein Unternehmen der Hewlett-Packard Company) Teile eines praktisch realisierten kernkompetenzorientierten Netzwerkes (Abbildung 5).

2.2 Die Gestaltung von Prozeßstrukturen

Die rationelle Gestaltung von Abläufen in Unternehmen ist eine klassische und eigenständige Organisationsaufgabe im Unternehmen. Aus der Sicht der Kernkompetenzen sind besonders zwei Organisationsaufgaben bedeutsam, die Gestaltung von Geschäftsprozessen und von Kernprozessen. Das Konzept der Geschäftsprozeßorganisation (Prozeßorganisation, Prozeßmanagement) geht davon aus, daß nicht nur eine funktionierende Unternehmenshierarchie Erfolgsfaktor ist, sondern daß die Unternehmensziele Zeit, Kosten, Qualität und Kundenorientierung auch einen optimalen Prozeßverlauf entlang der Wertschöpfungskette erfordern. Ein **Geschäftsprozeß** kann als eine Folge von logisch untereinander verknüpften, wertschöpfenden Aktivitäten (Tätigkeiten/Verrichtungen) verstanden werden. Diese Tätigkeiten transformieren Inputs zu anforderungsgerechten Outputs für interne und externe Kunden (vgl. Wittlage 1998, 87). Diese Prozesse werden Gegenstand der Strukturierung von Unternehmen und konstituieren die Geschäftsprozeßorganisation.

Wahrnehmbarer Kundennutzen	Die Prozesse müssen den Kunden einen wahrnehmbaren Nutzen stiften, für den diese zu zahlen bereit sind.
Unternehmensspezifität	Die Prozesse müssen durch eine unternehmensspezifische Nutzung von Ressourcen *einmalig* sein.
Nicht-Imitierbarkeit	Die Eigenheiten der Prozesse dürfen nicht leicht zu imitieren sein.
Nicht-Substituierbarkeit	Die Prozesse dürfen nicht durch andere Problemlösungen ersetzbar sein.

Abb. 6: Merkmale von Kernprozessen
(Osterloh/Frost 1996, 34)

In der Literatur werden Geschäftsprozesse verschieden gegliedert. Als eine Klasse von Geschäftsprozessen werden **Kernprozesse** definiert. „Kernprozesse bestehen aus der Verknüpfung von zusammenhängenden Aktivitäten, Entscheidungen, Informationen und Materialflüssen, die zusammen den Wettbewerbsvorteil eines Unternehmens ausmachen" (vgl. Osterloh/Frost 1996, 34). Analog den Charakteristika von Kernkompetenzen werden Merkmale von Kernprozessen bestimmt. Eine mögliche Merkmalskombination zeigt Abbildung 6.

Für die **organisatorische Gestaltung von Kernprozessen** sind die bewährten elementaren Gestaltungsaussagen und Vorgehensmodelle der betriebswirtschaftlichen Organisa-

190 Kernkompetenzen und Organisation

tionslehre eine wichtige Grundlage. Darüber hinausgehende und spezielle Gestaltungsaufgaben dabei sind
- die Identifizierung und Abgrenzung der Kernprozesse als Organisationsobjekte,
- die Zerlegung der Kernprozesse aus der Sicht künftiger Prozeßverantwortung in Teilprozesse,
- die Suche nach Organisationslösungen, die von relativ wenig arbeitsteiligen Prozessen auf gleicher Hierarchieebene ausgehen,
- die Anpassung der vorhandenen Leitungshierarchie an die neuen prozeßorganisatorischen Lösungen.

Die Abbildung 7 zeigt als Beispiel für ein Chemieunternehmen definierte Kernprozesse.

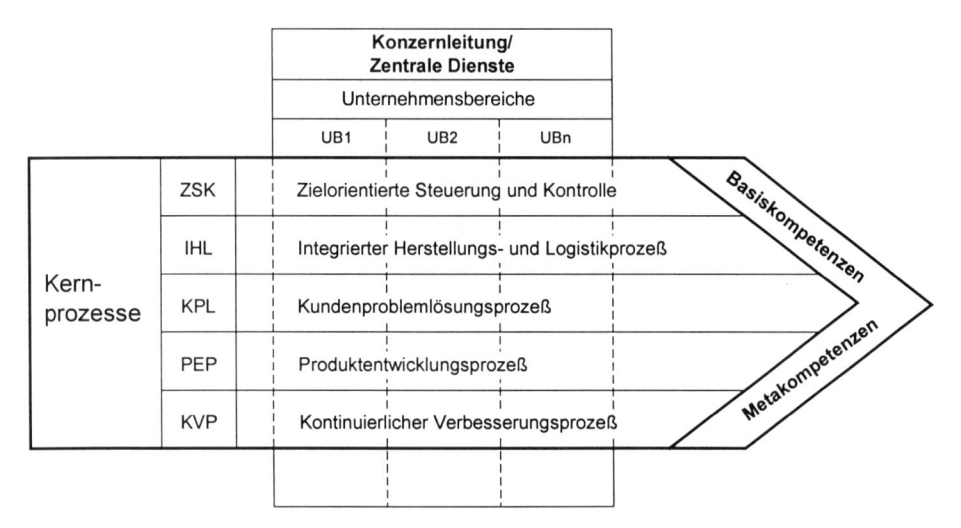

Abb. 7: Unternehmensweite Kernprozesse (Chemopharm)
(Krüger/Homp 1997, 164)

In Deutschland wurde Anfang der 90er Jahre die Orientierung des Managements auf Geschäftsprozesse als Kernprozesse von der Arbeit der US-Amerikaner Hammer/Champy (1994) mit dem Titel „Business Reengineering" ausgelöst. Es wurde damit ein Reorganisationsansatz aufgegriffen, der aus einer Mischung von Elementen bekannter Ansätze und einer Vielzahl von Beobachtungen und Untersuchungen in der Praxis entstanden ist (vgl. Osterloh/Frost 1996, 18; von der Oelsnitz 2000, 214f.). Seitdem wurden in zahlreichen Publikationen inhaltliche Wertungen vorgenommen, modifizierte methodische Vorgehenskonzepte entwickelt und Erfahrungsberichte veröffentlicht. Dabei reichen die Betrachtungen von einer Konzentration auf den Organisationsaspekt als Geschäftsprozeßorganisation oder Prozeßorganisation (z.B. Schulte-Zurhausen 1995; Theuvsen 1996; Wittlage 1998) bis hin zum Geschäftsprozeßmanagement oder komplexen Prozeßmanagement (z.B. Gaitanides et al. 1994; Osterloh/Frost 1996; Krüger/Homp 1997).

3 Kernkompetenzen von Organisatoren und Organisationsbereichen

Unternehmer und Manager müssen, wollen sie sich veränderten ökonomischen, technischen und gesellschaftlichen Bedingungen anpassen, strategische Überlegungen anstellen und Entscheidungen treffen und damit interne Wandlungsprozesse auf den Weg bringen. Daraus entstehen Organisationsaufgaben, weil Wandel immer mit Strukturierungsvorgängen im Unternehmen verbunden ist. Ein wesentlicher Teil der Verantwortung für die Vorbereitung und Implementierung der Reorganisation von Prozeß- und Aufbaustrukturen wird unternehmensinternen oder –externen Organisationsspezialisten übertragen. Dadurch verbreitert das Management qualitativ und quantitativ die Basis für die Wahrnehmung der Organisationsfunktion, weil die Spezialisten über spezielle Fähigkeiten – auch als Kernfähigkeiten bezeichnet – im Organisationsprozeß verfügen. Diese hängen von den zu lösenden **Aufgaben eines Organisators** ab, die verallgemeinernd beispielsweise wie folgt beschrieben werden:
- „Er hilft dem System, seinen eigenen Zustand und die Ursachen seiner Organisationsprobleme mit zweckmäßigen Methoden zu diagnostizieren;
- er leistet methodische Hilfe bei der Erarbeitung und Beurteilung von Lösungsalternativen;
- er wirkt darauf hin, daß die involvierten Leitungsorgane eindeutige Entscheide in bezug auf ein zu realisierendes Organisationskonzept treffen;
- er hilft bei der schrittweisen Detailausarbeitung und Implementierung dieses Konzepts;
- er hilft dem System zu lernen, künftige Organisationsprobleme selbst aufzugreifen und zu lösen;
- er nimmt zuhanden der Systemleitung eine nachträgliche Erfolgsbeurteilung vor und hilft, verbliebene Schwierigkeiten zu bereinigen.

192 Kernkompetenzen und Organisation

- Im ganzen ist er für die Erarbeitung eines Vorgehenskonzeptes, für methodische Fragen, für die Registrierung, Verarbeitung und Zusammenfassung der Arbeitsergebnisse und für den Projektfortschritt (Zeitplan) verantwortlich" (Hill/Fehlbaum/Ulrich 1998, 505f.).

Ausgehend von derartigen Aufgabenkatalogen wird das **Anforderungsprofil von Organisatoren** relativ allgemein und für spezielle Aufgabengebiete formuliert. Es beinhaltet vorwiegend erwartete Fähigkeiten der Mitarbeiter. Exemplarisch wird nachfolgend ein Überblick über die von der **Gesellschaft für Organisation** erwarteten Fähigkeiten gegeben.

Problemlösungsfähigkeiten	Interaktionsfähigkeiten
- ganzheitlich denken - konzeptionell denken - analytisch denken - kreativ sein - initiativ sein - zielorientiert sein - die Übersicht behalten - Durchhaltevermögen besitzen - wirtschaftlich handeln	- überzeugen - Interessen ausgleichen können - kooperationsfähig sein - zuhören können - sich sprachlich ausdrücken können - angemessene Umgangsformen haben
Führungsfähigkeiten	**Persönlicher Arbeitsstil**
- Verantwortung übernehmen können - Menschen führen können - Entscheidungsvermögen besitzen	- effizient (zeitorientiert) arbeiten können - selbständig arbeiten können - belastungsfähig sein - rasche Auffassungsgabe besitzen - lernfähig sein

Abb. 8: Persönliches Anforderungsprofil Organisator
(Gesellschaft für Organisation, 1993, 17)

Einer empirischen Untersuchung in Schweizer Unternehmen liegt das nachfolgend dargestellte Anforderungsprofil zugrunde (vgl. Cantin/Thom 1995, 124):

1. **Fachbezogenes Wissen und Können**
   (z.B. kaufmännisch-betriebswirtschaftliches Verständnis, organisatorische Fachkenntnisse, Branchenkenntnisse)

2. **Befähigung zur Steuerung sozialer Prozesse**
   (z.B. Koordinationsfähigkeit, Teamfähigkeit, Kontaktfähigkeit, Konfliktaustragungsfähigkeit, Kompromißbereitschaft)

3. **Systematisches Denken und Handeln**
   (z.B. Blick für das Wesentliche, analytisches/konzeptionelles Denkvermögen, Auffassungsgabe, Phantasie)
4. **Aktivität**
   (z.B. sicheres Auftreten, Initiative/Selbständigkeit, Entscheidungsfreudigkeit, Flexibilität, Durchhaltevermögen)
5. **Ausdrucksvermögen**
   (z.B. Präsentationsfähigkeit, Redegewandtheit, Kommunikationsfähigkeit, Überzeugungskraft)

Eine darauf aufbauende Befragung von 330 Organisationsspezialisten, -generalisten und organisierenden Führungskräften hatte die in Abbildung 9 dargestellten Ergebnisse.

Eine Bündelung dieser persönlichen Fähigkeiten zur Methodenkompetenz, Sozialkompetenz, Fachkompetenz, Moderationskompetenz oder Informationskompetenz setzt individuelles Wissen voraus, das seinerseits eine Ressource und damit Kompetenzbestandteil des Unternehmens ist.

Diese Bündelung kann die Qualität einer **personenbezogenen Kernkompetenz** erreichen, denn es erscheint zulässig, sinngemäß die Merkmale von unternehmensbezogenen Kernkompetenzen auf eine bestimmte Qualität von Kompetenzen eines Mitarbeiters zu übertragen. Die komplexe Reorganisation zur organisatorischen Umsetzung von Strategien und Wandelprozessen sowie die Orientierung auf vorrangige Gestaltung von Geschäftsprozessen als Kernprozesse im Unternehmen erfordert eine **spezielle Bündelung von Fähigkeiten** der Organisatoren für die dafür notwendigen Dienstleistungen. Für die Wirksamkeit und Anerkennung der Organisationsarbeit insbesondere von unternehmensinternen Spezialisten sind deshalb persönliche Kernkompetenzen besonders bedeutsam. Ein Wesensmerkmal der komplexen Reorganisation ist die Übereinstimmung von rationeller Strukturierung und hoher Akzeptanz der Betroffenen. Die Organisationsleistung besteht deshalb in unternehmensinternen Veränderungen, für die neue Regelungen und Verhaltensänderungen notwendig sind. Das erfordert die Bündelung der dafür notwendigen Fähigkeiten der Organisatoren, die als Veränderungskompetenz (vgl. Chrobok 1999, 172) bezeichnet werden kann und die Qualität einer Kernkompetenz annehmen muß.

194 Kernkompetenzen und Organisation

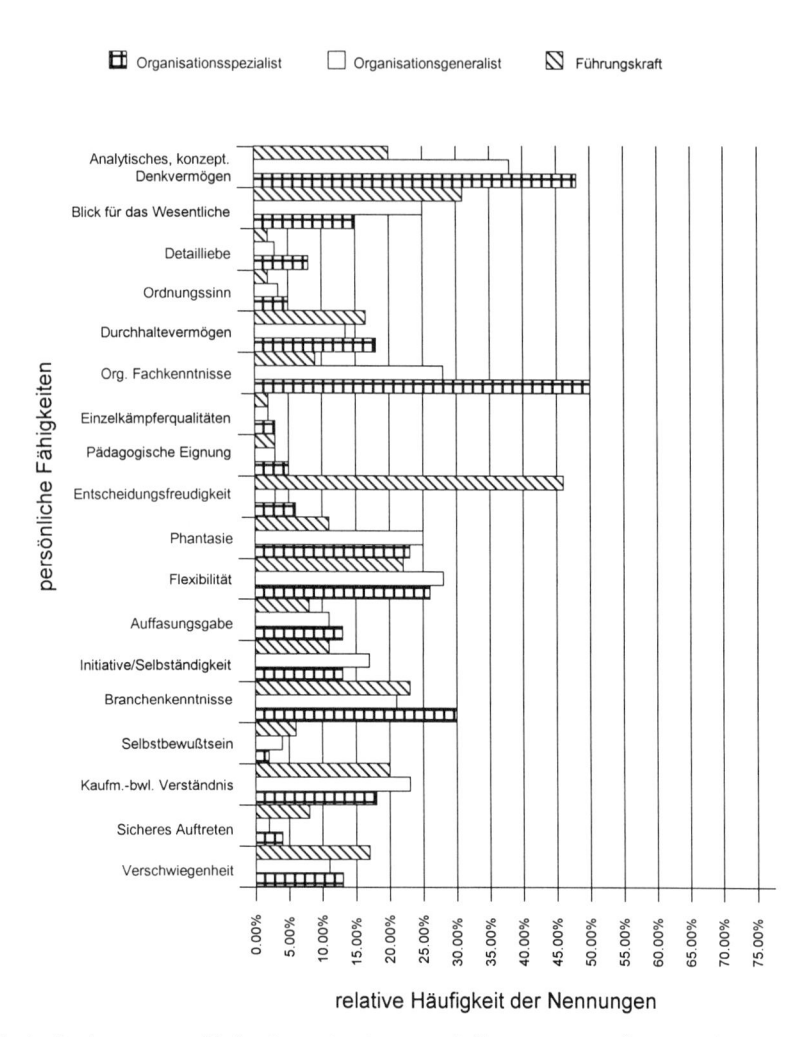

Abb. 9: Anforderungsprofil für Organisationsspezialisten, -generalisten und organisierende Führungskräfte (Mehrfachnennungen, N= 330)
(Cantin/Thom 1995, 126)

Veränderungskompetenz bedeutet, kontinuierliche und revolutionäre Veränderungsprozesse ganzheitlich und komplex zu initiieren, zu projektieren und zu planen und dadurch integrierte Organisationslösungen zu erarbeiten und einzuführen. Grundlage sind die klassischen Kompetenzen der Organisatoren; die besondere Qualität beruht auf den Fähigkeiten, internes Wissen der Betroffenen zu erschließen, individuelle und organisationsweite Lernprozesse zu fördern (vgl. Arbeitskreis 1996, 655; Osterloh/Wübker 1999, 67) sowie unternehmenskulturelle Aspekte zu berücksichtigen. Organisatoren müssen den Anspruch erfüllen, als Veränderungs- oder Wandelpromotoren eine aktive und verändernde Rolle in einem Wandelprozeß zu spielen, ihn starten, vorantreiben und bis zum Implementierungsvollzug bei Überwindung von Widerständen durchsetzen (vgl. auch den Aufsatz von Steinle et al. und von v. d. Oelsnitz in diesem Band).

Die als ein Schwerpunkt zu verfolgende Gestaltung von übergreifenden Prozeßstrukturen im Unternehmen erfordert vom Organisierenden eine spezielle **Prozeßkompetenz**. Der unternehmensweit agierende Organisator muß in der Lage sein, entlang der Wertschöpfungskette zu denken und über die Hierarchie hinweg Prozesse zu gestalten. Wichtige spezielle Fähigkeit der Prozeßkompetenz als Kernkompetenz ist deshalb das Denken in Prozessen. Dieses Prozeßdenken beruht auf dem Erkennen, Beseitigen oder Überwinden von Schnittstellen, dem Beherrschen und situationsgerechten Anwenden von Koordinationsmechanismen und -instrumenten und dem Gestalten von Konfliktsituationen bzw. Konfliktpotentialen. Die Vermeidung des ausschließlich klassischen vertikalen Blickes bei der Organisationsgestaltung gehört ebenso dazu wie eine Abkehr vom ausschließlichen Denken in Funktionen.

Es ist Aufgabe des Organisationsbereiches des Unternehmens, in Abhängigkeit von der für das Unternehmen zu erbringenden Leistung, die erforderlichen Kernkompetenzen der internen Organisatoren oder von externen Beratern zu identifizieren. Die zielgerichtete Entwicklung von einzelnen Fähigkeiten durch Bildungsmaßnahmen oder Learning-By-Doing ist Voraussetzung für eine kompetente Organisationsarbeit (vgl. Thom 1988, 6ff.). Die **Summe der persönlichen Kernkompetenzen** der Organisatoren begründet letztlich die **Kernkompetenz des unternehmensinternen Organisationsbereiches**.

4 Literatur

Arbeitskreis ‚Organisation' der Schmalenbach-Gesellschaft/Deutsche Gesellschaft für Betriebswirtschaft e. V. (1996): Organisation im Umbruch. (Was) Kann man aus den bisherigen Erfahrungen lernen? In: Zeitschrift für betriebswirtschaftliche Forschung, 6. Jg. (1996), S. 621-665.

Cantin, F./Thom, N. (1995): Organisationsarbeit in der Schweiz. Profil von Organisierenden in Wirtschaft und Verwaltung, Organisationswissen Nr. 3, Glattbrugg.

Chrobok, R. (1999): Veränderungskompetenz, in: Zeitschrift Führung und Organisation, 3. Jg. (1999), S. 172–173.

Frese, E. (1998): Grundlagen der Organisation, 7. Aufl., Wiesbaden.

Gaitanides, M. et al. (1994): Prozeßmanagement. Konzepte, Umsetzungen und Erfahrungen des Reengineering, München/Wien.

Gesellschaft für Organisation (Hrsg.) (1993): Organisator: Aufgaben – Rollen – Profil – Qualifizierung, GfürO Reihe Organisation, Band 2, Baden-Baden.

Hammer, M./Champy, J. (1994): Business Reengineering. Die Radikalkur für das Unternehmen, Frankfurt/New York.

Hentze, J./Brose, P. (1985): Organisation, Landsberg am Lech.

Hill, W./Fehlbaum, R./Ulrich, P. (1998): Organisationslehre 2, 5. Aufl., Bern u.a.

Hinterhuber, H. H. (1996): Strategische Unternehmensführung. I. Strategisches Denken, 6. Aufl., Berlin/New York.

Kramer, E. (1995): Individualrechtliche Bedingungen der Führung, in: Kieser, A. et al. (Hrsg.): Handwörterbuch der Führung, 2. Aufl., Stuttgart, Sp. 1166-1174.

Krüger, W./Homp, Chr. (1997): Kernkompetenz-Management, Wiesbaden.

Oelsnitz, D. von der (2000): Marktorientierte Organisationsgestaltung, Stuttgart.

Osterloh, M./Frost, J. (1996): Prozeßmanagement als Kernkompetenz, Wiesbaden.

Osterloh, M./Wübker, S. (1999): Wettbewerbsfähiger durch Prozesse und Wissensmanagement, Wiesbaden.

Prahalad, C.K./Hamel, G. (1991): Nur Kernkompetenzen sichern das Überleben, in: Harvard Manager, 13. Jg. (1991), Nr. 2, S. 66–78.

Schulte-Zurhausen, M. (1995): Organisation, München.

Steinmann, H./Schreyögg, G. (1997): Management – Grundlagen der Unternehmensführung, 4. Aufl., Wiesbaden.

Theuvsen, L. (1996): Business Reengineering – Möglichkeiten und Grenzen einer prozeßorientierten Organisationsgestaltung, in: Zeitschrift für betriebswirtschaftliche Forschung, 48. Jg. (1996), Heft 1, S. 65-82.

Thiele, M. (1997): Kernkompetenzorientierte Unternehmensstrukturen, Wiesbaden.

Thom, N. (1988): Der Beruf des Organisators in der Entwicklung, in: Office Management, 36. Jg. (1988), Heft 9, S. 6-9.

Wittlage, H. (1998): Moderne Organisationskonzeptionen, Braunschweig/Wiesbaden.

Gestaltungsfelder des marktorientierten Unternehmenswandels

Dietrich von der Oelsnitz

Übersicht:

1	Marktorientierte Unternehmensführung und marktorientierter Unternehmenswandel	198
2	Die praktischen Gestaltungsfelder des marktorientierten Unternehmenswandels	200
2.1	Veränderungs- und Handlungsebenen im Unternehmen	200
2.2	Visioning: Die originäre Entwicklung des Veränderungskonzepts	202
2.3	Promoting: Die politische Durchsetzung des Veränderungskonzepts	204
2.4	Leading: Die interaktionelle Vermittlung des Veränderungskonzepts	208
2.5	Fitting: Die strukturelle Umsetzung des Veränderungskonzepts	211
3	Resümee	216
4	Literatur	217

1 Marktorientierte Unternehmensführung und marktorientierter Unternehmenswandel

Im Sammelkonstrukt „Managementkonzeption" sind mehrere Dimensionen der Unternehmensführung zusammengebunden. Eine davon ist die marktorientierte Führungsdimension, der unter den heutigen Wettbewerbsbedingungen immer häufiger eine Schlüsselrolle für den Unternehmenserfolg zukommt. Eine jüngst von der Zeitschrift absatzwirtschaft durchgeführte Befragung wichtiger Top-Manager in Deutschland unterstreicht diese Behauptung. Die Befragten schreiben der marktorientierten Unternehmensführung auch und gerade im globalen Wettbewerb eine weiter hohe (wenn nicht gar noch wachsende) Bedeutung für die Performance der von ihnen geleiteten Unternehmen zu (vgl. o.V. 2000, 30). Thomas Middelhoff, der Vorstandsvorsitzende der Bertelsmann AG, bezeichnet das Marketing sogar als „Königsdisziplin" der Betriebswirtschaftslehre (ebenda, 20).

Trotz dieser positiven Einschätzung ist eine diesbezügliche **Implementierungslücke** unübersehbar. In vielen Fällen gilt immer noch: „The marketing concept is a philosophical idea which serves as an idealistic policy statement for management, but relatively few companies are able - for whatever reasons - to implement the concept and make it operational on a day-to-day basis" (Barksdale/Darden 1971, 36).

Was sind die Ursachen dieses Problems? Mehrere Faktoren sind hierfür ausschlaggebend. Zunächst verlangt das Streben nach mehr Marktorientierung für nicht wenige Unternehmen einen **radikalen Bruch mit dem Gewesenen**. Alte Strukturen und Prozesse sind in ihrer zukünftigen Suboptimalität zu erkennen und im Zuge eines systematisch geplanten Unternehmenswandels zu erneuern. Dabei sind häufig größere (und innerbetrieblich dementsprechend schwierig durchzusetzende) Einschnitte nötig.

Zum zweiten erschwert der **extrem heterogene Charakter der Implementierungsaufgabe** eine monodisziplinäre Vorgehensweise. Es sind letztlich sowohl Hard facts (wie Strategien, Strukturen oder unternehmerische Planungssysteme) als auch Soft facts (wie Werte, Einstellungen und Verhaltensweisen), die im Zuge eines umfassenden Unternehmenswandels verändert werden müssen. Die Konsistenztheorie, die das Unternehmen als ein in sich stimmiges Strategie-Struktur-Kultur-Bündel interpretiert, beschreibt die unauflöslichen Interdependenzen zwischen diesen Größen.

Und schließlich hat weder die Marketingwissenschaft noch die allgemeine Change Management-Forschung den praktisch Betroffenen wirklich mit **anwendungsorientierten und zugleich theoretisch fundierten Ratschlägen** weiterhelfen können. Während die organisationstheoretisch fundierte Managementliteratur verschiedenste Ansätze sowohl zur Erklärung von Wandel als auch zur Methodik einer bewußten Wandlungsgestaltung enthält, aber zugunsten allgemeiner Aussagen auf eine inhaltliche, d.h. unternehmenspolitisch normierte Richtungsempfehlung für den abstrakt analysierten Unternehmenswandel verzichtet, betritt die Marketingforschung in der Regel die gegenteilige Sackgasse. Hier wird unternehmenspolitisch normiert, aber dafür instrumentell bzw. prozessual zu wenig geboten; „Content" und „Process" müssen aber bei Managementempfehlungen synergetisch miteinander verbunden werden (vgl. Narayanan/Fahey 1982, 32; Huff/Reger 1987, 211, 227).

Der vorliegende Aufsatz möchte einen Beitrag zu dieser Verbindung leisten. Um die weiteren Ausführungen zu strukturieren, sollen die durch einen planmäßig herbeigeführten Unternehmenswandel betroffenen Dimensionen auf einer höheren Aggregationsebene betrachtet werden. Jedes größere unternehmerische **Wandlungsvorhaben** besitzt demnach **drei Grunddimensionen** (vgl. von der Oelsnitz 1999a, 139):

- eine **kognitiv-symbolische Dimension**: sie beinhaltet die kreative Entwicklung sowie die anschließende Kommunikation einer zielführenden Veränderungsvision;
- eine **politische Dimension**: sie betrifft die normativ-strategische Gesamtausrichtung des Unternehmens (Makropolitik) sowie die politische Durchsetzung der Veränderungsvision in allen Hierarchieebenen (Mikropolitik);
- eine **technisch-funktionale Dimension**: sie umfaßt die organisatorische Umsetzung der Veränderungsvision (d.h. die marktgerechte Anpassung der unternehmerischen Strukturen, Prozesse und Systeme) sowie ihre operative Exekution.

Erklärung wie Gestaltung von organisationalen Wandlungsvorgängen sind immer in dieser Mehrdimensionalität zu sehen. Es ist aus diesem Grund wenig zweckmäßig, sich im Rahmen der Marketingimplementierung - d.h. der Um- und Durchsetzung einer marktorientierten Führungsmaxime - auf einzelne Dimensionen der Wirklichkeit zu beschränken bzw. zu versuchen, diese Dimensionen isoliert voneinander zu verändern. Statt dessen ist ausdrücklich eine konzeptionelle Gesamtsicht zu entwickeln. In diesem Sinne gilt mit Mintzberg&Westley (1992, 41): „To change culture without changing structure, systems, and people, or visions without positions, programs, and facilities, would appear to constitute an empty gesture - a change, in thinking with no change in action".

2 Die praktischen Gestaltungsfelder des marktorientierten Unternehmenswandels

2.1 Veränderungs- und Handlungsebenen im Unternehmen

Größere Wandlungsprozesse aktivieren in Organisationen beinahe alle bekannten Formen von strukturellem, kulturellem und persönlichem Veränderungswiderstand. Ein Großteil dieses Widerstandes ist ohne Zweifel auch **macht- und interessenpolitisch bedingt**: Die Vertreter konkurrierender Führungsmaximen - z.B. des Controlling oder des produktionswirtschaftlich geprägten Total Quality Managements - fürchten um ihren Status und ihre zukünftigen Aufstiegs- und Verdienstmöglichkeiten, sollten sie in dieser „paradigmatic competition" (Morgan/Piercy 1991) unterliegen. Sie bestreiten generell die Erfolgswirkung des Marketing als Führungskonzept und möchten statt dessen ihre Führungsvorstellung verwirklicht sehen.

Kultureller Widerstand wird ausgelöst, wenn von den Unternehmensmitgliedern im Zuge der normativen Reorientierung „neue" Werte und Interpretationsmuster verlangt werden, mit denen neue Verhaltensweisen verbunden sind bzw. durch die die bisherigen Verhaltensweisen in den Augen vieler möglicherweise entwertet werden. Die im Implementierungsprozeß notwendigen Aktivitäten ergeben sich dabei logisch aus den vielfach dokumentierten Widerständen und Barrieren eines umfassenden organisationalen Wandels (vgl. für Planungssysteme z.B. Hentze 1987).

Die **Widerstände** gegenüber dem unternehmerischen Wandel sind insgesamt in **vier Kategorien** einzuordnen: Rigide Strukturen und Systeme, die Organisationsformen und Techniken reflektieren, die in keinster Weise mit den Notwendigkeiten eines Wandels korrespondieren; überholte Denkstrukturen, die Geschäftsgrundsätze und Strategien verkörpern, die die Notwendigkeit des Wandels nicht erkennen; abgeschottete Unternehmenskulturen, die Werte, Fähigkeiten und Verhaltensweisen reflektieren, die den zukünftigen Erfordernissen nicht entsprechen sowie kontraproduktive Kräfte, die sich aus politischen Gründen in den Wandel „einmischen" und ihn so weit wie möglich zu blockieren versuchen (vgl. Strebel 1994, 30).

Die meisten Veränderungsprojekte scheitern vor diesem Hintergrund nicht an unzulänglichen Inhalten, sondern an instrumentellen Unzulänglichkeiten sowie an Defiziten in der Beachtung des ganzheitlichen Implementierungszusammenhanges.

Vor dem Hintergrund des ineinander verwobenen Wechselspiels diverser Einflußfaktoren müssen vom Management des Unternehmens vier zentrale Aufgaben als **Basistätig-**

keiten des marktorientierten Implementierungsmanagements geleistet werden (vgl. von der Oelsnitz 1999a, 163):
1. Die Entwicklung einer sinnstiftenden und zugleich motivierenden Veränderungsvision („**Visioning**");
2. die mikropolitische Förderung und Durchsetzung der Veränderungsvision („**Promoting**");
3. die interaktionelle Vermittlung, d.h. das Bekanntmachen, Konkretisieren und Vorleben der Veränderungsvision in der vertikalen Führer-Geführten-Beziehung („**Leading**");
4. die strukturelle Umsetzung der Vision durch eine entsprechende Anpassung des organisationalen Gerüsts sowie der organisationalen Managementsysteme („**Fitting**").

Die weiteren Ausführungen orientieren sich an dieser noch einmal von Abbildung 1 veranschaulichten Heuristik.

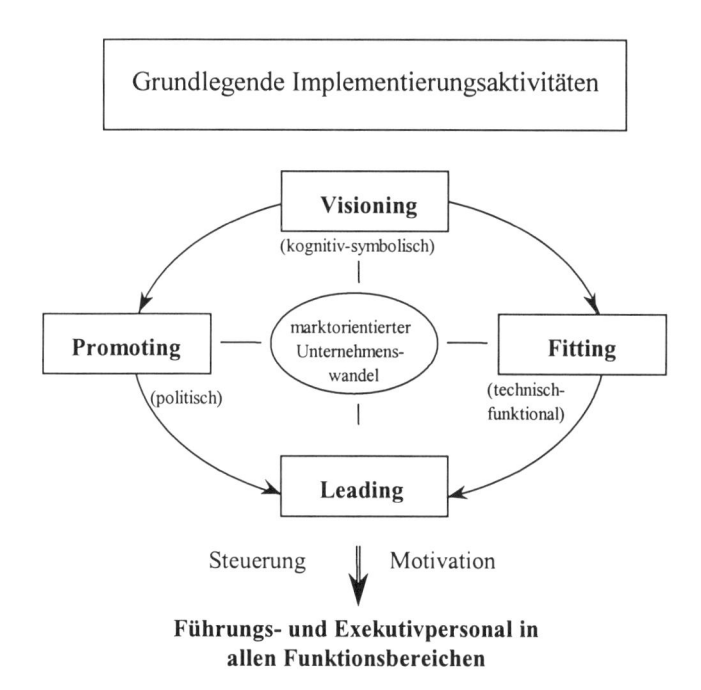

Abb. 1: Basistätigkeiten des marktorientierten Implementierungsmanagements

2.2 Visioning: Die originäre Entwicklung des Veränderungskonzepts

In allen - nicht nur unternehmenspolitischen - Reorientierungsprozessen ergeben sich für viele Betroffene Sinnprobleme dadurch, daß alte Werte und Verhaltensweisen durch neue Postulate in Frage gestellt werden. An diesem Punkt setzt ein kognitiv-symbolisches Veränderungsmanagement an, das den beabsichtigten Wandel dadurch steuern hilft, daß es mit Hilfe einer originären Vision dem sich verändernden Sozialsystem Sinn und Orientierung zu geben versucht.

Wenn es auch im Wesen einer absichtsvoll initiierten Veränderung liegt, daß diese einem bestimmten Leitbild zu folgen bzw. ein bestimmtes Ideal zu erreichen hat, so machen doch zahllose Fallstudien deutlich, daß Change Manager sich oftmals gar nicht so genau darüber im klaren sind, in welcher konkreten Richtung sie „ihr" Unternehmen eigentlich verändern wollen. Gefordert ist dementsprechend die **praktische Verbindung von „Idee" und „Tat"**. Diese Transformation leistet die Vision eines Unternehmens: Sie verwandelt eine zunächst eher abstrakte Idee - im Falle des Marketing die der unbedingten Kunden- und Konkurrentenorientierung des gesamten betrieblichen Handelns - in ein greifbares („tangibles") Gehäuse von Aussagen und Postulaten.

Der **Begriff der Vision** wird bis heute in der Betriebswirtschaftslehre uneinheitlich gefüllt und mit z.T. verschiedenen Konzepten verbunden. In der deutschsprachigen Managementforschung wird „Vision" häufig mit „Unternehmensphilosophie", „Mission" oder gar „Unternehmensidentität" gleichgesetzt, in der anglo-amerikanischen Forschung u.a. als „Purpose", „Values" oder „Credo" bezeichnet. Mit Magyar (1989, 4) sind Visionen „durch kreative Höchstleistungen entstandene innere Bilder von einer noch anstehenden im Prinzip realisierbaren Wirklichkeit".

Diese Begriffsbildung macht dreierlei deutlich: Visionen sind zum einen **Aussagen mit normativem Gehalt**, die **zukunftsgerichtet** formuliert werden. Sie beschreiben nicht, was gegenwärtig ist, sondern was zukünftig sein soll; Bleicher spricht von der Vision daher als einem „Leitstern" (Bleicher 1996, 97). Dementsprechend ist eine Änderung bestehender Verhältnisse dem Visionsbegriff immanent. Zum zweiten wirkt eine Vision nicht nur orientierend, sondern bietet auch einen **motivationalen Anreiz**, indem sie nämlich etwas idealisiert, was zwar noch nicht erreicht, im Prinzip aber erreichbar ist. Diese Ambivalenz kommt deutlich in einer von der Boston Consulting Group vorgelegten Definition zum Ausdruck: „Die Vision ist ein konkretes Zukunftsbild, nahe genug, daß wir die Realisierbarkeit noch sehen können, aber schon fern genug, um die Begeisterung der Organisation für eine neue Wirklichkeit zu erwecken" (Boston Consulting Group 1988, 7). Schließlich werden Visionen als „innere Bilder" bezeichnet - ein wichtiger Hinweis auf das **materialisierende Element** einer (guten) Vision.

Die Vision des Unternehmens verbindet identitätserhaltend die Gegenwart der Organisation mit deren Zukunft. Sie liefert nicht nur ein plastisches Bild von dieser Zukunft, sondern versieht es darüber hinaus mit einer legitimierenden Begründung. Die Unternehmensvision bildet damit nicht nur die Grundlage für die detaillierteren Richtlinien und Anweisungen der persönlichen Führung, sondern schafft als zentrale Maßnahme des sog. Symbolischen Managements zugleich die Basis für die Gewinnung innerorganisationaler Unterstützung (vgl. auch von der Oelsnitz 2000a).

Da jede Vision auf fundamentalen Werten und Überzeugungen ihrer Gestalter beruht (bzw. beruhen sollte) und sowohl orientieren als auch Sinn stiften und motivieren muß, ist sie zweckmäßigerweise in mehrere Komponenten zu unterteilen. Eine gute Unternehmensvision setzt sich demgemäß aus **drei Elementen** zusammen (vgl. von der Oelsnitz 1999a, 170):

- einem Verweis auf die übergeordnete, von zentralen Werten und Überzeugungen getragene Unternehmensmission („Vision i.w.S.", auch: „guiding philosophy");
- einem instrumentell vorgezeichneten Weg zur Verwirklichung dieser Mission sowie
- einer unmittelbaren, operationalen Zielvorgabe.

Ersichtlich nimmt die Operationaliät der verschiedenen Elemente „nach unten" hin zu. Viele Unternehmen besitzen - wenn überhaupt - nur eine allgemein-übergeordnete Philosophie. Dies mag für etablierte Unternehmen in weniger dynamischen Märkten, die ihren Weg bereits gefunden haben und nur auf inkrementale Verbesserungen ihrer Leistungsfähigkeit angewiesen sind, genügen. In Phasen eines tieferen Wandels hingegen reicht eine lediglich allgemeine Leitbildformulierung jedoch nicht mehr aus.

So ist gerade auch für Unternehmen, die bislang kaum (oder gar nicht) unter der Maxime einer marktorientierten Führungskonzeption gesteuert und gestaltet wurden, ein operationaleres Leitbild, d.h. eine **spezielle Implementierungsvision**, zu entwickeln. Diese unterscheidet sich dadurch von der (allgemeineren) Unternehmensvision, daß sie ganz konkrete Aussagen zur praktischen Veränderung in Richtung auf den angestrebten Endzustand enthält, und nicht nur einen idealen Endzustand als solchen benennt. Die Implementierungsvision umfaßt somit sowohl die allgemeine Mission des Unternehmens als auch den möglichen Weg zur deren Realisierung - mitsamt konkreter Zielvorgaben. Fry und Killing (1989, 65ff.) weisen nämlich zu Recht darauf hin, daß gerade auch konkret-operationale Ziel- und Verhaltensvorgaben wichtig sind, um zu verhindern, daß die Vision zu einem „empty statement" degeneriert.

Die Entwicklung einer klaren Vision ist, unbenommen ihrer sachlichen Bedeutung, letztlich aber auch ein höchst symbolischer Akt; ein Akt, der - für alle Unternehmensangehö-

rigen sichtbar - den Willen und die Entschlossenheit der Führung zur Veränderung unterstreicht. Auch Mintzberg und Westley (1992, 44) erkennen diesen Zusammenhang, wenn sie fordern: „Most significant successful change has to be driven by a new vision, in other words, some kind of reconception, which serves as a conceptual umbrella."
Viel wichtiger als Originalität ist für die Effektivität einer Vision daher, daß die von ihr propagierte Wertigkeit unternehmensweit internalisiert, d.h. **tatsächlich „gelebt"** wird. Die Bedeutung dieses Postulats kann kaum überschätzt werden: Eine Mission darf niemals zur Leerformel werden, mit der letztlich nur die unternehmerische Gewinnerzielungsabsicht kaschiert wird. Die Vision des Unternehmens repräsentiert von daher keine „Schönwetterphilosophie" zur externen und internen Legitimierung der Unternehmenspolitik, zur Manipulation der Belegschaft oder zur Abrundung des betrieblichen Kommunikationsmix.
Das Verhalten der Führung ist bei der Verwirklichung dieser Forderung mitentscheidend: Sie darf sich nicht in der Verlautbarung euphemistischer Floskeln ergehen, sondern muß durch ihr alltägliches Verhalten die praktische Bedeutung und Zweckmäßigkeit der Unternehmensvision immer wieder unter Beweis stellen. Nichts ist für geplante Veränderungsprojekte des Unternehmens schädlicher als der Zweifel, ja Zynismus, welcher entsteht, wenn von den operativ Betroffenen ein Auseinanderklaffen von Wort und Tat in der Führungsspitze registriert wird (vgl. Reichers/Wanous/Austin 1997).
Daß die Unternehmensmitglieder das (eben v.a. durch die Führungskräfte repräsentierte) Verhalten ihres Unternehmens tatsächlich zum Bezugspunkt des eigenen Tuns machen, konnte gerade auch für das Ausmaß der faktischen Marktorientierung belegt werden. Siguaw/Brown/Widing (1994) konnten demgemäß zeigen, daß die vom Verkaufspersonal wahrgenommene Kundenorientierung „ihres" Unternehmens positiv mit dem Verhalten der Verkäufer gegenüber ihren Kunden korreliert. Das Top-Management ist der einflußreichste kulturprägende Faktor im Unternehmen und muß sich seiner Funktion als Verhaltensmodell und Rollenvorbild daher jederzeit bewußt sein.

2.3 Promoting: Die politische Durchsetzung des Veränderungskonzepts

Die unternehmenspolitische Grundhaltung eines Unternehmens ist keine interessenneutrale Konzeption. Vielmehr ist zu berücksichtigen, daß mit der Priorisierung einer bestimmten Führungsmaxime immer auch unterschiedliche Karriere- und Allokationsaussichten für die Personen verbunden sind, die diese Maxime im Unternehmen repräsentieren. Somit sind Organisationen als politisch bestimmte Entitäten zu begreifen, die durch spezifische „Interest groups" mit i.d.R. divergierenden Sollvorstellungen beeinflußt werden (vgl. grundlegend March 1962, 663ff.; Narayanan/Fahey 1982, 26f.).

Finden sich die Befürworter („Promotoren") und Gegner („Opponenten") des Wandels in Erkenntnis ihrer gemeinsamen Interessen zusammen, entstehen **Koalitionen**. Selbige sind als eine Gruppe von „actors who are aware of the commonality of their goals" (Bacharach/Lawler 1980, 8) zu begreifen. Ein Unternehmen wird in der Mehrzahl der Fälle von einer Dominant coalition regiert, welche oftmals weniger nach sachlichen als nach partikularistischen Erwägungen entscheidet (vgl. Pettigrew 1977; Frost 1989).

Die organisationalen Einflußgruppen werden in der Regel von einigen zentralen Schlüsselpersonen geführt, die als unternehmenspolitische Key Player bezeichnet werden können. **Key Player** treffen ihre Entscheidung für oder gegen den geplanten Wandel, d.h. darüber, ob sie den Schritt zu mehr Marktorientierung nach besten Kräften unterstützen oder eben behindern, in erster Linie auf der Basis eines Abgleichs der (erwarteten) Wandlungskonsequenzen mit ihren ureigenen Zielen und Interessen. Es ist für die Promotoren des Marketingkonzepts daher hilfreich, ihre Vorstellung vom zukünftigen Auftritt „ihres" Unternehmens möglichst nüchtern und objektiv auf potentielle Reizpunkte zu überprüfen. Hierzu muß das gesamte Implementierungskonzept - im Sinne einer mikropolitischen Folgenabschätzung - in seine einzelnen Bestandteile zerlegt und dann Komponente für Komponente auf seine politische Durchsetzbarkeit im gegebenen Kräftekontext hin evaluiert werden. Auf diese Weise entsteht im Endergebnis eine Prioritäten-/Akzeptanzmatrix, die zielführend zur weiteren Wandlungssteuerung eingesetzt werden kann (vgl. Piercy 1989a, 25).

Im Interesse eines effizienten Vorgehens sollten sich die Marketing-Manager dabei zunächst auf die Teile des Implementierungskonzepts konzentrieren, die relativ unstrittig und damit vergleichsweise leicht durchsetzbar sind (sog. „low risks" und „push-overs"). Anschließend müssen die Einflußmaßnahmen auf die Elemente des Konzepts gerichtet werden, die zwar inhaltlich umstritten, für den marktorientierten Umbau des Unternehmens aber ebenfalls substantiell wichtig sind (sog. „conflicts"; vgl. ausführlicher von der Oelsnitz 1999a, 188f.). Dieses Vorgehen entspricht dem von Quinn (1978) entwickelten Konzept des Logischen Inkrementalismus, das das augenblicklich Machbare zuerst verwirklicht.

In einem zweiten Schritt ist das **unternehmensinterne Kräftefeld**, das ja für die Durchsetzbarkeit des angestrebten Wandels mitentscheidend ist, zu **analysieren**. Hierzu sind insbesondere drei Fragen zu beantworten: Wer sind die entscheidenden Key Player im Implementierungsprozeß? Über welche Machtgrundlagen verfügen diese Key Player? und wie bzw. wofür üben die Key Player ihre Macht aus?

Die **Identifikation der Schlüsselpersonen im Wandlungsprozeß** ist die Vorbedingung für die Ableitung effektiver mikropolitischer Implementierungsstrategien. Gleichwohl ist die Erkennung der für den Implementierungserfolg maßgeblichen Personen ein schwieriges Unterfangen. Angesichts der oft wechselnden „Fronten" und Interessenlagen ist eine unmittelbar situationsbezogene Analyse vonnöten. Hierzu wiederum bedarf es sowohl eines fundierten, auch historisch begründeten Insiderwissens als auch der Intuition und Kombinationsgabe, welche das Fehlen „offizieller" Daten ersetzen müssen. Da diese verschiedenen Fähigkeiten und Kenntnisse von verschiedenen Personen unterschiedlich gut bereitzustellen sind, empfiehlt sich die Bildung eines gemischten, aus Unternehmensmitgliedern und externen Spezialisten zusammengesetzten Analysegremiums.

Zur Diagnose des binnenpolitischen Kräftefeldes können verschiedene **Methoden** eingesetzt werden: formale Organigramme ebenso wie interne Reputationsanalysen, Selbstauskünfte wichtiger Führungskräfte, Alltagsbeobachtungen, aber auch sozio-historische Entscheidungsanalysen, die Verhaltensmuster und Veränderungspfade der Vergangenheit aufdecken, und schließlich auch schlichte Plausibilitätsüberlegungen (vgl. detaillierter von der Oelsnitz 1999a, 193ff.). Natürlich sind die genannten Methoden in Abhängigkeit von der konkreten Implementierungssituation deskriptorisch wie prädiktiv unterschiedlich gut geeignet.

Um die Machtgrundlagen der Key Player aufzudecken, sind primär die Machtgrundlagen wichtig, die das politische Handeln der Akteure beeinflussen. Das sind vor allem solche, die neben den offiziell vergebenen Einflußmöglichkeiten bestehen. Die entsprechenden Machtquellen sind in der Regel verdeckt und beeinflussen die organisationalen Entscheidungen in einem häufig unvorhersehbaren Sinne (z.B. private Beziehungen des Middle-Managements zu Mitgliedern der Unternehmensspitze). Auch ein diffuser Sachverhalt wie die „Firmentradition" kann eine Quelle von Einfluß für diejenigen sein, die in einer bestimmten, tradiert dominanten Kernfunktion tätig sind. Derartige Faktoren beeinflussen nicht selten in einer für Außenstehende kaum nachvollziehbaren Weise wesentliche Unternehmensentscheidungen.

Zu diesen inoffiziellen Machtgrundlagen zählt nicht zuletzt auch die Kontrolle wichtiger, d.h. für die Gesamtorganisation erfolgskritischer Informationen. Die Möglichkeit der Erlangung politischer Informationsmacht ist dabei häufig eine Frage der Zentralität im unternehmerischen Leistungsprozeß. So wie funktionales Wissen Expertenmacht begründet, so konstituiert der Besitz wichtiger Informationen politische Macht. Entscheidend ist dabei der exklusive Besitz der Information. Zwischen der machtpolitischen Stellung des Marketingressorts und seiner innerbetrieblichen Informationspolitik bestehen nicht selten signifikante Wechselwirkungen. Je einflußreicher sich das Marketing sieht, um so besser ist nicht nur sein Zugang zu den relevanten Informationen anderer Funktionalbereiche, sondern um so eher ist es in der Regel auch bereit, seine eigenen Erkenntnisse an Dritte weiterzugeben (vgl. Piercy 1989b, 234ff.)

Die Tatsache, daß der bloße Besitz von Machtressourcen noch keine reale Machtwirkung begründet, führt schließlich zu der dritten der o.g. Fragen, inwieweit nämlich diejenigen im Unternehmen, die auf den geplanten Wandlungsprozeß in irgendeiner Form reagieren wollen, bereit sind, ihre diesbezüglichen Ressourcen zur Förderung oder Behinderung eben dieses Wandels einzusetzen. Haltung und Vorgehen der Key Player zeigen sich insbesondere im diesbezüglichen **Engagement** der Meinungsführer.

Dabei kann erwartet werden, daß das Ausmaß dieses Engagements direkt mit der jeweiligen Haltung zu den angestrebten Veränderungen zusammenhängt. So dürften sowohl bei den entschiedenen Gegnern als auch bei den überzeugten Befürwortern des Marketingkonzepts ein besonderes Engagement und eine besonders feste Einstellung zu erwarten sein. Demgegenüber werden sich die Neutralen, die aus verschiedenen Gründen den mit der verbesserten Marketingimplementierung einhergehenden Veränderungen relativ emotionslos gegenüberstehen, zunächst nur vergleichsweise schwach in den entsprechenden Entscheidungsprozessen engagieren. Diese Überlegung korrespondiert mit einer Grundprämisse des bekannten Mülleimer-Modells, wonach wechselnde Entscheidungsgelegenheiten wechselnde Grade individuellen Engagements nach sich ziehen („fluid participation").

Unter dieser Annahme ergibt sich ein bestimmtes Einflußfeld, in dem **am ehesten machtpolitische Landgewinne** zu erzielen sind. Da weniger feste Einstellungen eher veränderbar sind, werden die Neutralen zur Hauptzielgruppe mikropolitischer Beeinflussung. Weil die akteureigenen Machtpotentiale auf kurze Sicht ebenfalls als Datum zu begreifen sind, sind einflußschwache Promotoren bei der Durchsetzung des Implementierungskonzeptes ebenso zu vernachlässigen wie einflußschwache Opponenten. Insgesamt erscheinen somit die auf die einflußreichen Neutralen gerichteten Einflußversuche macht- und mikropolitisch am aussichtsreichsten. Ohne entsprechende Aktivitäten kommt letztlich nicht genug „kritische (Veränderungs-)Masse" zusammen. Implementierungsprojekte ohne genügend Veränderungskraft bringen aber nicht den notwendigen Impetus auf, um das Unternehmen aus seiner operativen Trägheit zu reißen und den verlockenden Beschwichtigungen der Status quo-Bewahrer zu widerstehen (vgl. auch Reiß 1997, 104).

2.4 Leading: Die interaktionelle Vermittlung des Veränderungskonzepts

Es war bereits die Rede davon, daß es im Zuge eines unternehmenspolitischen Wandels auch darauf ankommt, diverse (individuelle wie kollektive) Grundhaltungen zu verändern. Unternehmenspolitische Grundhaltungen stellen „überindividuelle Werte und Handlungsorientierungen dar, denen sich die Unternehmensmitglieder verpflichtet fühlen und auf deren Verwirklichung das Unternehmensgeschehen ausgerichtet sein soll" (Raffée/Fritz 1997, 296). Jede tiefere Reorientierung setzt folglich Werteverschiebungen bei den Mitarbeitern voraus. Es ist im Rahmen des marktorientierten Unternehmenswandels notwendig, diesen Prozeß durch eine gezielte Einflußnahme auf die Organisationsmitglieder zu lenken. Wird diese Aufgabe im Rahmen der interaktionellen Führung, d.h. in einer unmittelbaren Führer-Geführten-Beziehung wahrgenommen, dann spricht die Managementforschung von **transformationaler Führung** (vgl. hierzu grundlegend Bass 1986; Bass/Avolio 1993; Hentze/Kammel 1995; von der Oelsnitz 1999b). Durch die transformationale Führung werden die horizontalen Promotionsversuche der Marketingvertreter um eine vertikale Einflußdimension ergänzt.

Hauptziel der transformationalen Führung ist die Veränderung überkommener Arbeitswerte, durch die traditionelle Denkstrukturen aufgebrochen werden sollen. Im Rahmen des marktorientierten Unternehmenswandels sind die zu vermittelnden Werte vor allem kunden- und kooperationsbezogen. Werte sind für das Verhalten der Mitarbeiter deshalb von großer Bedeutung, weil sie relativ situationsunabhängig und damit zumindest mittelfristig stabil sind. Die transformationale Führung erkennt dies und unterstreicht mit ihrem Grundanliegen zugleich noch einmal den besonderen Stellenwert der Humanressourcen im Veränderungsprozeß. Personale Widerstände gelten schließlich als eine Hauptursache für das Scheitern betrieblicher Wandlungsprozesse (vgl. Hilker 1993, 55; Fombrun 1992, 47ff.).

Da der Kunde im Mittelpunkt der Qualitätswahrnehmung steht, sind im Rahmen des marktorientierten Wandels die **kundenbezogenen Leistungserwartungen zum Ausgangspunkt** geplanter Werteveränderungen zu machen. Die Erwartungen der Kunden beziehen sich zum einen auf klassische Leistungsmerkmale (wie z.B. Pünktlichkeit, Zuverlässigkeit oder Vollständigkeit der Leistung) und zum anderen auf diverse Potentialmerkmale (im Dienstleistungsbereich z.B. die Freundlichkeit oder Flexibilität des Personals), die im erweiterten Sinne ebenfalls leistungsbestimmend wirken. Aus Sicht des marktorientierten Unternehmens ist die größtmögliche Kongruenz zwischen Kundenerwartung und Unternehmensleistung das Ziel. Zur Herstellung einer solchen Kongruenz ist nicht nur die möglichst exakte Analyse der Qualitätserwartungen der Kunden erforderlich, sondern zugleich auch eine systematische Mitarbeiteranalyse.

Der transaktionale Führer ...	Der transformationale Führer ...
• verfolgt primär vorgegebene, materielle Ziele • geht von den derzeitigen Bedürfnissen und Präferenzen aus • setzt an der Erwartung an, daß mehr Leistungseinsatz zu mehr Belohnung führt (Instrumentalitätskomponente) • baut vor allem technische Fähigkeiten der Mitarbeiter aus • setzt primär Informations- und Positionsmacht ein • versteht sich eher als Anleiter seiner Untergebenen • ist in Phasen lediglich inkrementaler Veränderungen am effektivsten	• besitzt instrumentelle Zielflexibilität und verfolgt primär ideelle Ziele • versucht, die Bedürfnisse und Präferenzen der Mitarbeiter zu ändern • setzt vor allem an der Attraktivität der Belohnungen an (Valenzkomponente) • stärkt vor allem das Selbstvertrauen der Mitarbeiter • setzt vor allem Identifikationsmacht und Charisma ein • versteht sich eher als Coach seiner Untergebenen • ist in radikalen Veränderungsphasen am effektivsten

Abb. 2: Transaktionale versus transformationale Führung

Der Ansatz der transformationalen Führung läßt sich am zweckmäßigsten in der Auseinandersetzung mit dem herkömmlichen Modell der **transaktionalen Führung** beschreiben. Dieses wird von den Proponenten der transformationalen Führung allerdings nicht als konkurrierender Gegenentwurf, sondern vielmehr als erforderliche Ergänzung verstanden In Phasen des tiefgreifenden Wandels sollten demnach transformationale Einwirkungen dominieren, während in den Phasen der „normalen Geschäftstätigkeit" organisationales Fine-tuning und transaktionale Beziehungen überlegen scheinen (vgl. Bass/Avolio 1993, 64f.). Die Hauptunterschiede zwischen transaktionaler und transformationaler Führung zeigt Abbildung 2.

Das Transaktionsmodell begreift die Werte und Bedürfnisse der Geführten als Datum. Das gegebene Werte- und Bedürfnisspektrum eröffnet somit einen mehr oder weniger breiten Erwartungskorridor, innerhalb dessen es zu einer Übereinkunft zwischen Vorgesetzten und Untergebenen kommt. Will man die Organisationsmitglieder aber von ihrer selbstbezogenen Ausrichtung zu einer stärkeren Akzeptanz unternehmerischer Werte bewegen, dann muß das Modell der transaktionalen Führung durch eine gezielte Einflußnahme auf das bestehende Wertesystem der Mitarbeiter ergänzt werden. Hier wird vor allem versucht, die Sensibilität und den Einsatz der Geführten für „höhere" Werte - **„noble values"** - zu stärken (vgl. Burns 1978, 20).

Jedes Unternehmensmitglied soll insofern eine Identifikation, wenn nicht gar eine Hingabe an seine Aufgabe entwickeln, die es sich weit über das normalerweise zu erwartende Maß hinaus für seine Tätigkeit einsetzen und engagieren läßt. Die zielgerichtete Vermittlung neuer Arbeits- und Leistungswerte ist demnach sowohl Ansatzpunkt als auch Ziel der transformationalen Führung. Sie geschieht vor dem Hintergrund der Erfahrung, daß strukturelle und strategische Veränderungen im Unternehmen langfristig nie erfolgreich gegen die Kultur und das soziale Normengefüge der Beteiligten erfolgen können (vgl. Wunderer 1995, Sp. 2083).

Da die äußerst diffizile Aufgabe der persönlichen Wertebeeinflussung nicht durch allein positionsbasierte Machtquellen (Amtsautorität, Belohnungs- und Bestrafungsmacht) erfüllt werden kann, sondern an das Vorliegen persönlicher Führermerkmale und die entsprechenden Machtgrundlagen gebunden ist (Experten- und Identifikationsmacht), lag ein Brückenschlag zu den eigenschaftsbezogenen, insbesondere **charismatischen Führungsansätzen** nahe.

Ohne in diesem Rahmen auf Einzelheiten eingehen zu können, kann Charisma mit Max Weber (1994, 268) als eine „wirkliche oder vermeintliche außeralltägliche Qualität eines Menschen" definiert werden. Die kluge Unterscheidung zwischen wirklicher und vermeintlicher Qualität deutet an, daß Führungs- und Führereigenschaften wie „Charisma" vor allem Attributionsergebnisse der Geführten sind, d.h. Eigenschaften, die die Untergebenen ihrem/ihren Vorgesetzten aufgrund alltäglicher Wahrnehmungen zuschreiben. Auf diese Weise wird Charisma zu einer speziellen Wirklichkeitskonstruktion, was die absichtsvolle Entwicklung - und dann auch Instrumentalisierung - charismatischer Vorgesetzter ausgesprochen erschwert (vgl. daher kritisch von der Oelsnitz 1999b, 152ff.; Weibler 1997).

Zum **Charisma** treten drei weitere **Merkmale transformationaler Führung**, die sich als handlungspraktische Ansatzpunkte der interaktionellen Führung wechselseitig bedingen. Diese Merkmale sind:
- das Setzen und Propagieren inspirierender Ziele,
- über den technischen Aufgabenvollzug hinausgehende geistige Anregung und

- individuelle und vertrauensstärkende Behandlung der Mitarbeiter (vgl. Hentze/Kammel 1995, 804; Bass/Avolio 1993, 51f.).

Erklärtes Endziel der transformationalen Führung ist letztlich das Verschmelzen organisationaler und individueller Ziele. Führer und Geführte verhelfen sich, so die Idealvorstellung, dabei gegenseitig zu höherer Motivation und Moral. Dementsprechend wird transformationale Führung dann als gegeben angesehen, „when leaders broaden and elevate the interests of their followers, when they generate awareness and acceptance among the followers of the purposes and mission of the group, and when they move their followers to transcend their own self-interests for the good of the group" (Seltzer/Bass 1990, 693f.).

Vor diesem Hintergrund erscheint es für den transformationalen Führer geboten, an der zuvor entwickelten **Unternehmensvision** anzuknüpfen und seinen Untergebenen hierdurch zusätzlich Sinn zu vermitteln. Die Aufgabe der **Sinnstiftung** ist es in diesem Zusammenhang, den Mitarbeitern „einen Grund für ihr Tun" zu liefern. Denn: „ohne einen Grund ist die Aufgabe, anderen zu dienen, zu anspruchsvoll und frustrierend, um Tag für Tag gut getan zu werden" (Berry/Parasuraman 1995, 93f.).

Als Beispiel für ein derartiges Modell mag ServiceMasters dienen, ein US-amerikanisches Unternehmen für Reinigungs- und Waschleistungen. Dieses Unternehmen arbeitet u.a. für Krankenhäuser und bat Ärzte darum, dem Personal des Unternehmens zu erläutern, inwieweit ein sauberer und gepflegter Raum zur Genesung der Patienten beiträgt.

Nach Auskunft des Vorstandsvorsitzenden William Pollard haben seine Mitarbeiter hierdurch viel deutlicher erkannt, wie sehr ihre ureigene Tätigkeit das Wohlbefinden von Menschen beeinflußt.

2.5 Fitting: Die strukturelle Umsetzung des Veränderungskonzepts

Spätestens seit der Chandlerschen „Structure follows strategy"-These besteht in der Implementierungsforschung Einigkeit darüber, daß eine strategische Reorientierung die begleitende Anpassung der organisationalen Strukturen erfordert. Heuristisch läßt sich dabei auf der üblichen Unterscheidung zwischen Aufbau- und Ablauforganisation aufbauen. In einer weiteren Konkretisierung sind die von der ASTON-Gruppe im Situativen Ansatz differenzierten Instrumentalvariablen der Organisationsgestaltung als Ordnungskriterium zu verwenden. In diesem Sinne beziehen sich die „Spezialisierung", „Koordination", „Delegation" und „Formalisierung" primär auf mikroorganisational zu verän-

dernde Tatbestände, während die Instrumentalvariable „Konfiguration" sich der anzupassenden Makroorganisation zuordnet.
Organisatorische Veränderungen sind deshalb wichtig, weil das menschliche **Verhalten durch Strukturen gelenkt** wird. Stellenpläne, Aufgabenzuschnitte, Autoritäts- und Kommunikationswege prägen das Verhalten eines jeden Organisationsmitgliedes vor und bestimmen somit auch über das Ausmaß seiner individuellen Kundenorientierung. Wenn dem Marketing als Denkhaltung des gesamten Unternehmens tatsächlich eine funktionenübergreifende Rolle zukommt, dann muß sich das Erfordernis des strukturellen „Fitting" konsequenterweise auf das gesamte Unternehmen erstrecken.
Wenngleich die strategiekonforme Anpassung der Aufbaustruktur eine geradezu klassische Implementierungsaufgabe ist (vgl. Galbraith/Nathanson 1978, 249ff.), so sind darüber hinaus doch noch weitere organisatorische Anpassungsschritte unverzichtbar. Diese betreffen vor allem die Ablauforganisation, die nach Maßgabe der für die unternehmerische Marktorientierung wichtigen Geschäftsprozesse zu gestalten ist, sowie die betrieblichen Führungssysteme. Hier bedürfen in aller Regel das betriebliche Selektions- und Ausbildungssystem, das Anreizsystem sowie das betriebliche Informationssystem einer unternehmenspolitisch inspirierten Erneuerung (vgl. näher von der Oelsnitz 2000b, 196ff. sowie den Beitrag von Heinecke in diesem Band).
Im weiteren erfolgt eine **Konzentration auf die Aufbauorganisation**. Die aufbauorganisatorische Anpassung erfolgt unter der Ägide zweier Hauptziele: der **Stimulierung der abteilungsübergreifenden Zusammenarbeit** auf der einen sowie der **Förderung des internen Unternehmertums** auf der anderen Seite (vgl. zu letzterem Pinchot 1988; Frey/Kleinmann/Barth 1995). Beide Ansätze stehen zugleich in Korrespondenz mit dem Phänomen des organisationalen Lernens, das für die Verbesserung der unternehmerischen Marktorientierung unerläßlich ist. Der Begriff „interfunktionale Zusammenarbeit" wird dabei sowohl auf die gemeinsame Generierung und Teilung marktbezogener Informationen als auch auf die gemeinsame strategische Entscheidungsfindung in interfunktional besetzten Gremien bezogen.
Das Marketing hat in einigen Unternehmen aufgrund seiner grenzüberschreitenden Natur („Boundary-spanning-role") schon immer in besonderem Umfang koordinative Aufgaben übernommen. Dabei muß es jedoch nicht selten gegen aufbauorganisatorische Widrigkeiten anschwimmen: Die oft starre Orientierung am Fayolschen Einliniensystem führt bei steigender Komplexität der Arbeitsaufgaben - häufig begünstigt durch eine Vielzahl betrieblicher Hierarchieebenen - zu schwerfälligen Informationswegen, Kundenferne und geringerem Verantwortlichkeitsempfinden bei unteren Chargen.

Hieraus ergibt sich die seit längerem vorgetragene Forderung nach einer **Abflachung der Hierarchie**. Besonders wirkungsvoll ist dies bekanntlich, wenn gleichzeitig organisatorisch verselbständigte Einheiten (Profit- oder, noch weitgehender, Investment-Center) gebildet werden, die zumindest für einen Teil ihres wirtschaftlichen Erfolges selbst verantwortlich sind (vgl. stellvertretend Frese/von Werder 1994, 7ff.; von der Oelsnitz 2000b, 53ff.). Ein wichtiger Effekt dieses Konfigurationstypus ist, daß das Unternehmen hierdurch den unternehmerischen Esprit des einzelnen und seine Selbstverpflichtung gegenüber dem Kunden stärkt. Eigenständige Unternehmensbereiche kennen ferner ihre spezifischen Wettbewerber besser, lernen schneller und sind „ihrem" Markt oft wesentlich näher als zentralisierte Einheiten.

Auf mikroorganisationaler Ebene sollten diese Maßnahmen durch eine möglichst weitgehende **Delegation** und **Entspezialisierung** flankiert werden. Erst wenn die organisatorisch abgegrenzte Einheit und der einzelne Mitarbeiter vergleichsweise selbstbestimmt agieren und entscheiden können, wird sich beim einzelnen ein persönliches Verantwortungsgefühl für den Kunden einstellen. Denn durch Delegation und Entspezialisierung wird der gesamte Aufgabenkomplex für den Mitarbeiter nicht nur überschaubarer, sondern auch sein Einfluß auf die Qualität der Kundenbeziehung größer. Darüber hinaus ermöglicht erst eine signifikante Delegation von Aufgaben und Verantwortung persönliche Lernerlebnisse und veränderte Arbeitserfahrungen. Oder mit den Worten von Giles (1991, 75): „Yet without ownership there can be no effective implementation."

Die entsprechenden Restrukturierungsmaßnahmen sind von einer **Zurückdrängung der formalen Regeln und Verhaltensanweisungen**, kurz: von der Reduktion des organisationalen Formalisierungsgrades, zu begleiten. „Formalisierung" ist neben „Spezialisierung" ein wesentliches Hauptcharakteristikum von Bürokratie (vgl. Derlien 1992, Sp. 392). Die Dysfunktionen bürokratischer Organisationsformen werden seit langem - nicht nur mit Blick auf die unternehmerische Kundenorientierung - hervorgehoben. Eine aktuelle Analyse von Homburg (1998, 192) bestätigt erneut, daß übergroße Spezialisierung, Standardisierung und Formalisierung die Kundennähe eines Unternehmens negativ beeinflussen.

Insbesondere dem Kundenkontaktpersonal wird es durch die traditionelle Überorganisation erschwert, in unkomplizierter Weise auf individuelle und/oder vorhergesehene Kundenwünsche einzugehen. Auch der heute immer noch keineswegs ausgerottete „Papierkram", mit dem sich ein reklamierender Kunde zur Wahrung seiner Interessen mitunter zu beschäftigen hat, fördert nicht gerade die Annehmlichkeit seiner persönlichen Bedürfnisbefriedigung. Die Zurückführung des organisationalen Formalisierungsgrades ist insofern - zumindest was den verkaufsnahen Bereich angeht - nicht nur ein arbeitsethisches, sondern zugleich auch ein zutiefst pragmatisches Gebot.

Hier schließt sich der Kreis, denn die angesprochenen Modifikationen der Mikroorganisation kommen erst dann voll zum Tragen, wenn das organisationale Aufbaugehäuse diesen Veränderungen im Geiste nachfolgt. In diesem Zusammenhang hat sich auch der **Schritt vom verrichtungsorientierten Funktional- zum objektorientierten Divisionalprinzip** vor allem für größere Mehrproduktunternehmen bewährt (vgl. Köhler 1998, 6f.; Fritz/von der Oelsnitz 1998, 200ff.). Ein in der zweiten Hierarchieebene nach spezifischen Kunden-, Produkt- oder Regionenerfordernissen gegliedertes Unternehmen vermag in besonders nachhaltiger Weise den Anforderungen eines marktorientierten Führungskonzepts zu entsprechen.

Plausibel erscheint in Divisionalorganisationen die konsequente Einrichtung eines institutionalisierten Kundenmanagements. Auch dessen Grundidee ist keineswegs neu - verkörpert es doch nichts anderes als die konsequente Umsetzung der zentralen Marketingforderung nach Ausrichtung aller innerbetrieblichen Aktivitäten am Kundenwunsch (vgl. hierzu u.a. Gruner/Garbe/Homburg 1997; Fritz/von der Oelsnitz 1998, 204f.). Allerdings ist ein institutionalisiertes **Kundenmanagement kein Patentrezept**, da es mitunter zu einer suboptimalen Ressourcen- und Prozeßeffizienz führt. Seine Anwendung ist letztlich an das Vorliegen bestimmter Marktbedingungen gebunden (z.B. müssen die Kundensegmente des Unternehmens ausreichend groß sein und in sich homogen abgegrenzt werden können (vgl. Gruner/Garbe/Homburg 1997, 238).

Während das Produktmanagement als verwandte Organisationsform seit einigen Jahren wieder auf dem Rückzug ist, erfreut sich das **Kundenmanagement** nach wie vor großer Popularität. Ein Kundenmanager übernimmt - so zumindest die Sollvorstellung - sowohl strategische Aufgaben (Wettbewerberanalyse, Leistungsentwicklung, Neukundenakquise) als auch operative Funktionen (betriebswirtschaftliche Beratung von Kunden, Mitarbeiterschulung, Verkaufsförderung u.ä.). Darüber hinaus leisten Kundenmanager die für den Abnehmernutzen zentrale Querschnittskoordination. Um dieses zu erreichen, bedürfen sie jedoch klarer Linienkompetenzen; in reinen Stabspositionen bleibt ein Kundenmanager oft wirkungslos. Trotz seiner Verdienste lassen empirische Befunde das institutionalisierte Kundenmanagement in einem eher ambivalenten Licht erscheinen. Dies hängt in erster Linie mit der Schwierigkeit zusammen, das diesem Aufbauprinzip innewohnende Potential in der Praxis auch tatsächlich voll im Sinne der Kundenorientierung zur Geltung zu bringen (vgl. Fritz 1995, 360ff.).

Das Ziel des konfigurativen Aufbaugehäuses ist neben Prozeßeffizienz auch Motivations- und Koordinationseffizienz. Für letztere ist ein interfunktionaler Interessenausgleich vonnöten. Neben spontanen Selbstabstimmungsprozessen sind hierfür in besonderem Maße ressortübergreifende Abstimmungsgremien wie Kollegien, Ausschüsse, Projektgruppen, Kommissionen oder Workshops geeignet. Mit diesen Einrichtungen, die gelegentlich auch als **Sekundärorganisation** bezeichnet werden (vgl. Hentze/Brose 1985, 77f.; von der Oelsnitz 2000b, 101f.), wird eine integrative Zusammenarbeit auf dem Wege der institutionalisierten Selbstabstimmung erreicht. Die Strukturen der Sekundärorganisation begründen leistungsfähige (Kunden-)Teams und entsprechen in besonderem Maße den Flexibilitätsanforderungen, die die heutige Wettbewerbsdynamik an viele Unternehmen stellt.

Hutt und Speh (1984, 56) schlagen in diesem Sinne die Einrichtung eines **Marketing Strategy-Centers** vor. In diesem sollten alle Mitarbeiter zusammengefaßt werden, die an der Entwicklung und Umsetzung einer bestimmten Marketingstrategie beteiligt sind. Die Zusammensetzung des Marketing Strategy-Centers erfolgt jedoch nicht mit genereller Gültigkeit. Statt dessen kommt es darauf an, je nach Branche, Strategie und Leistungsumfeld eine jeweils andere, sachbezogene Teambildung vorzunehmen. Dennoch ist das Center selbst keine temporäre Einrichtung.

Das Marketing Strategy-Center steht letztlich als Synonym für abteilungsübergreifende Koordinationsgremien, die den Blickwinkel des Kunden im Unternehmen stärken und natürlich auch in anderer Gestalt und unter einem anderen Namen institutionalisiert werden können.

Zur Förderung des innerbetrieblichen Verständnisses für das Marketing hat es sich überdies bewährt, sämtliche Funktionsbereiche gezielt mit den Kunden und/oder Wettbewerbern in Berührung zu bringen. So kann z.B. über gemeinsame Kundenbesuche im Rahmen eines sog. **Cross-Functional-Visit-Programs** das Verständnis der (formal) marketingfremden Abteilungen für die Notwendigkeiten einer marktorientierten Führungskonzeption oft deutlich verbessert werden (vgl. hierzu u.a. McQuarrie 1991). Der gelegentlich für diese Einrichtung ebenfalls benutzte Begriff des **Joint-Visiting-Programs** bringt die zugrundeliegende Idee ebenfalls gut zum Ausdruck. Derartige Programme sind ein ausgezeichnetes Beispiel für die Untrennbarkeit der technischen, symbolischen und politischen Dimension tiefgreifender Reorganisationsprozesse.

Bislang werden Cross-Functional-Visit-Programs vor allem in der Investitionsgüterbranche eingesetzt. Für diese Beschränkung besteht jedoch kein Grund: Letzten Endes wirken alle systematisch koordinierten Einblicke in die Arbeit der Marketingspezialisten sozialisierend und können hierdurch die innerbetriebliche Sensibilität für die Beiträge und Denkansätze des Marketing steigern. In diesem Sinn ist auch zu erwägen, ob man die Wirkungsrichtung der gemeinsamen Kundenbesuchsprogramme nicht umkehrt und im Aufbaugerüst der Organisation feste Stellen schafft, in denen die Kunden systematisch zum Informationsaustausch herangezogen werden. Einige Unternehmen haben bereits „Visitor Center" oder fixe Kundenausschüsse („Customer Advisory Councils") eingerichtet, zu denen die wichtigsten Kunden des Unternehmens in periodischen Abständen eingeladen werden (vgl. Hilker 1993, 113). Nehmen an derartigen Veranstaltungen Vertreter aller am betrieblichen Wertschöpfungsprozeß beteiligten Einheiten teil, dann können gemeinsame Erfahrungen gemacht und wichtige Integrationseffekte erzielt werden. Abbildung 3 faßt die Aussagen dieses Abschnittes noch einmal zusammen.

1.	Abbau von Hierarchieebenen und Einrichtung eigenverantwortlicher Einheiten
2.	Erweiterung des individuellen Handlungs- und Entscheidungsspielraums durch Delegation und Entspezialisierung
3.	Zurückschneidung des organisationalen Formalisierungsgrades
4.	konsequente Durchsetzung des divisionalen Objektprinzips
5.	Einrichtung eines institutionalisierten Kundenmanagements
6.	Einrichtung übergreifender Abstimmungsstellen im Rahmen der betrieblichen Sekundärorganisation

Abb. 3: Maßnahmen zur marktorientierten Erneuerung der Aufbauorganisation

3 Resümee

Gerade in älteren, von einer dominanten Führungsphilosophie geprägten Unternehmen sind die bewahrenden Kräfte oft so stark, daß auch diejenigen, die aufgrund ihrer Stellung die Fragwürdigkeit kundenfernen Verhaltens erkennen, nicht genügend Kraft zur Veränderung aufbringen. Paradoxerweise sind es gerade erfolgreiche Unternehmen, die vom Mißerfolg bedroht sind, da gerade ihnen - bedingt eben durch ihren bisherigen Erfolg - der Blick für notwendige Reorientierungen verstellt ist (vgl. z.B. Nystrom/Starbuck 1984). Dabei ist es in den allermeisten Fällen ein komplexes Bündel aus persönlichen Fähigkeitsbeschränkungen, technisch-instrumentaler Unbeholfenheit und machtpolitischen Interessengegensätzen, das letztendlich zu den allfälligen Blockaden in unternehmerischen Veränderungsprozessen führt.

Dieser Beitrag war bemüht zu zeigen, daß jedes Implementierungsproblem **nur ganzheitlich gelöst** werden kann. Kundennähe und Marktorientierung sind Endziele, die nur zu erreichen sind, wenn man von Unternehmensseite nicht allein an den finalen Wertschöpfungsschritten ansetzt. Die Philosophie des Marketing als übergreifender Führungskonzeption impliziert, daß in gewisser Weise alle Funktionseinheiten als im Dienst der Kundenorientierung stehend betrachtet werden. In diesem Sinne sind z.B. die Mitarbeiter der Produktionsplanung für eine termingerechte Fertigstellung von Auftragsprodukten, die Personalabteilung für die reibungslose Beschaffung kundenorientierter Mitarbeiter und die Inkassostelle für eine kundenfreundliche Zahlungsabwicklung verantwortlich. Gerade auch das Verhalten dieser Nicht-Marketer ist für die Leistungswahrnehmung der Abnehmer kritisch; die formal marketingfremden Personen im Unternehmen werden daher gern auch als **Part-time marketer** bezeichnet.

Der Begriff Part-time marketer wurde u.a. von Gummesson geprägt. Gummesson (1998, 243) bringt dessen Kernaussage auf die einfache Formel: „The important conclusion is that the FTM's (= full-time marketers) can never make it on their own." Zu den Erfolgsfaktoren der Unternehmensführung gehört insofern nicht nur das Marketingkonzept, sondern ganz wesentlich auch dessen nachhaltige interne Um- und Durchsetzung. Um diese zu sichern, ist zukünftig noch stärker darauf zu achten, daß betriebliche Reorganisationsprogramme nicht - wie in Deutschland vielfach üblich - vor allem dem Ziel der Kosteneinsparung dienen (vgl. Köhler 1998, 5; Soltwedel/Bickenbach 1996, 40f.). Vornehmstes Anliegen von Führungs- und Organisationsreformen muß vielmehr die Verbesserung der unternehmerischen Marktorientierung sein.

4 Literatur

Bacharach, S./Lawler, E. (1980): Power and Politics in Organizations, San Francisco.
Barksdale, H./Darden, B. (1971): Marketer's Attitude Toward the Marketing Concept, in: Journal of Marketing, Vol. 35 (1971), Nr. 10, S. 29-36.
Bass, B.M. (1986): Charisma entwickeln und zielführend einsetzen, Landsberg a.L.
Bass, B.M./Avolio, B.J. (1993): Transformational Leadership: A Response to Critiques, in: Chemers, M./Ayman, R. (Eds.): Leadership Theory and Research, San Diego, S. 49-80.
Berry, L./Parasuraman, A. (1995): Dienstleistungsmarketing fängt beim Mitarbeiter an, in: Bruhn, M. (Hrsg.): Internes Marketing, Wiesbaden, S. 87-110.

Bleicher, K. (1996): Das Konzept Integriertes Management, 4. Aufl., Frankfurt/New York.

Boston Consulting Group (Hrsg.) (1988): Vision und Strategie. Tagungsband der 34. Kronberger Konferenz, München.

Burns, J.M. (1978): Leadership, New York.

Derlien, H.-U. (1992): Bürokratie, in: Frese, E. (Hrsg.): Handwörterbuch der Organisation, 3. Aufl., Stuttgart, Sp. 391-400.

Fombrun, C.F. (1992): Turning Points. Creating Strategic Change in Corporations, New York u.a.

Frese, E./Werder, A. von (1994): Organisation als strategischer Wettbewerbsfaktor. Organisationstheoretische Analyse gegenwärtiger Umstrukturierungen, in: Frese, E./Maly, W. (Hrsg.): Organisationsstrategien zur Sicherung der Wettbewerbsfähigkeit, ZfbF-Sonderheft Nr. 33 (1994), S. 1-27.

Frey, D./Kleinmann, M./Barth, S. (1995): Intrapreneuring und Führung, in: Kieser, A./Reber, G./Wunderer, R. (Hrsg.): Handwörterbuch der Führung, 2. Aufl., Stuttgart, Sp. 1272-1284.

Fritz, W. (1995): Marketing-Management und Unternehmenserfolg, 2. Aufl., Stuttgart.

Fritz, W./Oelsnitz, D. von der (1998): Marketing. Elemente marktorientierter Unternehmensführung, 2. Aufl., Stuttgart.

Frost, P.J. (1989): Power, Politics, and Influence, in: Jablin, R. et al. (Eds.): Handbook of Organizational Communication, 2. Aufl., Newbury Park, S. 503-548.

Fry, J.N./Killing, P.J. (1989): Vision Check, in: Business Quarterly, Vol. 59 (1989), Nr. 2, S. 64-69.

Galbraith, J.R./Nathanson, D.A. (1978): Strategy Implementation: The Role of Structure and Process, St. Paul.

Giles, W. (1991): Making Strategy Work, in: Long Range Planning, Vol. 24 (1991), Nr. 5, S. 75-91.

Gruner, K./Garbe, B./Homburg, C. (1997): Produkt- und Key-Account-Management als objektorientierte Formen der Marketingorganisation, in: Die Betriebswirtschaft, 57. Jg. (1997), Nr. 2, S. 234-251.

Gummesson, E. (1998): Implementation Requires a Relationship Marketing Paradigm, in: Journal of the Academy of Marketing Science, Vol. 26 (1998), Nr. 3, S. 242-249.

Hentze, J. (1987): Akzeptanzprobleme bei der Implementierung von Planungssystemen, in: Das Wirtschaftsstudium, 16. Jg. (1987), Nr. 1, S. 23-28.

Hentze, J./Brose, P. (1985): Organisation, Landsberg a.L.
Hentze, J./Kammel, A. (1995): Transformationale Führung, in: Das Wirtschaftsstudium, 24. Jg. (1995), Nr. 10, S. 799-807.
Hilker, J. (1993): Marketingimplementierung, Wiesbaden.
Homburg, C. (1998): Kundennähe von Industriegüterunternehmen, 2. Aufl., Wiesbaden.
Huff, A.S./Reger, R.K. (1987): A Review of Strategic Process Research, in: Journal of Management, Vol. 13 (1987), Nr. 2, S. 211-236.
Hutt, M.D./Speh, T.W. (1984): The Marketing Strategy Center: Diagnosing the Industrial Marketer's Interdisciplinary Role, in: Journal of Marketing, Vol. 48 (1984), Nr. 3, S. 53-61.
Köhler, R. (1998): Kundenorientierte Organisation, in: Signale. Zeitschrift der Otto-Beisheim-Hochschule/WHU Koblenz, 12. Jg. (1998), Nr. 2, S. 5-13.
Magyar, K. (1989): Visionen schaffen neue Qualitätsdimensionen, in: Thexis, 6. Jg. (1989), Nr. 6, S. 3-7.
March, J.G. (1962): The Business Firm as a Political Coalition, in: Journal of Politics, Vol. 24 (1962), S. 662-678.
McQuarrie, E.F. (1991): The Customer Visit: Qualitative Research for Business-to-Business Marketers, in: Journal of Marketing Research, Vol. 28 (1991), Nr. 3, S. 15-28.
Mintzberg, H./Westley, F. (1992): Cycles of Organizational Change, in: Strategic Management Journal, Vol. 13 (1992), Special Issue Winter, S. 39-59.
Morgan, N.A./Piercy, N.F. (1991): Marketing and Total Quality Management: An Holistic Approach in the Context of Paradigmatic Competition, in: Wiele, T. v.d./Timmers, J.G. (Eds.): Proceedings of the Workshop on Quality Management in Services, Brüssel, S. 205-225.
Narayanan, V.K./Fahey, L. (1982): The Micropolitics of Strategy Formulation, in: Academy of Management Review, Vol. 7 (1982), Nr. 1, S. 25-34.
Nystrom, P.C./Starbuck, W.H. (1984): To Avoid Organizational Crisis, Unlearn, in: Organizational Dynamics, Vol. 12 (1984), Nr. 1, S. 53-65.
Oelsnitz, D. von der (1999a): Marktorientierter Unternehmenswandel. Managementtheoretische Perspektiven der Marketingimplementierung, Wiesbaden.
Oelsnitz, D. von der (1999b): Transformationale Führung im organisationalen Wandel: Ist alles machbar? Ist alles erlaubt? In: Zeitschrift für Führung und Organisation, 68. Jg. (1999), Nr. 3, S. 151-155.

Oelsnitz, D. von der (2000a): Marketingimplementierung: Mit „Visionen" den Wandel steuern, in: Jahrbuch der Absatz- und Verbrauchsforschung, 46. Jg. (2000); Nr. 2, S. 148-166.

Oelsnitz, D. von der (2000b): Marktorientierte Organisationsgestaltung, Stuttgart.

o.V. (2000): „Marketing ist die Königsdisziplin", in: absatzwirtschaft, 43. Jg. (2000), Nr. 1/2, S. 20-30.

Pettigrew, A.M. (1977): Strategy Formulation as a Political Process, in: International Studies of Management and Organization, Vol. 7 (1977), Nr. 2, S. 78-87.

Piercy, N. (1989a): Diagnosing and Solving Implementation Problems in Strategic Planning, in: Journal of General Management, Vol. 15 (1989), Nr. 1, S. 19-38.

Piercy, N. (1989b): Information Control and the Power and Politics of Marketing, in: Journal of Business Research, Vol. 18 (1989), S. 229-243.

Pinchot, G. (1988): Intrapreneuring - Mitarbeiter als Unternehmer, Wiesbaden.

Quinn, J.B. (1978): Strategic Change: Logic Incrementalism, in: Sloan Management Review, Vol. 20 (1978), Nr. 3, S. 7-21.

Raffée, H./Fritz, W. (1997): Die Unternehmensidentität als Erfolgsfaktor in der Investitionsgüterindustrie, in: Backhaus, K. et al. (Hrsg.): Marktleistung und Wettbewerb, Wiesbaden, S. 293-307.

Reichers, A./Wanous, J.P./Austin, J.T. (1997): Understanding and Managing Cynicism about Organizational Change, in: The Academy of Management Executive, Vol. 11 (1997), Nr. 1, S. 48-59.

Reiß, M. (1997): Instrumente der Implementierung, in: Reiß, M./Rosenstiel, L.v./Lanz, A. (Hrsg.): Change Management - Programme, Projekte und Prozesse, Stuttgart, S. 91-108.

Seltzer, J./Bass, B.M. (1990): Transformational Leadership: Beyond Initiation and Consideration, in: Journal of Management, Vol. 16 (1990), Nr. 4, S. 693-703.

Siguaw, J.A./Brown, G./Widing, R.E. (1994): The Influence of the Market Orientation of the Firm on Sales Force Behavior and Attitudes, in: Journal of Marketing, Vol. 31 (1994), Nr. 1, S. 106-116.

Soltwedel, R./Bickenbach, F. (1996): Trends in Führungsphilosophie und Unternehmensorganisation - Ergebnisse einer vergleichenden Führungskräftebefragung, in: Bertelsmann Stiftung (Hrsg.): Auf den Menschen kommt es an. Führung und Motivation im Unternehmen, Gütersloh, S. 15-98.

Strebel, P. (1994): Choosing the Right Change Path, in: California Management Review, Vol. 37 (1994), Winter, S. 29-51.

Weber, M. (1994): Gesammelte Aufsätze zur Religionssoziologie, Band 1, 10. Aufl., Tübingen.

Weibler, J. (1997): Unternehmenssteuerung durch charismatische Führungspersönlichkeiten? In: Zeitschrift für Führung und Organisation, 66. Jg. (1997), S. 27-32.

Wunderer, R. (1995): Unternehmerische Mitarbeiterführung, in: Kieser, A./Reber, G./Wunderer, R. (Hrsg.): Handwörterbuch der Führung, 2. Aufl., Stuttgart, Sp. 2081-2096.

Themenfelder und Logik
postmoderner Organisationsforschung

Georg Schreyögg und Jochen Koch

Übersicht:

1 Einleitung 224
2 Die Rezeption der Postmoderne in der Organisationstheorie 226
3 Themenfelder postmoderner Organisationsforschung 229
3.1 Struktur/Prozeß 230
3.2 Eindeutigkeit/Mehrdeutigkeit 231
3.3 Kontrolle/Autonomie 232
3.4 Maskulinität/Feminität 232
3.5 Kognition/Emotion 233
3.6 Homogenität/Heterogenität 233
3.7 Zentrismus/Polyzentrismus 234
4 Zur Logik postmoderner Organisationsforschung 235
5 Literatur 238

1 Einleitung

In der organisationstheoretischen Diskussion schiebt sich ein Thema immer mehr in den Vordergrund, das zunächst als exotische Außenseiterposition erschien, gemeint ist die Postmoderne. Zwischenzeitlich finden nicht nur zahlreiche Kongresse statt, die sich diesem Thema widmen, sondern auch eher traditionell ausgelegte Management-Zeitschriften sind in zunehmendem Maße bereit, der Postmoderne-Debatte Raum und Aufmerksamkeit zu geben. Überraschenderweise fand in der deutschen Organisationstheorie diese Debatte, gleichgültig ob nun affirmativ oder kritisch, bislang wenig Widerhall. Nachdem in der Postmoderne-Debatte Grundlagenfragen der Organisationsforschung abgehandelt werden, erscheint diese Abstinenz nicht ganz verständlich. Was versteht man eigentlich unter »Postmoderne«?

Unter dem Begriff »**Postmoderne**« wird eine Vielzahl von Sachverhalten diskutiert. Dazu zählen zum einen stilistische Entwicklungen in der Literatur, der Kunst oder der Architektur, zum anderen ethisch-moralische und insbesondere erkenntnistheoretische Reflexionen in den Sozialwissenschaften und der Philosophie. Neben solchen Entwicklungen in Ästhetik, Ethik und Theorie wird die Postmoderne aber auch mit gesamtgesellschaftlichen Veränderungsprozessen in Verbindung gebracht. In diesem Sinne steht der Begriff für die Signatur der gegenwärtigen gesellschaftlichen Lage. So wird mit »postmodern« häufig auf die Form aktueller gesellschaftlicher Strukturen verwiesen, etwa auf die pluralistische Verfaßtheit oder auf den Werteverlust oder die Identitätskrise der Gesellschaft. Hinzu treten aber auch stärker positiv konnotierte Beschreibungen, wie etwa Wissensgesellschaft oder Informationsgesellschaft. Nimmt man dies alles in den Blick, so erscheint die Postmoderne im ersten Zugriff als ein Begriffskonglomerat, mit dem alles mögliche bezeichnet, aber nichts Genaues unterschieden wird.

Die scheinbare Unklarheit des Konzeptes, die bei genauerer Hinsicht allerdings nicht primär einer vielfältigen Begriffsverwendung, sondern zu wesentlichen Teilen einer unzureichenden und oberflächlichen Rezeption anzulasten ist, hat bisweilen eine grundlegend ablehnende Kritik provoziert und die Debatte unzulässig vereinfacht. Allzu schnell sind viele dazu übergegangen, nur noch in genereller Manier über Sinn und insbesondere Unsinn der gesamten Debatte zu diskutieren, anstatt sich mit den Forschungsinhalten zu beschäftigen. Allgemeine Vorwürfe, wie Irrationalismus, Beliebigkeit oder Unseriosität, stehen für diese Auffassung. Alvesson (1995) hat dies in polemischer Weise auf den Punkt zu bringen versucht: „The word pomo [postmodernism, d.Verf.] has no meaning. Use it as seldom as possible! There is little intellectual merit in using a word that captures everything and nothing".

Eine Aufgabe wird es also sein, den Begriff etwas mehr zu schärfen, damit das Gemeinte besser sichtbar wird. Die diffuse Begriffsverwendung sollte aber nicht von den Sachverhalten ablenken, die in dieser Debatte zum Gegenstand gemacht werden. Dabei kann durchaus – wie gleich zu zeigen – etwas breiter angesetzt werden.

Die Entwicklung der Organisationsforschung hat in den letzten dreißig Jahren Theorieelemente und Ideen hervorgebracht, die sich **immer weniger mit der traditionell-modernen Organisationslogik** vertragen. Erinnert sei hier an die Diskussion um Ambiguität, brauchbare Illegalität, Komplexität, Kontingenz des organisatorischen Handelns, lose Koppelung, Metaphern, Mythen, Narrationen, Paradoxien, politische Prozesse, Organisationskultur, Sensemaking, um nur einige Entwicklungen anzuführen. Damit sind Theoriefiguren entstanden, die sich im Grunde in einem Zustand der „unplausiblen Evidenz" (Luhmann 1981) befinden, d.h., sie liegen jenseits eines modernen, von Konsistenz und Eindeutigkeit geprägten Organisationsverständnisses und können doch letztlich aufgrund ihrer praktischen Relevanz und Evidenz nicht mehr einfach zur Seite gedrängt werden. Jede Organisationstheorie, die versucht, auf diese Erfahrungen mit Einsichten zu reagieren und nicht blindlings am Paradigma der Eindeutigkeit und Entscheidbarkeit festzuhalten, sieht sich vor die Frage gestellt, wie sie solche Ideen der „Unschärfe" konzeptionell einbeziehen kann. Es ist die These dieses Beitrages, daß eine Rezeption der Postmoderne für die Organisationstheorie hierzu wesentliche Einsichten und Ergebnisse liefern kann.

Dazu wird zunächst eine Rekonstruktion der Rezeption der Postmoderne innerhalb der Organisationsforschung geleistet, um zu zeigen, in welcher Art die bisherige Debatte in der Organisationsforschung das Thema Postmoderne aufgegriffen hat. Dabei wird zugleich deutlich, daß man häufig übersehen hat, daß viele bereits vorliegende Ansätze **implizit** postmodern ausgelegt sind. Es werden sieben Hauptfelder postmoderner Organisationsforschung herausgeschält, die sich aufgrund des gegenwärtigen Stands der Forschung abzeichnen und die sowohl **explizit** als auch **implizit** postmoderne Organisationsforschung einbeziehen. Abschließend soll dann verdeutlicht werden, daß die Logik der postmodernen Organisationsanalyse keine ausschließlich anti-moderne Haltung zum Ausdruck bringen kann. Um es allgemein zu formulieren: Es geht nicht um die generelle Verabschiedung oder eine grundlegende Überwindung, sondern um eine Revision der modernen Organisationsvorstellungen.

2 Die Rezeption der Postmoderne in der Organisationstheorie

Die Diskussion um Organisation und Postmoderne war zunächst schwerpunktmäßig eine angelsächsische, relativ früh hat die Debatte jedoch auch in den USA Fuß fassen können (vgl. Hassard/Parker 1993; Gephart et al. 1996; Kilduff/Mehra 1997). Erst in letzter Zeit finden sich auch vermehrt deutschsprachige Veröffentlichungen zu diesem Thema (Kirsch 1992; Lentge 1994; Pelzer 1995; Heinl 1996; Weik 1996; Bauer 1996; Weik 1998 sowie die Beiträge in Schreyögg 1999). Insgesamt setzen die Arbeiten zu einer postmodernen Organisationsforschung auf ganz unterschiedlichen Ebenen und Themengebieten an. Von einer einheitlichen Stoßrichtung läßt sich somit kaum sprechen. Damit war seit Anbeginn der Debatte auch das Bedürfnis gegeben, generelle Kategorien zu schaffen, um auf diese Weise nicht nur einen Überblick über die unterschiedlichen Diskussionsstränge zu gewinnen, sondern um überhaupt die Einheit der Debatte von Organisation und Postmoderne zu begründen. Mittlerweile liegen einige Versuche vor, die verschiedenen postmodernen Einzelansätze in eine Ordnung und Systematik zu bringen und damit auch den Impetus und die Stoßrichtung der gesamten Debatte klarzustellen (vgl. Schreyögg/Koch 1999). Hier hat insbesondere der Klassifikationsversuch von Hassard (1993) nachhaltige Resonanz gefunden, was wohl in erster Linie darauf zurückzuführen ist, daß er unmittelbar an eine intuitiv gegebene Unterscheidung anknüpft, nämlich an die zwischen Organisations**form** einerseits und Organisations**theorie** andererseits.

Die Unterscheidung von Hassard, die im übrigen auf Parker (1992) und letztlich auf Zygmunt Baumann (1988) zurückzuführen ist, unterteilt die Postmoderne in diesem Sinne in **epochale** und **epistemologische** Organisationsansätze.

Hassard zeichnet auf der einen Seite Ansätze aus, die sich mit Organisationsformen beschäftigen, die einer neuen Ära angehören, wohingegen auf der anderen Seite Ansätze stehen, die eine ganz neue Sichtweise von Organisationen zu etablieren versuchen.

Bei der „Epochenbetrachtung" stehen insbesondere die Überlegungen von Clegg (1990) zu einer postmodernen Organisation im Mittelpunkt der Diskussion. Clegg geht von der Bürokratie als typischem Vertreter der modernen Organisation aus und sieht in der Entwicklung hin zu offenen und flachen Organisationsformen Vorboten für ein neues postmodernes Organisationszeitalter. „Where modernist organization was rigid, postmodern organization is flexible. [...] Where modernist organization was premised on technological determinism, postmodernist organization is premised on technological choices made possible through 'de-dedicated' microelectronic equipment. Where modernist organization and jobs were highly differentiated, demarcated and de-skilled, postmodernist organization and jobs are highly de-differentiated, de-demarcated and multi-skilled" (Clegg 1990, 181). Clegg bezieht auch die Entwicklung hin zu grenzüberschreitenden Netzwerken in die postmoderne Organisationstendenz mit ein und postuliert sowohl nach innen als auch nach außen einen gänzlich anderen Koordinationsmodus (vgl. auch Clegg/Hardy 1996).

Konzeptionell gewinnt Clegg seine Argumentation für die neuen („postmodernen") Organisationsformen im wesentlichen aus von ihm empirisch festgestellten Erscheinungen, die er allgemein als einen Prozeß der De-differenzierung oder Ent-differenzierung bezeichnet. Dabei nehmen seine Untersuchungen ihren Ausgangspunkt in der These, „empirical realities are neither imaginary nor whimsical: they cannot be side-stepped". Clegg ist sich also durchaus bewußt, daß er einen wissenschaftlichen Bezugsrahmen benötigt, auf den sich seine Beobachtungen gründen können. Dies steht im Unterschied zu Hassard, der mit seiner Unterscheidung impliziert, daß man Organisationsformen thematisieren könne, ohne dabei auf theoretisch-methodische Grundüberlegungen zurückzugreifen.

Zugleich suggeriert die Klassifikation von Hassard auf der anderen Seite, daß man scheinbar Organisationstheorie betreiben könne, ohne dabei auf Formen der Organisation zu rekurrieren. Für diese zweite Strömung im postmodernen Denken der Organisationstheorie verwendet er den Begriff **Epistemologie**. Damit soll unmittelbar auf den Zusammenhang zu erkenntnistheoretischen Fragestellungen verwiesen werden, letztlich in Form der Frage: Wie ist Erkenntnis möglich? Auf die Organisationsforschung übertragen, müßte die Frage dann lauten: Wie ist Organisationstheorie möglich?

Allgemein als grundlegend für diesen „epistemologischen" Diskussionsstrang der Postmoderne in der Organisationstheorie gilt heute die von **Cooper** und **Burrell** (1988, Burrell 1988; Cooper 1989; Burrell 1994) verfaßte Artikelserie in Organization Studies. Dort versuchen die Autoren zunächst in einer Einführung, die wesentlichen Aspekte für das Verständnis des „postmodernen Diskurses" herauszuarbeiten, nämlich die Konzeption von **difference**. Darunter verstehen Cooper und Burrell unter Bezugnahme auf Derrida (1979) eine spezifische Form von „Selbstreferenz", in dem Sinne, daß ein Begriff keinen eindeutig bestimm- und abgrenzbaren Sinngehalt darstellt, sondern immer auch gleichsam sein Gegenteil enthält. Sofern diese Annahme zutreffend ist, werden alle Versuche einer „Feststellung" der Bedeutungsgehalte eines Begriffes immer nur vorläufigen Charakter haben und niemals als endgültig zu verstehen sein (Cooper/Burrell 1988, 98). Die logische Form eines Begriffes – so könnte man sagen – schließt also nicht nur andere Bedeutungsgehalte des Begriffes aus, sondern eben auch ein. Gerade darin liegt dann der offene Verweisungshorizont.

Cooper und Burrell sehen in dieser Form nun keine Logik, die sich auf theoretische Begriffsanalysen beschränkt, sondern deuten diese vielmehr als eine für alle Erscheinungen des Sozialen grundlegende aus. In diesem Sinne ist die soziale Welt dann nicht durch klare Differenzen und Eindeutigkeiten charakterisiert, sondern vielmehr durch Formen, die sowohl das Eine als auch dessen Gegenteil in sich „vereinen". Sofern dies der Fall ist, werden nun alle noch so stabil erscheinenden Prozesse und Strukturen der sozialen Welt grundsätzlich hinterfragbar, und zum zweiten – und das ist der wesentlichere Aspekt – werden nun gerade alle diejenigen Prozesse thematisierbar, die die Stabilität des scheinbar Unhinterfragbaren überhaupt erst konstituieren. In diesem Sinne – so argumentieren die Autoren im Anschluß an Lyotard – sollte Forschung zu einer Suche nach Instabilitäten werden (1988, 98ff.).

Vor diesem Hintergrund versuchen Cooper und Burrell nun, ihrem Konzept von postmoderner Organisationsforschung Gestalt zu geben. Daß hier jedoch nicht nur Wissenschaftstheorie, sondern eben auch Organisationstheorie betrieben und organisatorische Praxis beschrieben wird, machen die Autoren dann auch an vielen Stellen deutlich, so etwa wenn sie zeigen, wie die lineare Durchkomponierung eines Systems auf grundsätzliche Grenzen stößt und deshalb zugunsten einer Vielfalt und Diversität von Perspektiven aufgegeben werden muß.

Hassards Klassifikation erweist sich just an diesem Punkt als zu eng, erweckt sie doch den Eindruck, als würden die unter der Rubrik „Epistemologie" subsumierten Arbeiten ausschließlich grundlagentheoretische Probleme der Organisationstheorie behandeln. Es ist zwar richtig, daß viele dieser Arbeiten eine solche Reflexion beinhalten, wenn jedoch mit dem Label „Epistemologie" angezeigt sein soll, daß sie sich darauf beschränken, so muß dies zurückgewiesen werden (ähnlich Weik 1996).

Der Klassifikationsvorschlag von Hassard enthält ein weiteres, grundlegenderes Problem, das über diese Kategorisierungsproblematik hinausgeht und die gesamte Postmoderne-Debatte in der Organisationsforschung betrifft, nämlich die Grenzziehung. Hassard – wie neben ihm noch viele andere – macht die Zuordnung zur Postmoderne im Grunde von einem „Bekenntnis" zur Postmoderne abhängig. Der Kreis von organisationstheoretischen Arbeiten, die dem postmodernen Denken zuzuordnen sind, ist damit – wie wir eingangs bereits angedeutet haben – viel zu eng gezogen. Geht man thematisch und nicht deklaratorisch vor, muß man nach genauerer Analyse sehr viel mehr Arbeiten dem postmodernen Ansatz zuordnen. Das bedeutet auch, daß man die bisherige Debatte erweitern und zwischen explizit und implizit postmodernen Ansätzen in der Organisationstheorie unterscheiden muß (vgl. hierzu den Weg, den zu Knyphausen-Aufseß 1999 einschlägt).

Vor diesem Hintergrund erscheint es zweckmäßiger, inhaltlich vorzugehen und die Debatte um Organisation und Postmoderne nach Themenfeldern zu ordnen, was im nächsten Abschnitt versucht werden soll.

3 Themenfelder postmoderner Organisationsforschung

Die Beschreibung der Themenfelder postmoderner Organisationsanalyse folgt – wie angekündigt – der Leitlinie, nicht nur explizit postmoderne Ansätze in der Organisationsforschung in einen Zusammenhang zu bringen, sondern auch implizit postmoderne, d.h. solche, die dem Themenkanon nach der Herangehensweise der Postmoderne im Kern entsprechen. Während der Beginn der explizit postmodernen Arbeiten zur Organisationstheorie mit dem Aufsatz von Cooper und Burrell im Jahre 1988 einsetzt, ist der Beginn der implizit postmodernen Arbeiten schon sehr viel früher anzusetzen. Als typische Vertreter einer impliziten Postmoderne in der Organisationstheorie würde man zum Beispiel Mintzberg (1978), Weick (1979) oder Morgan (1986) nennen. Ganz in diesem Sinne datiert Gergen (1992) beispielsweise den Beginn einer Bewegung in postmoderner Richtung mit dem Erscheinen von Morgans **Images of Organization**; einer Auffassung, der Morgan (1996, 238f.) mittlerweile ausdrücklich zugestimmt hat. Die Unterscheidung zwischen explizit und implizit postmodernen Arbeiten behauptet also, daß das postmoderne Denken ein sehr viel breiteres Fundament hat, als dies gemeinhin gesehen wird. Vor diesem Hintergrund wird dann auch verständlich, daß eine Reihe neuerer postmoderner Arbeiten rekonstruktiver Natur ist, d.h. an den Problemen und nicht an der Deklaration anschließen (etwa Ortmann 1999).

Um den Kreis zu erfassender Literatur zu markieren, ist es zunächst einmal sinnvoll, vom Impetus der postmodernen Organisationsforschung auszugehen, um auf diese Weise auch die grundlegende Stoßrichtung dieser Forschung zu verdeutlichen. Insgesamt ist zu beachten, daß der Duktus postmoderner Organisationsanalysen von dem moderner Organisationsanalysen deutlich abweicht. Es geht nicht darum, mit einem feststehenden Kanon akzeptierter Beweisverfahren gesicherte organisatorische Erkenntnis zu schaffen. Der Charakter ihrer Aussagen ist vielmehr durch eine grundlegende, aber immer wieder zu begründende Skepsis gegenüber festgestellten Formen der Erkenntnis getragen. In der Tendenz werden – jedenfalls im gegenwärtigen Stadium – Sicherheiten eher aufgelöst als geschaffen, einfache Erklärungen durch vielschichtigere ersetzt, eine dominierende Perspektive zugunsten einer Vielzahl von Perspektiven verdrängt. Ein zweifellos wichtiger Ansatzpunkt ist auch, die nicht gesehenen „Schattenseiten" von etablierten Sichtweisen und Konzepten sichtbar und diskutierbar zu machen (vgl. Calás/Smircich 1999).

Das **postmoderne Organisationsdenken** war von Anfang an stark als Antithese formuliert und versucht, sich in diesem Sinne in eine Differenz zur modernen Organisationstheorie zu setzen. Dementsprechend lassen sich die Themen der postmodernen Organisationsanalyse aus diesem Gegensatz heraus entwickeln und vereinfachend als Gegensatzpaare formulieren, wie z.B. Strukturen (Resultate) vs. Prozesse, Eindeutigkeit vs. Ambiguität, Kontrolle vs. Autonomie usw.

Die bisherigen Themenschwerpunkte der postmodernen Organisationsanalysen lassen sich unserem Vorschlag nach anhand von sieben Feldern umreißen.

3.1 Struktur/Prozeß

Eines der zentralen Themengebiete postmoderner Organisationstheorie ist das **Spannungsfeld von Struktur und Prozeß**. Während die Moderne die Organisation im wesentlichen als Struktur und durch Strukturen zu begreifen versucht und damit auch Stabilität als Normalzustand und Wandel als Ausnahmezustand konzipiert (vgl. auch Schreyögg/Noss 1998), eröffnet eine Prozeßperspektive die Möglichkeit, den emergenten und auch ephemeren Charakter von Organisationen zu thematisieren (vgl. Chia 1995). Hiermit ist auch die Idee Lyotards verbunden, die postmoderne Wissenschaft als eine Erforschung der Instabilitäten zu begreifen (Lyotard 1993). Damit geht eine wesentliche Akzentverschiebung einher. Die Betonung der Analyse liegt nicht mehr auf dem, **was** Organisationen **sind** (oder was sie sein können oder sein sollen), sondern darauf, **wie** sie „werden" (vgl. auch Kappler 1996, 190f.). Cooper und Law (1995) haben dazu im Anschluß an Elias (1978) die Unterscheidung zwischen einer **sociology of being or static states** und einer **sociology of becoming or process** vorgeschlagen. In diesem Sinne rückt das Untersuchungsinteresse ab von klassischen Wesensfragen (in allgemeinster Form: „Was ist eine Organisation?") und wendet sich sogenannten „Wie"-Fragen zu. Nicht mehr eine – wie auch immer vorgegebene – Entität (Resultat, Struktur) ist zentral, sondern der Prozeß, wie eine solche Entität entsteht und stabilisiert oder destabilisiert wird, steht im Mittelpunkt des Interesses.

Zur Verdeutlichung sollte gesagt werden, daß die hier skizzierte Prozeßorientierung mit der in den letzten Jahren vielfach propagierten „Prozeßorganisation" nicht viel gemein hat. Diese Ansätze, insbesondere das sogenannte „business reengineering", behandeln und begreifen letztlich Prozesse **als** Strukturen, weil sie nicht die Prozesse selbst, sondern die Strukturierung von Standardprozessen thematisieren (vgl. etwa Hammer/Champy 1994, 68; Osterloh/Frost 1996, 30). Gerade das wird jedoch von dem hier gemeinten postmodernen Prozeßdenken in Kritik genommen (vgl. Chia 1996, 1999). Nicht um das Festzurren von feststehenden Optimaldurchläufen geht es, sondern um den Blick auf die Instabilitäten, das Werden und Vergehen.

3.2 Eindeutigkeit/Mehrdeutigkeit

Wenn es ein zentrales Thema der klassisch-modernen Organisationstheorie gibt, dann ist es das der formellen Regelung und der damit verbundenen Erzeugung von Eindeutigkeit, etwa in Form eines Organigramms. In diesem Thema konvergiert der Entstehungsgrund der modernen Organisation mit dem Erklärungsgrund für ihre Effizienz. Das ist der Duktus der **Bürokratietheorie** von Max Weber (1976) und allen anderen präskriptiven **Theorien der formalen Organisation** (Kosiol 1962). Demnach beruht sowohl die Entstehung als auch die Form der modernen Organisation auf ihrer höheren Funktionalität gegenüber anderen (gesellschaftlichen) Koordinationsformen. Den Grund für diese höhere Funktionalität sieht Weber im wesentlichen in dem formal-bürokratischen Apparat und damit letztlich also in der Erzeugung von Eindeutigkeit. Auch wenn die Theorie der formalen Organisation heute in einer Reihe von Hinsichten weiterentwickelt wurde, so sind der Organisationstheorie diese frühen Wurzeln bis heute erhalten geblieben. Es kann deshalb nicht verwundern, daß die in der Organisation seit langem formulierten Überlegungen und Ansätze, die eine solche Eindeutigkeit zugunsten von Mehrdeutigkeiten, Ambiguitäten und Paradoxien ablösen wollen (March/Olsen 1979; Weick 1979), bis heute auf fundamentale Integrationsschwierigkeiten stoßen. Sie „rütteln" ja nicht an irgend einem Sachverhalt der Organisationstheorie, sondern an deren grundlegendem (modernem) Selbstverständnis.

Diesem modernen Selbstverständnis der Organisationstheorie liegt im wesentlichen eine Rationalitätsvorstellung zugrunde, welche z.B. zirkuläre Argumentationen und paradoxe Beschreibungen ausschließt. Insofern wurde und wird die Organisationstheorie sehr stark in Analogie zur zweiwertigen Logik verstanden, die Eindeutigkeit (A **oder** Non-A) verlangt (vgl. Bauer 1996, 18). An dieser Stelle setzen viele Ansätze der Postmoderne an; sie laufen alle auf ein verändertes Organisationsverständnis hinaus, das Mehrdeutigkeiten, Ambiguitäten und Paradoxien konstitutiv werden lassen möchte (March 1978; Weick 1979).

3.3 Kontrolle/Autonomie

Eng verbunden mit der Idee von Mehrdeutigkeit ist das Themenfeld von Kontrolle und Autonomie, denn dort wo Ambiguität und Paradoxien als organisatorische Phänomene vorkommen, entstehen autonome, nur noch bedingt kontrollierbare Einheiten (vgl. auch Varela 1979). Eine solche **Verselbständigung** oder Systembildung wird neuerdings in der Organisationstheorie auch in Verbindung mit **Sinnentstehung** und **Sinnvermittlung** gesehen (Cooper/Burrell 1988; Weick 1995). Die damit zusammenhängenden Möglichkeiten und Grenzen der Organisation und des Organisierens haben jedoch insbesondere im Zuge der Diskussion um Selbstorganisation (etwa Probst 1987) und der Rezeption der Idee autopoietischer Systeme (vgl. Kirsch/zu Knyphausen 1991) Eingang in die Organisationstheorie gefunden. Die damit aufgeworfenen Fragen der Steuerbarkeit von Organisationen sind dabei weithin Gegenstand der postmodernen Diskussion, die im wesentlichen den Gedanken der Autonomie und Selbstreferenz stark machen möchte und damit tendenziell die an Fremdreferenz gekoppelte Kontrolle und Fremdsteuerung zurückweist (vgl. Cooper/Burrell 1988).

3.4 Maskulinität/Feminität

Im Zusammenhang mit dieser Zurückweisung von Kontrolle und Fremdsteuerung steht ein weiteres, breit diskutiertes Themenfeld in der Postmoderne-Debatte, das hier – nicht im Sinne Hofstedes (1980) – unter der Rubrik **Maskulinität** und **Feminität** zusammengefaßt werden soll. In den hier einschlägigen Arbeiten geht es im Grunde um die kritische Analyse aller Formen nicht zu rechtfertigender Dominanz und Vorherrschaft, sowohl in Organisationen als auch insbesondere in der Organisationstheorie selbst. Die postmodernen Analysen nehmen sich der Aufdeckung und dem Versuch der Überwindung von jeglicher Form der Unterdrückung an. Es geht dabei generell um Probleme der Ausgrenzung von bestimmten Gruppen und Personen, also auch um Fragestellungen von Zentrum/Peripherie bzw. Inklusion/Exklusion, die insbesondere im interkulturellen Bereich von Bedeutung sind.

Burrell (1997, 12) hat aus dieser Perspektive heraus der gesamten modernen (konventionellen) Organisationstheorie den Vorwurf gemacht, daß „sie ganze Bevölkerungsgruppen unterdrücke und dazu zwinge, den Kopf einzuziehen". Ausgrenzung und Unterdrückung wird am nachdrücklichsten in den sogenannten „gender studies" zum Gegenstand gemacht, die den empirischen Nachweis solcher Tendenzen führen. In diesem Zusammenhang spricht man von einer „malestream organizational theory" (Hearn/Parkin 1985) und einer „predominant phallocentric perspective" (Calás/Smircich

1993) und sucht nach neuen Wegen, diese Einseitigkeiten sowohl in Organisationen als auch in der Organisationstheorie zu beseitigen.

3.5 Kognition/Emotion

Das Spannungsfeld von **Kognition** und **Emotion** steht in einem gewissen Sinne auch im Umfeld der Problematisierung von Unterdrückung und Exklusion, bezieht sich hier jedoch nicht auf die Ausgrenzung von Personen oder Gruppen, sondern allgemein auf die Ausschließung von „Gefühlen" aus Organisationen als typisches Kennzeichen moderner formaler Organisation. Vor diesem Hintergrund hat das Thema „Emotionen in Organisationen" in den letzten Jahren eine enorme Aufmerksamkeit erfahren (vgl. Fineman 1993; Hochschild 1983 sowie den Beitrag von Schanz in diesem Band). Das traditionell-moderne Organisationsverständnis will **Emotionalität** aus der Organisationswelt verbannen. Organisationen werden ihrer inneren Aufbaulogik nach als sachlich-rational begriffen. Gefühle können hier nach Voraussetzung keinen Platz finden, allenfalls als „**Störung**". Die theoretische Begründung hierfür lieferte Weber (1976), der ja einen wesentlichen Vorteil der Bürokratie gerade darin gesehen hat, daß sie unberechenbares (also emotionales) Verhalten ausschalten kann, und dabei gilt: je besser dies gelingt, um so größer ist die organisationale Effizienz.

Mit diesem generellen Ausschluß von Emotionen aus Organisationen ist jedoch sowohl praktisch als auch theoretisch eine Reihe von Problemen verbunden. Eine Thematisierung dieser Probleme hat im Grunde bereits mit den Hawthorne-Experimenten (Roethlisberger/Dickson 1975, zuerst 1939) eingesetzt, in denen bereits eine Umkehrung stattfand: Emotionalität wurde nicht länger als Störfaktor betrachtet, sondern im Gegenteil als Schlüsselfaktor für die Steigerung organisationaler Rationalität. Diese Linie zieht sich bis zum heutigen Tage, wenn etwa die „Wucht" starker Visionen beschworen wird. Offen bleibt dabei allerdings, in welchem Verhältnis Kognition und Emotion zueinander stehen. Hier argumentieren neuere Ansätze, die der Postmoderne zuzuordnen sind, dafür, daß Emotionalität und Kognition untrennbar miteinander verwoben und daß deshalb das rein Kognitive eine nicht tragfähige Abstraktion sei (Fineman 1996).

3.6 Homogenität/Heterogenität

Ein weiteres zentrales Themengebiet der postmodernen Organisationstheorie stellt die Diskussion um „Homogenität und Heterogenität" bzw. „**Konsens und Dissens**" oder „**Einheit und Vielfalt**" dar. Hier geht es um Sachverhalte, die einen sehr starken wissenschaftstheoretischen bzw. erkenntnistheoretisch-philosophischen Hintergrund haben

(Cooper/Burrell 1988; Burrell 1994). Während die Moderne für Einheit und Konsens steht, geht es der Postmoderne hier im wesentlichen um die These von grundlegender und somit irreduzibler Pluralität. „Konsens bedeutet Unterdrückung" lautet die viel zitierte (aber leider wenig verstandene) Aussage Lyotards (1993), die den Standpunkt der Postmoderne damit nicht nur wissenschaftstheoretisch, sondern eben auch normativ auf den Punkt bringt.

In diesem Sinne hat sich die organisationstheoretische Diskussion um Paradigmenvielfalt und Inkommensurabilität (Burrell/Morgan 1979) dann auch im Laufe der letzten Jahre mit dem postmodernen Gedankengut zu verbinden versucht (Jackson/Carter 1991; zur Gegenposition vgl. Scherer/Steinmann 1999).

3.7 Zentrismus/Polyzentrismus

Ein letztes zentrales Themenfeld der postmodernen Organisationsanalyse setzt an dem Spannungsfeld von „Zentrismus und Polyzentrismus" bzw. **„Hierarchie** und **Heterarchie"** oder **„Starrheit** und **Flexibilität"** an. Dies gilt insbesondere für die stärker gestaltungsorientierten Ansätze der postmodernen Organisationstheorie. Dabei geht es um eine Reihe von Ansätzen und Überlegungen, die die klassisch-zentralistische (dort als modern verstandene) Form der Entscheidungsfindung in Organisationen durch andere, de- bzw. polyzentrale („postmoderne" oder „postbürokratische") Formen ersetzen wollen (vgl. Clegg 1990; Heckscher 1994). Als Beispiel sei die Heterarchie als die besondere Form einer solchen nicht-hierarchischen (postmodernen) Organisation angeführt. Während in einer Hierarchie ein generell vorgeregeltes Weisungsverhältnis besteht, wird die Heterarchie als ein offenes, spontanes Netzwerk konzeptionalisiert, in dem Entscheidungen auf vielfältige Weise gebildet werden (vgl. Bühl 1987; Reihlen 1999). Hier läßt sich auch ein Anschluß zu den anderen oben genannten Themenfeldern der Postmoderne herstellen, wie etwa Mehrdeutigkeit bzw. Paradoxien, Prozeßhaftigkeit, Heterogenität, sowie Autonomie und Selbststeuerung, denn eine Heterarchie ist latent paradox, da sie auch Verhandlungen über Verhandlungsprinzipien zulassen muß; sie muß prozeßhaft gedacht werden, da das Entscheidungszentrum variabel gedacht wird; sie setzt Heterogenität voraus, denn in einem homogenen System käme es nicht zu situativen Ausdifferenzierungen, und sie beruht definitionsgemäß auf Selbststeuerung und Autonomie.

Abschließend ist festzuhalten, daß diese Kategorisierung nach Themenfeldern nicht nur einen skizzenhaften Überblick gibt über die gesamte relevante Debatte, sondern sie soll auch den grundsätzlichen Impetus postmoderner Organisationsforschung konkretisieren. In diesem Sinne kann die Diskussion der Postmoderne in der Organisationsforschung zunächst als eine **Kritik ihrer modernen Verfaßtheit** verstanden werden. Sie ist somit angelegt in der Form von **Postmoderne kontra Moderne**. Es gilt jedoch zu fragen, ob auf diese antithetische Weise tatsächlich ein hinreichend selbständiges, neues Organisationsverständnis entwickelt werden kann.

Zur Beantwortung dieser Frage muß die Logik postmoderner Organisationsforschung grundsätzlicher diskutiert werden.

4 Zur Logik postmoderner Organisationsforschung

Wie vorangehend gezeigt, hat die programmatische postmoderne Organisationsforschung in der Kritik der **modernen** Organisationsvorstellung ihren Ursprung. Dies gilt sowohl für die oben referierten Ansätze von Clegg und von Cooper und Burrell, konnte aber auch an der Art des Aufbaus der Hauptthemenfelder verdeutlicht werden. Verfolgt man diese Argumentationslinie bis zu Ende, tut sich jedoch ein **Dilemma** auf. Ein solches Denken in grundlegenden Antinomien widerspricht im Grunde den Prinzipien postmodernen Denkens. Die prinzipielle Aussonderung eines Wissenschaftsstranges, in diesem Fall den der Moderne, sollte ja gerade vermieden werden. Die Kritik lautet deshalb, daß die postmoderne Organisationsforschung nicht exklusiv als anti-moderne Organisationsforschung betrieben werden kann, d.h. durch einfache Umstellung von Struktur auf Prozeß, von Eindeutigkeit auf Mehrdeutigkeit, von Kontrolle auf Autonomie usw. Dies wird auch bei genauerer Hinsicht auf die inhaltlichen Probleme deutlich. Es zeigt sich nämlich, daß organisationale Prozesse nicht ohne Strukturen, Mehrdeutigkeit nicht ohne die Folie der Eindeutigkeit usw. gedacht werden kann. Ein wirklicher Fortschritt wird u.E. nur dann erzielt, wenn etwas viel Komplizierteres gelingt, nämlich nicht nur einen Gegenpol, sondern auch das Spannungsverhältnis zwischen den Polen zum Bestandteil der Theorie zu machen. Methodisch gesehen ist also die Figur eines Zweiwelten-Modells (die Welt der Moderne im Unterschied zur Welt der Postmoderne) zu einfach, um die komplexen Sachverhalte angemessen erfassen zu können. Eine Alternative könnte u.U. die von Derrida (1972, 1974) entwickelte Theorie der Dekonstruktion bieten (vgl. zu diesem Vorschlag auch Cooper 1989, Chia 1996; insbesondere zur Anwendung des Supplément-Prinzips Ortmann 1999). Diese sei kurz dargelegt.

Die **Theorie der Dekonstruktion** beruht auf einem grundsätzlich differenztheoretischen Verständnis der Konstitution von Identitäten, wie etwa Diskurse oder Systeme. Derrida reflektiert diese Identitäten als eine Differenz, die diese Identität überhaupt erst ermöglicht. Die Differenz bzw. die Grenze des Diskurses oder des Systems ist in seinem Den-

ken jedoch nichts, was gegeben oder fest verankert und als solches von außen oder innen starr zu fixieren wäre, sondern das, was der Gegenstand eines Diskurses ist **und** das, was er verschweigt bzw. ausgrenzt. Diskurse sind daher nur in einer Art „doppelter Geste" zu erschließen. Dies ist so zu verstehen, daß ein Diskurs einerseits ganz von einem Inneren her zu bestimmen ist und zugleich von einem, für den Diskurs selbst nicht bestimmbaren Draußen, nämlich durch das, „was diese Geschichte [des Diskurses] verbergen und verbieten konnte, indem sie sich durch diese irgendwie eigennützige Repression zur Geschichte machte" (Derrida 1986, 37ff.). Diese Vorgehensweise der „doppelten Geste", der einerseits getreuen und zugleich aber „rücksichtslosen" Zirkulation zwischen Drinnen und Draußen der Diskurse, begründet das zwischenzeitlich sehr prominent gewordene Verfahren der **Dekonstruktion**.
Die Dekonstruktion arbeitet grundsätzlich entlang eines bereits vorliegenden Textes. Sie versucht dabei den Text geradezu buchstabengetreu zu lesen und macht eben dadurch das Nicht-Gesagte praktisch sichtbar. Der Text wird somit in einer radikalen Weise ernstgenommen und dadurch paradoxerweise gegen sich selbst gelesen. Dabei werden in jedem Text enthaltene „Brüche" freigelegt. Diese Brüche öffnen den Text und legen den Blick frei für das Ausgeschlossene. Das Draußen ist aber nicht unabhängig vom Drinnen gegeben, sondern befindet sich in einer konstitutiven und komplexen Wechselbeziehung. Genau diese versucht Derrida mit der Dekonstruktion zugänglich zu machen, zugleich jedoch wissend, daß ein solches Vorhaben nur dann gelingen kann, wenn damit nicht die eigene Perspektive selbst wiederum als absoluter Maßstab eingeführt wird. Dies ist auch der Grund, warum der Ort, von dem aus das dekonstruktive Verfahren betrieben wird, in einer ständigen Verschiebung begriffen ist.
Die Dekonstruktion, als der Versuch das komplexe Textgeschehen zu entfalten, muß also ständig von anderen „Grenzstellen" aus wirksam werden. Mithin geht es Derrida auch nicht darum, die Texte bzw. Diskurse mit ihrem jeweils anderen zu versöhnen, sondern darum, die Unterschiede und Differenzen herauszuarbeiten. Diese Differenzen werden deshalb auch nicht primär in der Form von Widersprüchen und Antagonismen erfaßt, sondern eben in der Form einer supplementären Logik („supplément"), in der das Verhältnis des einen zum anderen in einem Raum offener Möglichkeiten und ohne ein determinierendes Prinzip gedacht wird.
Mit dieser Form des Differenzdenkens erfaßt Derrida somit nicht „bloß" grundlegende Unterschiede zwischen Diskursarten, sondern er konzipiert Differenz als ein Grundgeschehen, welches allem Denken vorausliegt. Er hat für dieses Grundgeschehen aus verschiedenen Gründen einen eigenen Begriff, nämlich den der différance eingeführt. Der-

rida begreift dabei différance als ein aktives und passives Unterscheiden, welchem selbst keine ursprüngliche Einheit vorausliegt. Indem die différance eine Bewegung des Unterscheidens darstellt, ist sie somit die Wurzel für alle Begrifflichkeit, die die Sprache hervorbringt. Und schließlich ist die différance die Herstellung aller Differenzen, die die Vorbedingungen jeglicher Bedeutung und jeglicher Struktur sind (vgl. Derrida 1986, 41f.).

Stellt man die oben entwickelten Themengebiete postmoderner Organisationsforschung in den Kontext dieser Logik, würde man weder dafür plädieren, auf den modernen Lösungen (Struktur, Eindeutigkeit, Kontrolle usw.) zu beharren noch dafür, diese komplett durch „Gegenlösungen" (Prozeß, Mehrdeutigkeit, Autonomie usw.) zu ersetzen, sondern man müßte vielmehr nach einem komplexeren Verständnis der wechselseitigen Konstitutionsbedingungen dieser Differenzen suchen. Allzu einfache Kontrastierungen machen diese wichtige Differenzierung zunichte.

Eine solche zu einfache Kontrastierung hat sich jedoch auch in die Postmoderne-Debatte in der Organisationsforschung eingeschlichen, was sich hier noch einmal an den oben gewählten exemplarischen Ansätzen von Clegg einerseits und Cooper und Burrell andererseits verdeutlichen läßt. Zu einfach wird bei Clegg die Moderne als bürokratisch abgestempelt, und zu idealistisch scheint das Gegenkonzept der postmodernen Organisation auf. Überspitzt gesagt: Alles aktuell Schöne und Gute wird der postmodernen, alles „Häßliche" der modernen Ära zugerechnet.

Ein ähnliches konzeptionelles Problem tritt aber auch bei den Arbeiten von Cooper und Burrell auf. Wenn man davon ausgeht, daß **ein Begriff auch stets sein Gegenteil enthält**, dann kann man nicht die Moderne bloß als totalisierend und kontrollierend kennzeichnen und der Postmoderne auf der anderen Seite vollkommene Autonomie zuschreiben. Weder ist es sinnvoll, sich ausschließlich mit Strukturen zu beschäftigen, noch kann es sinnvollerweise eine Organisationstheorie geben, die alleine Prozesse in den Blick nimmt. Luhmann (1981) hat in einer früheren Arbeit bereits deutlich herausgearbeitet, daß der Begriff der Organisationsstruktur nicht ohne Prozeßvorstellung auskommt und umgekehrt Prozesse nicht strukturlos vorstellbar sind. Ähnliches gilt für die Diskussion formeller und informeller Prozesse. Eine Logik des Informalen setzt das Formale voraus. Regelabweichung ist nur relativ zu einer Regel denkbar. Die methodologischen Grundlagenarbeiten zur Postmoderne (neben Derrida insbesondere Lyotard 1989, 1993) stellen eine viel differenziertere Basis bereit, als dies die ersten Anwendungen aufscheinen lassen. Sie ermöglichen nicht nur die Formulierung einer Antithese, sondern eine Konzeptionalisierung der Spannung zwischen den polaren organisationstheoretischen Themenfeldern.

5 Literatur

Alvesson, M. (1995): The meaning and meaninglessness of postmodernism: Some ironic remarks, in: Organization Studies, Vol. 16 (1995), S. 1047-1075.

Bauer, R. (1996): Brüchige Strukturen. Theoretische Grundlagen postmoderner Organisationsforschung, Linz.

Baumann, Z. (1988): Is there a postmodern soziology? In: Theory, Culture and Society, Vol. 5 (1988), S. 217-237.

Burrell, G. (1988): Modernism, postmodernism and organizational analysis 2: The contribution of Michel Foucault, in: Organization Studies, Vol. 9 (1988), S. 221-235.

Burrell, G. (1994): Modernism, postmodernism and organizational analysis 4: The contribution of Jürgen Habermas, in: Organization Studies, Vol. 15 (1994), S. 1-45.

Burrell, G. (1997): Pandemonium. Towards a retro-organization theory, London.

Burrell, G./Morgan, G. (1979): Sociological Paradigms and Organizational Analysis, London.

Bühl, W.L. (1987): Grenzen der Autopoiesis, in: Kölner Zeitschrift für Soziologie und Sozialpsychologie, 39. Jg. (1987), Heft 1, S. 225-254.

Calás, M./Smircich, L. (1993): Dangerous liaisons: The feminine in management meets globalization, in: Business Horizons, Vol. 36 (1993), April, S. 73-83.

Calás, M./Smircich, L. (1999): Past postmodernism? Reflections and tentative directions, in: Academy of Managment Review, Vol. 24 (1999), Band 4, S. 649-671.

Chia, R. (1995): From modern to postmodern organizational analysis, in: Organization Studies, 16. Jg. (1995), S. 579-604.

Chia, R. (1996): Organizational analysis as deconstructive practice, Berlin u.a.

Chia, R. (1999): A „rhizomic" model of organizational change and transformation: Perspective from a metaphysics of change, in: British Journal of Management, Vol. 10 (1999), S. 209-227.

Clegg, St. (1990): Modern organizations: Organization studies in the postmodern world, London.

Clegg, St./Hardy, C. (1996): Introduction. Organizations, organization and organizing, in: Clegg, St./Hardy, C./Nord, W.R. (Hrsg.): Handbook of Organization Studies, London, S. 1-28.

Cooper, R. (1989): Modernism, post modernism and organizational analysis 3: The contribution of Jacques Derrida, in: Organization Studies, Vol. 10 (1989), S. 479-502.

Cooper, R./Burrell, G. (1988): Modernism, post modernism and organizational analysis: An introduction, in: Organization Studies, Vol. 9 (1988), S. 91-112.

Cooper, R./Law, J. (1995): Organization: Distal and proximal views. In: Bacharach, S./Gagliardi, P./Mundell, B. (Hrsg.): Studies of organizations. The European tradition, Greenwich, S. 237-274.

Derrida, J. (1972): Die Schrift und die Differenz, Frankfurt/Main.

Derrida, J. (1974): Grammatologie, Frankfurt/Main.

Derrida, J. (1979): Die Stimme und das Phänomen, Frankfurt/Main.

Derrida, J. (1986): Implikationen. Ein Gespräch mit Henri Ronse, in: ders.: Positionen, Wien, S. 33-51.

Elias, N. (1978): What is sociology?, London.

Fineman, S. (1993) (Hrsg.): Emotion in organizations, London.

Fineman, S. (1996): Emotion and organizing, in: Clegg, St./Hardy, C./Nord, W. (Hrsg.): Handbook of Organization Studies, London, S. 543-564.

Gephart, R.P./Boje, D.M./Thatchenkery, T.J. (1996): Postmodern management and the coming crises of organizational analysis, in: Boje, D.M./Gephart, R.P./Thatchenkery, T.J. (Hrsg.): Postmodern management and organization theory, Thousand Oaks u.a., S. 1-18.

Gergen, K. (1992): Organizational theory in the postmodern era, in: Reed, M. (Hrsg.): New directions in organization theory and analysis, London, S. 207-226.

Hammer, M./Champy, J. (1994): Business Reengineering. Die Radikalkur für das Unternehmen, Frankfurt/Main, New York.

Hassard, J. (1993): Postmodernism and organizational analysis: An overview, in: Hassard, J./Parker, M. (Hrsg.): Postmodernism and organizations, London, S.1-23.

Hassard, J./Parker, M. (1993) (Hrsg.): Postmodernism and organizations, London.

Hearn, J./Parkin, W. (1985): Sex at work, Brighton.

Heckscher, Ch. (1994): Defining the post-bureaucratic type, in: Heckscher, Ch./Donnellon, A. (Hrsg.): The post-bureaucratic organization. New perspectives on organizational change, London, S. 14-62.

Heinl, M. (1996): Ultramoderne Organisationstheorien: Management im Kontext des sozial- und naturwissenschaftlichen Paradigmenwechsels, Frankfurt/Main u.a.

Hochschild, A. (1983): The managed heart, Berkeley.

Hofstede, G. (1980): Culture's consequences, Beverly Hills et al.

Jackson, N./Carter, P. (1991): In defence of paradigm incommensurability, in: Organization Studies, Vol. 12 (1991), S. 109-127.

Kappler, E. (1996): Zur Verflüchtigung des Wissensbegriffs. Kann in pluralistischen Gesellschaften überhaupt noch gewußt werden? In: Schneider, U. (Hrsg.): Wissensmanagement. Die Aktivierung des intellektuellen Kapitals, Frankfurt/Main, S. 181-203.

Kilduff, M./Mehra, A. (1997): Postmodernism and organizational research, in: Academy of Management Review, Vol. 22 (1997), S. 453-481.

Kirsch, W. (1992): Kommunikatives Handeln, Autopoiese, Rationalität. Sondierungen zu einer evolutionären Führungslehre, München.

Kirsch, W./Knyphausen, D. zu (1991): Unternehmungen als „autopoietische" Systeme? In: Staehle, W.H./Sydow, J. (Hrsg.): Managementforschung 1, Berlin, New York, S. 75-101.

Knyphausen-Aufseß, D. zu (1999): Auf dem Weg zu einer postmodernen Organisationstheorie ohne französische Philosophie, in: Schreyögg, G. (Hrsg.): Organisation und Postmoderne. Grundfragen – Analysen – Perspektiven, Wiesbaden, S. 127-155.

Kosiol, E. (1962): Organisation der Unternehmung, Wiesbaden.

Lentge, J. (1994): Management in der Postmoderne. Phänomene, Unterscheidungen, Perspektiven, Diss., St. Gallen.

Luhmann, N. (1981): Temporalstrukturen des Handlungssystems. Zum Zusammenhang von Handlungs- und Systemtheorie, in: ders.: Soziologische Aufklärung 3, Opladen, S. 126-150.

Lyotard, J.-F. (1989): Der Widerstreit, 2. Aufl., München.

Lyotard, J.-F. (1993): Das Postmoderne Wissen: ein Bericht, Wien.

March, J.G. (1978): „Bounded rationality", ambiguity, and the engineering of choice, in: Bell Journal of Economics, Vol. 9 (1978), S. 587-608.

March, J.G./Olsen, J.P. (1979): Ambiguity and choice in organizations, 2. Aufl., Bergen.

Mintzberg, H. (1978): Patterns in strategy formulation, in: Management Science, Vol. 24 (1978), S. 934-948.

Morgan, G. (1986): Images of organization, Beverly Hills u.a.

Morgan, G. (1996): An afterword: Is there anything more to be said about metaphor? In: Grant, D./Oswick, C. (Hrsg.): Metaphor and organizations, London, S. 227-240.

Ortmann, G. (1999): Organisation und Dekonstruktion, in: Schreyögg, G. (Hrsg.): Organisation und Postmoderne. Grundfragen – Analysen – Perspektiven, Wiesbaden, S. 157-196.

Osterloh, M./Frost, J. (1996): Prozeßmanagement als Kernkompetenz. Wie Sie Business Reengineering richtig nutzen können, Wiesbaden.

Parker, M. (1992): Postmodern organizations or postmodern organization theory? In: Organization Studies, Vol. 13 (1992), S. 1-17.

Pelzer, P. (1995): Der Prozeß der Organisation. Zur postmodernen Ästhetik der Organisation und ihrer Rationalität, Chur.

Probst, G.J.B. (1987): Selbst-Organisation, Berlin u.a.

Reihlen, M. (1999): Moderne, Postmoderne und heterarchische Organisation, in: Schreyögg, G. (Hrsg.): Organisation und Postmoderne. Grundfragen – Analysen – Perspektiven, Wiesbaden, S. 265-303.

Roethlisberger, F.J./Dickson, W.J. (1975): Management and the worker, 16. Aufl., Cambridge/MA.

Scherer, A.G./Steinmann, H. (1999): Some remarks on the problem of incommensurability in organization, in: Organization Studies, Vol. 20 (1999), S. 519-544.

Schreyögg, G. (1999) (Hrsg.): Organisation und Postmoderne. Grundfragen – Analysen – Perspektiven, Wiesbaden.

Schreyögg, G./Koch, J. (1999): Organisation und Postmoderne – Eine Einführung, in: Schreyögg, G. (Hrsg.): Organisation und Postmoderne. Grundfragen – Analysen – Perspektiven, Wiesbaden, S. 1-28.

Schreyögg, G./Noss, Ch. (1998): Reframing change in organizations: Beyond the equilibrium model, in: Bresser, R./Krell, G./Schreyögg, G. (Hrsg.): Diskussionsbeitrag des Institutes für Management, Folge 8/98, Berlin.

Varela, F.J. (1979): Principles of biological autonomy, New York.

Weber, M. (1976): Wirtschaft und Gesellschaft, 5. Aufl., Tübingen.

Weick, K.E. (1979): The social psychology of organizing, 2. Aufl., Reading/MA.

Weick, K.E. (1995): Sensemaking in organizations, Thousand Oaks u.a.

Weik, E. (1996): Postmoderne Ansätze in der Organisationstheorie, in: Die Betriebswirtschaft, 56. Jg. (1996), S. 379-397.

Weik, E. (1998): Zeit, Wandel und Transformation: Elemente einer postmodernen Theorie der Transformation, München.

- Teil III -

Information und Steuerung

Effizienzanalysen als erfolgsorientiertes Steuerungsinstrument im Personalmanagement

Klaus Lindert

Übersicht:

1	Vorüberlegungen zum Personal-Controlling	246
2	Effizienzanalysen als Entscheidungs- und Steuerungsinstrument	247
3	Das Konzept der Nutzenanalyse	248
3.1	Leistungsstreuung als Kernvariable	249
3.2	Prädiktoren der Arbeitsleistung	251
3.3	Basismodell zur Netto-Nutzenbestimmung der Personalselektion	251
3.4	Programmalternativen und Effektgrößen	254
4	Effizienzsteigerung und Nutzenmaximierung	257
5	Fazit	262
6	Literatur	263

1 Vorüberlegungen zum Personal-Controlling

Die Problematik des Nachweises von Wirkungen und deren Effizienzbeurteilung erstreckt sich auf weite Bereiche personalwirtschaftlichen Handelns (vgl. Becker 1995, 57ff.; Thom/Blunck 1995, 35ff.; Wunderer/Arx 1999, 25ff.). Auch wenn der Einfluß von Personalmaßnahmen auf den ökonomischen Erfolg eines Unternehmens partiell, indirekt und diffus ist, besteht die zentrale **Hypothese der Erfolgswirksamkeit** spezifischer personalwirtschaftlicher Interventionen. „Emerging evidence from scientific studies and specific organizations suggests that how people are managed significantly affects organizational success, and that certain patterns of human resource activities are associated with financial performance" (Boudreau/Ramstad 1997, 343).

Die **Personal-Controlling-Diskussion** (Gerpott/Siemers 1995; Hentze/Kammel 1993) und die Konzepte des „**Performance Measurement**" (Kaplan/Norton 1997), des „**Human Resource Measurement**" (Pfeffer 1997; 1998) und der „**Personalprogrammevaluation**" (Cascio 1991) verweisen trotz der Operationalisierungsprobleme und Kritiken auf den steigenden Bedarf, die Wirtschaftlichkeit, Effizienz und Effektivität personalwirtschaftlicher Aktivitäten nachzuweisen (vgl. Becker/Benz 1997; Budäus/Buchholtz 1997). Gerpott betrachtet den Personalbereich als Unterstützungsfunktion mit erheblichen ökonomischen Beweisnotständen und Argumentationsproblemen (Gerpott 1995, 7). Im Vergleich zu produktions-, marketing- oder finanzorientierten Messungen erscheinen die Messungen im personalwirtschaftlichen Bereich weniger systematisch, weniger akzeptiert und weniger geeignet, **Programmentscheidungen** über den Einsatz personalwirtschaftlicher Instrumente vorzubereiten. Die **zentrale meßtheoretische Frage** bezieht sich auf valide Prädiktoren oder Indikatoren, die eine Veränderung im Leistungspotential, in der Leistungsbereitschaft und im Leistungsverhaltens aufgrund von Personalprogrammen anzeigen (vgl. Boudreau /Ramstad 1997, 343).

Das **Personal-Controlling-Konzept** bezieht sich primär auf die Bereitstellung von an ökonomischen Zielen orientierten Daten zur entscheidungsunterstützenden Planung, Analyse und Kontrolle aller personalbezogenen Kosten und systematischen Personalprogramme, die zur Sicherung der **Personalverfügbarkeit** und des **Leistungsverhaltens** dienen (vgl. Gerpott 1995, 8; Hentze/Kammel 1993). Personalcontrolling läßt sich als Koordinations- und **Steuerungsinstrument** mit dem Ziel einer optimalen Wertschöpfung der menschlichen „Ressourcen" verstehen (Flamholtz 1996, 10). Da sowohl die potential-

und vermögensorientierten Controlling-Ansätze des „**Human Resource Accounting**" (Flamholtz 1985) als auch die gemeinkostenorientierten Personal-Controlling-Ansätze aufgrund des mangelnden entscheidungstheoretischen Informationsgehalts als gescheitert erklärt werden können, stellen unter analytischer und quasi-experimenteller Perspektive die **initiierten Personalprogramme geeignete Analyseeinheiten** dar. Das **Rationalitätspostulat** erfordert, daß die Personalmanagementmaßnahme realisiert wird, die zu den stärksten positiven Effekten auf den wirtschaftlichen Zielerreichungsgrad führt (vgl. Hentze/Kammel 1993, 19f.). Das schwache **Effizienzkriterium** erfordert, daß der Kostenzuwachs nicht den Nutzenzuwachs der Personalmaßnahme übersteigt. Ein **Effizienzcontrolling** setzt eine möglichst präzise Kenntnis über Ursache-Wirkungs-Beziehungen voraus. Die von unternehmensinternen Meßsystemen generierten **kostenorientierten Personalkennzahlen** zu Selektions-, Trainings-, Führungs- oder Anreizprogrammen enthalten keine Information zum Aufbau und der Veränderung von Leistungskomponenten, der Unternehmenskultur oder von kooperativem Handeln.

2 Effizienzanalysen als Entscheidungs- und Steuerungsinstrument

Unter den Hauptproblembereichen der Wirtschaftlichkeitsanalyse in der Personalwirtschaft stellt insbesondere die valide Messung, Nutzenevaluation und Monetarisierung der Effekt-(Output-)größen das zentrale Problem dar (vgl. Gerpott 1995, 7; Hentze/Kammel 1993, 164). Die für **Entscheidungsträger** interessanten **Wirkungs- oder Effektgrößen** von Personalmaßnahmen als Grundlage jeder Programmevaluation werden nicht adäquat ermittelt. Die Evaluationskriterien müssen den Anforderung an Objektivität, Reliabilität, Validität, Relevanz, Akzeptanz und Praktikabilität genügen. Um alternative Personalprogramm-Entscheidungen zu treffen, muß der Nutzenzuwachs in den Zielgrößen möglichst präzise prognostizierbar sein, damit eine Effizienzbeurteilung unter Berücksichtigung der Kostenänderungen vorgenommen werden kann. Die **Nutzenanalyse („utility analysis")** ist ein mögliches **Entscheidungsinstrument** und kein Nutzenmeßinstrument (Boudreau 1991, 630). Der **individuelle Nutzen** ist ein Problem der **Entscheidungstheorie** - aber weniger akut im betriebswirtschaftlichen Sinne. Der Erfolg eines Personalprogramms wird faktisch in ökonomischen Größen und nicht in wissenschaftlichen und statistischen Kenngrößen oder Nutzeneinheiten bewertet: „[...] much of what we do is evaluated only in statistical or behavioral terms. Like it or not, the language of business is dollars, not correlation coefficients" (Cascio 1991, VII). Die entwickelten Nutzenmodelle berücksichtigen zunehmend situative und betriebswirtschaftliche Einflußfaktoren, um im ermittelten Ergebnis eine möglichst **exakte monetäre Nutzenbewertung** geplanter Personalprogramme auszuweisen. Dabei unterscheiden sie sich durch ihre **outputbezogene Perspektive** von anderen betriebswirtschaftlichen Analysemethoden, die überwiegend auf der Kostenstruktur aufbauen. Nutzenanalysen erweitern das Instrumentarium des Personalcontrolling und bieten die Möglichkeit, von einem reinen Kostencontrolling zu einem **erfolgsorientierten Steuerungsinstrument im Personalmanagement** zu gelangen (vgl. Gerpott 1995, 3ff.). Auch die Überlegungen zum **Personalmanagement als Wertschöpfungscenter** lassen sich dieser Grundidee zuordnen (Wunderer/Arx 1999). Während seit Ende der vierziger Jahre verschiedene **Kosten-Nutzen-Analysen** vor allem von US-amerikanischen Organisationspsychologen zur Bewertung von Personalprogrammen eingesetzt werden, sind die Verfahren bisher kaum in die deutschsprachige Personal-Controlling-Literatur integriert und nicht ausreichend von der deutschen Unternehmenspraxis aufgegriffen worden.

3 Das Konzept der Nutzenanalyse

Nutzenanalysen lassen sich auf **Personalauswahlprogramme** und auf Programme, die das Leistungsvermögen des **bestehenden Personalbestandes** verändern sollen, anwenden. Programmoptionen ergeben sich aus Anreiz-, Trainings-, Feedback-, Leistungsbeurteilungs- und Zielsetzungsprogrammen. „Such programs work to the extent that they lead to different behaviors by existing employees, in turn leading to more valuable organizational outcome" (Boudreau 1991, 627). Die Nutzenmodelle zur Effizienzanalyse von Personalprogrammen beziehen sich auf drei Basisgrößen: (1) **Quantität:** Anzahl der Mitarbeiter [N] und Anzahl der Perioden [T], die durch die Programmoptionen beeinflußt werden; (2) **Qualität:** Durchschnittlicher Nutzeneffekt [U/N] der Programmoptionen pro Mitarbeiter und Periode; (3) **Kosten:** Ressourcenaufwand [C] zur Implementierung und Durchführung der Programmoptionen.

Die „klassischen" Entscheidungsmodelle zur **operativen Effizienzanalyse** von Taylor/ Russell (1939), Naylor/Shine (1965), Brodgen (1946) und Cronbach/Gleser (1965) beziehen sich primär auf **Selektionsentscheidungen**. Durch geringfügige Modifikationen können die Modelle auf allgemeine Personalprogramme angewandt werden. Die folgenden zusammenfassenden Grundzüge der Modellierung beziehen sich im wesentlichen auf die Arbeiten von Boudreau (1991) und Cascio (1991).

3.1 Leistungsstreuung als Kernvariable

Eine Kernvariable von Nutzenmodellen ist die Leistungsstreuung, die in Form der **Standardabweichung** $[S_y]$ der in Geldeinheiten bewerteten **Arbeitsleistung** der betrachteten Tätigkeits-, Qualifikations- oder Funktionsklasse gemessen wird. Die Annahme von verursachenden Faktoren der Leistungsstreuung wie Fähigkeiten, Wissen, Motivation, Anstrengungsniveau oder Kooperationsbereitschaft bildet die Grundlage von Personalselektions- und Interventionsprogrammen. Die **Variabilität der Arbeitsleistung** von Beschäftigten wird primär auf der Basis zweier Skalen gemessen (Schmidt/Hunter 1998, 263): (1) Messung als Standardabweichung über die **absoluten in Geldeinheiten bewerteten „Outputs"** jedes Mitglieds einer Gruppe. Liegt eine Normalverteilung der bewerteten Arbeitsleistung vor, dann liegen rund 68% der Fälle innerhalb einer Standardabweichung; (2) Messung als Standardabweichung über die am Mittelwert **relativierten individuellen Leistungen in Prozent**. Der Mittelwert wird damit auf 100% gesetzt. Die Kernvariable $[S_y]$ wird von Cronbach/Gleser (1965, 121) als „Achillesferse" von Nutzenmodellen bezeichnet, da sie den größten quantitativen Einfluß auf den Nutzenbeitrag ausübt, sich jedoch nur approximativ und mit Unsicherheit über **Schätzmodelle** vorhersagen läßt. Die Auswertung von **Kostenrechnungsinformationen** zur Schätzung des Parameters $[S_y]$ setzt voraus, daß die Ertragsdaten der Leistungen jedes Mitarbeiters hinsichtlich der Zurechnungs-, Erfassungs- und Bewertungsprobleme bestimmbar sind. Cascio/Ramos (1986, 20ff.) knüpfen zur Schätzung von $[S_y]$ an konventionelle Methoden der **Leistungsbeurteilung** an.

Eine ausdifferenzierte Leistungsbeurteilung mit Arbeitsanalyse, Gewichtungs- und Beurteilungsphasen dient zur Ermittlung des „Cascio-Ramos Estimate of Performance In Dollars" (CREPID). Aktuell wird versucht, über die **Proportionalisierungsregel** unkompliziert erste Grobschätzungen für die Ermittlung von $[S_y]$ durchzuführen (Schmidt/Hunter 1998, 263). Boudreau (1991, 727ff.) dokumentiert 44 Studien zur Abschätzung der

250 Effizienzanalysen als erfolgsorientiertes Steuerungsinstrument

Leistungsstreuung. Aus den empirischen Untersuchungen ergibt sich ein **proportionaler Zusammenhang von Leistung und Entgelt**. Demnach liegt die Standardabweichung der Leistung in Geldeinheiten bei 20 bis 70% des durchschnittlichen Bruttojahresentgelts einer Funktionsklasse. Die Standardabweichung [S_y] innerhalb einer Funktionsklasse mit einer **unteren Abweichung von 40%** gegenüber dem Mittelwert markiert eine untere Grenze. Die generelle 40%-Regel stellt einen praxistauglichen Schätzansatz dar, der im Einzelfall einer auf die Tätigkeits- oder Funktionsklassen bezogenen empirischen Überprüfung bedarf (Boudreau 1991, 657).

Differenziert nach Funktionsklassen steigt die Standardabweichung der Leistung mit den Funktionsanforderungen. Die **Tabelle 1** faßt die Ergebnisse von Schmidt/Hunter (1998, 263) zusammen.

		68 % der Fälle im Intervall [-S..+S]		
	S in %	- S	Mittelwert	+ S
absolute Leistungsmessung	40 %	24.000 $	40.000 $	56.000 $
geringe Qualifikationsanforderungen	19 %	81 %	100%	119 %
Fachausbildung	32 %	68 %	100%	132 %
Managementtätigkeit	48 %	52 %	100%	148 %

Tabelle 1: Standardabweichungen der Leistung

Abhängig von der Definition des Leistungskriteriums, der Definition der monetären Bewertungsbasis (Gehalt, Gewinn, Umsatz) und den Qualifikationsunterschieden in den Funktionsklassen ergeben sich sehr unterschiedliche Möglichkeiten der Abbildung betriebswirtschaftlichen Nutzens (Output-Steigerung, Kostenreduktion, Qualitätsverbesserung). Boudreau (1991, 648) betont in diesem Zusammenhang die Bedeutung, sich bei der [S_y]-Ermittlung primär dem jeweiligen **spezifischen Entscheidungskontext** und einer **entscheidungstheoretischen Perspektive** anzupassen, anstelle nach ständig verfeinerten Methoden zur Bestimmung und Messung des Parameters zu suchen.

3.2 Prädiktoren der Arbeitsleistung

Vor dem Hintergrund der Determinanten der individuellen Arbeitsleistung sind die verschiedenen Methoden zur Sicherung der Leistungsbereitschaft und Leistungsfähigkeit zu relativieren. Die **zunehmende Leistungsstreuung** (Tabelle 1) bei komplexeren Aufgaben begründet den Einsatz **valider Prädiktoren** zur Personalselektion. „These differences are large and they indicate that the payoff from using valid hiring methods to predict later job performance is quite large" (Schmidt/Hunter 1998, 263). Aus organisationspsychologischer Perspektive wird der individuelle Beitrag zur formalen Unternehmenszielerreichung durch **Selektions-, Klassifikations- und „Matching"-Prozeduren** maximiert und die notwendige Leistungsfähigkeit gesichert (vgl. Cronbach/Gleser 1965; Campbell 1990, 714). Schmidt/Hunter (1998, 262ff.) fassen die **Forschungsergebnisse der letzten 85 Jahre** zur Validität und Nützlichkeit von Personalselektionsmethoden zusammen, um zu einer **Theorie der Determinanten der Arbeitsleistung** zu gelangen. „The objective is the understanding of the psychological process underlying and determining job performance" (Schmidt/Hunter 1998, 271). Die generellen mentalen Fähigkeiten („General Mental Ability - GMA") stellen den besten Prädiktor [X] der Arbeitsleistung [Y] dar. „The major direct causal impact of mental ability has been found to be on the acquisition of job knowledge" (Schmidt/Hunter 1998, 271). Die zukünftige Arbeitsleistung wird unter dieser Perspektive primär durch die **intellektuellen Fähigkeiten** der Wissensakquisition determiniert.

3.3 Basismodell zur Netto-Nutzenbestimmung der Personalselektion

Der Nutzen eines Selektionsinstruments ergibt sich im Kern aus der validen Leistungsprognose zum Zeitpunkt $[t_1]$ auf der Basis einer **Prädiktorleistung** zum Zeitpunkt $[t_0]$. Neben der Standardabweichung der Leistung $[S_y]$ und dem unabhängigen Prädiktorwert ist der **Validitätskoeffizient** $[r_{xy}]$ von Bedeutung. Diese Korrelation zwischen dem Prädiktor [X] und der Kriteriumsleistung [Y] ist das Maß für die Eignung und Bewährung des Selektionsverfahrens. Die Prädiktorleistung dient der Personalselektion. Die annahmegemäß normalverteilten **Prädiktorwerte werden z-standardisiert** und liegen damit in Form einer normierten und zentrierten Normalverteilung vor. Die **Leistungs-**

untergrenze auf dem Prädiktor wird durch den sogenannten „Cutoff" gekennzeichnet (vgl. Cascio 1991, 185ff.). Der Erwartungswert der Leistung einer ausgewählten Gruppe läßt sich über den bedingten Erwartungswert bestimmen. Der **bedingte Erwartungswert der Prädiktor-Leistung** oberhalb des „Cutoff" ergibt sich aus der unten gestutzten z-standardisierten [N(0,1)]-Normalverteilung:

$$[UA\ 1]: \quad E(Z_{xs}) = \frac{\varphi(z(x_s))}{1 - \Phi(z(x_s))} = \frac{\lambda_s}{\Psi_s}$$

mit:
- $E(Z_{xs})$: Erwartete mittlere Prädiktorleistung der ausgewählten Gruppe
- $z(x)$: z-standardisierter Prädiktor von x
- s : z-standardisierter „Cutoff"-Wert des Prädiktors
- φ : Funktionswert der Dichtefunktion
- Φ : Funktionswert der Verteilungsfunktion
- λ_s : Dichte der N(0,1)-Verteilung am „Cutoff"
- Ψ_s : Selektionsquote (= 1 - Wahrscheinlichkeitsintegral der Dichtefunktion am „Cutoff")

Unter der Annahme einer linearen, bivariat normalverteilten und homoskedastischen Variablenbeziehung zwischen Prädiktor und Kriterium ergibt sich eine **lineare regressive Beziehung** zwischen bedingter mittlerer Prädiktorleistung und der mittleren Kriteriumsleistung (vgl. Naylor/Shine 1965). Damit ist auch die Beziehung zwischen dem Validitätskoeffizienten [r] und dem mittleren Nutzenzuwachs im Kriterium linear. Nach dem **Regressionsmodell** von Cronbach/Gleser (1965) ergibt die Differenz aus der erwarteten mittleren Kriteriumsleistung der ausgewählten Gruppe [$E(Y_s)$] und der erwarteten mittleren Kriteriumsleistung der Gesamtgruppe [μ_y] den **mittleren Nutzenzuwachs pro ausgewählter Person** [N_s] in Geldeinheiten:

$$[UA\ 2]: \quad \frac{\Delta U}{N_s} = E(Y_s) - \mu_y = r_{xy}\ S_y\ E(Z_{xs})$$

Effizienzanalysen als erfolgsorientiertes Steuerungsinstrument 253

mit: ΔU :   Brutto-Nutzenzuwachs in der Kriteriumsleistung
       N_s :   Anzahl der über den Prädiktor ausgewählten Personen
       r_{xy} :   Prognosevalidität des Selektionsverfahrens
       S_y :   Standardabweichung der monetären Kriteriumsleistungen

Umformung von [UA 2] unter Berücksichtigung von [UA 1] führt zum **totalen Brutto-Nutzenzuwachs**:

$$[UA\ 3]: \quad \Delta U = N_s\, r_{xy}\, S_y\, \frac{\lambda_s}{\Psi_s}$$

Für die **Selektionsquote [Ψ]** und die Gesamtgruppengröße [N] gelten:

$$[UA\ 4]: \quad \Psi_s = \frac{N_s}{N} \quad oder \quad N = \frac{N_s}{\Psi_s}$$

Dem Brutto-Nutzenzuwachs stehen Verfahrenskosten [C] gegenüber, die sich aus der gesamten Gruppengröße [N] und dem Kostensatz pro Verfahrensteilnehmer [c] ergeben:

$$[UA\ 5]: \quad C = N\,c = \frac{N_s}{\Psi_s}\,c$$

Der **totale Netto-Nutzen** unter Berücksichtigung der Verfahrenskosten beträgt dann:

$$[UA\ 6]: \quad \Delta U_{Net} = \Delta U - C = \frac{N_s}{\Psi_s}(r_{xy}\,S_y\,\lambda_s - c) = N\,(r_{xy}\,S_y\,\lambda_s - c)$$

254 Effizienzanalysen als erfolgsorientiertes Steuerungsinstrument

Die Formulierung eines absoluten Nutzenvorteils [UA 6] hängt von der Größe der Organisation ab und kann leicht zu Fehlinterpretationen führen. Von Bedeutung ist der **relative Netto-Nutzen** pro Verfahrensteilnehmer. Damit ein positiver Netto-Nutzen pro Teilnehmer entsteht, muß folgende **Kostenbedingung** erfüllt sein:

$$[UA\ 7]: \quad \frac{\Delta U_{Net}}{N} = (r_{xy}\ S_y\ \lambda_s - c) > 0 \quad oder \quad \lambda_s > \frac{c}{r_{xy}\ S_y}$$

Da die normierte Dichtefunktion an der Stelle [s = 0] maximal den Wert [λ = 0.3989 ≈ 0.40] annehmen kann, dürfen die Kosten pro Teilnehmer auch bei perfekt validem Verfahren [r = 1] maximal 40% der in Geldeinheiten bewerteten Streuung [S_y] der Leistung betragen. Diese Kostenbedingung kann direkt zur **Effizienzbeurteilung des Verfahrens** benutzt werden. Ist die Kostenbedingung erfüllt, dann steigt - ceteris paribus - der totale Nutzen des Verfahrens mit zunehmender Teilnehmerzahl [N], Validität [r], Dichte [λ_s] und Streuung [S_y] linear an. Aufgrund der Symmetrieeigenschaft der Dichtefunktion werden durch die Kostenbedingung die minimale und maximale Selektionsquote bestimmt.

3.4 Programmalternativen und Effektgrößen

Ausgehend von der Grundgleichung [UA 6] lassen sich verschiedene Modifikationen und Modellerweiterungen durchführen, um zu einer genaueren Bestimmung des **Nutzenbeitrags von Programmalternativen** zu gelangen. Schmidt/Hunter (1998, 263) verwenden eine modifizierte Form der Grundgleichung.

Die **Veränderung des Korrelationsparameters** berücksichtigt den Übergang von einer Selektionsmethode zu einer valideren Methode:

$$[UA\ 8]: \quad \Delta U_{Net} = N_s\ (\Delta r_{xy}\ S_y\ E(Z_{xs})) - C$$

Um **Personal- und Interventionsprogramme** zu evaluieren, wird die Grundgleichung leicht modifiziert. Das Produkt aus Vorhersagevalidität des Selektionsverfahrens [r_{xy}] und mittlerem Prädiktorwert der ausgewählten Personen [$E(Z_{xs})$] wird durch die **Effektgröße** **[d]** substituiert (Cascio 1991, 171):

$$[UA\ 9]: \quad d = r_{xy}\ E(Z_{xs})$$

Die **Effektgröße [d]** ist als **integrierendes Wirkungsmaß** zur Vereinheitlichung von Forschungsergebnissen von zentraler Bedeutung (Hunter/Schmidt 1990, 267). Diese Effektgröße kann zur Beurteilung von **Personal-Programmaßnahmen** dienen, indem die mittlere Leistung einer Programmgruppe [$E(Y_P)$] mit einer Kontrollgruppe [$E(Y_K)$] verglichen wird. Die Effektgröße [d] gibt die mittlere **Leistungsdifferenz zwischen zwei Gruppen** in z-standardisierter Form an [$d = (E(Y_P) - E(Y_K)) / S_Y$]. Zur Standardisierung wird die Standardabweichung der Arbeitsleistung [S_Y] bei homogener Varianz in den Gruppen verwandt. Die Programmgruppe würde der Gruppe entsprechen, die über ein valides Selektionsverfahren oberhalb des „Cutoff" der Prädiktorvariablen ausgewählt würde.
Bezogen auf das ursprüngliche Selektionsmodell wird durch die Effektgröße direkt der **Leistungszuwachs** der ausgewählten Gruppe gegenüber der Standardleistungsgruppe gekennzeichnet. Für den Netto-Nutzen gilt also (vgl. Boudreau 1991, 685):

$$[UA\ 10]: \quad \Delta U_{Net} = N_s\ S_y\ d - C$$

Die Effektgröße [d] ist ein **Standardwirkungsmaß**. Bezogen auf die Standardnormalverteilung [$N(0,1)$] kennzeichnet die Effektgröße direkt den **standardisierten z-Wert**. Aus Statistiktabellen läßt sich damit das Flächenintegral der Verteilungsfunktion zur Standardnormalverteilung ablesen. Eine Abweichung der Programmgruppe vom **Normleistungswert** um 1.5 Standardabweichungen [d=1.5] bedeutet, daß 93% der Fälle (93. Perzentil = Verteilungsfunktionswert) unterhalb dieses Leistungswertes liegen. Liegt aufgrund eines Personalprogramms eine Effektgröße von [d=1.5] vor, dann bedeutet dieser Wert, daß die mittlere Leistung dieser Gruppe von 93% der Personen der Kontrollgruppe unterschritten wird. Nur 7% der Kontrollgruppe erreichen das mittlere Leistungsniveau der Programmgruppe. Bei der Ermittlung der Netto-Erfolgswirkungen eines

Personalprogramms werden im Grundmodell die Auswirkungen der Maßnahmen nur auf eine Periode bezogen. Stehen die Mitarbeiter dem Unternehmen über mehrere Jahre zur Verfügung, dann kann diese Modellschwäche durch Ansätze der dynamischen Investitionsrechnung behoben werden. Der als konstant angenommene Periodennutzen der Grundgleichung wird mit dem **Diskontierungssummen- oder Rentenbarwertfaktor** multipliziert. Dabei entspricht der Planungshorizont der durchschnittlichen Beschäftigungsdauer von [T] Jahren [r = Kalkulationszinsfuß]. Die Bestimmungsgleichung des Nettonutzens [UA 11] entspricht damit dem **Kapitalwert („net present value") des Personalprogramms**:

$$[UA\ 11]: \quad \Delta U_{Net} = \left[\frac{(1+r)^T - 1}{(1+r)^T * r}\right] (N_s\ S_y\ d) - C$$

Boudreau (1991, 672f.) integriert Gewinnsteuersätze [Tax], variable Kosten der Mehrleistung und Diskontierungsfaktoren in die Nutzenevaluation. Die Berücksichtigung von Gewinnsteuern führt gemäß der Investitionsrechnung zu einer Verringerung des Nutzens und der Kosten. Personalprogramme dienen der Erhaltung und Steigerung der Leistungen bestimmter Mitarbeiter. Werden höhere Leistungen entsprechend höher entlohnt, entstehen dem Unternehmen bei steigender Leistung höhere variable Kosten. Diese variablen Kosten der Mehrleistung verringern den Bruttonutzenzuwachs des Personalprogramms und können in das Grundmodell in Form eines prozentualen Abschlags [1-Var] integriert werden. Nach Boudreau (1991, 672) korrelieren die variablen Kosten der Mehrleistung vollständig mit dem Bruttonutzen.

Stehen der anfänglichen Programminvestition [C] mehrperiodische Bruttonutzenzuflüsse aus dem Programm gegenüber, dann ergibt sich der Kapitalwert aus der erweiterten Bestimmungsgleichung:

$$[UA\ 12]: \quad \Delta U_{Net} = \sum_{t=1}^{T} \left[N_s\ S_y\ d_t\ (1-Var)(1-Tax)\frac{1}{1+r^t}\right] - C\ (1-Tax)$$

Durch den experimentell vergleichenden Ansatz der Netto-Nutzenzuwächse und die mittlere Effektgrößenbestimmung [d] werden auch Störereignisse und Teamleistungseffekte implizit berücksichtigt.

4 Effizienzsteigerung und Nutzenmaximierung

Die bisherige organisationspsychologische Modellierung gibt Bedingungen an, unter denen eine Effizienzsteigerung möglich ist. Unter entscheidungsorientierter Perspektive der **nutzenmaximierenden Organisation** ist jedoch die Bestimmung der nutzenmaximalen Parameter von Interesse. Ausgehend vom Selektionsmodell ist die Bestimmung des **maximalen Effizienzvorteils** gleichbedeutend mit der Maximierung des **Netto-Nutzens pro ausgewähltem Teilnehmer** [vgl. UA 6]:

$$[UA\ 13]: \quad \frac{\Delta U_{Net}}{N_s} = \frac{(r_{xy}\ S_y\ \lambda_s - c)}{\Psi_s}$$

Um die nicht-linearen Zusammenhänge auch graphisch verdeutlichen zu können, wird [UA 13] durch Division der wertbestimmenden Parameter [r S] in die Nutzen- und Kostenkomponenten der **Prädiktorform** zerlegt:

$$[UA\ 14]: \quad \frac{\Delta U_{Net}}{N_s\ r_{xy}\ S_y} = \left[\frac{\lambda_s}{\Psi_s}\right] - \left[\frac{c}{r_{xy}\ S_y}\ \frac{1}{\Psi_s}\right]$$

Die erste Komponente der rechten Seite von [UA 14] beschreibt die vom „Cutoff" abhängige Entwicklung der mittleren Prädiktorleistung [UA 1]. Die zweite Komponente der rechten Seite beschreibt die standardisierten Prädiktorkosten (= konstante Standardgrenzkosten) pro Teilnehmer nach [UA 7] dividiert durch die Selektionsquote.
Abbildung 1 zeigt die standardnormalverteilte Dichtefunktion der Prädiktorvariablen auf dem Intervall von plus/minus drei Standardabweichungen. Die erwartete mittlere Prädik-

torleistung der ausgewählten Gruppe [λ / Ψ = Dichte / Phi] steigt überproportional mit dem gewählten „Cutoff" an. Für die standardisierten Prädiktorkosten der Kostenbedingung werden beispielsweise die Parameter [c=5] [r=1] [S=30] gesetzt. Dieser mittlere Kostenverlauf pro ausgewähltem Teilnehmer [Kostenbedingung / Phi] begrenzt den mittleren Leistungsvorteil. Bei einem „Cutoff" von [s = 1.3] werden nur noch 10% der Personen [Ψ = 0.0968] ausgewählt. Die mittleren Kosten dieses Verfahrens übersteigen dann den zu erwartenden mittleren Brutto-Nutzen.

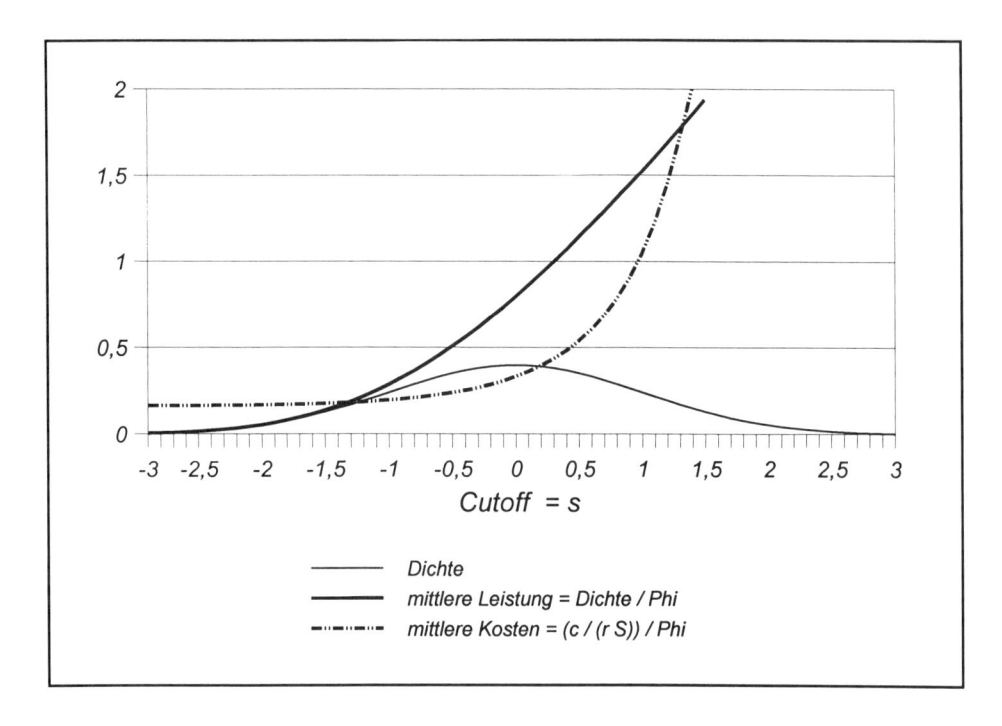

Abbildung 1: Kosten- und Nutzenverlauf der Selektion

Formal führt die Maximierung des Netto-Nutzens (Grenznutzen = Grenzkosten) nach [UA 13] zur **Bedingung erster Ordnung**:

Effizienzanalysen als erfolgsorientiertes Steuerungsinstrument 259

$$[UA\ 15]:\quad \frac{\partial(\Delta U / N_s)}{\partial s} = \frac{(r_{xy}\ S_y\ (-s)\ \lambda_s \Psi_s) - (r_{xy}\ S_y\ \lambda_s - c)(-\lambda_s)}{\Psi_s^2} = 0$$

Die Umformung der Bedingung erster Ordnung [UA 15] führt zu:

$$[UA\ 16]:\quad r_{xy}\ S_y\ s\ \Psi_s = r_{xy}\ S_y\ \lambda_s - c \quad (>0)$$
$$c = r_{xy}\ S_y\ (\lambda_s - s\ \Psi_s)$$

Um die **Nebenbedingung des positiven Netto-Nutzens** zu erfüllen, muß der Term [r S s Ψ] in [UA 16] größer Null sein. Da die Validität [r], die Streuung [S] und die Selektionsquote [Ψ] nur positive Werte annehmen können, muß auch der effiziente „Cutoff" in jedem Fall größer Null sein [s > 0]. Durch Umformung von [UA 16] zeigt sich, daß der **effiziente 'Cutoff'**, der die Bedingung erster Ordnung unter Beachtung der Nebenbedingung erfüllt, gleichzeitig die optimale Selektionsquote bestimmt:

$$[UA\ 17]:\quad \frac{c}{r_{xy}\ S_y} = \lambda_s - s\ \Psi_s \stackrel{!}{=} g(s) \quad \text{mit}\ s > 0$$

Die linke Seite der **Effizienzbedingung** [UA 17] entspricht den Prädiktorkosten aus [UA 7]. Zu diesen fixen Prädiktorkosten müßte der **effiziente „Cutoff"** [s] in Form der Umkehrfunktion von [g] explizit bestimmt werden. Da die Verteilungsfunktion [Ψ] nicht elementar integrierbar ist, läßt sich keine explizite Umkehrfunktion von [g] angeben, um den effizienten „Cutoff" zu bestimmen, der die Effizienzbedingung erfüllt. Um das Problem zu lösen, wurde zu jedem „Cutoff" der Wert von [λ - sΨ] explizit berechnet.
Abbildung 2 illustriert die funktionalen Zusammenhänge und zeigt die standardnormalverteilte Dichtefunktion der Prädiktorvariablen, die fixen Prädiktorgrenzkosten der Effizienzbedingung, den Verlauf des Grenznutzens pro Teilnehmer [λ - sΨ] und den

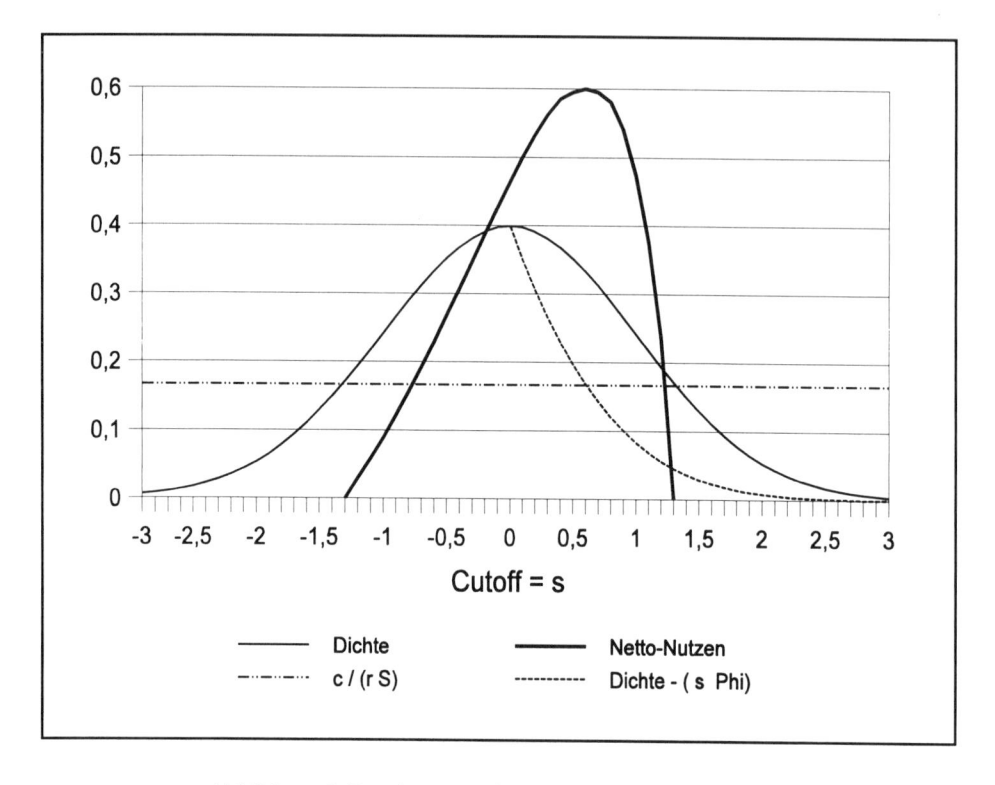

260 Effizienzanalysen als erfolgsorientiertes Steuerungsinstrument

Abbildung 2: Bestimmung des optimalen Netto-Nutzens

Netto-Nutzen-Verlauf. Der Schnittpunkt des Prädiktorgrenzkosten- und Grenznutzenverlaufs pro Teilnehmer determiniert den nutzenmaximalen „Cutoff" [s].In **Tabelle 2** sind die Effizienzbedingung, der dazugehörige „Cutoff", der Leistungsverlauf [λ / Ψ] und die Auswahlquote [Ψ] explizit aufgeführt.

Zur **praktischen Anwendung und optimalen Entscheidung** müssen nur die mit den bekannten Prädiktorkosten pro Teilnehmer [c / (r S)] korrespondierenden Werte des effizienten „Cutoff" [s] und der Auswahlquote [Ψ] nach **Tabelle 2** bestimmt werden.
Beispiel: Bei einem validen Verfahren mit [r = 0.5], einer Leistungsstreuung von [S = 30] und einem Kostensatz von [c = 5] ergeben sich standardisierte Prädiktorkosten pro Teilnehmer in Höhe von 0.2667 (Effizienzbedingung). Nach **Tabelle 2** läßt sich direkt der effiziente „Cutoff" [s = 0.30] bestimmen. Damit verbunden ist eine Selektionsquote von

38%. Mit abnehmenden Programmkosten, steigender Leistungsstreuung oder verbessertem Verfahren kann der „Cutoff" erhöht, die Selektionsquote gesenkt und der Netto-Nutzen erhöht werden.

Effizienz-bedingung: $c / (r * S) = \lambda - s \Psi$	'Cutoff': s	Dichte / Selektionsquote: λ / Ψ	Selektionsquote: Ψ
0.3989	0.00	0.7979	0.5000
0.3509	0.10	0.8626	0.4602
0.3069	0.20	0.9294	0.4207
0.2668	0.30	0.9982	0.3821
0.2304	0.40	1.0688	0.3446
0.1978	0.50	1.1411	0.3085
0.1687	0.60	1.2150	0.2743
0.1429	0.70	1.2905	0.2420
0.1202	0.80	1.3674	0.2119
0.1004	0.90	1.4456	0.1841
0.0833	1.00	1.5251	0.1587
0.0686	1.10	1.6058	0.1357
0.0561	1.20	1.6876	0.1151
0.0455	1.30	1.7703	0.0968
0.0367	1.40	1.8541	0.0808
0.0293	1.50	1.9387	0.0668
0.0232	1.60	2.0241	0.0548
0.0183	1.70	2.1104	0.0446
0.0143	1.80	2.1973	0.0359
0.0111	1.90	2.2850	0.0287
0.0085	2.00	2.3732	0.0228

Tabelle 2: Parameterbestimmung zum Netto-Nutzenmodell

5 Fazit

Die vorgestellten Basisstrukturen von Nutzenmodellen zur Effizienzanalyse von Personalprogrammen dienen dem Versuch einer möglichst **exakten monetären Nutzenprognose** geplanter Programmalternativen. Ausgehend von den Strukturkernen bieten sich vielfältige anwendungsorientierte Modifikations- und Integrationspotentiale betriebswirtschaftlicher Standardparameter. Die Modelle zwingen zur Explikation der Eingangsgrößen, schaffen Transparenz bezüglich der zugrunde gelegten Bedingungen und liefern konkrete Ergebnisse über Höhe sowie Verteilung oder Risikokomponenten des erzielten Nutzens. Die Wirkungen einer Verbesserung des gesamten Personalprogramms oder der Optimierung einzelner Parameter sind analysierbar und können gegen dabei entstehende Kostenänderungen abgewogen werden (vgl. Gerpott/Siemers 1995). Durch die Effizienzanalyse von Personalprogrammen in monetären Größen können finanzielle Aufwendungen in der betrieblichen Praxis stärker unter Investitionsaspekten diskutiert werden und eine **ökonomische Demonstrations- und Legitimationsfunktion** der personalorientierten Ressourcenallokation erfüllen. „Instead of depending on the power of persuasion to convince decision makers of the value of HRD programs, human resource professionals can, by the use of cost-benefit models, join with the other functional areas of business in justifying the allocation of scarce organizational resources on the basis of evidence, rather than on that of beliefs" (Cascio 1991, 278).

Funke/Schuler/Moser (1995, 166) begründen die **praktischen Anwendungshindernisse** der Nutzenanalyse in Personalabteilungen damit, daß Nutzen- und Investitionsgesichtspunkte generell gegenüber Kostenreduktionsbetrachtungen unüblich sind (vgl. auch Boudreau/Ramstad 1997). Dabei bieten diese Modelle die Möglichkeit, die „**Humankapitalidee**" gegenüber den entscheidungstheoretisch indifferenten, vermögensorientierten „Human Resource Accounting"-Modellen adäquat einzubeziehen. Unter **interdisziplinärer Perspektive** bieten die Modelle die Möglichkeit, organisationspsychologische Erkenntnisse und Methoden mit betriebswirtschaftlichen Bewertungsmethoden und Optimierungskalkülen zu verbinden. Dieser Integrationsvorgang könnte die praktische Akzeptanz der Methode fördern. Die faktische Experimentalsituation in Unternehmen und der organisationale Wandel bieten geeignete Voraussetzungen zur Anwendung der vorgestellten Effizienzanalysen von Programm-alternativen. Über das monetarisierbare, standardisierte Wirkungsmaß [d] lassen sich unterschiedliche Datenquellen und Ergebnisse integrieren (vgl. Hunter/Schmidt 1990, 267). Für den potentiellen, nach Lösungen suchenden Anwender bieten die hochaggregierten Standardschätzer eine interpretierbare und valide Entscheidungsbasis zur Evaluation alternativer Personalprogramme.

6 Literatur

Becker, M. (1995): Bildungscontrolling - Möglichkeiten und Grenzen aus wissenschaftstheoretischer und bildungspraktischer Sicht, in: Landsberg, G.v./Weiss, R. (Hrsg.): Bildungscontrolling, 2. Aufl., Stuttgart, S. 57-80.

Becker, W./Benz, K. (1997): Effizienz-Verständnis und Effizienz-Instrumente des Controlling, in: Die Betriebswirtschaft, 57. Jg. (1997), Heft 5, S. 655-671.

Boudreau, J.W. (1991): Utility Analysis for Decisions in Human Resource Management, in: Dunnette, M.D./Hough, L.M. (Hrsg.): Handbook of Industrial and Organizational Psychology, 2. Aufl., Vol. 2, Palo Alto, S. 621-745.

Boudreau, J.W./Ramstad, P.M. (1997): Measuring Intellectual Capital: Learning From Financial History, in: Human Resource Management, Vol. 36 (1997), Heft 3, S. 343-356.

Brodgen, H.E. (1946): On the interpretation of the correlation coefficient as a measure of predictive efficiency, in: Journal of Educational Psychology, 3 (1946), S. 64-76.

Budäus, D./Buchholtz, K. (1997): Konzeptionelle Grundlagen des Controlling in öffentlichen Verwaltungen, in: Die Betriebswirtschaft, 57. Jg. (1997), Heft 3, S. 323-337.

Campbell, J.P. (1990): Modeling the Performance Prediction Problem in Industrial and Organizational Psychology, in: Dunnette, M.D./Hough, L.M. (Hrsg.): Handbook of Industrial and Organizational Psychology, 2. Aufl., Vol. 1, Palo Alto, S. 687-732.

Cascio, W.F. (1991): Costing Human Resources: The Financial Impact of Behavior in Organizations, 3. Aufl., Boston.

Cascio, W.F./Ramos, R. (1986): Development and Application of a New Method for Assessing Job Performance in Behavioral/Economic Terms, in: Journal of Applied Psychology, Vol. 71 (1986), S. 20-28.

Cronbach, L.J./Gleser, G.C. (1965): Psychological tests and personnel decisions, 2. Aufl., Urbana.

Flamholtz, E.G. (1985): Human Resource Accounting, 2. Aufl., San Francisco.

Flamholtz, E.G. (1996): Effective Management Control: Theory and Practice, Boston.

Funke, U./Schuler, H./Moser, K. (1995): Nutzenanalysen zur ökonomischen Evaluation eines Personalauswahlprojekts für Industrieforscher, in: Gerpott, T.J./Siemers, S.H. (Hrsg.): Controlling von Personalprogrammen, Stuttgart, S. 139-171.

Gerpott, T.J. (1995): Controlling von Personalprogrammen als Teilfeld des operativen Personalcontrolling, in: Gerpott, T.J./Siemers, S.H. (Hrsg.): Controlling von Personalprogrammen, Stuttgart, S. 3-56.

Gerpott, T.J./Siemers, S.H. (Hrsg.) (1995): Controlling von Personalprogrammen, Stuttgart.

Hentze, J./Kammel, A. (1993): Personal-Controlling, Bern/Stuttgart/Wien.

Hunter, J.E./Schmidt, F.L. (1990): Methods of Meta-Analysis: Correcting Error and Bias in Research Findings, Newbury Park.

Kaplan, R.S./Norton, D.P. (1997): Balanced Scorecard, Stuttgart.

Naylor, J.C./Shine, L.C. (1965): A table for determining the increase in mean criterion score obtained by using a selection device, in: Journal of Industrial Psychology, 3 (1965), S. 33-42.

Pfeffer, J. (1997): Pitfalls on the Road to Measurement: The Dangerous Liaison of Human Resources with the Ideas of Accounting and Finance, in: Human Resource Management, Vol. 36 (1997), Heft 3, S. 357-365.

Pfeffer, J. (1998): Six Dangerous Myths About Pay, in: Harvard Business Review, Vol. 76 (1998), Heft 3, S. 109-119.

Schmidt, F.L./Hunter, J.E. (1998): The Validity and Utility of Selection Methods in Personnel Psychology: Practical and Theoretical Implications of 85 Years of Research Findings, in: Psychological Bulletin, Vol. 124 (1998), Heft 2, S. 262-274.

Taylor, H.C./Russel, J.T. (1939): The Relationship of Validity Coefficients to the Practical Effectiveness of Tests in Selection: Discussion and Tables, in: Journal of Applied Psychology, Vol. 23 (1939), S. 565-578.

Thom, N.; Blunck, T. (1995): Strategisches Weiterbildungs-Controlling, in: Landsberg, G.v./Weiss, R. (Hrsg.): Bildungscontrolling, 2. Aufl., Stuttgart, S. 35-46.

Wunderer, R./Arx, S.v. (1999): Personalmanagement als Wertschöpfungs-Center, 2. Aufl., Wiesbaden.

Allokation von Produktionsaufträgen in virtuellen Produktionsnetzwerken

Hans Corsten und Ralf Gössinger

Übersicht:

1	Virtuelle Produktionsnetzwerke als spezifische Erscheinungsform virtueller Unternehmungen	266
2	Marktliche Koordination in virtuellen Produktionsnetzwerken	274
2.1	Auftragskonstellationen	277
2.2	Auktionen als Koordinationsinstrument	280
2.2.1	Allokation bei eindeutiger Aufgabendekomposition	280
2.2.2	Allokation bei mehrdeutiger Aufgabendekomposition	285
3	Ausblick auf einen multiagentensystemgestützten Lösungsansatz	290
4	Literatur	293

1 Virtuelle Produktionsnetzwerke als spezifische Erscheinungsform virtueller Unternehmungen

Wird von eher populärwissenschaftlichen Publikationen (vgl. z.B. Davidow/Malone 1993; Goldman et al. 1996, 169ff.) abgesehen, in denen die virtuelle Unternehmung als die einzige Überlebensmöglichkeit für Unternehmungen stilisiert wird, und auf wissenschaftlich fundierte Untersuchungen zurückgegriffen (vgl. z.B. Bellmann 1996; Blecker 1999; Mildenberger 1998), dann zeigt sich, daß virtuelle Unternehmungen

- nur einen **geringen Novitätsgrad** aufzuweisen vermögen und eine deutliche Verwandtschaft zu anderen Kooperationsformen zeigen (vgl. Mertens/Faisst 1996, 282; Meffert 1997, 121),
- *eine* **denkbare Form** der unternehmerischen Zusammenarbeit darstellen und
- **nicht** als eine **generell einsetzbare** Kooperationsform zu verstehen sind (vgl. Reiß/Beck 1995, 52ff.).

Darüber hinaus wird deutlich, daß auch zum heutigen Zeitpunkt der Begriff der virtuellen Unternehmung keineswegs einheitlich abgegrenzt wird und sich ein äußerst weites Spektrum an Gestaltungsmöglichkeiten offenbart (vgl. Berkley/Nohria 1991, 9; Blecker 1999, 23). Wird von eher diffusen Vorstellungen zum Begriff der virtuellen Unternehmung abgesehen (vgl. z.B. Dangelmaier 1996, 93ff.), dann läßt sich feststellen, daß virtuelle Unternehmungen eine intermediäre Organisationsform darstellen, die zwischen Markt und Hierarchie liegt (vgl. z.B. Sydow 1992, 102 und 1995a, 630). Virtuelle Unternehmungen sind damit eine spezifische Erscheinungsform von **Unternehmungsnetzwerken** (vgl. Weiß 1996, 137), die letztlich das Ergebnis von Internalisierung und Externalisierung ökonomischer Aktivitäten sind (vgl. Wildemann 1997, 418f.). Virtuelle Unternehmungen lassen sich darüber hinaus als **dynamische Netzwerke** charakterisieren (vgl. Miles/Snow 1986, 64f.; dies. 1992, 55ff.; dies. 1994, 128ff.; dies. 1995, 7f.). Ferner ist zwischen

- hierarchisch-pyramidalen Netzwerken und
- polyzentrischen (heterarchischen) Netzwerken

zu unterscheiden. Während im zuerst genannten Fall eine strategisch führende, sogenannte fokale Unternehmung das Kernelement bildet [1], von dem die anderen Mitglieder in hohem Maße abhängig sind und damit eine geringe Autonomie aufweisen, d.h., es liegt eine dauerhaft dominante Position eines Netzwerkpartners vor, existieren bei polyzentrischen Netzwerken zwischen den Unternehmungen gleichwertige Beziehungen, wobei auch von einem dynamischen Netzwerk mit offener Systemführerschaft gesprochen wird [2]. In diesem Fall kann auch in Abhängigkeit von der konkreten Problemsituation ein jeweils geeigneter Netzwerkpartner die führende Rolle im Netzwerk übernehmen (vgl. Mildenberger 1998, 29).

Um zu einer begrifflichen Abgrenzung der virtuellen Unternehmung zu gelangen, bietet es sich an, die Kriterien herauszuarbeiten, die als konstitutiv zu bezeichnen sind. Ein Blick in die Literatur [3] zeigt dabei, daß bei aller Unterschiedlichkeit im Detail, zumindest Einigkeit darüber zu konstatieren ist, daß eine virtuelle Unternehmung bestimmte Merkmale erfüllen muß, wobei die folgenden **Merkmale** zu nennen sind:
- temporäre (ex ante befristete) Zusammenarbeit,
- auftrags-, problem- oder projektinduzierte Konfiguration und
- Integration von Kernkompetenzen, wobei häufig auf die Komplementarität dieser Kompetenzen hingewiesen wird.

Auf der Grundlage dieser Merkmale lassen sich **virtuelle Unternehmungen** dann als eine temporäre, aufgabenspezifische Verknüpfung von Kernkompetenzen (vgl. Bleicher 1996, 14; Bellmann 1997, 92) rechtlich unabhängiger Unternehmungen mit dem Ziel, Wettbewerbsvorteile zu erlangen [4], definieren. Gegenüber dem Nachfrager tritt die virtuelle Unternehmung als Einheit auf, so daß für ihn nicht ersichtlich ist, welcher Partner welchen Anteil an der gesamten Wertschöpfung erbracht hat (vgl. Steven 1999, 246). Der Definition liegt damit eine institutionelle Sichtweise zugrunde, wobei das einzelne Netzwerkmitglied eine **Leistungsinsel im Netzwerk** bildet, etwa analog zur Fertigungsinsel im Produktionsbereich einer Unternehmung.

Graphisch läßt sich diese Charakterisierung dann wie in Abbildung 1 dargestellt erfassen [5] (vgl. Fischer et al. 1996a, 39; Linde 1997, 22; Sydow 1996, 11).

Neben den angeführten Merkmalen finden sich weitere Merkmalsauflistungen, die jedoch aus unserer Sicht **Voraussetzungen für die erfolgreiche Realisation** einer virtuellen Unternehmung darstellen. Zu nennen sind dabei:
- Win-win-Situation,
- Vertrauensbasis,
- Informations- und Kommunikationstechnologie (IuK-Technologie) und
- Modularität der Unternehmung und der zu erbringenden Leistung.

Mit der **Win-win-Situation** wird zum Ausdruck gebracht, daß für jede beteiligte Unternehmung die Zusammenarbeit ökonomisch vorteilhaft ist.

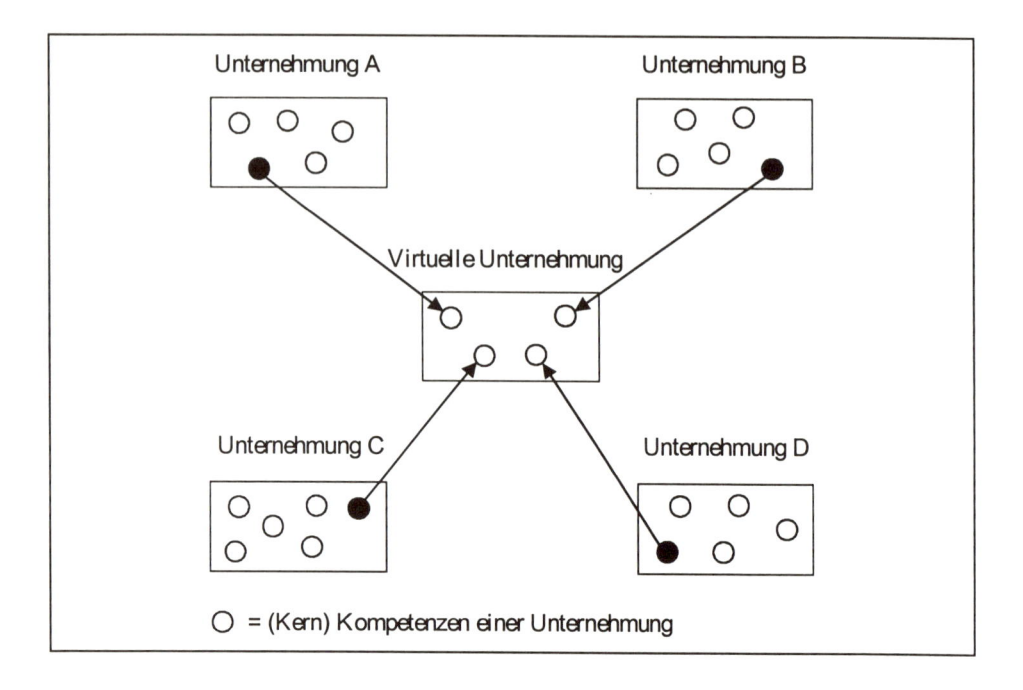

```
                Unternehmung A              Unternehmung B
              ┌─────────────┐              ┌─────────────┐
              │  ○   ○  ○   │              │    ○  ○     │
              │   ●    ○    │              │  ○   ○   ●  │
              └─────────────┘              └─────────────┘
                      \                        /
                       \   Virtuelle Unternehmung
                        \ ┌─────────────┐ /
                         ↘│  ○      ○   │↙
                          │   ○  ○      │
                         ↗└─────────────┘↖
                        /                  \
              Unternehmung C              Unternehmung D
              ┌─────────────┐              ┌─────────────┐
              │  ○    ○  ●  │              │   ○   ○     │
              │   ○ ○   ○   │              │  ●   ○  ○   │
              └─────────────┘              └─────────────┘

              ○ = (Kern) Kompetenzen einer Unternehmung
```

Abb. 1: Virtuelle Unternehmung

Vertrauen stellt eine wesentliche Grundlage der virtuellen Unternehmung dar (vgl. Jarillo 1988, 36). Es kann sich nur auf der Grundlage positiver Erfahrungen im Rahmen wiederholter Austauschprozesse mit anderen Partnern ergeben. Die damit angesprochene **Reziprozität** begünstigt folglich kooperative Verhaltensweisen und trägt zu einer Netzwerkkultur (vgl. Scholz 1996, 210) bei [6], der eine unterstützende Rolle zukommt. Zu betonen ist jedoch, daß die Möglichkeiten eines Kulturmanagements eher begrenzt sind und somit vielmehr im Rahmen der Selektion der Partner auf deren Kulturkompatibilität zu achten ist [7] (vgl. Meffert 1997, 137). Von grundlegender Bedeutung für die Vertrauensbildung sind dabei persönliche Kontakte (persönliches Vertrauen; vgl. Luhmann 1989, 40ff.; ferner Bellmann/Hippe 1996, 76).

Neben diesem **persönlichen Vertrauen** ist das **Systemvertrauen** (vgl. Luhmann 1989, 50ff.) zu nennen, das auf der Funktionsfähigkeit des Systems beruht (z.B. Ruf einer Institution, Zertifizierung) und dem keine unmittelbare soziale Beziehung zugrunde liegt. Um Verhaltensunsicherheiten zu reduzieren, bieten sich ergänzend etwa Selbstverpflichtungen durch Garantiegewährung, explizite Ergebnis- und Prozeßkontrollen oder transaktionsspezifische Investitionen (vgl. Sydow 1995b, 195) der beteiligten Unternehmungen an. Vertrauen wird damit zu einem Mechanismus zur Ungewißheitsreduktion (vgl. Bachmann/Lane 1997, 84ff.). Durch die Existenz von Vertrauen kann letztlich die Koordination der im Netzwerk agierenden Unternehmungen erleichtert, ein offener Informationsaustausch zwischen den Partnern praktiziert, die interorganisationale Konflikthandhabung erleichtert und der Handlungsspielraum der Unternehmungen vergrößert werden, wodurch eine Senkung der Transaktionskosten möglich wird (vgl. Sydow 1995b, 179 und 181ff.).

Eine weitere Voraussetzung wird in der Nutzung unternehmungsübergreifender **IuK-Technologien** gesehen, wobei insbesondere auf Intranet und Internet verwiesen wird, weil diesen eine Client-Server-Architektur (vgl. Griese/Sieber 1999, 122 und 126ff.; Kurbel 1999, 267ff.) zugrunde liegt [8]. Dabei wird i.d.R. hervorgehoben, daß es sich bei der IuK-Technologie um einen „enabler" und nicht um einen „Treiber" der Entwicklung zu virtuellen Strukturen handelt (vgl. Sieber 1997, 211ff.). Letztlich ist die IuK-Technologie eine notwendige, jedoch keine hinreichende Basis (vgl. Reuter 1998, C 543.03). Sie hat damit die Aufgabe, den Menschen zu unterstützen. Die IuK-Technologie vermag jedoch nicht, die für diese Zusammenarbeit wichtigen sozialen Beziehungen zu ersetzen: „Im Gegenteil: Die Informations- und Kommunikationstechnik stellt neue Anforderungen an die Gestaltung dieser Beziehungen" (Sydow/Winand 1998, 31).

Häufig wird in diesem Zusammenhang darauf hingewiesen, daß IuK-Technologien die Transaktionskosten zu reduzieren vermögen (vgl. z.B. Malone/Yates/Benjamin 1987, 488; Schmid/Zimmermann 1997, 39) und zu einer langfristig kooperativen Partnerschaft führen (vgl. z.B. Clemons/Reddi 1994, 855), Sachverhalte, die von Bauer/Stickel (1998, 438f.) kritisch hinterfragt werden, wobei sie auf direkte **und** indirekte Effekte eingehen.

Im Rahmen der **Modularität** ist zwischen dem Aufbau der einzelnen Unternehmung und der zu erbringenden Leistung zu unterscheiden. Auf die Unternehmung bezogen bedeutet dies, daß sie aus kleinen überschaubaren Einheiten mit dezentraler Entscheidungskompetenz und Ergebnisverantwortung besteht, wobei sich jedes Modul auf seine Kernkompetenzen bei der Aufgabenabwicklung konzentriert (vgl. Picot/Reichwald 1999, 134; Specht/Kahmann/Siegler 1999, 179ff.). Grundlage für den Aufbau derartiger dezentraler Einheiten bildet das **Segmentierungskonzept**, das auf eine Vereinfachung der Interdependenzstruktur abzielt und damit die Anforderungen an die Planung und Steuerung reduziert. Die dezentralen Einheiten sind dabei so zu bilden, daß sie hinsichtlich

- Ressourcenausstattung,
- Funktionsumfang und
- Entscheidungskompetenz

eine relativ hohe Bereichsautonomie aufweisen. Beispiele hierfür sind Fertigungssegmente (vgl. Wildemann 1996, Sp. 474ff.; Zäpfel/Piekarz 1996, 118), Fertigungsinseln etc. Sie bilden damit eine Plattform für unternehmungsübergreifende Kooperationen. Von besonderer Bedeutung dabei sind einerseits die interorganisatorischen Schnittstellen und anderseits die Koordination der verteilten Aufgaben (vgl. Buse et al. 1996, 13). Neben der Modularisierung der Organisation (vgl. Steven 1999, 250ff.) ist eine Modularisierung der zu erbringenden Leistungen erforderlich, d.h., die Gesamtleistung ist in klar definierte Module zu zerlegen (vgl. Corsten 1996, 225 und 228ff.). Hierdurch werden Teilaufgaben geschaffen, die möglichst unabhängig und selbständig durchgeführt werden können (vgl. Gerpott/Böhm 1999, 155ff.).

Um in derartigen Netzwerkstrukturen Wettbewerbsvorteile realisieren zu können, ist eine Mischung von **kooperativen und kompetitiven Beziehungen** zwischen den Unternehmungen notwendig (vgl. z.B. Meffert 1997, 119; Szyperski/Klein 1993, 199), wobei der Wettbewerb in unterschiedlicher Weise in das Netzwerk hineingetragen werden kann (vgl. Bellmann/Hippe 1996, 68f.; Siebert 1991, 295f.):

- **Wechselseitige Substitution**, d.h., die Netzwerkpartner lernen voneinander und können die Leistungen anderer dann auch erbringen [9]. Jede Unternehmung muß damit konsequent ihre Kompetenzen weiterentwickeln. Hierdurch wird einerseits die Innovationsfähigkeit der Partner gesichert und anderseits das Netzwerk dynamisch weiterentwickelt (vgl. Bellmann 1999, 211f.).
- Jede Unternehmung kann Mitglied **mehrerer Netzwerke** sein, wodurch die Substitutionsbedrohung tendenziell weiter zunimmt.
- Ist die Entwicklung der Fähigkeiten der einzelnen Partner zu heterogen, dann ist das Netzwerk für die Unternehmungen, die ihre **Fähigkeiten stärker entwickeln** als andere, nicht mehr attraktiv genug.

Netzwerke sind damit durch einen
- internen Positionierungswettbewerb und
- externen Leistungswettbewerb gekennzeichnet,

der sich positiv auf die Wettbewerbsfähigkeit des Netzwerkes auswirken kann (vgl. Bellmann 1996, 59). Letztlich müssen kooperative und kompetitive Beziehungen gleichermaßen existieren.

Ein in der Literatur kontrovers diskutierter Aspekt ist in den Investitionen in netzwerkspezifische Ressourcen zu sehen, die ausschließlich für das Netzwerk zu nutzen sind. Während einerseits betont wird, daß auf eine Institutionalisierung zentraler Managementfunktionen „weitgehend" verzichtet werden kann und die notwendige Koordination durch geeignete IuK-Technologien erfolgen könne (vgl. z.B. Arnold et al. 1995, 10; Faisst 1998, 3), wird anderseits auf die Schaffung einer Plattform oder eines virtuellen Zentrums hingewiesen, um so einen Kooperationsrahmen zu erhalten (vgl. z.B. Buse et al. 1996, 23). Dies impliziert, daß es ein wie auch immer geartetes **Mindestmaß an netzwerkspezifischem „Overhead"** geben muß. So weisen Reiß/Beck (1995, 56f.) darauf hin, daß eine dauerhafte Netzstruktur eine geeignete Grundlage für sog. Ad-hoc-Kooperationen bildet, mit dem Nebeneffekt, daß hierdurch auch eine entsprechende Vertrauensbasis geschaffen werden kann. Buse et al. (1996, 23) betonen die Möglichkeit der Bildung eines Pools von Unternehmungen, die bestimmten Anforderungen entsprechen und deren Eigenschaften überprüft werden können (Konzept des pre-qualifying von Partnern), auf die dann projektspezifisch zurückgegriffen werden kann. Den weiteren Überlegungen liegt die Vorstellung zugrunde, daß eine Ad-hoc-Kooperation eine **auftragsinduzierte Konfiguration** eines Netzwerkes darstellt [10].
Gegenstand virtueller Unternehmungen können dabei die **Produktentwicklung** und die **Produktionsdurchführung** bis hin zu **Beratungsleistungen** sein. Den weiteren Ausführungen zur Koordination der Leistungserstellung liegen **virtuelle Produktionsnetzwerke** zugrunde, bei denen es um die auftragsinduzierte Erstellung materieller Güter geht (vgl. Bellmann/Hippe 1996, 56; Mildenberger 1998, 28). Es wird damit ein Prozeßnetzwerk von betrieblichen Produktionsprozessen konfiguriert, auf dessen Grundlage eine kooperative Erstellung der gewünschten Leistung vollzogen wird. Produktionseinheiten bearbeiten somit einen Auftrag im Verbund mit anderen Einheiten unter weitgehender Wahrung ihrer Autonomie (vgl. Schmidt 1999, 7 und 12).
Es liegen „vernetzte" Entscheidungen vor, da die Einzelentscheidungen wechselseitig voneinander abhängen, d.h., es existieren Sachinterdependenzen (vgl. Corsten/Friedl 1999, 7f.): „Die grundlegende Anforderung an Produktionsnetzwerke besteht [...] darin, interdependente Prozeßelemente in aufgabenerfüllender Weise zu einer Ganzheit zu integrieren und auf die übergeordneten Projektziele der Organisationseinheit auszurichten" (Bellmann 1996, 55). Elemente eines Produktionsnetzwerkes können dabei die quantitative und qualitative Kapazität und das Know-how der Netzwerkpartner sein (vgl. z.B. Pfohl/Häusler/Müller 1998, 30). Virtuelle Produktionsnetzwerke bilden damit eine spezifische Erscheinungsform virtueller Unternehmungen. Dies impliziert, daß es sich

bei den weiteren Untersuchungen nicht um ein reines Kapazitätsabgleichsmanagement, sondern gleichzeitig um ein **Kompetenzmanagement** handelt, da letztlich Kernkompetenzen die Basis bilden. Unter dieser Voraussetzung ergeben sich auch für Produktionsnetzwerke komplexere Koordinationsaufgaben zwischen den beteiligten Unternehmungen.

Darüber hinaus stellt sich die Frage, mit welchen **Effekten** die Bildung eines virtuellen Produktionsnetzwerkes einhergehen kann. Dabei sind die folgenden Komplexe zu nennen (vgl. D'Amours et al. 1996, 18; Backhaus/Meyer 1993, 331; Stölzle 1999, 213f.):

- **Flexibilitätsvorteile** [11]: sie resultieren aus den auftragsspezifischen Konfigurationen, der informatorisch-kommunikativen Vernetzung und aus interorganisatorischen Lernprozessen. Darüber hinaus wird es grundsätzlich möglich, den Trade-off zwischen Integration und Flexibilität zu überwinden (Stabilität/Flexibilität) und Economies of Time (vgl. Fischer 1997, 18) zu realisieren.

- **Spezialisierungsvorteile**: sie resultieren aus der Fokussierung der einzelnen Partner auf ein begrenztes Leistungsspektrum (Reduktion der Wertschöpfungstiefe), wodurch sich einerseits eine Risikoreduzierung und anderseits Economies of Scale realisieren lassen (vgl. Siebert 1991, 294f.).

- **Bündelungsvorteile**: sie resultieren sowohl aus der Verbindung von Komplementärkompetenzen und -potentialen als auch aus einem vereinfachten Markteintritt, bedingt durch niedrigere Markteintrittsbarrieren. Aus Absatzsicht ergeben sich hierdurch nicht nur die Möglichkeiten der verbesserten Akquisition und des Zuganges zu Partnern mit geeignetem Vertriebssystem, sondern auch der Diversifikation mit der Konsequenz, das Marktpotential zu erhöhen. Auf der Beschaffungsmarktseite ist die Sicherung des Zuganges zu Ressourcen zu nennen.

Um die fast unüberschaubare Vielzahl der Erscheinungsformen virtueller Unternehmungen (und für den vorliegenden Beitrag virtueller Produktionsnetzwerke) zu strukturieren, werden in der Literatur unterschiedliche Typologien vorgestellt [12], wobei grundsätzlich **zwei Ebenen** zu unterscheiden sind, die für den in diesen Ausführungen interessierenden Netztyp von Bedeutung sind:

- das **Gesamtnetzwerk** potentieller Kooperationspartner und
- das auftrags- und problembezogen konfigurierte **Produktionsnetzwerk**.

Anknüpfend an den Gedanken eines **stabilen Netzwerkes als Grundlage** eines virtuellen Produktionsnetzwerkes kann unter Rückgriff und Modifikation auf die Ausführungen von Faisst/Birg (1997, 6) die in Abbildung 2 dargestellte Klassifikation herangezogen werden, um unterschiedliche Erscheinungsformen von aktivierten Netzwerken zu unterscheiden.

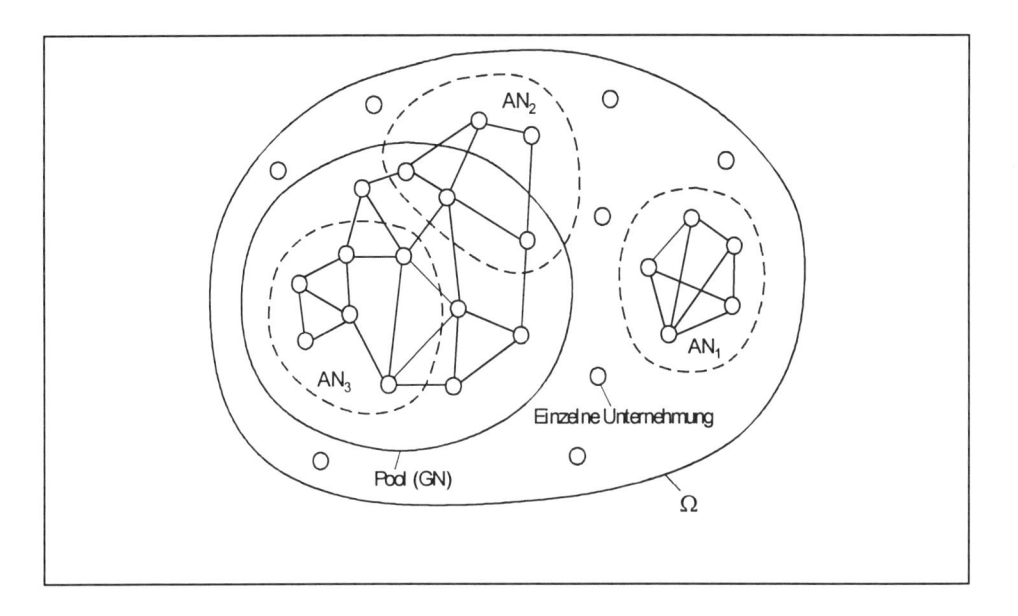

Abb. 2: Spektrum virtueller Produktionsnetzwerke

Die nicht-leere Menge GN der Unternehmungen eines Gesamtnetzwerkes (Pool) und die nicht-leere Menge AN_m der Unternehmungen, die sich zur Ausführung eines Auftrages m zusammenschließen, sind Teilmengen der Grundmenge Ω der Unternehmungen. NW_m ist dabei die Menge der Unternehmungen des Gesamtnetzwerkes, die an der Ausführung des Auftrages m beteiligt sind:

$$NW_m = AN_m \cap GN$$

Ein aktiviertes Netzwerk aus spontan sich zusammenschließenden Unternehmungen (1) (vgl. AN_1) liegt immer dann vor, wenn NW_m eine leere Menge ist $(NW_m = \varnothing)$. Gilt $NW_m \neq \varnothing$, dann ist zwischen aktivierten Netzwerken als Mischung von Partnern (2) (vgl. AN_2), die Mitglieder und Nichtmitglieder des Gesamtnetzwerkes sind, d.h.

$$NW_m \subset AN_m,$$

und aktivierten Netzwerken mit Partnern (3) (vgl. AN_3), die ausschließlich Mitglieder des Gesamtnetzwerkes sind, d.h.

$$NW_m = AN_m,$$

zu unterscheiden. In den weiteren Überlegungen werden ausschließlich die beiden Erscheinungsformen (2) und (3) betrachtet, d.h., es wird von der Basis eines stabilen Netzwerkes ausgegangen.

2 Marktliche Koordination in virtuellen Produktionsnetzwerken

Aufgabe der Produktionsplanung und -steuerung ist es, aufgrund erwarteter und/oder vorliegender Kundenaufträge die Produktionsprozesse unter Beachtung auftrags- und ressourcenseitiger Restriktionen mengenmäßig und zeitlich so zu koordinieren, daß die vorgegebenen Ziele erreicht werden. Während das Sachziel der Unternehmung in der Erfüllung von Kundenaufträgen besteht, stellt die Minimierung der entscheidungsrelevanten Kosten (z.B. Bearbeitungs-, Transport- und Lagerkosten) das ökonomische Formalziel dar, wobei für realistische Problemstellungen aus meßtechnischen Gründen auf Ersatzziele (insbesondere Zeit- und Kapazitätsauslastungsziele) zurückgegriffen wird (vgl. Zäpfel 1998, 13).

Die Koordination der Produktionsprozesse ist ein **dynamisches, stochastisches Problem** [13], dessen Komplexität eine simultane Lösung mit Hilfe der derzeit verfügbaren Lösungsverfahren ausschließt. Eine Möglichkeit der Komplexitätsbewältigung ist es, das Gesamtproblem der Produktionsplanung und -steuerung so zu segmentieren, daß alle entstehenden Teilprobleme mit entsprechenden Lösungsverfahren gelöst werden können (vgl. Schütte/Siedentopf/Zelewski 1999, 144f.).

Da in einem virtuellen Produktionsnetzwerk verteilte, autonome Einheiten agieren, stellt sich die Frage nach geeigneten Koordinationsmechanismen. Die Koordination beeinflußt in Abhängigkeit von ihrer Detailliertheit den Handlungsspielraum und damit die Autonomie der einzelnen Netzwerkunternehmungen. Tendenziell gilt, je weniger explizit die **Koordination** erfolgt, desto kostengünstiger kann eine Abstimmung erfolgen und desto größer ist der Handlungsspielraum der einzelnen Netzwerkpartner. Letztlich zielt die Koordination darauf ab, ein störungsfreies Zusammenarbeiten der Netzwerkunternehmungen zu ermöglichen.

Ausgehend von einer kooperativen Leistungserstellung durch weitgehend autonome Netzwerkpartner wird es erforderlich, die Erfüllung der einzelnen Teilaufgaben so zu koordinieren, daß diese in ihrer Gesamtheit der geforderten Leistung entsprechen. Es ergibt sich damit ein **netzwerkpartnerübergreifender Koordinationsbedarf**, der nicht in vollem Umfang durch den einzelnen Netzwerkpartner bewältigbar ist. Netzwerkübergreifend ist folglich ein Verzicht auf eine Institutionalisierung kaum möglich (vgl. Weib-

ler/Deeg 1998, 113). Im Rahmen der Produktionsplanung und -steuerung in virtuellen Produktionsnetzwerken sind deshalb grundsätzlich die folgenden **Ebenen** zu unterscheiden (vgl. D'Amours et al. 1996, 22f.):
- Die **Netzwerkebene** mit den zentralen Aufgaben der Abstimmung zwischen dem Auftraggeber und dem virtuellen Netzwerk sowie innerhalb des Netzwerkes und
- die **Ebene der einzelnen Unternehmungen** im Rahmen der Planung und Leistungserstellung,

wobei sich die weiteren Ausführungen ausschließlich auf die Netzwerkebene beziehen.
Eine Produktionsplanung und –steuerung [14] auf der Netzwerkebene ist mit **Unschärfen** konfrontiert, die einer Aufgabenerfüllung in der klassischen Form entgegenstehen:
- Das **Leistungsspektrum** des virtuellen Produktionsnetzwerkes ergibt sich aus den Möglichkeiten der Kombination von Kernkompetenzen der Partnerunternehmungen sowie der potentiellen Partner, die nicht Netzwerkteilnehmer sind, und den Fähigkeiten des virtuellen Produktionsnetzwerkes, diese zu koordinieren. Insofern entspricht das Leistungsspektrum weniger einem art- und mengenmäßig scharf abgegrenzten Produktprogramm, sondern eher einem Produktfeld.
- Ressourcenseitiger Bezugspunkt der Netzwerkebene sind die **Ressourcen** der Netzwerkpartner (vgl. Corsten/Reiß 1991, 623ff.). Durch die Erweiterungsmöglichkeit des Netzwerkes um netzwerkexterne Unternehmungen wird die Produktionskapazität zu einem Aktionsparameter im Planungs- und Steuerungsprozeß (vgl. Reiß 1998b, 127).

Es ist folglich auf Netzwerkebene **nicht mehr möglich, die einzelnen Produkte art- und mengenmäßig** sowie **zeitlich präzise zu spezifizieren**. Eine Produktionsprogrammplanung auf diesem Aggregationsniveau erlaubt folglich nur Rückschlüsse auf einen aggregierten Kapazitätsbedarf innerhalb einer Planungsperiode, ein Sachverhalt, der auch die weiteren Aufgaben der Produktionsplanung und -steuerung auf Netzwerkebene beeinflußt.
Wird der Prozeß der **Kundenauftragsabwicklung**, der mit der Auftragsanfrage beginnt und mit der Auftragserfüllung abschließt, auf der Netzwerkebene als Ausgangspunkt der weiteren Überlegungen herangezogen, dann lassen sich die folgenden **Aufgabenschwerpunkte der Produktionsplanung** und -steuerung (PPS) auf der Netzwerkebene herausarbeiten:
- Die **Kundenauftragsannahme** bildet die Schnittstelle nach „außen" und sorgt für ein einheitliches Auftreten des Netzwerkes. Liegt eine Netzwerkauftragsanfrage vor, dann ist unter Berücksichtigung der im Netzwerk gebündelten technologischen

Kompetenz der Netzwerkpartner die **technische Realisierbarkeit** des Kundenauftrages zu überprüfen (z.B. auf der Grundlage eines elektronischen Produktkatalogs; vgl. Keller 1995, 127ff.). Liegt ein unvollständig bekanntes Produkt vor, dann ist die Überprüfung der technischen Realisierbarkeit kooperativ fortzusetzen. Da das technologische Wissen dezentral in den einzelnen Netzwerkunternehmungen vorliegt, bietet es sich an, einen **verteilten Problemlösungsprozeß** auf der Grundlage eines Blackboardsystems zu initiieren. Das Ergebnis dieses Erkennungsprozesses ist eine artmäßige Aufteilung der Gesamtaufgabe „Kundenauftragsausführung" in Teilaufgaben (TA). Darauf aufbauend ist dann die kapazitätsmäßige Realisierbarkeit der Gesamtaufgabe festzustellen (vgl. Corsten/Gössinger 1999b, 20ff.).

- Aufgabe der **Auftragsallokation** ist es, aufbauend auf den Ergebnissen der Kundenauftragsannahme ein virtuelles Produktionsnetzwerk zu konfigurieren, d.h., es geht um die Arbeitsteilung im Netz. Da polyzentrische Netzwerke zugrunde liegen, gelangen marktliche Koordinationsformen zur Anwendung, d.h., es wird ein netzwerkinterner Markt implementiert (vgl. Zelewski 1998, 310). Als koordinierende Einheit kann dabei ein sogenannter Broker zum Einsatz gelangen (vgl. Miles/Snow 1986, 64ff.). Als Ergebnis ergibt sich ein entsprechender Grobplan zur Ausführung von Kundenaufträgen.

- Die **Auftragsüberwachung**, die den Prozeß der Auftragsausführung begleitet, vollzieht ein Monitoring der Auftragszustände auf der Ebene der Grobplanung. Grundlage hierfür bildet die Grobplanung aus der Auftragsallokation. Aufgabe ist es dabei, auf der Basis der im Zeitablauf nach Abschluß der Grobplanung hinzukommenden Informationen die Gültigkeit des Grobplans zu prüfen und bei Abweichungen, die eine definierte Toleranzgrenze überschreiten, Maßnahmen zu initiieren, die die Ausführung des Kundenauftrags sicherstellen [15]. Eine Möglichkeit stellt dabei ein „cooperative scoreboard" dar, auf dem die Teilergebnisse des Netzwerkes visualisiert werden (vgl. Bellmann/Hippe 1996, 77f.).

Aufgrund der Autonomie der Netzwerkunternehmungen stehen zwei **organisatorische Möglichkeiten** der Produktionsplanung und -steuerung auf der Netzwerkebene offen:
- die einzelnen Unternehmungen des Netzwerkes erfüllen die genannten Aufgabenschwerpunkte eigenständig, wenn die Ausführung eines Auftrages bei ihnen angefragt wurde, oder
- die einzelnen Aufgabenschwerpunkte werden zentralisiert von einer neutralen Organisationseinheit ausgeführt.

Die Erfüllung der Aufgaben durch einzelne Netzwerkunternehmungen kann zu **unerwünschten Nebeneffekten** führen:
- Für die jeweilige Unternehmung bestehen ökonomische Anreize, Aufgaben der Netzwerkebene nicht im Interesse des Gesamtnetzwerkes auszuführen, ein Sachverhalt der es vermag, die Vertrauensbasis zu konterkarieren.
- Es besteht die Möglichkeit, daß netzwerkrelevante PPS-Aufgaben für mehrere unterschiedliche Aufträge zeitgleich von mehreren Unternehmungen ausgeführt werden, so daß einerseits der Aufwand für die Netzwerkunternehmungen steigt und anderseits Synergien, die zwischen Aufträgen bestehen können, nicht ausgenutzt werden. Es würde folglich eine Koordination der netzwerkrelevanten PPS-Aufgaben erforderlich.
- Es besteht die Möglichkeit, daß sich ein potentieller Kunde, der die Strukturen des Produktionsnetzwerkes nicht kennt, mit seinem Auftrag gleichzeitig an mehrere Mitglieder des Netzwerkes wendet und somit mehrere, parallel ablaufende Prozesse der Kundenauftragsabwicklung auf der Netzwerkebene für denselben Kundenauftrag auslöst und dadurch die Wahrscheinlichkeit von Fehlallokationen erhöht.

Bei der zentralisierten Ausführung einer PPS-Aufgabe auf der Netzwerkebene durch eine **neutrale Organisationseinheit** stehen dem Vorteil einer gesicherten Plankonsistenz die folgenden **Nachteile** gegenüber:
- Ein zentraler Ansatz birgt die Gefahr, daß die zentrale Stelle zu einem Engpaß wird.
- Das Erbringen von Leistungen durch neutrale Organisationseinheiten ist besonders zu entgelten.

Da aus unserer Sicht die angeführten Nebeneffekte der dezentralisierten Ausführung einer PPS-Aufgabe auf der Netzwerkebene gravierender sind, wird in den weiteren Überlegungen von einer zentralen Organisationseinheit ausgegangen.

Das Engpaßproblem wird aufgrund der aus informationsverarbeitungstechnischer Sicht relativ großen zeitlichen Abstände zwischen den Kundenanfragen als nachrangig erachtet.

2.1 Auftragskonstellationen

Aufgrund der auftragsinduzierten Konfiguration von Produktionsnetzwerken erscheint es erforderlich, zunächst die möglichen Auftragskonstellationen herauszuarbeiten, Problemklassen zu bilden und so eine Auswahl geeigneter Lösungsverfahren zu ermöglichen. Während die Kundenauftragsannahme die technische Realisierbarkeit und ökonomische Akzeptabilität eines einzelnen angenommenen Kundenauftrages sicherstellt, liegt nun der Fokus auf dem Bestand angenommener unbearbeiteter Kundenaufträge und den im Prozeß der Kundenauftragsannahme daraus abgeleiteten Teilaufgaben [16].

Die sich daraus ergebenden **Auftragskonstellationen** können in Modifikation von Gomber/Schmidt/Weinhardt (1996a; dies. 1998, 3ff.) auf der Grundlage folgender Merkmale charakterisiert werden:

- Auf der obersten Ebene werden nach dem Kriterium „Anzahl der vorliegenden Aufträge" die Fälle „ein Auftrag" und „mehrere Aufträge" unterschieden.
- Liegen mehrere Aufträge vor, dann ist zwischen identischen und unterschiedlichen Aufträgen zu differenzieren.
- Die einzelnen Aufträge werden über das Attribut „Zerlegbarkeit der Aufträge" den Klassen „zerlegbarer Auftrag" und „nicht zerlegbarer Auftrag" zugeordnet. Zerlegbarkeit bezieht sich hierbei auf die Möglichkeit, einen Kundenauftrag so mengenmäßig und/oder artmäßig strukturieren zu können, daß sich die entstehenden Teilaufträge entsprechend der Kernkompetenzen und/oder verfügbaren Kapazitäten auf mehrere Unternehmungen verteilen lassen. Dabei ist eine Definition der Schnittstellen zwischen den Teilleistungen eine unabdingbare Voraussetzung. Die Zerlegbarkeit eines Kundenauftrages und die Zerlegungsvorschrift [17] wird im Prozeß der Kundenauftragsannahme ermittelt.
- Die Zerlegungsvorschrift eines zerlegbaren Auftrages kann dabei eindeutig oder mehrdeutig ausgestaltet sein. Mehrdeutigkeit liegt immer dann vor, wenn die auf der Grundlage der Zerlegungsvorschrift gebildeten Teilaufträge unterschiedliche Teilauftragskombinationsmöglichkeiten für die Ausführung des Kundenauftrages offenhalten, d.h., zwischen Teilaufträgen oder Gruppen von Teilaufträgen besteht Redundanz.
- Liegt eine eindeutige Zerlegungsvorschrift vor, dann kann diese entweder zu identischen oder zu unterschiedlichen Teilaufträgen führen.

Es ergeben sich somit die in Abbildung 3 dargestellten acht **alternativen Auftragskonstellationen**.

Allokation von Produktionsaufträgen in virtuellen Produktionsnetzwerken 279

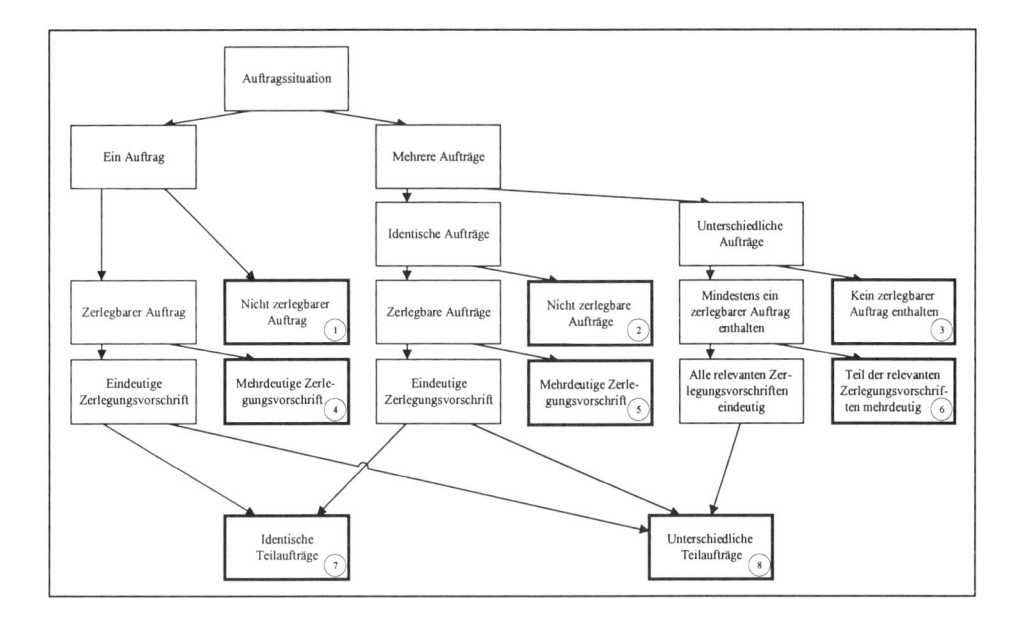

Abb. 3: Arten von Auftragskonstellationen

Wird davon ausgegangen, daß vor der Lösung des Allokationsproblems die vorliegenden Aufträge immer soweit zerlegt werden, wie es durch die Zerlegungsvorschrift ohne zusätzliche Entscheidungen möglich ist, und bilden die danach vorliegenden Aufträge und Teilaufträge die Menge der Aufgaben, dann lassen sich **vier unterschiedliche Problemklassen** ableiten:

- **P1**: Eine nicht weiter zerlegbare Aufgabe (Auftragskonstellation 1) ist der geeignetsten Unternehmung zuzuordnen.
- **P2**: Mehrere identische, nicht weiter zerlegbare Aufgaben (Auftragskonstellationen 2 und 7) sind der günstigsten Gruppierung von Unternehmungen zuzuordnen.
- **P3**: Mehrere unterschiedliche, nicht weiter zerlegbare Aufgaben (Auftragskonstellationen 3 und 8) sind der günstigsten Gruppierung von Unternehmungen zuzuordnen.
- **P4**: Für eine oder mehrere zerlegbare Aufgaben mit mehrdeutiger Zerlegungsvorschrift [18] (Auftragskonstellationen 4, 5 und 6), d.h. mit mehreren gegebenen Zerlegungsalternativen, ist die günstigste Zerlegungsalternative(n)/Unternehmungsgruppen-Kombination zu bestimmen.

280 Allokation von Produktionsaufträgen in virtuellen Produktionsnetzwerken

2.2 Auktionen als Koordinationsinstrument

Für Produktionsnetzwerke werden insbesondere **Auktionen** (vgl. Leitzinger 1988, 11f., 19f.) als marktliche Allokationsmechanismen empfohlen, die jedoch entsprechend der vorliegenden Problemklasse auszugestalten sind. Als Gründe, die für den Einsatz von Auktionen zur Koordination von Produktionsnetzwerken sprechen, werden genannt (vgl. Schmidt 1999, 17ff.):

- Die Effizienz von Marktmechanismen, zu denen auch die Auktionen gehören, ist sowohl theoretisch nachgewiesen als auch empirisch belegt.
- Eine relativ starke Schematisierung der Auktionen, die es erlaubt,
  - einerseits die korrekte Durchführung formal zu überprüfen, so daß im Vergleich zu anderen Marktmechanismen ein einfach nachvollziehbarer Mechanismus vorliegt, für den eine höhere Akzeptanz zu erwarten ist, und
  - anderseits aufbauend auf der gemeinsamen Informations- und Kommunikationsinfrastruktur eine Automatisierung des Auktionsablaufs vorzunehmen.

Ist eine Auktion anreizkompatibel ausgestaltet und mit einem geringen Kommunikationsbedarf verbunden, der eine geringstmögliche Informationspreisgabe erfordert (vgl. Gomber/Schmidt/Weinhardt 1996b, 300f.), dann ist sie imstande, eine geeignete Basis zur Bildung und Festigung des Vertrauens im Netzwerk zu schaffen.

2.2.1 Allokation bei eindeutiger Aufgabendekomposition

In der Literatur (vgl. z.B. Corsten/Gössinger 1999a, 259ff.; Schmidt 1999, 16ff.; Zelewski 1997) zur vertragsorientierten Produktionsplanung und -steuerung wird insbesondere die **Vickrey-Auktion** (vgl. Vickrey 1961, 20ff.) als ein geeigneter Marktmechanismus zur Lösung von Allokationsproblemen hervorgehoben, die der **Klasse P1** entsprechen. Die Vickrey-Auktion ist eine **Sealed-bid-Auktion**, die durch Aufspaltung der vom Auktionator anzuwendenden Regel in eine Zuschlags- und eine Entgeltregel eine Anreizkompatibilität gewährt (vgl. z.B. Finsinger 1984, 19; Güth 1994, 211ff.). Während Bieter B mit der höchsten Wertschätzung des zu versteigernden Gutes den Zuschlag erhält, entspricht die Entgeltung der Wertschätzung des Bieters B', der zum Zuge gekommen wäre, wenn B nicht an der Auktion teilgenommen hätte.

Zur Lösung der beschriebenen Problemstellung ergibt sich folgender Ablauf:
- Der Broker schreibt die auszuführende Aufgabe mit den Angaben zu Leistungsumfang und Liefertermin aus und fordert die Partnerunternehmungen dazu auf, bis zu einem bestimmten Zeitpunkt verdeckte Gebote abzugeben.

- Die Partnerunternehmungen prüfen, ob sie die ausgeschriebene Aufgabe in dem angegebenen Rahmen ausführen können und erstellen gegebenenfalls ein Angebot, in dem sie den Preis angeben, zu dem sie gerade noch bereit sind, die Aufgabe zu übernehmen. Aufgrund der verdeckten Gebotsabgabe liegt ihnen keine Information darüber vor, welche Partnerunternehmungen sich um die Aufgabenübernahme bewerben und welche Preise gefordert werden.
- Nach Ablauf der Ausschreibungsfrist wertet der Broker die eingegangenen Gebote aus und erteilt dem Bieter mit der geringsten Preisforderung den Zuschlag. Als Entgelt für die Aufgabenausführung erhält dieser Bieter den Preis des zweitniedrigsten Gebotes.

Ein Marktmechanismus zur Lösung von Allokationsproblemen der Klassen P2 und P3 ist die **Matrixauktion** (vgl. Schmidt 1999, 44ff.), die als Sealed-bid-Auktion zur **simultanen Versteigerung** mehrerer Aufgaben angewandt werden kann. Charakteristisch und namensgebend ist dabei die vom Broker zu erstellende Matrix der Gebote für unterschiedliche Aufgabenkombinationen, mit deren Hilfe eine optimale **Auftragskombination/Bieter-Zuordnung** und eine Bestimmung des Preises vorgenommen wird, den der jeweilige Bieter für die Aufgabenerfüllung erhält. Zur Lösung des vorliegenden Problems gibt der Broker den Mitgliedern des Produktionsnetzwerkes alle Aufgaben mit ihren Leistungsumfängen und groben Zeitfenstern bekannt und fordert diese zur Abgabe von Geboten für jede einzelne Aufgabe und für jede mögliche Aufgabenkombination auf. Zwischen den Netzwerkunternehmungen ist dabei generell vereinbart, in einem Gebot jeweils den Preis [19] anzugeben, zu dem eine Unternehmung gerade noch bereit ist, die Aufgabe (die Aufgabenkombination) zu übernehmen. Nach Vorliegen aller Gebote wird die Gebotsmatrix erstellt und nach der Gebotekombination durchsucht, die mit der geringsten Summe der Preise verbunden ist. Die entsprechenden Gebote erhalten dann den Zuschlag.

In Anlehnung an die Vickrey-Auktion wird zwischen Zuschlags- und Entgeltregel unterschieden, wobei **für die Entgeltregel zwei Alternativen** bestehen:

- **Pricing-per-Column-Regel**: Das Entgelt für die Übernahme einer Aufgabenkombination entspricht dem Preis des zweitniedrigsten Gebotes, das für die Aufgabenkombination des Bieters, der den Zuschlag erhielt, abgegeben wurde (vgl. Vickrey 1961, 24f.).
- **Entgeltregel der Generalized-Vickrey-Auktion**: Das Entgelt eines Bieters, der den Zuschlag erhielt, ergibt sich durch Subtraktion der Preissumme der Gebote aller anderen Bieter, die den Zuschlag in dieser Auktionsrunde erhielten, von der Preis-

282 Allokation von Produktionsaufträgen in virtuellen Produktionsnetzwerken

summe der Gebote der Bieter, die den Zuschlag erhalten hätten, wenn der betrachtete Bieter nicht an der Auktion teilgenommen hätte (vgl. Varian 1995, 16ff.). Die Gebotsmatrix in den Abbildungen 4a-c kennzeichnet eine Aufgabensituation der Problemklasse P2, wobei sich vier Unternehmungen an der Auktion beteiligen.

		Anzahl identischer Aufgaben							
		1	2	3	4	5	6	7	8	9
Unternehmungen	A	5	9	13	17	21	26	32	39	47
	B	3	6	9	12	16	20	26	33	41
	C	10	11	12	13	14	16	18	22	28
	D	2	3	4	7	12	17	23	32	44

Abb. 4a: Beispiel einer Gebotsmatrix für identische Aufgaben

		Anzahl identischer Aufgaben							
		1	2	3	4	5	6	7	8	9
Unternehmungen	A	5	9	13	17	21	26	32	39	47
	B	3	6	9	12	16	20	26	33	41
	D	2	3	4	7	12	17	23	32	44

Abb. 4b: Gebotsmatrix und optimale Aufgabenallokation ohne Unternehmung C

		Anzahl identischer Aufgaben							
		1	2	3	4	5	6	7	8	9
Unternehmungen	A	5	9	13	17	21	26	32	39	47
	B	3	6	9	12	16	20	26	33	41
	C	10	11	12	13	14	16	18	22	28

Abb. 4c: Gebotsmatrix und optimale Aufgabenallokation ohne Unternehmung D

Allokation von Produktionsaufträgen in virtuellen Produktionsnetzwerken 283

Abbildung 5 gibt die Ergebnisse der Matrixauktion für identische Aufträge wieder.

Bieter	Anzahl der Aufgaben	Entgelt gemäß	
		price per column	generalized Vickrey
C	6	17	19 (23 - 4)
D	3	9	8 (24 - 16)

Abb. 5: Ergebnis der Matrixauktion mit identischen Aufträgen

Für die Problemklasse P3 wird unterstellt, daß vier unterschiedliche Aufgaben vorliegen und sich vier Unternehmungen an der Auktion beteiligen (vgl. Abbildungen 6a-c).

					Aufgabenkombinationen									
		1	2	3	4	1,2	1,3	1,4	2,3	2,4	3,4	1,2,3	1,2,4	1,3,4	2,3,4	1,2,3,4
Unternehmungen	A	5	7	9	11	11	12	15	14	17	17	18	20	21	25	35
	B	3	6	9	12	8	11	14	14	17	20	20	23	29	29	33
	C	10	8	6	4	17	15	13	13	11	9	22	20	18	16	28
	D	12	7	6	10	16	17	21	10	14	16	21	25	26	20	30

Abb. 6a: Beispiel einer Gebotsmatrix für Problemklasse P3

					Aufgabenkombinationen									
		1	2	3	4	1,2	1,3	1,4	2,3	2,4	3,4	1,2,3	1,2,4	1,3,4	2,3,4	1,2,3,4
Unternehmungen	A	5	7	9	11	11	12	15	14	17	17	18	20	21	25	35
	C	10	8	6	4	17	15	13	13	11	9	22	20	18	16	28
	D	12	7	6	10	16	17	21	10	14	16	21	25	26	20	30

Abb. 6b: Gebotsmatrix und optimale Aufgabenallokation ohne Unternehmung B

284 Allokation von Produktionsaufträgen in virtuellen Produktionsnetzwerken

		Aufgabenkombinationen												
		1	2	3	4	1,2	1,3	1,4	2,3	2,4	3,4	1,2,3	1,2,4	1,3,4	2,3,4	1,2,3,4
Unternehmungen	A	5	7	9	11	11	12	15	14	17	17	18	20	21	25	35
	B	3	6	9	12	8	11	14	14	17	20	20	23	29	29	33
	D	12	7	6	10	16	17	21	10	14	16	21	25	26	20	30

Abb. 6c: Gebotsmatrix und optimale Aufgabenallokation ohne Unternehmung C

Die **optimale Aufgabenallokation** wird im Beispiel dann erreicht, wenn **Unternehmung B** die **Aufgaben 1** und **2** und **Unternehmung C** die **Aufgaben 3** und **4** übernehmen. Würde nach der Pricing-per-Column-Regel entgolten, erhielte die Unternehmung B den Betrag, der als nächsthöherer für die Übernahme der Aufgabenkombination {1,2} geboten wurde, d.h. 11 Geldeinheiten. Analog ergäbe sich für die Unternehmung C ein Betrag von 16 Geldeinheiten. Zur Bestimmung des Entgeltes nach der Entgeltregel der Generalized-Vickrey-Auktion sind in diesem Beispiel zwei Alternativszenarien (Matrix ohne Unternehmung B, Matrix ohne Unternehmung C) heranzuziehen.
Für beide Matrizen werden die Summen der Preise bei optimaler Aufgabenallokation bestimmt (Matrix ohne Unternehmung B: 19 Geldeinheiten; Matrix ohne Unternehmung C: 23 Geldeinheiten).
Das Entgelt für Unternehmung B beträgt dann 10 Geldeinheiten (19 - 9) und für Unternehmung C 15 Geldeinheiten (23 - 8).
Während die Entgeltung nach der Pricing-per-Column-Regel mit einem geringeren Rechenaufwand als nach der Entgeltregel der Generalized-Vickrey-Auktion einhergeht, besitzt die Generalized-Vickrey-Auktion den **Vorzug einer Anreizkompatibilität** [20].
Da eine mangelnde Anreizkompatibilität ineffiziente Allokationen nicht ausschließt und Allokationseffizienz eine Voraussetzung für die Akzeptanz eines Marktmechanismus darstellt, ist hinsichtlich dieses Kriteriums der Generalized-Vickrey-Auktion der Vorrang zu geben.
Das Beispiel mit vier unterschiedlichen Aufgaben, in dem die Problemlösung im „kleinen Rahmen" demonstriert wird, verdeutlicht gleichzeitig die Anfälligkeit des Lösungsvorschlages gegenüber der kombinatorischen Komplexität. Für **reale** Problemstellungen

kann deshalb eine **exakte Problemlösung** (zu einem Lösungsansatz auf der Grundlage eines „branch and bound" vgl. Schmidt 1999, 95ff.) **nicht in angemessener Zeit erwartet werden**, so daß ein Rückgriff auf **Heuristiken** naheliegt, die keine Optimalitätsgarantie bieten. Dementsprechend wäre keine Allokationseffizienz gewährleistet und gleichzeitig die Akzeptanz des Mechanismus gefährdet. Eine weitere Akzeptanzgefährdung ergibt sich aus der Heuristik, mit der letztlich auf der Grundlage bewährter Kriterien versucht wird, die Gebote nach ihrer Vorziehenswürdigkeit zu ordnen. Da diese Kriterien innerhalb des Netzwerkes bekannt sind und eine optimale Allokation nicht gewährleistet ist, besteht für die Unternehmungen der Anreiz, das Auktionsergebnis durch kriterienorientierte Gebote zu ihren Gunsten zu beeinflussen, d.h., es ist keine Anreizkompatibilität gegeben.

Eine weitere Möglichkeit, die kombinatorische Komplexität zu handhaben, besteht darin, das ursprüngliche Problem **in ein einfacheres**, in angemessener Zeit lösbares **Problem zu überführen**. Vorgeschlagen wird, die maximale Anzahl der von einem Netzwerkpartner innerhalb einer Auktionsrunde gleichzeitig zu übernehmenden Aufgaben zu begrenzen, wobei dann die mehrfach ausgeführte Vickrey-Auktion den Extremfall mit einer Aufgabe darstellt. Es besteht somit das Problem, für die Matrixauktion den Parameter „maximale Anzahl gleichzeitig zu übernehmender Aufgaben" so festzulegen, daß die Summe aus der monetär bewerteten, durch die künstliche Restriktion entgangenen Lösungsqualität und der monetär bewerteten, durch Problemrelaxation eingesparten Problemlösungsleistung maximiert wird, eine Vorgehensweise, die aus meßtechnischen Gründen nicht praktikabel ist. Um zumindest die offensichtlich schlechten Parameteralternativen aus weiteren Betrachtungen ausschließen zu können, ist es möglich, die entscheidungsrelevanten Merkmale der Alternativen mit den entsprechenden Merkmalsausprägungen zu erfassen und Aussagen zur Vektordominanz abzuleiten [21].

2.2.2 Allokation bei mehrdeutiger Aufgabendekomposition

Die Problemklasse P4 ist durch einen Auftragsbestand gekennzeichnet, der aufgrund der Kompetenzverteilung innerhalb des Gesamtnetzwerkes und der kapazitativen Situation der einzelnen Unternehmungen unterschiedliche Möglichkeiten der Zerlegung in Aufgaben bietet, die durch einzelne Unternehmungen bearbeitet werden können. Ein Marktmechanismus, der es vermag, die günstigste Zerlegungsalternative(n)/Netzwerkpartner-Kombination zu bestimmen, ist die **mehrstufige erweiterte Vickrey-Auktion** (vgl. Gomber/Schmidt/Weinhardt 1997, 142). Diese Auktionsform ist durch mehrere Runden gekennzeichnet, in denen die Anzahl der Mitglieder, die einer Unternehmungsgruppe angehören, von 1 beginnend sukzessive bis zur maximal möglichen Anzahl erhöht wird. In einer Auktionsrunde sind dabei nur solche Unternehmungsgruppen als Bieter zugelassen, deren Mitgliederanzahl der Auktionsrundennummer entspricht.

Zur Verdeutlichung des Auktionsverlaufes und des Auktionsergebnisses wird auf ein **Beispiel** zurückgegriffen, das durch die in Abbildung 7 dargestellte mehrdeutige Aufgabendekomposition gekennzeichnet ist. Von jeder Unternehmung (A, B, C, D, E, F) wird dabei der Bereich der Gesamtaufgabe angegeben, der zu den ausgeschriebenen Konditionen (Leistungsumfang, Liefertermin) übernommen werden kann. Die Aufgabenzerlegung ist mehrdeutig, da Überlappungen zwischen den angegebenen Aufgabenbereichen bestehen.

In jeder Auktionsrunde schreibt der Broker die gesamte Aufgabenstellung unter Angabe von Leistungsumfang und Liefertermin zur Bearbeitung aus. Die Auktionsteilnehmer ermitteln je nach Auktionsrunde einzeln, bilateral oder multilateral, welche Teilaufgabe von welchem Gruppenmitglied übernommen wird, in welchem Verhältnis das Entgelt im Falle der Zuschlagserteilung auf die Unternehmungen verteilt wird und welches Gebot, das jeweils den Preis angibt, zu dem die Unternehmung/Unternehmungsgruppe gerade noch bereit ist, die gesamte Aufgabe zu übernehmen, abzugeben ist. Das Gebot einer Unternehmungsgruppe wird immer nur dann abgegeben, wenn es kleiner ist als das Minimum der Gebote, an denen die einzelnen Partnerunternehmungen dieser potentiellen Koalition in allen bisherigen Auktionsrunden (einschließlich der aktuellen) beteiligt waren. Im Beispiel ergeben sich in der ersten Auktionsrunde keine, in der zweiten ein, in der dritten zwei, in der vierten ein und in der fünften Auktionsrunde keine Gebote. Die Werte der Gebote sind in Abbildung 8 zusammengefaßt.

Nach Abschluß aller Auktionsrunden **erhält der Bieter mit dem niedrigsten aller Gebote den Zuschlag**. Im dargestellten Beispiel ist dies die Unternehmungsgruppe {A, C, E, F} für ihr Gebot von 46 Geldeinheiten. Die Entgeltregel ist dabei so gestaltet, daß einerseits die Anreizkompatibilität gewährleistet ist und anderseits ein Anreiz zur Koalitionsbildung besteht (vgl. Schmidt 1999, 54ff.).

Die **Anreizkompatibilität** wird in Anlehnung an die Vickrey-Regel dadurch gewährleistet, daß das Entgelt dem zweitniedrigsten Gebot aller Auktionsrunden entspricht, an dem kein Mitglied der Unternehmungsgruppe beteiligt ist, die den Zuschlag erhielt, d.h., die Unternehmungsgruppe erhält das Entgelt in der Höhe des Gebotes, das den Zuschlag erhalten hätte, wenn sich die Mitglieder der Unternehmungsgruppe nicht an der Auktion beteiligt hätten [22]. Das Entgelt der Gruppe {A, C, E, F} entspricht dem Gebot der Unternehmungsgruppe {B, D} in der Höhe von 84 Geldeinheiten.

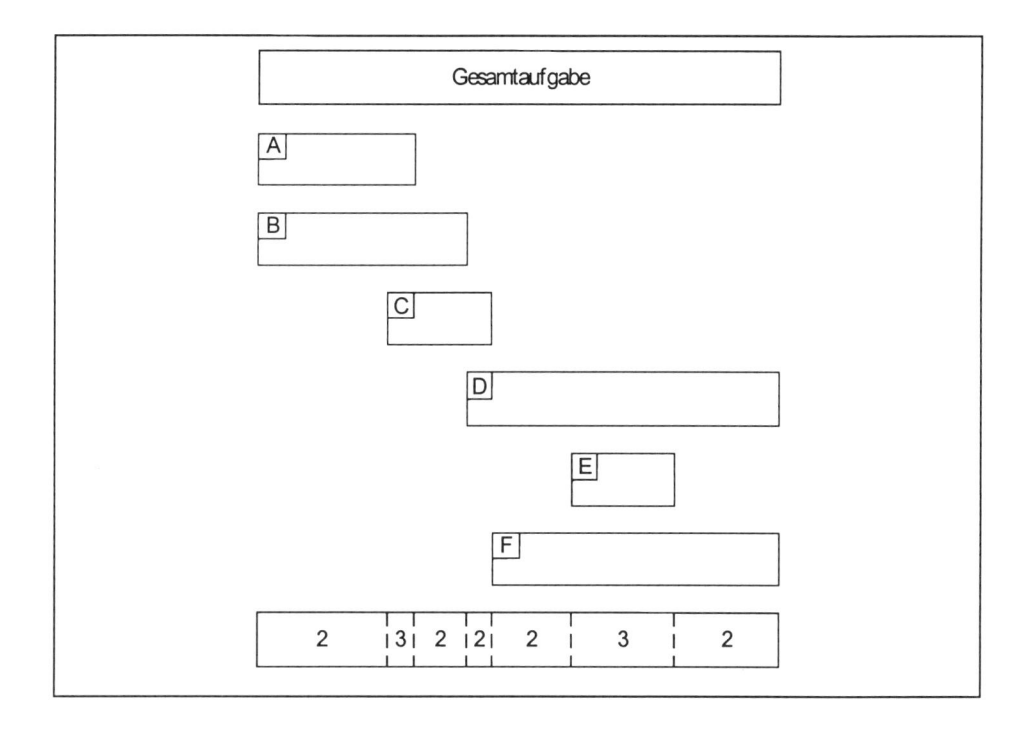

Allokation von Produktionsaufträgen in virtuellen Produktionsnetzwerken 287

```
                    ┌─────────────────────────────┐
                    │        Gesamtaufgabe        │
                    └─────────────────────────────┘
              ┌─A─────────────────┐
              └───────────────────┘
                ┌─B───────────────────────┐
                └─────────────────────────┘
                        ┌─C───────────────┐
                        └─────────────────┘
                              ┌─D─────────────────────────┐
                              └───────────────────────────┘
                                      ┌─E───────────┐
                                      └─────────────┘
                                        ┌─F─────────────────────┐
                                        └───────────────────────┘
              │  2  │3│ 2 │2│  2  │   3   │   2   │
```

Abb. 7: Mehrdeutige Aufgabendekomposition

Ein **Koalitionsanreiz** besteht immer dann, wenn für einen Bieter (Unternehmung oder Unternehmungsgruppe) der erwartete Gewinn, der sich aus der Differenz aus gebotenem Preis und Entgelt ergibt, das er durch die Übernahme der Aufgabenausführung erhält, aus der Beteiligung an einer (erweiterten) Unternehmungsgruppe mindestens dem erwarteten Gewinn bei Nichtbeteiligung entspricht. Der erwartete Gewinn bei Nichtbeteiligung ist deshalb als **Referenzgewinn** bei der Verteilung des Entgeltes auf die einzelnen Gruppenmitglieder zu berücksichtigen. Ein Referenzgewinn entsteht in einer Auktionsrunde immer dann, wenn die Teilmenge einer Unternehmungsgruppe, die in der betrachteten Auktionsrunde den Zuschlag erhielt, bereits in der vorherigen Auktionsrunde an einer Gruppe beteiligt war, die den Zuschlag erhalten hätte, und deren Gebot niedriger als das zweitniedrigste Gebot der betrachteten Auktionsrunde wäre (vgl. Gomber/Schmidt/Weinhardt 1997, 142).
Im Beispiel steht der Unternehmungsgruppe {A, C, F} ein **Referenzgewinn von 14 Geldeinheiten** zu, da sie auch ohne Koalition mit der Unternehmung {E} in einer Ge-

samtbetrachtung bis zur vierten Auktionsrunde den Zuschlag erhalten und dabei einen Auktionsgewinn von 14 (63 - 49) Geldeinheiten realisiert hätte.

Die Entgeltverteilung auf die Mitglieder der Unternehmungsgruppe wird durch eventuell bestehende Referenzgewinne von Teilmengen der Unternehmungsgruppe und die in den einzelnen Auktionsrunden durchgeführten Koalitionsverhandlungen bestimmt.

Durch das sukzessive Erweitern der Gruppen kann insgesamt nicht mehr von einer verdeckten Gebotsabgabe ausgegangen werden, da jedem Gruppenmitglied die Gebote der Vorrunden bekannt sind, an denen es als Kooperationspartner beteiligt war. Es ergeben sich somit Möglichkeiten, diese Informationen in den Preisverhandlungen zu berücksichtigen und strategische Gebote abzugeben, d.h. Einfluß auf den potentiellen Referenzgewinn zu nehmen.

Zur Beurteilung des mit der mehrstufigen erweiterten Vickrey-Auktion einhergehenden Aufwandes sind insbesondere die Aktivitäten des Brokers bei der Ermittlung des Auktionsergebnisses und der Bieter bei der Erstellung der Gebote zu berücksichtigen. Neben der Ausschreibung der einzelnen Auktionsrunden ist es **Aufgabe des Brokers**, die Probleme

- Ermittlung des Zuschlages,
- Ermittlung des Entgeltes und
- Ermittlung von Referenzgewinnen

zu lösen, wobei aufgrund der Problemstruktur auf Sortierverfahren zurückgegriffen werden kann, so daß sich für den Broker ein relativ geringer Aufwand ergibt.

Während das Erstellen der Gebote durch einzelne **Bieter** in der ersten Auktionsrunde dem Vorgehen bei der Vickrey-Auktion entspricht, ist die Gebotserstellung durch **Bietergruppen** durch einen höheren Aufwand gekennzeichnet, weil eine unternehmungsübergreifende Gebotsermittlung in der Form von Verhandlungen durchgeführt wird (zur Anzahl der maximal möglichen Verhandlungen vgl. Schmidt 1999, 87f.). In diesen ist zu klären, welche Teilaufgaben in welchen Zeiträumen zu welchem Preis durch welche Gruppenmitglieder zu erfüllen sind. Für eine praktikable Ausgestaltung erscheint es erforderlich, die Anzahl potentieller Verhandlungen einzuschränken. Eine Möglichkeit ist darin zu sehen, vor den eigentlichen Auktionsrunden eine Selektion der Bieter vorzunehmen. Dies kann etwa unter technologischen Aspekten (z.B. vollständige Abdeckung der Aufgabe) erfolgen.

Auf der Grundlage der für die vorgestellten Problemklassen beschriebenen Allokationsmechanismen werden durch die Berücksichtigung

- der Interdependenzen zwischen den Teilaufgaben,
- der kapazitativen Situationen der beteiligten Unternehmungen und
- des mit dem Kunden vereinbarten Liefertermins

zeitliche Beziehungen zwischen den Teilaufgaben abgeleitet und in der Form von Eckterminen fixiert. Es liegt damit fest,

- welche Netzwerkpartner
- welche Teilaufgaben
- in welchen Zeiträumen

erfüllen, so daß mit der Auftragsallokation eine **grobe Termin- und Kapazitätsplanung** auf der Netzwerkebene vollzogen wird. Dadurch wird dem Gedanken Rechnung getragen, daß die Beteiligung mehrerer Unternehmungen zu einer höheren Komplexität der Produktion führt, die u.a. mit einer größeren Schwankungsbreite der Durchlaufzeiten von Aufträgen einhergeht (vgl. Adam/Sibbel 1999, 5ff.).

Zur Termin- und Kapazitätsplanung auf der Netzwerkebene wäre deshalb der in klassischen PPS-Systemen übliche Ansatz der Durchlaufterminierung mit mittleren Durchlaufzeiten sehr fehlerbehaftet [23]. Da die in diesem Kapitel dargestellte Vorgehensweise eine **integrative Termin- und Kapazitätsplanung** vornimmt und dabei auf mittlere Durchlaufzeiten als Inputgrößen verzichtet, erscheint sie für eine Grobplanung auf der Netzwerkebene, die lediglich Ecktermine und kritische Ereignisse abbildet, als aussichtsreich. Der **Netzwerkebene obliegt** folglich die **Rahmengestaltung** innerhalb derer die einzelnen Netzwerkpartner agieren.

290 Allokation von Produktionsaufträgen in virtuellen Produktionsnetzwerken

Runde / Bieter	1	2	3	4	5	6
A	k.G.	-	-	-	-	-
B	k.G.	-	-	-	-	-
C	k.G.	-	-	-	-	-
D	k.G.	-	-	-	-	-
E	k.G.	-	-	-	-	-
F	k.G.	-	-	-	-	-
{B, D}	-	84	-	-	-	-
{A, B, D}	-	-	k.G. (64)	-	-	-
{A, C, D}	-	-	k.G. (65)	-	-	-
{A, C, F}	-	-	49	-	-	-
{A, D, E}	-	-	k.G. (67)	-	-	-
{A, E, F}	-	-	k.G. (89)	-	-	-
{B, C, D}	-	-	k.G. (75)	-	-	-
{B, C, F}	-	-	k.G. (72)	-	-	-
{B, D, E}	-	-	63	-	-	-
{B, D, F}	-	-	k.G. (66)	-	-	-
{B, E, F}	-	-	k.G. (80)	-	-	-
{A, B, C, D}	-	-	-	k.G. (59)	-	-
{A, B, C, F}	-	-	-	k.G. (61)	-	-
{A, B, D, E}	-	-	-	k.G. (54)	-	-
{A, B, D, F}	-	-	-	k.G. (53)	-	-
{A, B, E, F}	-	-	-	k.G. (51)	-	-
{A, C, D, E}	-	-	-	k.G. (56)	-	-
{A, C, D, F}	-	-	-	k.G. (63)	-	-
{A, C, E, F}	-	-	-	46	-	-
{A, D, E, F}	-	-	-	k.G. (54)	-	-
{B, C, D, E}	-	-	-	k.G. (55)	-	-
{B, C, D, F}	-	-	-	k.G. (76)	-	-
{B, C, E, F}	-	-	-	k.G. (78)	-	-
{B, D, E, F}	-	-	-	k.G. (52)	-	-
{A, B, C, D, E}	-	-	-	-	k.G. (49)	-
{A, B, C, D, F}	-	-	-	-	k.G. (52)	-
{A, B, C, E, F}	-	-	-	-	k.G. (57)	-
{A, B, D, E, F}	-	-	-	-	k.G. (47)	-
{A, C, D, E, F}	-	-	-	-	k.G. (51)	-
{B, C, D, E, F}	-	-	-	-	k.G. (65)	-
{A, B, C, D, E, F}	-	-	-	-	-	k.G. (53)
bester Bieter, bestes Gebot	-	{B, D} 84	{A, C, F} 49	{A, C, E, F} 46	-	-
zweitbestes Gebot	-	-	63	84	-	-
Referenzgewinn	-	-	-	{A, C, F} 14	-	-

Abb. 8: Beispiel für die mehrstufige erweiterte Vickrey-Auktion
(k.G. = kein Gebot)

3 Ausblick auf einen multiagentensystemgestützten Lösungsansatz

Da virtuelle Produktionsnetzwerke durch ein kooperatives Zusammenwirken von Netzwerkpartnern charakterisiert sind und diese ihre PPS-Aufgaben unter Beachtung gegebener Rahmenbedingungen selbständig lösen, ergibt sich eine Situation des verteilten

Problemlösens. Eine Möglichkeit zur Handhabung dieser natürlichen Verteiltheit stellen **Multiagentensysteme** dar. Damit stellt sich die weitergehende Frage, welche der grundlegenden Systemarchitekturen und welche Agentenrollen zur Lösung dieses Problems von Bedeutung sind und welche Planungsaufgaben von konkreten Agenten übernommen werden (vgl. Zelewski 1993). Die zu konzipierenden Agenten sind letztlich abhängig von dem zu lösenden Problem und aus den Aufgabenkomplexen abzuleiten. In der Literatur existieren unterschiedliche Auflistungen, welche Rollen in einem Netzwerk von Bedeutung und damit zu übernehmen sind. Während einige Autoren [24] eine enumerative Vorgehensweise einschlagen, gehen andere Autoren (vgl. z.B. O'Leary/Kuokka/Plant 1997, 54ff.) von den konkreten sich ergebenden Aufgabenstellungen aus, die durch unterschiedliche Agenten zu erfüllen sind.

Auf der **Netzwerkebene** sind aus Gründen der Planungskonsistenz zentral netzwerkübergreifende Aufgaben der Kundenauftragsannahme, der Auftragsallokation und der Auftragsüberwachung auszuführen. Für die Kundenauftragsannahme ist es möglich, auf einen **Netzwerkkundenauftragsannahmeagenten** als Schnittstelle des Produktionsnetzwerkes zur Umwelt (vgl. Heimig/Hirschmann/Scheer 1995, o.S.) zurückzugreifen. Wird von Detailproblemen abgesehen, dann liegt der Allokation von Teilaufgaben eines Kundenauftrages auf Unternehmungen eines virtuellen Produktionsnetzwerkes und der unternehmungsinternen Allokation von Arbeitsgängen eines Produktionsauftrages auf die Ressourcen einer Unternehmung die gleiche Problemstruktur zugrunde, wobei sich zur Lösung derartiger Allokationsprobleme die **Architektur der Kontraktnetzsysteme** (vgl. Davis/Smith 1983, 63ff.; Smith 1980, 1104 sowie Mannmeusel 1997) bewährt hat. Aus der Übertragung der unternehmungsinternen Problemlösung mit Ressourcen-, Auftrags- und Koordinationsagenten ergeben sich

- mehrere **Kundenauftragsagenten**, die jeweils die Ausführung eines Kundenauftrages entsprechend seiner Konditionen initiieren und überwachen, so daß gleichzeitig die Aufgabe der Auftragsüberwachung erfüllt wird,
- mehrere **Unternehmungsagenten**, die jeweils die Interessen einer Partnerunternehmung (Netzwerkressource) vertreten und als Meta-Agenten das zuvor beschriebene unternehmungsinterne PPS-Multiagentensystem umfassen, und
- ein **Netzwerkkoordinationsagent**, der die vom Kundenauftragsagenten übermittelte(n) Aufgabe(n) auf der Grundlage einer geeigneten Auktionsform auf die Unternehmungsagenten alloziiert.

Zentrales Element des Multiagentensystems bildet ein **Blackboard** (vgl. z.B. Nii 1986, 40ff.), auf dem die Ergebnisse und Zwischenergebnisse des verteilten Problemlösungs-

prozesses zur Ausführung von Kundenaufträgen abgebildet werden. Das Blackboard unterstützt diesen Prozeß als indirektes Kommunikationsmedium bei
- der Prüfung der Realisierbarkeit des Kundenauftrages,
- der Erzeugung (Auftragssegmentierung, Auftragsallokation) und Abbildung des Grobplanes und
- der Auftragsüberwachung (Cooperative Scoreboard),

wobei es zur Integration des Kontraktnetzsystems auch die Funktion der Restagenda (vgl. Zelewski 1993, 19) übernimmt. Neben der indirekten Kommunikation über das Blackboard sind zur Unterstützung der Feinabstimmung zwischen den einzelnen Plänen auch direkte Kommunikationsmöglichkeiten zwischen den Agenten, etwa in der Form von Botschaften, erforderlich.

Abbildung 9 gibt die Architektur des Multiagentensystems wieder (vgl. Corsten/Gössinger 1999b, 46ff.).

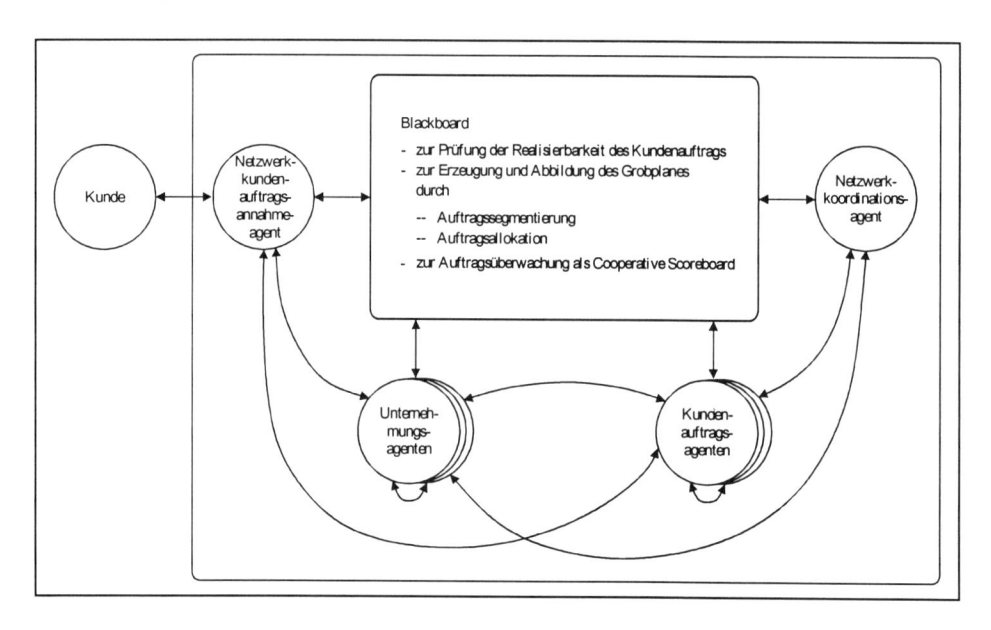

Abb. 9: Architektur eines Multiagentensystems zur Unterstützung der Netzwerkebene

Dem Netzwerkkundenauftragsannahmeagenten und dem Auftraggeber obliegt die Aufgabe der Auftragsspezifikation (vgl. hierzu auch Fischer 1997, 18), wobei die Terminvorstellung des Kunden als Zielvorgabe zu sehen ist. Diese Spezifikation wird auf das

Blackboard gelegt, so daß die Informationen zur Überprüfung der Realisierbarkeit des Kundenauftrages für sämtliche Unternehmungsagenten zugänglich sind. Auf dieser Basis nehmen die Unternehmungsagenten eine Problemzerlegung vor und führen eine erste grobe Schätzung ihres Problemlösungsbeitrages und des damit verbundenen Ressourcenbedarfs durch. Liegt ein realisierbarer Kundenauftrag vor, dann überträgt der Netzwerkkundenauftragsannahmeagent dessen Initiierung und Überwachung einem Kundenauftragsagenten. Die Initiierung erfolgt, indem der Kundenauftragsagent den Netzwerkkoordinationsagenten mit der Ausführung der Auftragsallokation beauftragt.

Dieser schreibt in einem nächsten Schritt die Teilprobleme aus und nimmt nach Ablauf der Ausschreibungsfrist entsprechend der Gebote der Unternehmungsagenten eine Aufgabenverteilung vor, die er dem Kundenauftragsagenten mitteilt. Als Hauptaufgabe obliegt diesem dann die Koordination der mit diesen Teilproblemen verbundenen Prozesse, die er mit Hilfe eines von ihm zu erstellenden Grobplanes vollzieht. Hierzu wird der Grobplan auf dem Blackboard in einer für alle involvierten Unternehmungsagenten lesbaren Form abgelegt. Aus der Sicht eines Kundenauftragsagenten basiert die Koordination der Auftragsbearbeitung auf der Vorgabe und Rückmeldung entsprechender Termine von den einzelnen Unternehmungsagenten. Während der Auftragsausführung ist es Aufgabe der Unternehmungsagenten, die relevanten Bearbeitungsinformationen auf das Blackboard zu schreiben, so daß der entsprechende Kundenauftragsagent zur Auftragsüberwachung immer auf die aktuellen Informationen zu seinem Auftrag zurückgreifen kann.

4 Literatur

Adam, D. (1996): Planung und Entscheidung. Modelle - Ziele - Methoden, 4. Aufl., Wiesbaden.

Adam, D./Sibbel, R. (1999): Retrograde Terminierung. Ein integratives Konzept zur Fertigungssteuerung bei vernetzter Produktion und diskontinuierlichem Materialfluß, München.

Arnold, O. et al. (1995): Virtuelle Unternehmen als Unternehmenstyp der Zukunft? In: HMD - Theorie und Praxis der Wirtschaftsinformatik, 32. Jg. (1995), Heft 185, S. 8-23.

Bachmann, R./Lane, C. (1997): Vertrauen und Macht in zwischenbetrieblichen Kooperationen - zur Rolle von Wirtschaftsrecht und Wirtschaftsverbänden in Deutschland und Großbritannien, in: Schreyögg, G./Sydow, J. (Hrsg.): Managementforschung 7. Gestaltung von Organisationsgrenzen, Berlin/New York, S. 79-110.

Backhaus, K./Meyer, M. (1993): Strategische Allianzen und strategische Netzwerke, in: Wirtschaftswissenschaftliches Studium, 22. Jg. (1993), S. 330-334.

Bauer, S./Stickel, E. (1998): Auswirkungen der Informationstechnologie auf die Entstehung kooperativer Netzwerkorganisationen, in: Wirtschaftsinformatik, 40. Jg. (1998), S. 434-442.

Bellmann, K. (1996): Produktionsnetzwerke - ein theoretischer Bezugsrahmen, in: Wildemann, H. (Hrsg.): Produktions- und Zuliefernetzwerke, München, S. 47-63.

Bellmann, K. (1997): Konfiguration von Produktionsnetzwerken, in: Pfeiffer, R. (Hrsg.): Systemdenken und Globalisierung. Folgerungen für die lernende Organisation im internationalen Umfeld, Berlin, S. 79-100.

Bellmann, K. (1999): Produktion im Netzwerkverbund. Strategischer Faktor im globalen Wettbewerb, in: Nagel, K./Erben, R.F./Piller, F.T. (Hrsg.): Produktionswirtschaft 2000. Perspektiven für die Fabrik der Zukunft, Wiesbaden, S. 195-215.

Bellmann, K./Hippe, A. (1996): Kernthesen zur Konfiguration von Produktionsnetzwerken, in: Bellmann, K./Hippe, A. (Hrsg.): Management von Unternehmensnetzwerken, Wiesbaden, S. 55-85.

Bellmann, K./Mildenberger, U. (1996): Komplexität und Netzwerke, in: Bellmann, K./Hippe, A. (Hrsg.): Management von Unternehmensnetzwerken, Wiesbaden, S. 121-156.

Berkley, J./Nohria, N. (1991): Bureaucracy, Technology, and the Virtual Organization, Working Paper 92-033, Harvard Business School, Cambridge, MA.

Blecker, T. (1999): Unternehmung ohne Grenzen. Konzepte, Strategien und Gestaltungsempfehlungen für das Strategische Management, Wiesbaden.

Bleicher, K. (1996): Der Weg zum virtuellen Unternehmen, in: Office Management, 44. Jg. (1996), Heft 1/2, S. 10-15.

Burr, W. (1999): Koordination durch Regeln in selbstorganisierenden Unternehmensnetzwerken, in: Zeitschrift für Betriebswirtschaft, 69. Jg. (1999), S. 1159-1179.

Buse, H.P. et al. (1996): Organisation der Logistik, in: Vision Logistik - Logistik wandelbarer Produktionsnetze zur Auflösung ökonomisch-ökologischer Zielkonflikte, Wissenschaftlicher Bericht FZKA-PFT 181 des Forschungszentrums Karlsruhe, Technik und Umwelt, Karlsruhe, S. 13-35.

Clements, P.E./Papaioannou, T./Edwards, J.M. (1997): AGLETS: enabling the virtual enterprise, in: Wright, D.T. (Ed.): Proceedings of the first international conference on Managing enterprises - stakeholders, engineering, logistics, and achievement (ME-SELA'97), Loughborough University, 22.-24.07.1997, London u.a. 1997, S. 425-431.

Clemons, E.K./Reddi, S.P. (1994): The Impact of I.T. on the Degree of Outsourcing, the Number of Suppliers, and the Duration of Contracts, in: Nunamaker, J.F./Sprague, R.H. (Eds.): Proceedings of the Twenty-Seventh Hawaii International Conference on System Sciences (HICSS), Wailea, 04.-07.01.1994, Vol. 4, Los Alamitos, CA u.a., S. 855-864.

Corsten, H. (1996): Produktionsstrukturen. Aktuelle Trends und künftige Entwicklungen, in: Bruch, H./Eickhoff, M./Thieme, H. (Hrsg.): Zukunftsorientiertes Management, Frankfurt a.M., S. 218-233.

Corsten, H. (1999): Produktionswirtschaft. Einführung in das industrielle Produktionsmanagement, 8. Aufl., München/Wien.

Corsten, H./Friedl, B. (1999): Konzeption und Ausgestaltung des Produktionscontrolling, in: Corsten, H./Friedl, B. (Hrsg.): Einführung in das Produktionscontrolling, München, S. 1-64.

Corsten, H./Gössinger, R. (1999a): Dezentrale Koordination der Produktionsplanung und -steuerung als unternehmungsinterne Dienstleistung, in: Corsten, H./Schneider, H. (Hrsg.): Wettbewerbsfaktor Dienstleistung, München, S. 255-282.

Corsten, H./Gössinger, R. (1999b): Ansatzpunkte zur Gestaltung der Produktionsplanung und -steuerung in virtuellen Produktionsnetzwerken unter der Voraussetzung dauerhafter Netzwerkstrukturen als Plattform, in: Corsten, H. (Hrsg.): Nr. 31 der Schriften zum Produktionsmanagement, Kaiserslautern.

Corsten, H./ Reiß, M. (1991): Recycling in PPS-Systemen, in: Die Betriebswirtschaft, 51. Jg. (1991), S. 615-627.

D'Amours, S. et al. (1996): An Agent-Based Perspective to Design Networked Manufacturing Information Systems, in: Fransoo, J.C./Rutten, W.G.M.M. (Eds.): Proceedings of the Second International Conference on Computer Integrated Manufacturing in the Process Industries (CIMPRO'96), 03.-04.06.1996, Eindhoven, S. 18-32.

Dangelmaier, W. (1996): Wie wird die virtuelle Fabrik geplant und gesteuert? In: Fraunhofer Institut für Produktionstechnik und Automatisierung (Hrsg.): Dezentrale Organisationsformen und ihre informationstechnische Unterstützung in der Fertigungssteuerung, 1. Stuttgarter PPS-Seminar F 18, 2. Mai 1996, Stuttgart, S. 93-112.

Davidow, W.H./Malone, M.S. (1993): Das virtuelle Unternehmen. Der Kunde als Co-Produzent, Frankfurt a.M./New York.

Davis, R./Smith, R.G. (1983): Negotiation as a Metaphor for Distributed Problem Solving, in: Artificial Intelligence, Vol. 20 (1983), S. 63-109.

Dudenhausen, H.-M./Halmosi, H./Lickefett, M. (1996): Auftragsmanagement in Virtuellen Unternehmen, in: Industrie Management, 12. Jg. (1996), Heft 6, S. 18-22.

Eigler, J. (1997): „Grenzenlose" Unternehmung - „Grenzenlose" Personalwirtschaft? In: Schreyögg, G./Sydow, J. (Hrsg.): Managementforschung 7. Gestaltung von Organisationsgrenzen, Berlin/New York, S. 159-197.

Faisst, W. (1998): Die Unterstützung Virtueller Unternehmen durch Informations- und Kommunikationssysteme - eine lebenszyklusorientierte Analyse, Erlangen-Nürnberg.

Faisst, W./Birg, O. (1997): Die Rolle des Brokers in Virtuellen Unternehmen und seine Unterstützung durch die Informationsverarbeitung, in: Ehrenberg, D./Griese, J./Mertens, P. (Hrsg.): Nr. 17/1997 der Arbeitspapiere der Reihe „Informations- und Kommunikationssysteme als Gestaltungselement Virtueller Unternehmen", Bern/Leipzig/Nürnberg.

Finsinger, J. (1984): Die Ausschreibung, Discussion Paper IIM/IP 84-3 des Internationalen Instituts für Management und Verwaltung, IIMV/Strukturpolitik, Wissenschaftszentrum Berlin, Berlin.

Fischer, K. et al. (1996a): Intelligente Agenten für das Management Virtueller Unternehmen, in: Information Management, 11. Jg. (1996), Heft 1, S. 38-45.

Fischer, K. et al. (1996b).: Intelligent Agents in Virtual Enterprises, in: o. Hrsg.: Proceedings of the First International Conference on the Practical Application of Intelligent Agents and Multi-Agent Technology (PAAM 96), London, 22.-24.04.1996, Blackpool/Lancashire, S. 205-233.

Fischer, P. (1997): Virtuelle Unternehmen brauchen einen Fixpunkt, in: Gablers Magazin, 11. Jg. (1997), Heft 3, S. 16-19.

Gerpott, T.J./Böhm, S. (1999): Modulare Unternehmen. Einsatz von Informations- und Kommunikationssystemen zur Unterstützung intraorganisationaler Prozesse, in: Nagel, K./Erben, R.F./Piller, F.T. (Hrsg.): Produktionswirtschaft 2000. Perspektiven für die Fabrik der Zukunft, Wiesbaden, S. 151-174.

Göransson, Å./Schuh, G. (1997): Das Netzwerkmanagement in der virtuellen Fabrik, in: Müller-Stewens, G. (Hrsg.): Virtualisierung von Organisationen, Stuttgart/Zürich, S. 61-81.

Goldman, S.L. et al. (1996): Agil im Wettbewerb, Berlin/Heidelberg/New York 1996.
Gomber, P./Schmidt, C./Weinhardt, C. (1996a): Efficiency and Incentives in MAS-Coordination, Discussion Paper Nr. 8/1996 des Lehrstuhls BWL/Wirtschaftsinformatik an der Justus-Liebig-Universität Gießen, Gießen.
Gomber, P./Schmidt, C./Weinhardt, C. (1996b): Synergie und Koordination in dezentral planenden Organisationen, in: Wirtschaftsinformatik, 38. Jg. (1996), S. 299-307.
Gomber, P./Schmidt, C./Weinhardt, C. (1997): Elektronische Märkte für die dezentrale Transportplanung, in: Wirtschaftsinformatik, 39. Jg. (1997), S. 137-145.
Gomber, P./Schmidt, C./Weinhardt, C. (1998): Efficiency, Incentives, and Computational Tractability in MAS-Coordination, Discussion Paper Nr. 14/1998 des Lehrstuhls BWL/Wirtschaftsinformatik an der Justus-Liebig-Universität Gießen, Gießen.
Gora, W. (1996): Die Informationsarchitektur der EU-Kommission als Vorbild, in: Gora, W. (Hrsg.): Auf dem Weg zum virtuellen Unternehmen - Konsequenzen der Dezentralisierung, Köln, S. 137-150.
Griese, J./Sieber, P. (1999): Virtualisierung von Industriebetrieben, in: Nagel, K./Erben, R.F./Piller, F.T. (Hrsg.): Produktionswirtschaft 2000. Perspektiven für die Fabrik der Zukunft, Wiesbaden, S. 117-128.
Güth, W. (1994): Markt- und Preistheorie, Berlin u.a.
Heimig, I./Hirschmann, P./Scheer, A.-W. (1995): PRINCESS. Ein Multi-Agenten-System zur Optimierung betriebsübergreifender Geschäftsprozesse, in: Klauck, C./Müller, J. (Hrsg.): Künstliche Intelligenz & Verteilte PPS-Systeme, Beiträge des 1. Bremer KI-Pfingstworkshops, Bericht Nr. 5/95 des Fachbereichs Mathematik und Informatik der Universität Bremen, Bremen, o.S. (4 Seiten).
Hoffmann, W./Hirschmann, P./Scheer, A.-W. (1996): Die Initiierung Virtueller Unternehmen - leisten Kooperationsbörsen Unterstützung? In: Industrie Management, 12. Jg. (1996), Heft 6, S. 10-14.
Holthaus, O. (1996): Ablaufplanung bei Werkstattfertigung. Simulationsgestützte Analyse von Steuerungs- und Koordinationsregeln, Wiesbaden.
Jarillo, J.C. (1988): On strategic networks, in: Strategic Management Journal, Vol. 9 (1988), S. 31-41.
Keller, A.M. (1995): Smart Catalogs and Virtual Catalogs, in: USENIX Association (Ed.): Proceedings of the First USENIX Workshop on Electronic Commerce, New York, NY, 11.-12.07.1995, Berkeley, CA, S. 125-131.

Klein, S. (1994): Virtuelle Organisation, in: Wirtschaftswissenschaftliches Studium, 23. Jg. (1994), S. 309-311.
Klein, S. (1995): Die Konfiguration von Unternehmungsnetzwerken - ein Parson'scher Bezugsrahmen, in: Bühner, R./Haase, K.D./Wilhelm, J. (Hrsg.): Die Dimensionierung des Unternehmens, Stuttgart, S. 323-357.
Kurbel, K. (1999): Produktionsplanung und -steuerung. Methodische Grundlagen von PPS-Systemen und Erweiterungen, 4. Aufl., München/Wien.
Leitzinger, H. (1988): Submission und Preisbildung. Mechanik und ökonomische Effekte der Preisbildung bei Bietverfahren, Köln u.a.
Linde, F. (1997): Virtuell kann nicht völlig „grenzenlos" bedeuten, in: Gablers Magazin, 11. Jg. (1997), Heft 3, S. 20-23.
Luhmann, N. (1989): Vertrauen. Ein Mechanismus der Reduktion sozialer Komplexität, 3. Aufl., Stuttgart.
Malone, T.W./Yates, J./Benjamin, R.I. (1987): Electronic Markets and Electronic Hierarchies, in: Communications of the ACM, 30. Jg. (1987), S. 484-497.
Mannmeusel, T. (1997): Dezentrale Produktionslenkung unter Nutzung verhandlungsbasierter Koordinationsformen, Wiesbaden.
Meffert, H. (1997): Die virtuelle Unternehmung. Perspektiven aus Sicht des Marketing, in: Backhaus, K. (Hrsg.): Marktleistung und Wettbewerb, Wiesbaden, S. 115-141.
Mertens, P./Faisst, W. (1996): Virtuelle Unternehmen. Eine Organisationsstruktur für die Zukunft? In: Wirtschaftswissenschaftliches Studium, 25. Jg. (1996), S. 280-285.
Mildenberger, U. (1998): Selbstorganisation von Produktionsnetzwerken. Erklärungsansatz auf Basis der neueren Systemtheorie, Wiesbaden.
Miles, R.E./Snow, C.C. (1986): Network Organizations. New Concept for New Forms, in: California Management Review, Vol. 28 (1986), Heft 3, S. 62-73.
Miles, R.E./Snow, C.C. (1992): Causes of Failure in Network Organizations, in: California Management Review, Vol. 34 (1992), Heft 4, S. 53-72.
Miles, R.E./Snow, C.C. (1994): Fit, Failure, and the Hall of Fame. How Companies Succeed or Fail, New York u.a.
Miles, R.E./Snow, C.C. (1995): The New Network Firm: A Spherical Structure Built on a Human Investment Philosophy, in: Organizational Dynamics, Vol. 23 (1995), Heft 4, S. 5-18.
Millarg, K. (1998): Virtuelle Fabrik. Gestaltungsansätze für eine neue Organisationsform in der produzierenden Industrie, Regensburg.

Much, D. (1998): Gestaltung der Auftragsabwicklung und PPS bei Unternehmenszusammenschlüssen, in: Luczak, H./Eversheim, W./Schotten, M. (Hrsg.): Produktionsplanung und -steuerung, Heidelberg, S. 546-595.

Nii, H.P. (1986): Blackboard Systems: The Blackboard Model of Problem Solving and the Evolution of Blackboard Architectures, in: AI Magazine, Vol. 7 (1986), Summer, S. 37-53.

O'Leary, D.E./Kuokka, D./Plant, R. (1997): Artificial Intelligence and Virtual Organizations, in: Communications of the ACM, Vol. 40 (1997), S. 52-59.

Ouchi, W.G. (1980): Markets, Bureaucracies and Clans, in: Administrative Science Quarterly, Vol. 25 (1980), S. 129-141.

Pfohl, H.-C./Häusler, P./Müller, K. (1998): Logistikmanagement kleiner und mittlerer Unternehmen in wandelbaren regionalen Produktionsnetzwerken, in: Industrie Management, 14. Jg. (1998), Heft 6, S. 29-33.

Picot, A./Reichwald, R. (1999): Führung in virtuellen Organisationsformen, in: Nagel, K./Erben, R.F./Piller, F.T. (Hrsg.): Produktionswirtschaft 2000. Perspektiven für die Fabrik der Zukunft, Wiesbaden, S. 129-149.

Picot, A./Reichwald, R./Wigand, R.T. (1996): Die grenzenlose Unternehmung. Information, Organisation und Management, Wiesbaden.

Reiß, M. (1996): Grenzen der grenzenlosen Unternehmung. Perspektiven der Implementierung von Netzwerkorganisationen, in: Die Unternehmung, 50. Jg. (1996), S. 195-206.

Reiß, M. (1998a): Die „Erosion" konventioneller Unternehmensstrukturen als Herausforderung an die Personal- und Organisationsarbeit, in: Reiß, M. (Hrsg.): Der Neue Mittelstand. Start up-Unternehmer in agilen Netzwerken, Frankfurt a.M., S. 145-184.

Reiß, M. (1998b): Organisatorische Entwicklungen, in: Corsten, H./Gössinger, R. (Hrsg.): Dezentrale Produktionsplanungs- und -steuerungs-Systeme. Eine Einführung in zehn Lektionen, Stuttgart/Berlin/Köln, S. 109-141.

Reiß, M./Beck, T.C. (1995): Kernkompetenzen in virtuellen Netzwerken: Der ideale Strategie-Struktur-Fit für wettbewerbsfähige Wertschöpfungssysteme? In: Corsten, II. (IIrsg.): Unternehmungsführung im Wandel. Strategien zur Sicherung des Erfolgspotentials, Stuttgart/Berlin/Köln, S. 33-60.

Reuter, B. (1998): Controlling virtueller Unternehmungen, in: Sorg, S. (Hrsg.): Bestehen im Wandel und Wettbewerb durch Fortschritte der Büroautomation, Velbert, S. C 543.01-C 543.15.

Rittenbruch, M./Kahler, H./Cremers, A.B. (1999): Unterstützung von Kooperation in einer Virtuellen Organisation, in: Scheer, A.-W./Nüttgens, M. (Hrsg.): Electronic Business Engineering. 4. Internationale Tagung Wirtschaftsinformatik, Heidelberg, S. 585-605.

Rössl, D. (1994): Gestaltung komplexer Austauschbeziehungen. Analyse zwischenbetrieblicher Kooperation, Wiesbaden.

Ruß, C./Vierke, G. (1999): The Matrix Auction: A Mechanism for the Market-Based Coordination of Enterprise Networks, Research Report RR-99-04 des Deutschen Forschungszentrums für Künstliche Intelligenz GmbH, Kaiserslautern/Saarbrücken.

Schlüchtermann, J. (1996): Planung in zeitlich offenen Entscheidungsfeldern, Wiesbaden.

Schmid, B./Zimmermann, H.-D. (1997): Eine Architektur Elektronischer Märkte auf der Basis eines generischen Konzeptes für elektronische Produktkataloge, in: Information Management & Consulting, 12. Jg. (1997), Heft 4, S. 38-43.

Schmidt, C. (1999): Marktliche Koordination in der dezentralen Produktionsplanung. Effizienz - Komplexität - Performance, Wiesbaden.

Schmidt, T./Dudenhausen, H.-M. (1997): Grobplanung in Produktionsnetzen mit genetischen Algorithmen und neuronalen Netzen, in: Zeitschrift für wirtschaftlichen Fabrikbetrieb, 92. Jg. (1997), S. 526-529.

Scholz, C. (1996): Virtuelle Organisation: Konzeption und Realisation, in: Zeitschrift Führung + Organisation, 65. Jg. (1996), S. 204-210.

Schütte, R./Siedentopf, J./Zelewski, S. (1999): Koordinationsprobleme in Produktionsplanungs- und -steuerungskonzepten, in: Corsten, H./Friedl, B. (Hrsg.): Einführung in das Produktionscontrolling, München, S. 141-187.

Schuh, G. (1997): Virtuelle Fabrik - Beschleuniger des Strukturwandels, in: Schuh, G./Wiendahl, H.-P. (Hrsg.): Komplexität und Agilität, Berlin u.a., S. 293-307.

Schuh, G./Dierkes, M./Bollhalter, S. (1998): Wie kommt die Virtuelle Fabrik zum Kunden? In: Technische Rundschau, 90. Jg. (1998), Heft 11, S. 54-56.

Schuh, G./Dierkes, M./Friedli, T. (1998): Das EFQM-Modell in virtuellen Strukturen: Ein Ansatz zur kontinuierlichen Verbesserung der unternehmerischen Wandlungsfähigkeit? In: Boutellier, R./Masing, W. (Hrsg.): Qualitätsmanagement an der Schwelle zum 21. Jahrhundert, München/Wien, S. 347-376.

Schuh, G./Friedli, T. (1999): Die Virtuelle Fabrik. Konzepte, Erfahrungen, Grenzen, in: Nagel, K./Erben, R.F./Piller, F.T. (Hrsg.): Produktionswirtschaft 2000. Perspektiven für die Fabrik der Zukunft, Wiesbaden, S. 217-242.

Schuh, G./Katzy, B./Eisen, S. (1997): Wie virtuelle Unternehmen funktionieren. Der Praxistest ist bestanden, in: Gablers Magazin, 11. Jg. (1997), Heft 3, S. 8-11.

Selz, A. (1996): Die Rolle der Informations- und Kommunikationstechnologie im Virtuellen Unternehmen, in: Wirtschaftswissenschaftliches Studium, 25. Jg. (1996), S. 309-311.

Sieber, P. (1997): Die Internet-Unterstützung Virtueller Unternehmen, in: Schreyögg, G./Sydow, S. (Hrsg.): Managementforschung 7. Gestaltung von Organisationsgrenzen, Berlin/New York, S. 199-234.

Siebert, H. (1991): Ökonomische Analyse von Unternehmensnetzwerken, in: Staehle, W.H./Sydow, J. (Hrsg.): Managementforschung 1, Berlin/New York, S. 291-311.

Smith, R.G. (1980): The Contract Net Protocol: High-Level Communication and Control in a Distributed Problem Solver, in: IEEE Transactions on Computers, Vol. C 29 (1980), S. 1104-1113.

Specht, D./Kahmann, J./Siegler, O. (1999): Regelungsbedarf kooperativ verbundener Unternehmen im Spannungsfeld zwischen Flexibilität und Stabilität, in: Nagel, K./Erben, R.F./Piller, F.T. (Hrsg.): Produktionswirtschaft 2000. Perspektiven für die Fabrik der Zukunft, Wiesbaden, S. 175-191.

Steven, M. (1999): Organisation von virtuellen Produktionsnetzwerken, in: Nagel, K./Erben, R.F./Piller, F.T. (Hrsg.): Produktionswirtschaft 2000. Perspektiven für die Fabrik der Zukunft, Wiesbaden, S. 243-260.

Stölzle, W. (1999): Industrial Relationships, München/Wien.

Sydow, J. (1992): Strategische Netzwerke. Evolution und Organisation, Wiesbaden.

Sydow, J. (1995a): Netzwerkorganisation. Interne und externe Restrukturierung von Unternehmungen, in: Wirtschaftswissenschaftliches Studium, 24. Jg. (1995), S. 629-634.

Sydow, J. (1995b): Konstitutionsbedingungen von Vertrauen in Unternehmensnetzwerken - Theoretische und empirische Einsichten, in: Bühner, R./Haase, K.D./Wilhelm, J. (Hrsg.): Die Dimensionierung des Unternehmens, Stuttgart, S. 177-200.

Sydow, J. (1996): Virtuelle Unternehmung. Erfolg als Vertrauensorganisation? In: Office Management, 44. Jg. (1996), Heft 7/8, S. 10-13.

Sydow, J./Winand, U. (1998): Unternehmungsvernetzung und -virtualisierung: Die Zukunft unternehmerischer Partnerschaften, in: Winand, U./Nathusius, K. (Hrsg.): Unternehmungsnetzwerke und virtuelle Organisationen, Stuttgart, S. 11-31.

Szyperski, N./Klein, S. (1993): Informationslogistik und virtuelle Organisation. Die Wechselwirkung von Informationslogistik und Netzwerkmodellen der Unternehmung, in: Die Betriebswirtschaft, 53. Jg. (1993), S. 187-208.

Varian, H.R. (1995): Economic Mechanism Design for Computerized Agents, in: USENIX Association (Ed.): Proceedings of the First USENIX Workshop on Electronic Commerce, New York, NY, 11.-12.07., Berkeley, CA, S. 13-21.

Vickrey, W. (1961): Counterspeculation, Auctions and Competitive Sealed Tenders, in: Journal of Finance, Vol. 16 (1961), S. 8-37.

Weibler, J./Deeg, J. (1998): Virtuelle Unternehmen - Eine kritische Analyse aus strategischer, struktureller und kultureller Perspektive, in: Zeitschrift für Planung, 9. Jg. (1998), S. 107-124.

Weiß, E. (1996): Optimierung von Produktionsnetzwerken auf der Basis des „Wirtschaftsglobus-Modells", in: Wildemann, H. (Hrsg.): Produktions- und Zuliefernetzwerk, München, S. 105-144.

Wildemann, H. (1996): Fertigungssegmentierung, in: Kern, W./Schröder, H.-H./Weber, J.: Handwörterbuch der Produktionswirtschaft, 2. Aufl., Stuttgart, Sp. 474-489.

Wildemann, H. (1997): Koordination von Unternehmensnetzwerken, in: Zeitschrift für Betriebswirtschaft, 67. Jg. (1997), S. 417-439.

Wüthrich, H.A./Philipp, A. (1998): Virtuelle Unternehmensnetzwerke, in: io Management, 67. Jg. (1998), Heft 11, S. 38-42.

Zäpfel, G. (1998): Grundlagen und Möglichkeiten der Gestaltung dezentraler PPS-Systeme, in: Corsten, H./Gössinger, R. (Hrsg.): Dezentrale Produktionsplanungs- und -steuerungs-Systeme. Eine Einführung in zehn Lektionen, Stuttgart/Berlin/Köln, S. 11-53.

Zäpfel, G./Piekarz, B. (1996): Supply Chain Controlling. Interaktive und dynamische Regelung der Material- und Warenflüsse, Wien.

Zelewski, S. (1993): Multi-Agenten-Systeme für die Prozeßkoordinierung in komplexen Produktionssystemen. Ein Verteiltes Problemlösungskonzept auf der Basis von Kontraktnetzen, Arbeitsbericht Nr. 46 des Seminars für Allgemeine Betriebswirtschaftslehre, Industriebetriebslehre und Produktionswirtschaft der Universität zu Köln, Köln.

Zelewski, S. (1997): Elektronische Märkte zur Prozeßkoordinierung in Produktionsnetzwerken, in: Wirtschaftsinformatik, 39. Jg. (1997), S. 231-243.

Zelewski, S. (1998): Auktionsverfahren zur Koordinierung von Agenten auf elektronischen Märkten, in: Becker, M. et al. (Hrsg.): Unternehmen im Wandel und Umbruch. Transformation, Evolution und Neugestaltung privater und öffentlicher Institutionen, Tagungsband der 59. Wissenschaftlichen Jahrestagung des Verbandes der Hochschullehrer für Betriebswirtschaft e.V., Halle (Saale), 20.-24.05.1997, Stuttgart, S. 305-337.

Anmerkungen

[1] Hierbei kann es sich auch um eine institutionalisierte Netzwerkzentrale handeln. Vgl. Mildenberger (1998, 29). Derartige Systeme werden auch als strategische Netzwerke (vgl. z.B. Jarillo 1988, 33ff.; Sydow 1995b, 180) oder als „hub-spoke networks" bezeichnet (vgl. Klein 1995, 347f.).
[2] Vgl. Sydow (1992, 23 ff.). Bellmann/Hippe (1996, 62) weisen jedoch darauf hin, daß auch in diesem Fall ein Partner als fokaler Akteur und Primus inter pares die Führung eines Netzwerkes übernehmen kann. Wesentlich ist jedoch, daß diese Position projektabhängig von unterschiedlichen Partnern übernommen werden kann. Bellmann/Mildenberger (1996, 149) betonen, daß Kooperation einerseits die partielle Unterordnung unter kollektive Ziele und damit Aufgabe individueller Autonomie bedeute, andererseits aber auf kollektiver Ebene ein Autonomiezuwachs gegeben sei.
[3] Vgl. z.B. Blecker (1999, 30); Clements/Papaioannou/Edwards (1997, 425); Eigler (1997, 162); Gerpott/Böhm (1999, 162); Linde (1997, 20); Meffert (1997, 119ff.); Picot/Reichwald (1999, 133); Steven (1999, 246); Stölzle (1999, 204); Sydow (1995a, 630f.); Wüthrich/Philipp (1998, 40f.).
[4] Vgl. Arnold u.a. (1995, 10); Blecker (1999, 24); Buse u.a. (1996, 22); Faisst (1998, 3); Fischer u.a. (1996b, 206); Klein (1994, 309); Picot/Reichwald/Wigand (1996, 391ff.); Reiß (1996, 197). Wenn Schuh/Friedli (1999, 222) hervorheben, daß viele Kooperationen daran scheitern, daß der Fokus nicht darauf gerichtet sei „mit einem Minimum an Ressourceneinsatz den Nutzen zu maximieren", dann erscheint ein Hinweis auf ein Lehrbuch zur Einführung in die Betriebswirtschaftslehre notwendig.
[5] Zu praktischen Beispielen virtueller Unternehmungen vgl. z.B. Rittenbruch/Kahler/Cremers (1999, 587ff.); Wüthrich/Philipp (1998, 40). Aus der Vielzahl der Berichte zu Euregio Bodensee von Schuh u.a. kann der Leser auf eine beliebige Publikation dieser Autoren zurückgreifen. Vgl. z.B. Schuh (1997, 301ff.); Schuh/Dierkes/Bollhalter (1998, 54ff.); Schuh/Dierkes/Friedli (1998, 363ff.). Es handelt

sich hierbei um Praktikerberichte, die eher theorielos eine konkrete Umsetzung beschreiben.
[6] Reiß (1998a, 172ff.) weist in diesem Zusammenhang darauf hin, daß die Unternehmungskultur einer einzelnen Unternehmung auch eine Vernetzungsbarriere darstellen kann. Auf Netzwerkebene ergeben sich jedoch Probleme der Kulturbildung, da es sich hierbei immer nur um eine Kulturmischung („Schmelztiegel verschiedener Subkulturen") handelt, der es i.d.R. an klaren Konturen mangelt. Die Netzwerkkultur ist damit von ihrer Wirkung tendenziell schwächer und unspezifischer als die Kultur einer einzelnen Unternehmung, zumal eine Unternehmung Mitglied mehrerer Netze und damit zu einer Art Minimalkonsens in den einzelnen Netzen gezwungen sein kann. Das klassische Bezugsobjekt der Kulturarbeit „verschwimmt" damit im Rahmen der Virtualisierung.
[7] Dem Gedanken von Schuh/Katzy/Eisen (1997, 9), einen Netzwerk-Coach zu installieren, der für die Entwicklung einer Netzkultur verantwortlich ist, liegt ein eher technokratisches Kulturverständnis zugrunde. Vgl. hierzu auch Fischer (1997, 18). Werden gemeinsame Werte und Traditionen als Koordinationsinstrumente relevant, dann spricht Ouchi (1980) von einer Clan-Organisation, um die er das Markt-Hierarchie-Kontinuum erweitert.
[8] Zu Architekturkonzepten der IuK vgl. Arnold u.a. (1995, 14f.); Faisst (1998, 53f.); Malone/Yates/Benjamin (1987, 495f.); Mertens/Faisst (1996, 285), die zwischen Applikations-Kommunikation, Daten-Sharing und Applikations-Sharing unterscheiden.
[9] Die Öffnung der Kernkompetenzen für alle anderen Netzwerkpartner geht mit der Gefahr einher, die Kernkompetenz zu verlieren. Aus diesem Grunde spricht Rössl (1994, 205) von „Selbstauslieferung". Ein Netzwerkpartner wird aber dieses Risiko nur dann eingehen, wenn die Netzwerkpartner im Gegenzug das gleiche Risiko auf sich nehmen (Reziprozität).
[10] Unter Anreiz- und Beitragsgesichtspunkten gelangt Meffert (1997, 131) zu dem Ergebnis: „In diesem Sinne liegt die Vermutung nahe, daß temporäre Zusammenschlüsse besonders dann effizient sind, wenn sie an bewährte Beziehungen anknüpfen können und eine über das konkrete Kooperationsprojekt hinausgehende Perspektive haben." Vgl. ebenfalls Siebert (1991, 308); Sydow (1996, 11).
[11] Wenn Schuh/Dierkes/Friedli (1998, 353) betonen, daß die Anforderung an eine zukunftsgerichtete Organisation in der Maximierung der Flexibilität zu sehen sei (ähnlich Hoffmann/Hirschmann/Scheer 1996, 10), dann ist dem entgegenzuhalten, daß Flexibilität keine zu maximierende Größe ist, sondern vom Flexibilitätsbedarf abhängig ist. Aufgabe der Flexibilitätspolitik einer Unternehmung ist es dann, Flexibilitätsbedarf und -potential aufeinander abzustimmen.

[12] Millarg (1998, 76) unterscheidet die Typen Systemführer, Systempioniere, regionale Plattformen und virtuelle Märkte. Da diese Vorgehensweise gegen die elementaren Kriterien verstößt, die an eine Typenbildung angelegt werden, wird auf diese Vorgehensweise nicht weiter eingegangen. Zu den elementaren Anforderungen an die Typenbildung vgl. z.B. Corsten (1999, 32).

[13] Zu den Merkmalen vgl. z.B. Holthaus (1996, 5ff.). Da in diesem Fall zeitlich offene Entscheidungsfelder vorliegen, existiert kein Planungsverfahren, das eine aus dynamischer Sicht optimale Lösung garantiert. Vgl. Adam (1996, 25 und 91); Holthaus (1996, 21); Schlüchtermann (1996, 13).

[14] Eine konsistente Produktionsplanung und -steuerung von virtuellen Produktionsnetzwerken setzt das Beachten von Verhaltensregeln durch die Netzwerkpartner voraus, die durch Rahmenvereinbarungen fixiert werden (vgl. Burr 1999, 1162ff.). Zu beispielhaften Rahmenvereinbarungen vgl. Corsten/Gössinger (1999b, 18).

[15] Von besonderer Bedeutung für eine Auftragsüberwachung ist eine entsprechende konsistente Datenverwaltung auf lokaler und globaler Ebene des virtuellen Produktionsnetzwerkes, da nur hierdurch aktuelle Informationen verfügbar sind. Es bedarf letztlich einer informationsmäßigen Verknüpfung der Netzwerkpartner, um interorganisationale Schnittstellenverluste zu minimieren (vgl. Much 1998, 585). Die Informationssysteme der einzelnen Netzwerkpartner und insbesondere die BDE-Systeme bleiben eigenständige Systeme (vgl. Selz 1996, 309). Es ist aber Sorge dafür zu tragen, daß die einzelnen Unternehmungen über standardisierte Schnittstellen untereinander und mit der Netzebene verbunden sind. D'Amours u.a. (1996) sehen neben der Gestaltung von Schnittstellen (system interfacing) auch in einer vereinheitlichten Architektur des gesamten Systems (system unification) die Möglichkeit einer Integration von Informationssy-stemen, eine Möglichkeit, die jedoch durch die damit verbundenen hohen Investitionen dem lose gekoppelten Charakter virtueller Produktionsnetzwerke widerspricht. Die grundlegende Forderung nach standardisierten Schnittstellen wird jedoch durch computergestützte PPS-Systeme, die i.d.R. auf Datenbanksystemen mit systemspezifischen Datenmodellen aufbauen und damit zwischen den Unternehmungen variieren, nicht erfüllt (vgl. Schütte/Siedentopf/Zelewski 1999, 160). Darüber hinaus sehen sie oftmals nicht die Möglichkeit vor, unternehmungsübergreifende Prozesse abzubilden.

[16] Gestaltungsempfehlungen wie „Kundenaufträge sind in Unteraufträge zu zerlegen und auf die Einheiten zu verteilen, die hierfür zur Zeit am besten geeignet sind" (Dudenhausen/Halmosi/Lickefett 1996, 20), erscheinen hingegen eher simplifizierend. Ergänzend fordern die Autoren: „Hierbei und bei der Terminierung der Unteraufträge ist unter

Berücksichtigung von Größen wie Durchlaufzeiten, Bestände, Liefersicherheit, Lieferzeiten, Auslastung der Produktionsanlagen, Transportkosten und -zeiten, Steuern und Zölle ein optimales Ergebnis zu erreichen" (Dudenhausen/Halmosi/Lickefett 1996, 20). Da auf die einzelnen Größen nicht näher eingegangen wird, handelt es sich hierbei eher um eine Leerformel.

[17] Die Zerlegungsvorschrift gibt an, wie ein Kundenauftrag zu strukturieren ist, damit er durch ein virtuelles Produktionsnetzwerk ausgeführt werden kann. Da die Zerlegung primär an den Kompetenzen und der Auslastungssituation der Unternehmungen des Gesamtnetzwerkes orientiert ist, die Bearbeitungsaufgaben übernehmen, und die Bearbeitung somit i.d.R. geographisch verteilt erfolgt, resultieren aus einer Auftragssegmentierung auch Transportaufgaben. Im Gegensatz zu einem Arbeitsplan, der auf der Ebene der einzelnen Netzwerkunternehmung angesiedelt ist, beinhaltet die Zerlegungsvorschrift somit zusätzlich zu den Bearbeitungsaufgaben auch die Aufgaben des Transports.

[18] Eine mehrdeutige Zerlegungsvorschrift liegt dann vor, wenn bei der Kundenauftragsannahme festgestellt wurde, daß die im Rahmen der Gesamtaufgabe zu erfüllenden Teilaufgaben nicht disjunkt sind (vgl. im einzelnen Corsten/Gössinger 1999b, 21f.).

[19] Für das in diesem Beitrag zugrundeliegende Problem erscheint die Angabe dispositionsspezifischer Deckungsbeiträge (vgl. Gomber/Schmidt/Weinhardt 1996a, o.S.) nicht angezeigt. Der Preis des Kunden ist bekannt, fix und für alle Bieter gleich, so daß auf eine Berechnung des Deckungsbeitrages verzichtet werden kann, da bereits die Kosteninformationen zum gleichen Allokationsergebnis führen. Allerdings muß bei einem Rückgriff auf Kosteninformationen (vgl. z.B. Ruß/Vierke 1999) ein entscheidungsorientierter Kostenbegriff zugrunde liegen, so daß auch Opportunitätskosten berücksichtigt werden. Folglich ist das Design der Untersuchungen von Ruß/Vierke (1999, 8f.) zur Anreizkompatibilität einer Version der Matrixauktion (Pricing per Column), die als nicht anreizkompatibel gilt (vgl. Gomber/Schmidt/Weinhardt 1998, 8ff.), kritisch zu hinterfragen, da einerseits die Strategie des Unterbietens unberücksichtigt bleibt und andererseits die Strategie des Überbietens durch einen pauschalen prozentualen Zuschlag (von 10 %, 20 % und 30 %) simuliert wird, der jedoch in den seltensten Fällen Ergebnis eines rationalen Entscheidungsverhaltens ist.

[20] Anreizkompatibilität ist für die Pricing-per-Column-Regel nur bei vollständiger Information über die anderen Gebote gegeben (vgl. Gomber/Schmidt/Weinhardt 1998, 8), was jedoch bei Sealed-bid-Auktionen auszuschließen ist.

[21] Die Empfehlung für eine Matrixauktion mit einer simultanen Versteigerung von maximal 3 Aufträgen zu einem Auktionsteilnehmer (vgl. Ruß/Vierke 1999, 9) ist will-

kürlich, da die in unterschiedlichen Dimensionen skalierten nicht-monetären Ausprägungen der Merkmale „Lösungsverbesserung" und „Rechenzeit" lediglich Aussagen zur Vektordominanz zulassen, die bei den angegebenen Werten jedoch mehrdeutig sind. Das weiterhin herangezogene Kriterium der Echtzeitfähigkeit ist ebensowenig trennscharf, da bisher keine Aussage darüber besteht, mit welcher Geschwindigkeit eine Konfiguration virtueller Unternehmungen vorzunehmen ist.

[22] Diese Möglichkeit führt jedoch immer dann zu keiner Lösung, wenn die Mitglieder der Unternehmungsgruppe, die den Zuschlag erhielt, auch an allen anderen Geboten beteiligt waren. Für derartige Ausnahmekonstellationen sind im voraus zusätzliche Festlegungen zur Entgeltung zu treffen.

[23] Während die zur Ausführung eines Auftrages erforderliche Bearbeitungszeit relativ gut prognostiziert werden kann, ist die Liegezeit, die einen weiteren Hauptbestandteil der Durchlaufzeit eines Auftrages darstellt, von einer hohen Anzahl an Einflußgrößen, wie etwa Größe und Zusammensetzung des vom Produktionssystem auszuführenden Auftragsbestandes oder angewandte Steuerungsheuristik, abhängig (vgl. Schmidt/Dudenhausen 1997, 527). Eine mangelnde Abstimmung der Netzwerkpartner kann zu erhöhten Beständen und verlängerten Durchlaufzeiten führen, wodurch die Bedeutung der Grobplanung auf der Netzwerkebene unterstrichen wird (vgl. Kurbel 1999, 353; Schmidt/Dudenhausen 1997, 526).

[24] Vgl. zu einer enumerativen Vorgehensweise, die überdies nicht überschneidungsfrei ist, Göransson/Schuh (1997, 69ff.); Schuh/Friedli (1999, 231ff.) sowie zu weiteren Rollen Millarg (1998, 177ff.), der betont, daß sich diese Rollen im Verlauf des Aktionsforschungsprojektes „Virtuelle Fabrik" „herausgebildet" haben. Vgl. hierzu auch die Übersicht bei Faisst/Birg (1997, 2) zu Broker und ähnlichen Bezeichnungen. Diese einfache Vorgehensweise widerspricht unter anderem auch der von Gora (1996, 137) erwähnten Anforderung der „Unabhängigkeit von speziellen Realisierungsvorstellungen", d.h., es mangelt ihr an Abstraktion.

„Intelligente" Planungsinstrumente als Komponente des Informationsmanagements

Albert Heinecke

Übersicht:

1	Gegenstand des Informationsmanagements	310
2	Softwarebasierte Methoden zur Unterstützung strategischer Planungsprozesse	312
2.1	Die Simulation	312
2.2	Classifier Systeme	322
2.3	Die Kombination der Simulationsmethode mit einem Classifier System	325
3	Zusammenfassung	329
4	Literatur	329

1 Gegenstand des Informationsmanagements

Es muß wohl kaum noch darauf hingewiesen werden, daß der Faktor ‚Information' eine entscheidende Bedeutung für den Erfolg eines Unternehmens besitzt. Insbesondere durch die heutigen technischen Möglichkeiten der Informationsverarbeitung läßt sich qualitativ wie quantitativ ein immenses Informationsvolumen erfassen, analysieren und weiterleiten. Systematisiert verbindet sich mit dem Verarbeiten betrieblicher Informationen bzw. den betrieblichen Kommunikations- und Informationsprozessen der **Begriff des Informationsmanagements**, welcher definitorisch als die Summe der Regeln, Techniken, Systeme und Aggregate, die die Informations- und Kommunikationsstruktur des Unternehmens bestimmen, erfaßt werden kann (vgl. Wieselhuber 1990, 29).
Analog zu den Managementfunktionen ließe sich der Begriff ‚Informationsmanagement' auch umschreiben als die systematische Planung, Gestaltung, Koordination und Kontrolle von Informationsaktivitäten, -prozessen und der Kommunikation in einem Unternehmen mit dem Ziel, den Unternehmenserfolg zu steigern (vgl. Zahn/ Rüttler 1990), und zwar unter dem Gesichtspunkt einer zielgerichteten Handhabung der Ressource „Information".
Eine inhaltliche und aufgabenbezogene Betrachtung des Informationsmanagements findet sich bei Picot, der **drei Ebenen** des Informationsmanagements definiert, mit denen sich eine Systematisierung der Aufgaben und Funktionen vornehmen läßt (vgl. Picot 1992, Sp. 886f.). Die erste Ebene dokumentiert den **Informationseinsatz**, d.h. die Erfassung des notwendigen Informationsbedarfs einzelner Stelleninhaber zur jeweiligen Aufgabenerfüllung. Die zweite Ebene repräsentiert das primäre Erkenntnisobjekt der Wirtschaftsinformatik (entnommen aus der WWW-Seite der Gesellschaft für Informatik, FB 5 (Wirtschaftsinformatik), http://isw.wiwi.uni-frankfurt.de/wi/gegensta.html vom 11.01.1999) die **Informations- und Kommunikationssysteme** als ein abgestimmtes System aus technischen, organisatorischen und personellen Elementen. Hierbei stehen nicht nur die technischen Merkmale im Vordergrund, sondern auch die Frage der betrieblichen Notwendigkeit bezüglich des Einsatzes derartiger Systeme. Die dritte Ebene beinhaltet die betriebliche Infrastruktur für die Kommunikations- und Informationsprozesse und damit in erster Linie die **Hardware** und **deren Vernetzung**. Ein besonderes Augenmerk liegt unverkennbar auf der zweiten Ebene, in der die technischen IuK-Systeme angesiedelt sind. Hierbei wird zwischen funktionalen, aggregierten, prozeßorientierten

und analytischen Systemen differenziert. Alle Systeme dienen der betrieblichen Informationsversorgung und -verarbeitung, sie sind jedoch für völlig unterschiedliche Anwendergruppen und Aufgaben konzipiert.

	Informationssysteme
funktionale	**Charakteristik:** Unterstützung von Informationsprozessen in den einzelnen betrieblichen Funktionen. Signifikant für diese Kategorie der IuK-Systeme ist eine computergestützte Informationsverarbeitung innerhalb einer abgegrenzten Organisationseinheit des Unternehmens.
	Beispiele: Personalinformationssysteme, Produktions- und Planungssysteme (PPS), Marketinginformationssysteme, Electronic Commerce
aggregierte	**Charakteristik:** Einschränkung des Detailliertheitsgrades der Informationen zwischen den Hierarchieebenen. Versorgung der Entscheidungsträger mit den ausschließlich notwendigen Informationen über das Unternehmen.
	Beispiele: Führungsinformationssysteme, Management-Support-Systeme, Managementinformationssysteme (MIS)
prozeßorientierte	**Charakteristik:** Bilden standardisierte Programme der Ablauforganisation bzw. Geschäftsprozeßmodelle als sog. Workflows in einem Informationssystem nach (vgl. Galler/Scheer 1995).
	Beispiel: Workflow-System zur Unterstützung standardisierter Entscheidungsprozesse und -wege
analytische	**Charakteristik:** Informationssysteme als ein unternehmensweites Konzept, dessen Ziel es ist, eine logisch zentrale, einheitliche und konsistente Datenbasis für die Informationsversorgung aufzubauen, in der verschiedene Datenquellen in einer einzigen Informationsressource für den offenen Datenzugriff aufbewahrt werden (vgl. Chamoni 1996, 61).
	Beispiel: Dataware-House mit mehrdimensionalen Datenbanken

Tabelle 1: Differente Ausprägungen von betrieblichen
Informations- und Kommunikationssystemen

Aus der vorangestellten Tabelle wird bereits ersichtlich, daß der Nutzen einiger Informationssysteme offensichtlich nicht nur von der innerbetrieblichen technischen Infrastruktur abhängt, sondern insbesondere von den technischen Optionen einer **weltweiten Vernet-**

312 „Intelligente" Planungsinstrumente

zung, wie sie beispielsweise über das Internet geboten wird. Dieser Aspekt besitzt ein großes Potential im Hinblick auf die Beschaffung und Einbindung externer Daten in die betrieblichen IuK-Systeme, insbesondere bei den aggregierten und analytischen Varianten, aber auch bei der Entwicklung völlig neuer Vertriebskonzepte, die sich in Begriffen wie Electronic Commerce bzw. Electronic Business manifestieren.

2 Softwarebasierte Methoden zur Unterstützung strategischer Planungsprozesse

Die in der Tabelle aufgezeigten IuK-Kategorien bieten einen groben Überblick, der inhaltlich sog. passive Informations- und Kommunikationssysteme umschreibt, die für die betriebliche Entscheidungsfindung zur Verfügung stehen. Das Attribut „passiv" ist hierbei im Sinne originärer Informationsbereitstellung ohne automatische Interpretation aufzufassen.
Im Gegensatz zu dieser Attribuierung beinhaltet der Begriff „**aktiv**" softwarebasierte Methoden zur Interpretation und Analyse von Informationen sowie eine Deduktion von Reaktionsmustern bezüglich eines erfaßten Informationsstandes.
Im folgenden soll exemplarisch dargelegt werden, wie derartige Methoden bzw. die Kombination verschiedener Methoden bezüglich der Unterstützung des strategischen Planungsprozesses eingesetzt werden könnten. Das Ergebnis läßt sich in der obigen Klassifizierung den aggregierten IuK-Systemen zuordnen und stellt ein mögliches aktives Element innerhalb eines Management-Informationssystems dar.

2.1 Die Simulation

Der **Begriff „Simulation"** ist im jeweiligen Anwendungskontext zu betrachten, dem das Kernelement des Modells als Abstraktion der Realität gemeinsam ist. Witte versteht unter „Simulation" eine Vorgehensweise zur Analyse von Systemen, bei der nicht mit dem System selbst experimentiert wird, sondern an einem Modell (vgl. Witte 1990, 384). Die Funktion des Modells besteht in der Abbildung und Abstraktion des zu untersuchenden Systems mit dem Ziel, einen Erkenntniszuwachs des realen Systems über die Betrachtung des Modells zu erzielen.
Neben der formalen Trennung zwischen Simulation und Modell stellt Mertens in seiner Definition den **Zweckbezug** besonders in den Vordergrund: *„Simulation eines Systems ist*

die Arbeit mit einem Modell, welches das wirkliche System abbildet. Das Modell läßt sich in einer Weise manipulieren, die bei dem wirklichen System unmöglich, zu gefährlich oder zu teuer wäre. Das Verhalten des Simulationsmodells kann studiert und daraus können Schlüsse auf das Verhalten des wirklichen Systems gezogen werden" (Mertens 1982, 1).

Eine **instrumentelle Definition** des Begriffes Simulation präferiert Kulla. Er versteht unter der Simulation *„eine heuristische Methode zum Entwurf eines realitätsbezogenen Modells, um anhand einer computergestützten Darstellung die quasi-experimentelle Nachahmung von Systemabläufen in der Zeit im Sinne eines Verhaltensmodells (unbeeinflußt oder gezielte Strategien auswertend) zu bewerkstelligen"* (Kulla 1987, 4).

Die Simulation dient somit der Erklärung und Beschreibung des Systems, das im Sinne von Kulla als die Zusammenfassung von abstrakten und konkreten Objekten eines Wirklichkeitsbereiches zu einer Objektmenge mit nachprüfbaren Eigenschaften und rationalen Zuordnungen verstanden wird (vgl. ebenda). Die in die Definition eingebrachte experimentelle Nachahmung von Systemabläufen bedingt jedoch eine detaillierte Betrachtung des Systembegriffs, der die Art der relationalen Konstrukte weiter hinterfragt und die Form der möglichen Systemabläufe impliziert. So ist ein System durch die Menge der Systemelemente, deren materielle und immaterielle Beziehungen untereinander als prozessualer Aspekt sowie durch das Verhalten der Systemelemente bzw. des Gesamtsystems geprägt. Die Deskription eines Systems erfolgt damit über seine Struktur, die im System ablaufenden Prozesse und deren Zielorientierung als Rahmen für die funktionale Gesamtausrichtung (vgl. v. d. Oelsnitz 1993, 93).

Die Systembeschreibung benötigt entsprechende Darstellungsformen, die erst eine multilaterale Diskussion über das Objekt „System" zulassen. Instrumente zur Wiedergabe der Systempräsentation sind die **mathematisch-formale Systembeschreibung**, die **metasprachliche Systembeschreibung** oder die Konstruktion eines Modells, dessen Eigenschaften ebenfalls nur mittels spezifischer Präsentationsinstrumente fixiert werden können. Das Simulationsmodell zeichnet sich dementsprechend mit dieser Funktion aus und ist demnach eine Form der Modelldeskription und -spezifikation, die über eine geeignete Programmiersprache in einen implementierten softwaretechnischen Rahmen transferiert werden kann. Das implementierte Modell, d.h. die computergestützte Darstellung bzw. das existierende Softwareprodukt, hat das in der o.g. Definition enthaltene Postulat der experimentellen Adaption des ursprünglichen Systemverhaltens durch die

Beibehaltung der Struktur-, Prozeß- und Zielausprägungen zu erfüllen, wobei die geforderten Manipulationsmöglichkeiten durch die Variabilität der Relationscharakteristik der projizierten Systemelemente gewährleistet sein müssen.

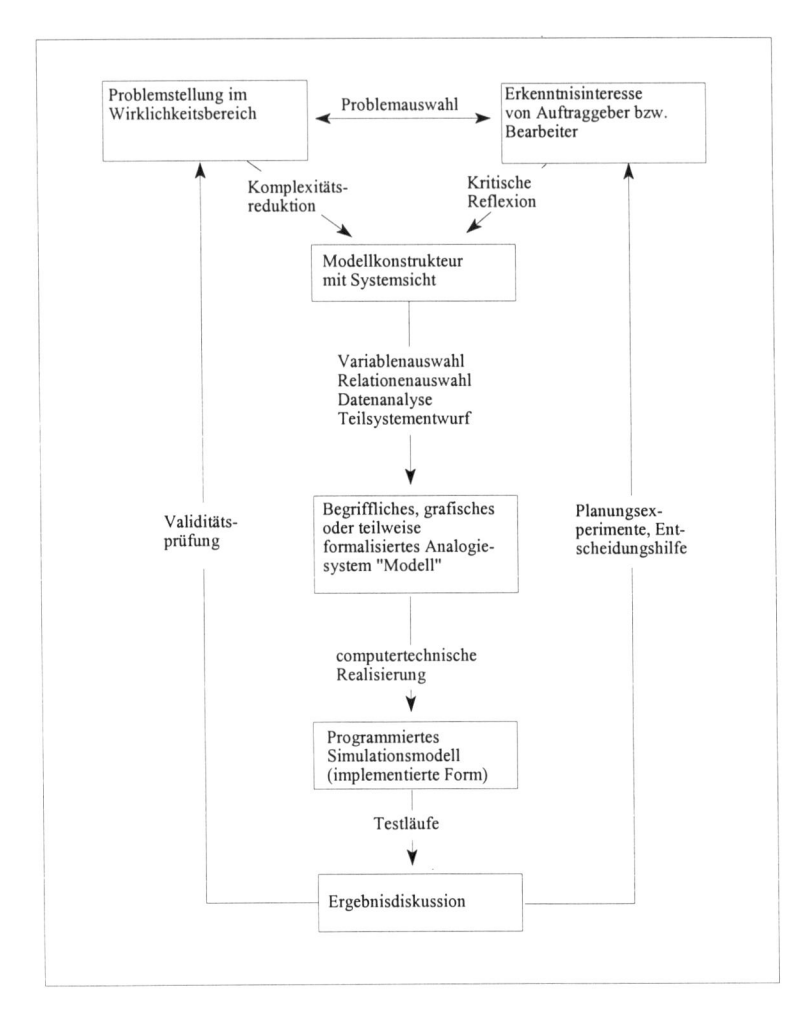

```
                    ┌─────────────────────┐                      ┌─────────────────────┐
                    │ Problemstellung im  │   Problemauswahl     │ Erkenntnisinteresse │
                    │ Wirklichkeitsbereich│ ◄──────────────►     │ von Auftraggeber bzw.│
                    └─────────────────────┘                      │ Bearbeiter          │
                              ▲                                  └─────────────────────┘
                              │        Komplexitäts-    Kritische       ▲
                              │        reduktion        Reflexion       │
                                               ▼
                                    ┌─────────────────────┐
                                    │ Modellkonstrukteur  │
                                    │ mit Systemsicht     │
                                    └─────────────────────┘
                                               │
                                        Variablenauswahl
                                        Relationenauswahl
                                        Datenanalyse
                                        Teilsystementwurf
                                               ▼
                                    ┌─────────────────────┐
             Validitäts-            │ Begriffliches,      │          Planungsex-
             prüfung                │ grafisches oder     │          perimente, Ent-
                                    │ teilweise           │          scheidungshilfe
                                    │ formalisiertes      │
                                    │ Analogiesystem      │
                                    │ "Modell"            │
                                    └─────────────────────┘
                                               │
                                        computertechnische
                                        Realisierung
                                               ▼
                                    ┌─────────────────────┐
                                    │ Programmiertes      │
                                    │ Simulationsmodell   │
                                    │ (implementierte Form)│
                                    └─────────────────────┘
                                               │
                                           Testläufe
                                               ▼
                                    ┌─────────────────────┐
                                    │ Ergebnisdiskussion  │
                                    └─────────────────────┘
```

Abb. 1: Vorgehensweise in der experimentellen Simulation
(vgl. Kulla 1987, 5)

Die Überprüfung dieser Forderung erfolgt über Testläufe des implementierten Modells und Validitätsprüfungen und ggf. Korrekturen im formalen und implementierten Modell. Die Abbildung 1 verdeutlicht die Vorgehensweise bei der Simulationsmethode. Hier wird grob der Anwendernutzen der experimentellen Methode aufgezeigt, der nach der vorangegangenen Validitätsprüfung des Modells in bezug auf den Realitätsausschnitt in der Planungs- und Entscheidungsunterstützung positioniert werden kann. Methodisch und systemperspektivisch bedingt existieren differente Vorgehensweisen in der **experimentellen Systemforschung**, die unterschiedlichen Kategorien zuzuordnen sind (vgl. Mertens 1982, 4; Niemeyer 1990, 437):

(1) Das **Systemstudium** zur Erforschung des Systemverhaltens in bezug auf die Systemanalyse und -synthese

Im Zuge der **Systemanalyse** wird für ein System ein Simulationsmodell erstellt, in dem zunächst nur die exogenen Systemreaktionen auf bestimmte Systemeingaben bekannt sind. Die endogene Struktur, d.h. die Art und Zahl der Systemkomponenten und deren Wirkungszusammenhänge aus prozeduraler Perspektive werden hypothetisch behandelt und auf dieser Basis das Simulationsmodell entworfen und getestet. Die Messung des Reproduktionspotentials dieses so entstandenen Modells erfolgt ausschließlich über die als bekannt vorausgesetzten exogenen Faktoren, der sich jeweils eine Modellvariation anschließt, bis das reproduzierte Systemverhalten akzeptabel ist. Im Vergleich dazu wird bei der **Systemsynthese** das Reaktionsmuster der Systemkomponenten als bekannt vorausgesetzt und das Verhalten des Gesamtsystems untersucht. Zu diesem Zweck findet eine Verknüpfung dieser Subsysteme zu einer Gesamtstruktur als Simulationsmodell statt, das unter variaten Ablaufbedingungen verifiziert wird.

(2) Der **Systementwurf** zur Gestaltung von Systemstrukturen und Prozessen

Die Gestaltung der Systemstrukturen erfolgt über einen Konfigurationsentwurf, bei dem eine Systemstruktur mittels Simulation gefunden werden soll, die ein bestimmtes vorab definiertes Systemverhalten erfüllt. Demgegenüber wird bei der Prozeßgestaltung von einer festen Systemstruktur ausgegangen, die entsprechend modellierbar ist, und der dazugehörige Prozeßablauf durch die Vorgabe von Nebenbedingungen für bestimmte Systemzustände über die Simulation gesucht (Ablaufentwurf).

316 „Intelligente" Planungsinstrumente

(3) Die **Systemschulung** mit Hilfe der Simulation zur Einübung des Systementwurfs, der Systemkontrolle und Systemsteuerung
In diesem Applikationsgebiet sollen über die Simulation die Wirkungen der Systemkomponenten vermittelt werden. Das Simulationsmodell fungiert hier als Abstraktion des betrachteten Systems, dessen Reaktionen über das Simulationsmodell nachempfunden werden. Das Systemverhalten läßt sich durch eine begrenzte Einflußnahme durch die vom Anwender definierbaren Eingabeparameter in das Simulationsmodell verändern (Systemsteuerung). Ziel ist es dabei, die Reaktion des Systems auf geänderte Einflüsse durch die Simulation zu testen (vgl. Oberweis et al. 1999, 217).

Das Modell steht damit unabhängig von der Anwendung der Simulation formal im Mittelpunkt der Simulationsmethode, insbesondere als Instrument zur Reproduktion der Systemstruktur, aber auch der systemimpliziten Prozesse. In diesem Zusammenhang drängt sich die **Frage nach der Modellvalidierung** auf, d.h., ob das Systemverhalten tatsächlich durch ein abstraktes Modell repräsentiert werden kann, zumal das Modell keine Kongruenz mit dem realen System aufweist, sondern nur eine Idealisierung darstellt, in der mit einer reduzierten Zahl von Einflußparametern das Systemverhalten adaptiert werden soll. Insbesondere unter der Prämisse, daß das System eine Abstrahierung der Realitätsebene darstellt, wird über die Simulationsmodellebene eine sehr starke Distanz zum wissenschaftlich betrachteten Objekt geschaffen, die keine unkritische Reflexion über das durch das Modell gewonnene Aussagesystem mehr gestattet, da nur über eine homomorphe Abbildung in das formale System (Modell) eine adäquate Beschreibung des realen Systems ermöglicht wird (vgl. Witte 1973, 16). Eine weitere Ursache sind nicht vermeidbare Meßfehler am realen System, die zu einer Abweichung zwischen dem Modellergebnis und der real gemessenen Größe führen. Grundsätzlich ist somit eine vollständige Übereinstimmung zwischen System und Modell aus dem o.g. Grund nicht möglich (vgl. Schmidt/Müller 1985, 20).

Beide wissenschaftstheoretisch verwendbaren Verfahren zur Modellvalidierung (Verifikation und Falsifikation) liefern jedoch keinen endgültigen Nachweis über die Kongruenz zwischen dem System und dem abstrakten Modell (vgl. ebenda). Der Beleg für die Gültigkeit eines Modells für den Modellzweck kann anhand folgender **Kriterien** durchgeführt werden: Verhaltensgültigkeit, Strukturgültigkeit, empirische Gültigkeit und Anwendungsgültigkeit (vgl. Bossel 1994, 36).

Nach der Differenzierung von Biethahn ergeben sich anwendungsbezogen folgende **Arten von Simulationsmodellen** (vgl. Biethahn 1987, 81):

(1) **Entscheidungsmodelle**, basierend auf mathematischen Methoden zur Entscheidungsunterstützung bzw. Optimierung eines Zielerreichungsprozesses,
(2) **Erklärungsmodelle** zur Darstellung von Interdependenzen einzelner modulierter Subsysteme, z.B. als Planspielinstrument in der Weiterbildung,
(3) **Prognosemodelle** zur Ermittlung zukünftiger Entwicklungen bei vorgegebenen Parameterkonstellationen im Modell,
(4) **Beschreibungsmodelle**, z.B. ein Buchhaltungsmodell,
(5) **Ermittlungsmodelle**, z.B. Clusteranalyseverfahren.

Gerade der Nutzen von Entscheidungs-, Prognose- und Beschreibungsmodellen als entscheidungsunterstützende Elemente hängt sehr stark von der Kongruenz zwischen dem mit dem Modell verbundenen Aussagesystem und der Realitätsebene ab, die durch eine zu intensive Komplexitätsreduktion beeinträchtigt werden kann. Demgegenüber müssen Erklärungsmodelle diese Eigenschaften nicht zwingend aufweisen, insbesondere wenn es sich um induktiv deduzierte Hypothesenkonstrukte handelt.

Die applikationsspezifische Differenzierung der Simulationsmodelle erlaubt noch keine eindeutigen Rückschlüsse auf die Form der Modellbildung und die Art des zugrundeliegenden „Analogiemodells". Die Methodiken der Modellbildung zur Systembeschreibung sind in den Wirtschaftswissenschaften nicht homogen, sondern orientieren sich an dem jeweiligen im Mittelpunkt stehenden Aussagesystem der Subdisziplin (vgl. Hering/Hermann/Kronmüller 1987, 4f.):

- Ökonometrie,
- Verfahren des Operations Research und
- System Dynamics Methode.

Die Modellbildung in der **Ökonometrie** erfolgt über die Datenerfassung und -analyse, aus der auf die Systemstruktur geschlossen wird. Das System dient zur Erläuterung und Begründung der Theorie- und Hypothesenbildung, während die Verfahren des **Operations Research** auf Entscheidungsmodellen basieren, d.h., der Zweck der Verfahren besteht in einer optimalen Zuordnung der Systemelemente bei gegebener Zielfunktion und unter Berücksichtigung definierter Nebenbedingungen. In diesem Zusammenhang wird die Simulationsmethode als experimentelles Verfahren zur Optimierung von Suchstrategien im Lösungsraum verwendet.

Die **System Dynamics Methode** setzt hingegen im Rahmen der Modellbildung die Transparenz der Systemelementecharakteristik und der Relationen voraus, d.h., die

Struktur des Systems und die Interdependenzen der Systemelemente sind bekannt (vgl. Forrester 1961). Es handelt sich damit nicht um einen datenanalytischen, sondern um einen konzeptbasierten Modellbildungsprozeß, beim dem Systemprozesse und daran beteiligte Systemelemente durch geschlossene, in sich vermaschte Informationsschleifen (Regelkreise) wiedergegeben werden. Dabei können auch nicht-lineare Zusammenhänge zwischen den Modellkomponenten dargestellt werden. Die mit der Modellbildung verbundene Komplexitätsreduktion des Realitätsausschnittes erfolgt bei den System Dynamics Methoden durch die Modellierung von Subsystemen und Einbindung in ein Gesamtsystem. Die System Dynamics Methoden dienen in erster Linie der Präsentation sozioökonomischer Modelle, bei denen nicht direkt kardinal meßbare Einflußgrößen konzeptual und idealtypisch indirekt operationalisiert aufgenommen werden können. Insofern muß die Simulationsmodellpräsentation eines Realsystems relativiert werden. Gegenstand der Modelle können sowohl Einzelunternehmen, Branchen aber auch komplexe Weltmodelle wie das Weltmodell (World Dynamics) von Forrester sein (vgl. Forrester 1970). Der Schwerpunkt in der Anwendung von System Dynamics Methoden liegt in der Darstellung des Systemverhaltens und weniger in der Veranschaulichung der Systemstruktur.

Die geschilderten Methoden bedingen spezifische **Anforderungen an die verwendete Simulationsmodellcharakteristik**:

a) **Geschlossene oder offene Modelle**
Die Berücksichtigung exogener Größen in einem System bzw. der Systemabbildung durch ein Modell führt zu offenen Modellen.

b) **Deterministische oder stochastische Modelle**
Simulationsmodelle, die bei gleicher Parameterkonstellation, gleichen Parameterausprägungen und identischen festgelegten Wirkungszusammenhängen exakt dieselben Ergebnisse nach dem Simulationslauf erzeugen, reagieren deterministisch und ermöglichen daher die Wiederholung eines Testlaufes mit gleichen Ergebnissen unter gleichen Bedingungen. Stochastische Modelle weisen diese Eigenschaft nicht auf. Sie implizieren stochastische Prozesse, die das Kriterium der Wiederholbarkeit unter den o.g. Bedingungen ausschließen.

c) **Statische oder dynamische Modelle**
Die Attribuierung „statisch" bzw. „dynamisch" bezieht sich auf die Parameterausprägung für die Beschreibung der Relationen einzelner Systemelemente über einen simulierten Zeitraum. Dynamische Simulationsmodelle ermöglichen die Veränderung

der Ausprägungen über den Zeitverlauf (z.B. die System Dynamics Methode oder Modelle in der Ökonometrie), wodurch die Zeitdimension zu einer zusätzlichen einflußnehmenden Größe des Simulationsmodells wird. Statische Systeme besitzen hingegen eine feste Parameterausprägung innerhalb der Relationendefinition.

d) **Stetige oder diskrete Modelle**
In diskreten Simulationsmodellen werden einzelne Größen separat beobachtet, während stetige Modelle Kausalketten von Ereignissen berücksichtigen, die allerdings simulationstechnisch in kleinen diskreten Schritten nachempfunden werden (vgl. Hering/Hermann/Kronmüller 1987, 7). Insofern eignen sich stetige Modelle eher für die Nachbildung relativ komplexer Prozeßabläufe, während die diskrete Modellbasis der Optimierung der spezifizierten Größe dient.

Die Zuordnung der beschriebenen diametralen Eigenschaften auf die Anwendung von Simulationsmodellen in den aufgeführten wirtschaftswissenschaftlichen Subdisziplinen führt zu folgenden Simulationsmodellcharakteristiken:

- Modelle im Operations Research:
  offen, stochastisch, statisch und diskret;
- Modelle der Ökonometrie:
  relativ offen und stochastisch, dynamisch und diskret;
- System Dynamics Methode:
  relativ deterministisch und geschlossen, stetig und dynamisch.

Die aufgeführten Modelleigenschaften weisen darauf hin, daß insbesondere das Verhalten von Systemen mit starken Relationen zwischen den einzelnen Systemelementen mit einem zeitdynamischen Aspekt über System Dynamics Methoden modelliert und simuliert werden kann, wobei vermeintlich exogene Einflußgrößen über die Berücksichtigung im Modell zulässig sind.

Dieser Grundtypus eignet sich für Applikationen zur **Unterstützung einzelner Managementfunktionen**, wobei zwei Klassen von Simulationsmodellen unterschieden werden: Zum einen detaillierte Modelle, bei denen der Schwerpunkt auf einen eng eingegrenzten Realitätsausschnitt gelegt wurde, dieser aber sehr detailliert abgebildet wird und für die Simulation spezieller Prozesse auf der modellierten Struktur prädestiniert ist, zum anderen hochaggregierte Simulationsmodelle, die eine Sicht auf mehrere Unternehmenssegmente gestatten, wobei der entnommene Modellausschnitt und die dazugehörigen Simulationsobjekte sich nicht zwingend mit dem Anwendungszweck der Simulationsmethode decken müssen. Aggregierte Simulationsmodelle mit mehreren Unternehmenssektoren bzw.

Unternehmen und einer Kontexteinbettung reagieren zwischen den Unternehmenskomponenten oder Unternehmenseinheiten interaktiv, um die in der Realität existierenden Interdependenzen im Modell zu adaptieren.

Die **Simulation als Instrument der strategischen Unternehmensplanung** erfordert eine Modellsicht auf das Gesamtunternehmen mit den dazugehörigen Umweltfaktoren, deren Ausprägungen in der Realität die Prozeßabläufe im Unternehmen beeinflussen. Simulationsmodelle, die eine Gesamtsicht eines Unternehmens gestatten, werden als „Unternehmensmodell" bzw. „Unternehmensgesamtmodelle" bezeichnet (vgl. Mertens 1982, 53). Sie vermitteln allerdings aus Komplexitätsgründen nur einen hochaggregierten Realitätsausschnitt, der jedoch einer strategischen Perspektive auf ein Planungsobjekt nicht zwangsläufig entgegenstehen muß.

Weitere Charakteristiken, die auf diesen Modelltypus zutreffen, sind (Mertens 1982, 53):

(1) die **Abbildung der Interdependenzen** zwischen einfachen Systemelementen, deren Vielzahl und interaktive Wirkungsweise das kognitive Potential des Entscheiders überfordert. Die elementaren Relationen zwischen den Systemkomponenten werden in Form von einfachen Gleichungen definiert.

(2) Die Modelle zeichnen sich durch wenige externe Eingabegrößen aus. Die Dynamik wird zusätzlich durch die Berechnung und Fortschreibung interner Parameter zur Berücksichtigung weiterhin wirksamer Vergangenheitswerte erzielt. Durch dieses Prinzip lassen sich strategische Wirkungen über mehrere zeitdynamische Periodenläufe simulieren, indem strategisch relevante Einflußfaktoren über mehrere Simulationsläufe bzw. diskrete Simulationsphasen verändert und intern weiter verarbeitet werden.

Die Anwendung der Simulationsmethode im Rahmen der strategischen Planung dient der experimentellen Fortschreibung der Systemzustände des Planungsobjekts über die Zeit unter Annahme fiktiver Planungsprämissen mit Hilfe eines abstrahierten formalen Modells, mit dem das Systemverhalten des realen Systems prognostiziert werden soll.

Simulationen mit aggregierten Simulationsmodellen sind insofern als Instrument in der strategischen Unternehmensplanung einsetzbar, als sie zumindest eine Abbildung der von den Planungsträgern erkannten und als planungsrelevant erachteten Strukturen, Elemente und der strategischen Wirkungszusammenhänge leisten und damit einen Beitrag zur Komplexitätsreduktion des Planungsgegenstands „Unternehmen und dessen Umweltdeterminanten" liefern, der mit der Reduktion der Planungsunsicherheit einhergeht. Dies führt dazu, daß das Simulationsmodell ein gültiges, wenn auch nur auf eine geringere Zahl von Wirkungsparametern basierendes Systemverhalten emulieren muß, was angesichts alternativer Planungsinstrumente, die sich auf wenige Erfolgsfaktoren beschränken, als durchaus realisierbares und sinnvolles Postulat erscheint. Insofern trägt die Simulationsmethode zur **Komplexitätsbewältigung** im Rahmen des strategischen Planungsprozesses bei, dessen eigene Phasencharakteristik dem gleichen Zweck dient. Die wichtigste Anwendung des Instruments könnte dabei die **Strategiefolgeabschätzung** darstellen, indem die Strategieentwicklung mit Hilfe der Simulation des realen Systems (Planungsobjekts) erfolgt (vgl. Abbildung 2).

In diesem Zusammenhang repräsentiert das Simulationsergebnis den erwarteten Zustand des realen Systems bei Umsetzung der im Simulationsmodell definierten Strategie in Form von definierten Eingabe- und Wirkungsparametern. Die über die Simulation erzeugten Ergebnisse müssen auch weiterhin in entsprechenden Toleranzen interpretiert werden.

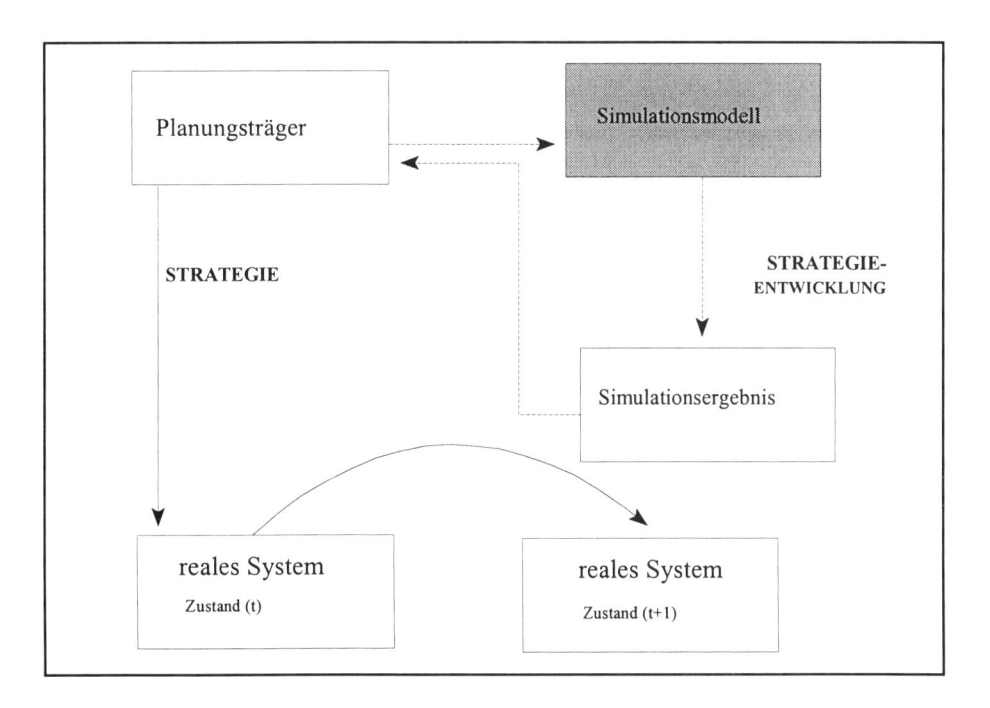

Abb. 2: Die Strategiefolgeabschätzung durch die Simulation

Die **Strategieentwicklung** mit Hilfe der Simulation bietet den besonderen Vorteil, daß die Strategieauswahl auf einer fundierteren Informationsbasis erfolgt, da über die Simulation, in Abhängigkeit von der Qualität des Simulationsmodells, die Interdependenzen der Systemelemente in der Folgeabschätzung detaillierter dargestellt werden. Prinzipiell ließe sich auch die Strategieentwicklung detaillierter fortsetzen, indem über die allgemeine Unternehmensstrategie beispielsweise weitere Geschäftsbereichs- bzw. Funktionsstrategien über die Simulation getestet werden, bevor eine Selektion der präferierten Unternehmensstrategie vorgenommen wird. Die Unterstützung von Entscheidungsprozessen im Rahmen der strategischen Planung mittels der Simulationsmethode besteht in dieser Form allein in der Abschätzung langfristiger Entscheidungskonsequenzen, sie ermöglicht keine Expansion der Alternativenraumes in der Strategieentwicklung, d.h., die Definition der Strategiealternativen obliegt weiterhin den Entscheidungsträgern, deren Kreativität und Fachkompetenz unveränderlich Determinanten für die Qualität der Strategieentwicklung darstellen, zumal in diesem Konstrukt die Eingabeparameterdefinition den Abschluß eines kreativen Strategieentwicklungsprozesses dokumentiert, dessen Ergebnis über das Instrument „Simulation" überprüft wird.

2.2 Classifier Systeme

Classifier Systeme (CS) zählen zu den Methoden der Künstlichen Intelligenz und stellen eine besondere Anwendungsvariante von Genetischen Algorithmen dar und lassen sich auf die Arbeiten von Holland zurückführen (vgl. Holland 1973).

Bei einem Classifier System werden Regeln in einem String mit fester Länge abgebildet, indem jede Position auf dem String eine spezielle semantische Bedeutung besitzt (vgl. Booker 1991, 115) . Der zulässige Zeichensatz besteht aus den Komponenten $\{0,1,\#\}$. Jeder einzelne String entspricht einer Regel, d.h., er besitzt einen Prämissen- und einen Aktionsteil, und wird demzufolge differenziert. Die einzelnen Positionen auf dem Prämissenteil - Holland bezeichnet sie ebenfalls als Gene und den String als genetischen Code dieser Regel (vgl. Holland 1992b, 45) -, die wiederum einen Teil des gesamten Programms repräsentieren, beschreiben Bedingungen, deren Relevanz über den Zeichensatz definiert wird:

1 <=> *Die Bedingung muß erfüllt sein.*
0 <=> *Die Bedingung darf nicht erfüllt sein.*
<=> *Die Bedingung ist für die Anwendung der Regel nicht relevant.*

Äquivalent werden im Aktionsteil des Strings die möglichen Aktionen definiert, indem jeweils einer Bitposition eine semantische Bedeutung zugeordnet wird, und über den gleichen Zeichensatz codiert.

1 <=> *Die Aktion muß ausgeführt werden.*
0 <=> *Die Aktion darf nicht ausgeführt werden.*
<=> *Die Aktion kann ausgeführt werden.*

Das Zeichen „#" wird als „Don´t care"-Element genutzt und ermöglicht so die Definition von einzelnen Mengen ähnlicher Regeln. Die folgende Abbildung 3 soll exemplarisch die Anwendung des Elements # bei der Konstruktion von Regeln verdeutlichen.

PRÄMISSEN					AKTIONEN	
Eigener Marktanteil hoch	Position der Mitbewerber stark	Marktwachstum gering	Vertriebssystem vorhanden	Kooperationsmöglichkeit gegeben	Marktaktivitäten verstärken	Markt aufgeben
REGEL 1						
1	0	#	1	#	1	0
Wenn eigener Martanteil hoch, Position der Mitbewerber schwach und ein Vertriebsnetz vorhanden ist, dann Aktivitäten verstärken						
REGEL 2						
0	1	#	0	#	0	1
Wenn eigener Marktanteil gering, Kokurrenten stark und kein Vertriebssystem vorhanden, dann vom Markt zurückziehen						
REGEL 3						
0	#	#	1	#	0	0
Wenn eigner Marktanteil gering und Vertriebssystem vorhanden, dann abwarten						

Abb. 3: Präsentation von Regeln als Bitkette

Die in der Abbildung 3 aufgezeigte Bitkette repräsentiert eine Reihe von Bedingungen für die Anwendung einer Aktion, die durch die letzten beiden Positionen beschrieben wird. Je nach der Ausprägung einzelner Bedingungen, d.h. ob sie gesetzt sind, nicht relevant oder negiert, lassen sich nun detaillierte Regeln durch eine entsprechende Codierung aufstellen (siehe Regeln 1 bis 3 in der Abbildung 3). Der Prämissenbereich beschreibt somit Bedingungen für Objekte, die als Eingabe in das System interpretiert werden können, so daß sich bestimmte Eingabe/Ausgabe-Relationen entwickeln. Eine Regel, die das „Don´t care"-Element beinhaltet, ist daher nicht mehr eine einzelne Regel, sondern definiert ein Muster für eine Menge von Regeln, deren Prämissenteil in das Schema eingeordnet werden kann. Nach diesem Prinzip lassen sich Regeln rein numerisch codieren, wenn die in den Prämissen vorkommenden Bedingungen vollständig erfaßt worden sind.

Die Idee des Classifier System besteht jedoch nicht primär in der Codierung von Regeln, sondern in der Regelentwicklung und -optimierung **mit Hilfe eines Genetischen Algorithmus**, indem die Regeln als Elemente einer Population betrachtet und mit Hilfe eines Genetischen Algorithmus einem evolutionären Prozeß unterzogen werden. Die in diesem Zusammenhang verwendeten Operatoren und Selektionsmechanismen auf eine Population weisen keine Differenzen zu den sonstigen Genetischen Algorithmen auf, die an dieser Stelle nicht weiter diskutiert werden.

Neben einem Genetischen Algorithmus besteht ein Classifier System aus einem „**Bewertungsmodul**" für den Erfolg einer angewandten Regel und einer Eingabeschnittstelle, über die die Umweltsituation in das System übertragen wird. Als **Bewertungsmodul** wird ein sog. „Bucket Brigade Algorithmus" benutzt (vgl. Sen/Sekaran 1995, 220), der folgende Funktion in dem System wahrnehmen soll: Wird beispielsweise zu einer erkannten Umweltsituation eine entspreche Prämisse in einer Regel gefunden und der Aktionsteil ausgelöst, so kann in der Folge eine ganze Reihe von Regeln zur Anwendung gelangen, d.h., eine Regelkette wird erfolgreich ausgeführt.

Nach einem normalen Genetischen Algorithmus würde nun die letzte angewandte Regel als Populationselement einen höheren Fitneßwert erhalten, wodurch die Wahrscheinlichkeit angehoben wird, nach einer Mutation der Populationsmenge im Genpool zu verbleiben. Der Bucket Brigade Algorithmus sorgt nun dafür, daß auch die anderen Regeln in der Kette einen modifizierten Fitneßwert erhalten. Die Höhe dieses Fitneßwertes wird in Abhängigkeit von dem Grad der Zielerreichung bestimmt und hängt somit von dem jeweiligen Anwendungsbereich des Classifier System ab. Nach Booker, Goldberg und

Holland ist die Verwendung des Bucket Brigade Algorithmus besonders dann sehr mächtig, wenn die Regeln in größere hierarchische Strukturen eingebunden sind (vgl. Booker, Goldberg, Holland 1989, 256), d.h., es werden in dem System Regeln über mehrere Stufen abgearbeitet, bevor eine „erkennbare" Aktion durchgeführt wird.

Selbstverständlich können in dem System auch Situationen auftreten, bei denen verschiedene Regeln bei einer gegebenen Ausgangsinformation anwendbar wären, hierfür muß dann ein sog. **Konfliktlösungsmechanismus** aktiviert werden, der die Anwendung der Regeln steuert. Der Aufbau und die Funktionsweise eines Classifier System sind dementsprechend wesentlich komplexer als an dieser Stelle geschildert werden kann. In diesem Zusammenhang sei ein Verweis auf Booker et al. bzw. Holland gestattet (vgl. Booker/Goldberg/Holland 1989; Holland 1975; Holland 1992a). Der eigentliche Sinn eines Classifier System besteht nun darin, anhand der gegebenen Daten Regeln über den Genetischen Algorithmus zu generieren, diese bezüglich ihrer Effizienz durch Anwendung und Beurteilung ihrer Fitneßwerte mit dem Bucket Brigade Algorithmus zu prüfen und das Ergebnis bei der nächsten Modifikation der Regelpopulation zu berücksichtigen. D.h., dieses System ist in der Lage, durch eine zyklisch verlaufende Lernphase eigenständig sinnvolle Regeln zu generieren.

2.3 Die Kombination der Simulationsmethode mit einem Classifier System

Nach der bisherigen Diskussion drängt sich die Frage auf, welcher Zusammenhang zwischen den zwei diskutierten Methoden besteht und inwiefern eine Verbindung zum strategischen Planungsprozeß hergeleitet werden kann. Wie die vorherigen Ausführungen gezeigt haben, dient die Simulationsmethode der Abbildung realer Systeme im Hinblick auf ihre Strukturen, Prozesse und Relationen zwischen den einzelnen Systemkomponenten. Sie kann in dieser Funktion auch gleichermaßen als Umgebung für ein Classifier System agieren, indem die Simulationsergebnisse als Eingabeinformationen für dieses System dienen. Die Abbildung 4 zeigt schematisiert die **Kombination der beiden Methoden.**

In bezug auf die Einbindung von Classifier Systemen wäre folgende Nutzung der Simulation zu Adaptionszwecken denkbar. Das Ziel des Classifier System soll das Finden einer „optimalen" Parameterausprägung für die Simulation darstellen. Es erhält als Input die nach einem Simulationslauf erzeugten Simulationsergebnisse sowie die zu Beginn der Lern- und Adaptionsphase notwendigen allgemeinen Regeln über die im Simulations-

326 „Intelligente" Planungsinstrumente

modell verankerten Mechanismen als Startbedingung. Eine weitere Vorbedingung wäre daher das Erzeugen von Simulationsergebnissen, die als externe Information in die Nachrichtenliste des CS aufgenommen werden. Ein **Lernzyklus** während der Lernphase könnte nun folgenden **Ablauf** aufweisen:
(1) Das Performance-System des CS vergleicht den Inhalt der Nachrichtenliste, auf der die Inputdaten vermerkt werden, mit dem Prämissenteil der vorhandenen Regeln in der Population (Classifier).
(2) Passende Classifier und Kombinationen von Classifiern werden selektiert.
(3) Die neu erzeugten Kombinationen werden über die Ausgabeschnittstelle als Input (Parameterausprägung) für den nächsten Simulationslauf eingesetzt und sukzessiv abgearbeitet.

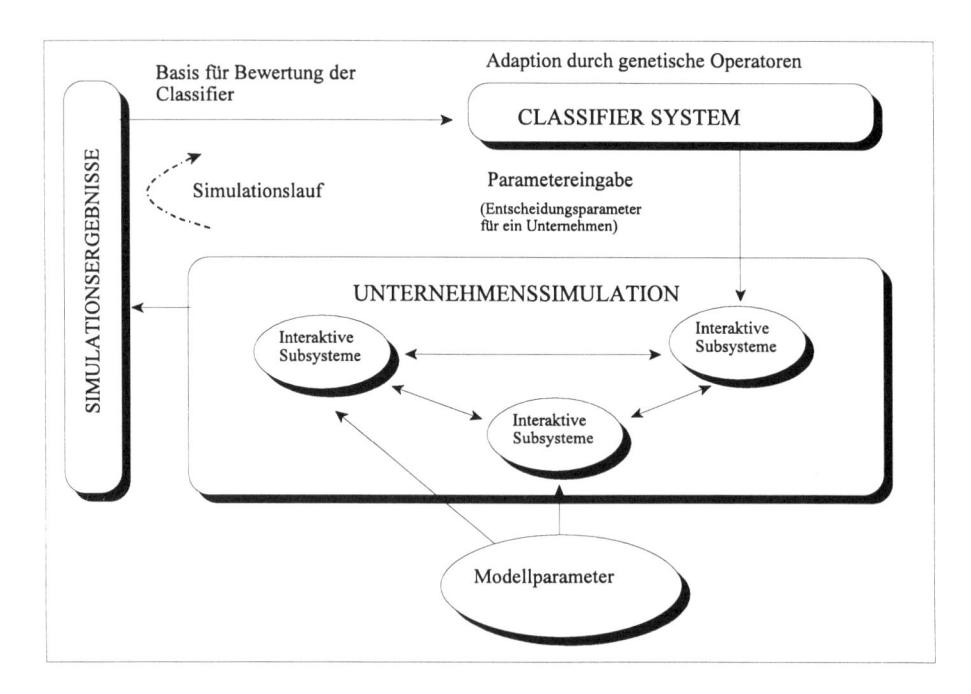

Abb. 4: Die Kombination der Simulation
mit einem Classifier System

Für eine sukzessive Bearbeitung der einzelnen Kombinationen mittels der Simulationsmethode, die als Bewertungsgrundlage der jeweiligen Regelketten herangezogen werden soll, ist die Gewährleistung des identischen Simulationsmodellzustands erforderlich, d.h., das Simulationsmodell muß nach jeder Regelkettenbearbeitung in den vorherigen Zustand zurückgesetzt werden, um einen objektiven Vergleich der Regelketten bzw. Classifierkombinationen zu ermöglichen. Die Simulationsergebnisse und implizit die Simulation fungieren damit als Bestandteil der „Bewertungskomponente" (**Credit Assignment Systems**), indem sie die Evaluierungsgrundlage für die Fixierung der Fitneßwerte darstellen. Nach diesem Prinzip erhält die Regelkette, die spezifisch definierte Simulationsergebnisgrößen am günstigsten durch die Parametereingaben erzeugt hat, den höchsten Fitneßwert. Hierbei sind zwei wichtige Aspekte zu beachten, die maßgeblich Einfluß auf den möglichen Nutzen dieser Instrumenten-Kombination nehmen:

(1) Die Simulation erfolgt über eine virtuelle Zeitachse, bei der **sowohl kurzfristige als auch strategische Aktionen** abgebildet werden. Die Regeloptimierung im CS muß dieser Situation Rechnung tragen.

(2) Durch die Anwendung erfolgreicher Regeln wird der Modellzustand der Simulation verändert, wodurch bei strategischen Aktionen **möglicherweise mehrere Zeitintervalle** für die Regeloptimierung bzw. -generierung beachtet werden müssen.

Das Ziel einer CS-Anwendung im Bereich der strategischen Planung wäre primär die aktive Unterstützung der Strategieentwicklung nach dem Prinzip einer Suche von abstrahierten Aktionsketten bei gegebener Umwelt- und Unternehmenskonstellation, die durch den jeweiligen Zustand des Simulationsmodells beschrieben werden. Die Wissensgenerierung des CS erfolgt, begründet durch die Konzeption dieser Systeme, in Selbstorganisation (vgl. Nissen 1994, 383).

Die Vorbedingung, ein CS sinnvoll einsetzen zu können, bleibt jedoch auch hier für beide Anwendungen bestehen, d.h., es muß eine entsprechende Lernumgebung für das CS existieren, die einen schnellen, effizienten Lernprozeß unterstützt, zumal durchaus eine Zahl von mehreren tausend Lernzyklen erforderlich sein könnte. Eine derartige Voraussetzung schließt einen Lernprozeß im realen System, sofern es sich um Applikationen zur Unterstützung des strategischen Planungsprozesses handelt, aus. Evidenterweise lassen sich Ergebnisse realisierter Strategien nicht in kurzen Zeitzyklen fixieren und als Grundlage für die Güte eines CS heranziehen. Damit ist die Verwendung eines Substituts des Realsystems als Instrument zur Bewertung von Classifier-Ketten unumgänglich, wobei die Simulationsmethode sicherlich eine Lösung darstellt.

Entscheidend für den Erfolg des CS, dessen Resultate im Realsystem in Form von Regelketten im strategischen Kontext zur Entscheidungsunterstützung Anwendung finden sollen, ist daher die **korrekte Projektion des realen Systems** auf dessen vermeintliches Substitut, um überhaupt die Rahmenbedingungen für die Lernphase zu schaffen und nicht ungewünschte Interdependenzausprägungen über das CS adaptieren zu lassen. Letztlich müssen aber auch bei der Verwendung des Substituts die individuellen unternehmensspezifischen Rahmenbedingungen berücksichtigt bleiben, und darüber hinaus besteht auch hier eine Problematik im Hinblick auf die Dynamisierung und Modifizierung der unternehmensinternen Prozesse und des unternehmensspezifischen Kontexts. Die Projektion des neuen Systemverhaltens auf das Simulationsmodell ist natürlich mit einem gewissen Aufwand verbunden, der nicht exakt erfaßt werden kann, aber zumindest grob klassifizierbar erscheint:

(1) Solange das veränderte Verhalten des Realsystems über die Veränderung der variablen Modellparameter projizierbar ist, ist der Aufwand relativ gering. Das CS kann durch eine weitere Lernphase, für die das Simulationsmodell entsprechend vorbereitet worden ist, neue Regeln erzeugen.

(2) Ist für die Anpassung des Simulationsmodells an die neue Realsituation der Eingriff über die Modellparameter nicht mehr ausreichend, müssen die Systemelementerelationen im Modell neu definiert und in ihrem multilateralen Zusammenwirken getestet werden, da aufgrund der bisherigen Komplexität des Modells nicht zwingend davon ausgegangen werden kann, daß die Validität des Simulationsmodells bestehen bleibt. Der Aufwand ist im Vergleich zum ersten Fall wesentlich größer.

Der **Anpassungsaufwand des Simulationsmodells** hängt damit von dessen Flexibilität und externen Einflußnahmeoptionen bei der Darstellung der Systemelementerelationen ab. Beide Faktoren sollten deshalb schon bei der Konzeption und Entwicklung der Simulation Beachtung finden, indem die Zahl der frei definierbaren Modellparameterausprägungen relativ groß gehalten wird und zusätzlich die Beschreibung der Interdependenzen zwischen den Systemelementen Dynamisierungsoptionen in Form von veränderbaren Wirkungsfunktionen und Funktionstypen vorsieht.

Technisch lassen sich diese Anforderungen bei der Gestaltung der Computermodelle durch die **Verwendung von Modell-Generatoren** oder **speziellen Implementierungssprachen (Simulationssprachen)** unterstützen, die einen einfacheren Übergang vom strukturalen zum funktionalen Modell bis hin zur Programmierung ermöglichen. Die Wahl des geeigneten Werkzeugs hängt von der Charakteristik des Simulationsmodells ab, da nicht jede Sprache zur Modellierung eines bestimmten Modelltypus geeignet ist (vgl. Eschenbacher/Schmidt 1987, 34). Die Reflexion auf den Applikationsbereich, d.h. die Darstellung strategischer Interdependenzen eines Realsystem, und den Zweck des Instruments Simulation, deutet jedoch darauf hin, daß die Wahl des Modelltypus von vornherein eingeschränkt ist und insofern nur Modelle nach dem Systems Dynamics-Prinzip zur Projektion eines Gesamtunternehmens und dessen Umweltkontexts in abstrahierter und vereinfachter Form in Frage kommen können.

3 Zusammenfassung

Die diskutierte Kombination weist verschiedene Dimensionen auf, die sich nicht nur in den Wirtschaftswissenschaften, sondern interdisziplinär auch in anderen wissenschaftlichen Zweigen teilweise etabliert haben. In der Informatik wäre dieses Konzept eine Variante, um einen intelligenten virtuellen Agenten zu installieren, bei dem das CS die Anpassung und die Wissensaufnahme steuert (vgl. Sen/Sekaran 1995, 218f.). Das Prinzip findet sich jedoch auch in der Psychologie wieder, wenn in Simulationen durch Aktion und Reaktion Lernprozesse in künstlichen Welten initiiert werden (vgl. Dörner/Schaub 2000). Inwieweit dieses Konzept im dispositiven Bereich der Unternehmensführung zu einer praktizierbaren Planungsmethode entwickelt werden kann, bleibt offen, zumal das konstruktivistische Element als nächster Schritt noch nicht existent ist. Aber unabhängig davon sind auch andere Anwendungsbereiche in den Wirtschaftswissenschaften denkbar, nämlich immer dann, wenn in einem konditionierten axiomatischen Rahmen Hypothesen deduziert werden. Dieser Rahmen kann als Modell auch Bestandteil einer Simulation sein, aber wer deduziert dann die Hypothesen?

4 Literatur

Biethan, J./ Schmidt, B. (Hrsg.) (1987): Simulation als betriebswirtschaftliche Entscheidungshilfe, Fachberichte Simulation, Bd. 6, Berlin, Heidelberg, New York.
Booker, L.B./ Goldberg, D.E./Holland, J.H. (1989): Classifier Systems and Genetic Algorithms, in: Artificial Intelligence, 40. Jg. (1989) , Heft 2, S. 235-282.
Booker, L.B. (1991): Representing Attribute-Based Concepts in a Classifier System, in: Rawlins, G.J.E. (Hrsg.): Foundations of Genetic Algorithms, San Mateo, S. 115-127.

Bossel, H. (1994): Modellbildung und Simulation, 2. Aufl., Braunschweig, Wiesbaden.

Chamoni, P./Zeschau, D. (1996): Management-Support-Systeme und Data-Warehousing, in: Mucksch, H./Behme, W. (Hrsg.): Das Data-Warehouse-Konzept, Wiesbaden, S. 47-83.

Dörner, D./Schaub, H.: Das Leben von Ψ, Über das Zusammenspiel von Kognition, Emotion und Motivation – oder: Eine einfache Theorie für komplizierte Verhaltensweisen, memo 27, http://www.uni-bamberg.de/ppp/insttheopsy/memo.htm

Eschenbacher, P./Schmidt, B. (1987): Empirische Modellbildung und formale Beschreibung, in: Biethahn, J./Schmidt, B. (Hrsg.): Simulation als betriebliche Entscheidungshilfe, Berlin/Heidelberg/New York, S. 26-38.

Forrester, J. W. (1961): Industrial Dynamics, Cambridge, MA.

Forrester, J.W. (1970): World Dynamics, Cambridge, MA.

Hering, E./Hermann, A./Kronmüller, E. (1987): Unternehmenssimulation mit dem PC, Braunschweig.

Holland, J.H./Burks, A.W. (1989): Method of Controlling a Classifier System, United States Patent No. 4, 881, 178, USA.

Holland, J.H. (1973): Genetic Algorithms and optimal allocations of trials, in: SIAM Journal of Computing, Vol. 2 (1973), Heft 2, S. 88-105.

Holland, J.H. (1992a): Adaption in natural and artificial systems, Cambridge, MA.

Holland, J.H. (1992b): Genetische Algorithmen, in: Spektrum der Wissenschaft, September 1992, S. 44-51.

Kulla, B. (1987): Ergebnisse oder Erkenntnisse - liefern makroanalytische Simulationsmodelle etwas? Berlin, Heidelberg, New York.

Mertens, P. (1982): Simulation, 2. Aufl., Stuttgart.

Niemeyer, G. (1990): Simulation, in: Kurbel, K./Strunz, H. (Hrsg.): Handbuch Wirtschaftsinformatik, Stuttgart, S. 435-456.

Nissen, V. (1994): Evolutionäre Algorithmen: Darstellung, Beispiele, betriebswirtschaftliche Anwendungsmöglichkeiten, Wiesbaden.

Oberweis, A./Lenz, K./Gentner, C. (1999): Simulation betrieblicher Abläufe, in: WISU, Heft 2 (1999), S. 216-223.

Oelsnitz, D. von der (1993): Prophylaktisches Krisenmanagement durch antizipative Unternehmensflexibilisierung, Bergisch Gladbach.

Picot, A./Franck, E. (1992): Informationsmanagement, in: Frese, E. (Hrsg.): Handwörterbuch der Organisation, Stuttgart, Sp. 886-900.

Schmidt, B./Müller D. (Hrsg.) (1985): Systemanalyse und Modellaufbau, Fachberichte Simulation, Bd. 1, Berlin/Heidelberg/New York.

Sen, S./Sekaran, M. (1995): Multiagent coordination with learning classifier systems, in: Weiß, G./Sen, S. (Eds.): Adaption and Learning in Multi-Agent-Systems, Berlin, Heidelberg, New York, S. 218-233.

Wieselhuber, N. (1990): Informations-Management - Informationsvorsprung bedeutet Wettbewerbsvorteile, in: Heilmann, H./Gassert, H./Horvath, P. (Hrsg.): Informationsmanagement, Stuttgart, S. 29-54.

Witte, Th. (1973): Simulationstheorie und ihre Anwendung auf betriebliche Systeme, Wiesbaden.

Witte, Th. (1990): Simulation, in: Mertens, P. (Hrsg.): Lexikon der Wirtschaftsinformatik, 2. Aufl., Berlin/Heidelberg/New York, S. 384-385.

Zahn, E./Rüttler, M. (1990): Ganzheitliches Informationsmanagement, in: Heilmann, H./Gassert, H./Horvath, P. (Hrsg.): Informationsmanagement, Stuttgart, S. 1-28.

- Teil IV -

Spezielle Anwendungen

Theoretische Ansätze zur Erklärung der vertikalen Integration von Medienunternehmen - am Beispiel der Film- und Fernsehbranche

Wolfgang Burr

Übersicht:

1	Vertikale Integration in der Film- und Fernsehbranche	337
1.1	Entwicklung in den USA	337
1.2	Entwicklung in Deutschland	338
1.3	Motive der vertikalen Integration in der Film- und Fernsehbranche	339
2	Vorherrschende theoretische Ansätze zur Erklärung der Leistungstiefe bei Dienstleistungsunternehmen und ihre Anwendung auf Medienunternehmen	340
2.1	Der Ansatz von Smith/Stigler: „The division of labour is limited by the extent of the market"	340
2.1.1	Grundaussagen von Smith und Stigler zur Leistungstiefengestaltung	340
2.1.2	Zur empirischen Relevanz von Stiglers Hypothese und ihrem Bezug zu Dienstleistungsunternehmen	341
2.1.3	Vertikale Integration in der Film- und Fernsehbranche vor dem Hintergrund des Stiglerschen Erklärungsansatzes	341
2.2	Der Ansatz von Coase/Williamson: Transaktionskosten als Determinanten der Firmengrenzen	343
2.2.1	Kernaussagen der Transaktionskostentheorie zur Leistungstiefengestaltung	343
2.2.2	Zur empirischen Relevanz des Transaktionskostenansatzes und seinem Bezug zu Dienstleistungsunternehmen	344
2.2.3	Vertikale Integration in der Film- und Fernsehbranche vor dem Hintergrund des Transaktionskostenansatzes	345
2.3	Der Ansatz von Richardson: Fähigkeiten/Kompetenzen und Produktionskosten als Determinanten der Firmengrenzen	348
2.3.1	Grundlegende Aussagen von Richardson zur kompetenzorientierten Leistungstiefengestaltung	348

336 Theoretische Ansätze zur Erklärung der vertikalen Integration

2.3.2 Zur empirischen Relevanz kompetenzbasierter Ansätze für
 die Erklärung von Firmengrenzen und ihrem Bezug
 zu Dienstleistungsunternehmen 350
2.3.3 Vertikale Integration in der Film- und Fernsehbranche
 vor dem Hintergrund des Erklärungsansatzes von Richardson 351
3 Zusammenfassung 353
4 Literatur 354

1 Vertikale Integration in der Film- und Fernsehbranche

Die Wertschöpfungskette in der Fernsehindustrie (vgl. zum folgenden auch Monopolkommission 1998, 293ff.) läßt sich allgemein und idealtypisch wie folgt darstellen:
1. Entwicklung und Produktion von Film- und Fernsehstudio-Equipment, TV-Geräten, Set-Top-Boxen **(hardware)**;
2. Produktion von Filmen, Fernsehserien, Nachrichten **(content)**;
3. Handel mit Sportübertragungsrechten, Film- und Serienrechten und Informationen, insbesondere Nachrichtenzulieferungen **(trading)**;
4. Vertrieb von Fernsehprogrammen über Fernsehnetze und Fernsehsender **(distribution)**;
5. Programmführer **(program guides**, wie z. B. Programmzeitschriften, interaktive, elektronische TV-Guides, sog. electronic programming guides (EPG) auf Diskette, über Internet oder Videotext).

Es gibt weltweit derzeit kein einziges Medienunternehmen, das alle diese Wertschöpfungsstufen vertikal integriert. Dennoch ist momentan ein starker Trend erkennbar, daß die Filmproduktion mit der Filmdistribution oder der Filmrechtehandel mit der Filmdistribution innerhalb eines Unternehmens vertikal integriert werden.

Auf die vertikale Integration dieser **drei Wertschöpfungsstufen** konzentriert sich der vorliegende Beitrag. Damit werden die anderen Wertschöpfungsstufen (1 und 5) aus der nachfolgenden Betrachtung ausgeblendet. Dabei fokussieren sich die nachfolgenden Ausführungen auf private Fernsehsender. Öffentlich-rechtliche Fernsehsender (wie z. B. in Deutschland ARD, ZDF und Dritte Programme) werden nicht behandelt, da sie stärkerem Einfluß der Politik und gesellschaftlicher Interessengruppen sowie einem öffentlichen Sendeauftrag unterliegen und daher nicht in allen Fällen ihre Entscheidungen nach rein ökonomischen Kriterien treffen können bzw. sollen. Der Beitrag konzentriert sich ferner auf bestehendes, durch Werbeeinnahmen finanziertes **Privatfernsehen** und blendet damit neuartige Fernsehangebote, die sich soeben erst etablieren (z. B. Digitalfernsehen, pay per view) aus.

1.1 Entwicklung in den USA

Vertikal integrierte Fernsehanbieter, die über eine eigene Filmproduktion und eigene Filmdistributionsnetzwerke verfügen, sind in den USA die Unternehmen **Viacom** (durch Akquisition von CBS Networks), **Time Warner** (entstanden aus der Fusion von Time und Warner Brothers), **Disney** (durch Akquisition von ABC Networks) und **News Corp.**

338 Theoretische Ansätze zur Erklärung der vertikalen Integration

(Fox TV und die Filmproduktionsfirma Twentieth Century Fox); (vgl. Barringer 1999, C 8). Unter den großen Fernsehketten in den USA besitzt nur NBC (seit 1986 Tochtergesellschaft von General Electric Corp.) kein eigenes Filmproduktionsstudio (vgl. Carter 1999, C 1).

In den USA hat sich dieser **Trend zur vertikalen Integration** verstärkt, was die jüngste Akquisition von CBS durch Viacom im September 1999 belegt. Viacom besitzt damit neben den Paramount Filmstudios die Kabelfernsehkanäle MTV, Nickelodeon und VH1 sowie das Fernsehsendernetzwerk von CBS (vgl. Gabler 1999, A 25).

Dieser allgemeine Trend zur vertikalen Integration wurde erst möglich, als zu Beginn der 90er Jahre in den USA die entsprechenden Regulierungen und Gesetze aufgehoben wurden, die das Eigentum von Fernsehsendern an Filmstudios (und umgekehrt das Eigentum von Filmstudios an Fernsehsendern) verboten hatten (vgl. Gilpin 1999, 7).

1.2 Entwicklung in Deutschland

Auch in Deutschland ist ein starker Trend zur vertikalen Integration von Filmproduktion bzw. Filmhandel und Filmdistribution erkennbar:

Das Filmhandelsunternehmen Kirch besitzt eine Mehrheitsbeteiligung an der Pro Sieben Media AG, zu der die Fernsehsender Pro Sieben, Kabel 1 und der Nachrichtensender N24 gehören, an den Fernsehsendern SAT 1 und DSF sowie an dem Pay-TV-Sender Premiere World (vgl. Wehnelt 1999, 17).

Das Medienunternehmen Bertelsmann AG besitzt umfangreiche Filmproduktionsstudios sowie Kapitalbeteiligungen von 50% an CLT/Ufa (die anderen 50% besitzen die luxemburgische Audiofina und die WAZ-Gruppe. Zu CLT/Ufa gehören in Deutschland die TV-Sender RTL, RTL 2, Super RTL - vgl. Monopolkommission 1998, 293) und von 74,8 % an dem Fernsehsender Vox (vgl. o.V. 1999e, 13). An den Sendern RTL 2 und Super RTL sind neben CLT/Ufa auch andere Unternehmen wie Disney, Tele München und der Bauer Verlag beteiligt (o.V. 1999f, 1).

Die **Tele-München Gruppe** ist der zweitgrößte Filmhändler in Deutschland und besitzt gleichzeitig eine Kapitalbeteiligung von einem Drittel an dem Fernsehsender tm 3 (die restlichen 66 % liegen bei der News Corp. - vgl. hierzu Wehnelt 1999, 17) und eine Kapitalbeteiligung an RTL 2 (vgl. Busse und Freitag 1999, 12).

Das Filmhandelsunternehmen EM.TV & Merchandising AG beabsichtigt eine Kapitalbeteiligung in Höhe von 45 % an der Tele-München Gruppe, die ihrerseits Kapitalanteile an den Fernsehsendern tm3 (33 %) und RTL 2 besitzt, sowie eine Kapitalbeteiligung an dem Filmproduktionsunternehmen Constantin Film AG (vgl. o.V. 1999, 31).

Im Vergleich zu diesen Unternehmen, die als führend im deutschen Film- und Fernsehmarkt angesehen werden können, gibt es einige meist kleinere Film- und Fernsehunternehmen, die nicht vertikal integriert sind. Zu nennen sind hier: **Brainpool** (Produktion von Comedy-Filmen und Fernsehserien; vgl. o.V. 1999a, 35) sowie **Me, Myself & Eye MME** (Film- und Fernsehtochter des Bauer Verlages, der eine Kapitalbeteiligung von 44,9 % hält, Produktion von Jugendsendungen u. a. für RTL 2 und von Kinofilmen) (MME kooperiert seit längerem mit der Bertelsmann Broadband Group, die Fernsehprogramme und Internet über das Fernsehkabelnetz anbieten will (vgl. o.V. 1999b, 29 sowie o.V. 1999d, 27).

1.3 Motive der vertikalen Integration in der Film- und Fernsehbranche

Gründe für den erkennbaren Trend zur vertikalen Integration von Filmproduktion bzw. Filmhandel und Filmdistribution sind in den folgenden Punkten zu sehen:
Ein wichtiges Motiv der vertikalen Integration scheint der **Zugang von Fernsehsendern zu benötigtem Programmaterial** bzw. die **Sicherung von Distributionskanälen** für hergestelltes Programmaterial sowie das Erreichen einer als ausreichend empfundenen **Unternehmensgröße** und **Finanzkraft** zu sein. Ein Brancheninsider hat dies wie folgt formuliert: „Überleben kann ohnehin nur, wer über genug Programmware verfügt. Dafür braucht man Filmstudios, TV-Produktionsgesellschaften und vor allem Finanzkraft für die Fernsehrechte an sportlichen Großereignissen" (o.V. 1999h, 37).

Ein weiteres Motiv für die vertikale Integration von Filmproduktion und Filmdistribution ist zu sehen in der „ability to create a seamless pipeline that delivers advertising, properly diluted with programming" (Klinkenborg 1999, A 24). Durch die vertikale Integration soll eine bessere Abstimmung von Filmproduktion und Filmdistribution und eine bessere Orientierung beider Produktionsstufen am Werbekunden (und am Fernsehkonsumenten als eigentlichem Endkunden) erreicht werden.

Vertikale Integration von Filmproduktion und Filmdistribution scheint somit gefördert zu werden durch das Ziel der optimalen Auswertung von Filmrechten, indem Distributionskanäle auf bestimmte Zielgruppen ausgerichtet werden und dann für diese Kanäle das jeweils passende Programmaterial kreiert wird.

Im folgenden Kapitel wird versucht, den in der Film- und Fernsehindustrie empirisch erkennbaren Trend zur vertikalen Integration und seine Motive unter Anwendung von ökonomischen Theorien zu erklären und ggf. kritisch zu hinterfragen.

2 Vorherrschende theoretische Ansätze zur Erklärung der Leistungstiefe bei Dienstleistungsunternehmen und ihre Anwendung auf Medienunternehmen

Im folgenden wird ein Überblick über die in Wissenschaft und Praxis gängigen theoretischen Konzepte zur Leistungstiefengestaltung gegeben. Bei Leistungstiefenentscheidungen gibt es keine allgemeingültigen, auf alle Unternehmen gleichermaßen anwendbaren Faustregeln und Gestaltungsempfehlungen. Ebenso gibt es auch keinen einzigen umfassenden theoretischen Ansatz, mit dem Leistungstiefenentscheidungen in ihrer ganzen Komplexität erfaßt und erklärt werden können. Dementsprechend wurden von der Wissenschaft vielfältige Partialansätze entwickelt, die jeweils eine eigene Sichtweise auf das Problem der Leistungstiefengestaltung einnehmen und jeweils spezifische Kriterien an die Leistungstiefenentscheidung anlegen. Im folgenden werden die **drei theoretischen Erklärungsansätze**, die in der Literatur die weiteste Verbreitung und Akzeptanz erfahren haben, im Überblick dargestellt und hinsichtlich ihrer Anwendbarkeit auf Dienstleistungsunternehmen kritisch gewürdigt. Im einzelnen handelt es sich dabei um den Erklärungsansatz von Stigler, den transaktionskostentheoretischen Erklärungsansatz und den capability-/competency Ansatz.

2.1 Der Ansatz von Smith/Stigler: „The division of labour is limited by the extent of the market"

2.1.1 Grundaussagen von Smith und Stigler zur Leistungstiefengestaltung

Adam Smith hat in seinem Grundlagenwerk „An inquiry into the causes of the wealth of nations" bereits 1776 einen positiven Zusammenhang zwischen der Größe des Absatzmarktes und dem Ausmaß der innerbetrieblichen bzw. unternehmensübergreifenden Arbeitsteilung hergestellt. Er zeigt am Beispiel der Stecknadelproduktion und am Beispiel des hohen Grades an Selbstversorgung vieler wirtschaftlicher Akteure in den schottischen Highlands (die einen isolierten und sehr kleinen Absatzmarkt darstellen, der Spezialisierung und Arbeitsteilung unrentabel macht) auf, daß das Ausmaß der Arbeitsteilung und Spezialisierung durch die Größe des Absatzmarktes bestimmt und begrenzt wird (vgl. hierzu Smith 1986, 121ff. sowie Loasby 1990, 109 und Walther 1998, 48f.). Dieses Ergebnis hat **George Stigler** 1951 in seinem Aufsatz „The division of labour is limited by the extent of the market" (vgl. zum folgenden Stigler 1951, 187ff. und die Darstellungen bei Langlois und Robertson 1989, 361ff.; Langlois 1989, 91, 94 und Elberfeld 1997, 1f.) weiter entwickelt. Stigler geht von unterschiedlichen Kostenverläufen der verschiedenen betrieblichen Funktionen aus und unterscheidet zwischen betrieblichen Funktionen, die sinkende, konstante und steigende Durchschnittskosten aufweisen. Mit wachsendem Absatzmarkt gehen Unternehmen dazu über, zuerst diejenigen betrieblichen **Funktionen**, die sinkende Kostenverläufe (d.h. steigende Skalenerträge) aufweisen, an spezialisierte Unternehmen **auszulagern**. Die spezialisierten Unternehmen können Kostenvorteile in einem größeren Maße ausschöpfen als die auslagernden Unternehmen, wenn sie das Nachfragevolumen mehrerer Unternehmen bündeln. Eine vergleichbare Ausschöpfung von Skalenvorteilen im Falle des Verbleibens der entsprechenden betrieblichen Funktion im auslagernden Unternehmen ist nicht möglich, wenn zu ihr komplementäre betriebliche Funktionen steigende Kostenverläufe (d.h. sinkende Skalenerträge) aufweisen, was zu einer ungünstigen Gesamtkostensituation für das Unternehmen führt. Stiglers Hypothese lautet somit, daß das Volumen des Absatzmarktes ein wichtiger Einflußfaktor ist (aber nicht der alleinige, denn Stigler konzediert, daß auch andere Einflußfaktoren, wie z. B. Monopolbildung und staatliche Regulierung den Grad der vertikalen Integration einer Industrie bestimmen; vgl. hierzu Stigler 1951, 190).

2.1.2 Zur empirischen Relevanz von Stiglers Hypothese und ihrem Bezug zu Dienstleistungsunternehmen

Die Hypothese Stiglers über den Zusammenhang zwischen Marktgröße und vertikaler Integration ist von mehreren Autoren einer statistischen Überprüfung unterzogen worden und wurde dabei tendenziell bestätigt [1].

Stiglers Hypothese ist gleichermaßen für Sachgüter als auch für Dienstleistungen als Vor- und Zwischenprodukte anwendbar, denn „es gibt fast keine unternehmensinterne Dienstleistung, die nicht auf einem hinreichend großen Markt externalisierbar wäre" [so die überaus optimistische Ansicht von Walther (1998, 49)].

2.1.3 Vertikale Integration in der Film- und Fernsehbranche vor dem Hintergrund des Stiglerschen Erklärungsansatzes

Die Märkte für Filmrechte und Fernsehdienstleistungen sind seit den grundlegenden technischen Erfindungen zu Anfang und Mitte des vorigen Jahrhunderts in einem sehr starken Wachstum begriffen und weisen mittlerweile auch beachtliche Marktvolumina auf [2].

Mehrere Faktoren begünstigen das weitere **Wachstum der Märkte**, auf denen die Anbieter von Filmrechten und Fernsehdienstleistungen operieren: Durch neue Informations- und Kommunikationstechnologien (z. B. Internet als standardisierte Transportinfrastruktur und Werbemedium für die Film- und Fernsehbranche, digitales Satellitenfernsehen, digitales Fernsehen, video on demand über Breitbandkabelnetze von Telekommunikationsanbietern) werden vormals national abgeschottete Märkte der Film- und Fernsehbranche zunehmend internationalisiert und damit von ihrem Marktvolumen her erweitert. Gleichzeitig sind die neuen digitalen Übertragungsmedien durch das Auftreten von economies of scale (Vervielfachung der Zahl der Übertragungskanäle bei gleichbleibender Zahl der Kabelverbindungen im digitalen Fernsehen; sinkende und zunehmend entfernungsunabhängige Übertragungskosten infolge Digitalisierung) und Netzeffekten (stark wachsende Teilnehmerzahlen im Internet) gekennzeichnet, was die Wachstumsdynamik in diesen Bereichen zusätzlich verstärkt.

Die bestehenden **Internationalisierungstendenzen** in der Film- und Fernsehbranche wurden durch die europäische Fernsehrichtlinie von 1989 und ihre Neuformulierung im Jahr 1997 **verstärkt**. Mit Hilfe der Fernsehrichtlinie werden rundfunkrechtliche Mindeststandards vor allem in den Bereichen Jugendschutz, Recht zur Gegendarstellung, Werbung und Sponsoring normiert und europaweit vereinheitlicht. Ziel der EU ist es, mit Hilfe dieser Richtlinie die europaweite Ausstrahlung von Fernsehprogrammen zu ermöglichen und bestehende Behinderungen durch nationale Zulassungsvorschriften zu beseitigen (vgl. hierzu Monopolkommission 1998, 287).

Die Dominanz der englischen Sprache sowie der amerikanischen Filmproduktionsstudios auf dem Weltmarkt für Filmrechte generiert einen **de facto Standard** und damit einen **globalen Markt** zumindest im Bereich der content provision (Filmproduktion und Filmhandel), dem sich europäische Anbieter von Filmrechten und Fernsehdienstleistungen zunehmend schwerer entziehen können. Durch zeitlich gestaffelte Mehrfachverwertung derselben Inhalte in mehreren Ländern und über verschiedene Vertriebskanäle (Kino, Videothek, analoges gebühren- oder werbefinanziertes Fernsehen, Kabelfernsehen, digitales Fernsehen, video on demand, DVD, Buchverlage und Printmedien) können **erhebliche Größeneffekte in der Filmproduktion und im Filmhandel** erzielt werden, die sich primär auf die Besonderheit von Informationen, daß sie zu geringen Grenzkosten vervielfältigbar sind, zurückführen lassen.

Die bereits erreichte Marktgröße in Verbindung mit Größenvorteilen lassen entsprechend Stiglers Hypothese das Entstehen von spezialisierten, global oder zumindest regional operierenden Anbietern von Filmrechten bzw. Fernsehprogrammen sowie Desintegrationstendenzen bei vertikal integrierten Anbietern, die Filmrechte und Fernsehprogramme aus einer Hand anbieten, erwarten (vgl. hierzu auch Walther 1998, 51, 57). Den Zusammenhang zwischen geographischer Entfernung und Marktvolumen führt bereits

Stigler (1951, 192) an, indem er darauf hinweist, daß Reduktionen von Transportkosten ein wesentlicher Ansatzpunkt sind, um Märkte zu vergrößern). Diese aus dem Erklärungsansatz von Stigler abgeleitete Aussage steht jedoch im Gegensatz zu der empirisch beobachtbaren Erscheinung, daß das Angebot von Fernsehprogrammen und die Produktion bzw. der Handel von Filmen und Fernsehserien zunehmend durch vertikal integrierte Unternehmen erfolgt. Der **Erklärungsansatz von Stigler** scheint somit für die Film- und Fernsehbranche **nicht zutreffend** zu sein.

2.2 Der Ansatz von Coase/Williamson: Transaktionskosten als Determinanten der Firmengrenzen

Aufbauend auf den Beiträgen von Coase (vgl. hierzu Coase 1937) sowie Williamson (vgl. hierzu Williamson 1975 und 1985) hat sich der Transaktionskostenansatz zu dem im Zusammenhang mit Fragen der Leistungstiefengestaltung am häufigsten verwendeten theoretischen Gedankengebäude entwickelt [3].

2.2.1 Kernaussagen der Transaktionskostentheorie zur Leistungstiefengestaltung

Unter **Transaktionskosten** werden die Kosten der Information und Kommunikation verstanden, die für die

- Anbahnung (Auswahl potentieller Vertragspartner, Einholung von Angeboten),
- Vereinbarung (Zeit und Mühe der Vertragsverhandlungen),
- Abwicklung (Planung und Koordination von Einzelaktivitäten),
- Kontrolle (Überwachung von Menge, Qualität und Zeitpunkt der Leistungserbringung) und
- Anpassung (Mühe und Zeitaufwand für Vertragsmodifikation, um Änderungen der Menge und Leistungsqualität Rechnung zu tragen)

eines als fair empfundenen Leistungsaustausches anfallen (vgl. hierzu Picot und Franck 1991, 188 sowie grundlegend Picot 1982). Ziel der Transaktionskostentheorie ist es, die für einen Leistungsaustausch optimale Einbindungsform, d.h. diejenige Organisationsform zu finden, die das Entstehen von Abhängigkeiten von einem Leistungspartner vermeidet und ein angemessenes Maß an Kontrolle über die Leistungsbeziehung sicherstellt, d.h. die Transaktionskosten des Leistungsaustausches minimiert.

Das Vorgehen bei der Leistungstiefengestaltung unter Anwendung der Transaktionskostentheorie ist dabei wie folgt: In einem ersten Schritt betrachtet man die zu erstellende Leistung bzw. Aufgabe anhand vorgegebener Merkmale, die Transaktionskosteneinflußgrößen darstellen. Im zweiten Schritt wird entsprechend der festgestellten Aufgabenmerkmale die transaktionskostenminimale Einbindungsform für die Aufgabenerfüllung gewählt. Den Zusammenhang zwischen Ausprägungen der vier wesentlichen Aufgabenmerkmale und der empfohlenen Einbindungsform gibt die folgende Abbildung wieder.

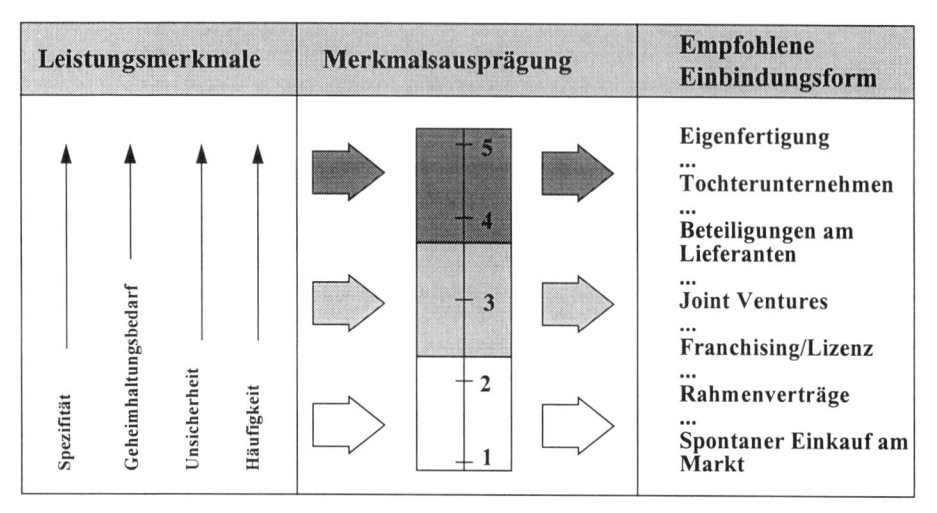

Leistungsmerkmale	Merkmalsausprägung	Empfohlene Einbindungsform
Spezifität / Geheimhaltungsbedarf / Unsicherheit / Häufigkeit	5 / 4 / 3 / 2 / 1	Eigenfertigung ... Tochterunternehmen ... Beteiligungen am Lieferanten ... Joint Ventures ... Franchising/Lizenz ... Rahmenverträge ... Spontaner Einkauf am Markt

Abb.1: Zum Zusammenhang von Aufgabenmerkmalen und Koordinationsform (in Anlehnung an Picot 1991 sowie Gerybadze 1997)

2.2.2 Zur empirischen Relevanz des Transaktionskostenansatzes und seinem Bezug zu Dienstleistungsunternehmen

Der Transaktionskostenansatz ist derjenige Ansatz zur Leistungstiefengestaltung, der bisher den häufigsten empirischen Überprüfungen unterzogen wurde (Zu einem Überblick über diese empirischen Studien zur Validierung bzw. Widerlegung des Transaktionskostenansatzes und ihre Ergebnisse vgl. Picot und Franck 1991, 192ff., 202ff. sowie Mahoney 1992, 572-575) und dessen Operationalisierung zumindest der zentralen Einflußgrößen, die die Leistungstiefenentscheidung bestimmen, am weitesten fortgeschritten ist, obgleich die zentrale Entscheidungsvariable der Transaktionskosten sich einer direkten Operationalisierung entzieht (Dies ist auch einer der am häufigsten geäußerten Kritikpunkte am Transaktionskostenansatz - vgl. hierzu beispielsweise Davies 1991, 88).

Die meisten empirischen Studien zur Leistungstiefengestaltung unter Verwendung des Transaktionskostenansatzes beziehen sich auf Sachgüter bzw. Sachgüterproduzenten. Es wurden allerdings auch einige empirische Studien explizit unter Bezugnahme auf

Dienstleistungen bzw. Dienstleistungsunternehmen durchgeführt, was die grundsätzliche Anwendbarkeit des Transaktionskostenansatzes auf Dienstleistungsunternehmen dokumentiert [4].

2.2.3 Vertikale Integration in der Film- und Fernsehbranche vor dem Hintergrund des Transaktionskostenansatzes

Die Erklärung der vertikalen Integration von Filmproduktion und Fernsehprogrammdienstleistung muß differenziert nach zwei Fallkategorien erfolgen. Zu unterscheiden ist der Fall der **Vorwärtsintegration** eines Filmproduzenten bzw. Filmhändlers in die Distribution (Fernsehstationen und Netze) von Fernsehprogrammen an Endkunden von dem Fall der **Rückwärtsintegration** eines Fernsehprogrammanbieters in die Filmproduktion bzw. den Filmhandel.

a) **Vorwärtsintegration eines Filmproduzenten bzw. Filmhändlers in die Distribution von Fernsehprogrammen**

Aus Sicht des Transaktionskostenansatzes kann diese Variante der vertikalen Integration wie folgt erklärt und beurteilt werden:

a 1) Fernsehstationen und Fernsehübertragungsnetze weisen im allgemeinen nur eine geringe bis mittlere Spezifität auf.

Investitionen in spezifisches Anlagevermögen sind nur ein relativ schwacher Erklärungsgrund für die vertikale Integration von Filmproduktion und Fernsehprogrammdienstleistung. Fernsehübertragungsnetze waren früher zwar für die Bildübertragung als einzigem Einsatzzweck optimiert, können aber spätestens seit ihrer Digitalisierung für mehrere Verwendungsarten eingesetzt werden. So können beispielsweise Kabelfernsehnetze für die Übertragung von Fernsehprogrammen, Datenverkehr (Internet über Kabelfernsehanschlüsse) und Telefongesprächen (cable telephony) genutzt werden. Satellitennetze und Breitbandtelekommunikationsnetze lassen sich sowohl für den Daten- und Sprachverkehr als auch für die Übertragung von Fernsehbildern nutzen. Das Sachanlagevermögen derartiger Übertragungsnetze weist somit heute eher eine mittlere, denn eine hohe Spezifität auf und rechtfertigt deshalb eine vertikale Integration nicht.
Investitionen in spezifisches Humankapital können ebenfalls nicht als Rechtfertigungsgrund für die vertikale Integration von Filmproduktion und Filmdistribution herangezogen werden, da in beiden Produktionsstufen unterschiedliches Know-how und unterschiedliche Managementfähigkeiten benötigt werden und zudem das spezifische Hu-

mankapital im Bereich der Filmdistribution durch das Auftreten alternativer Distributionskanäle an Einzigartigkeit und damit auch an Spezifität verliert.

Beziehungsspezifische Investitionen sind nur für den Fall denkbar, daß der Filmproduzent seine Content-Angebote in besonderem Maße auf die Bedürfnisse eines spezialisierten Spartensenders (z. B. einen Spezialsender für Video- und Musikclips, einen spezialisierten Nachrichtenkanal oder einen Kinderfernsehkanal) hin abstimmt und dieser Spartensender der Hauptabnehmer für die vom Filmproduzenten hergestellten Filme ist. In diesem (hypothetischen) Fall könnte der Filmproduzent seine Investitionen in kundenspezifisches Programmaterial absichern, indem er eine Kapitalbeteiligung an dem Spartensender erwirbt.

Ortsspezifische Investitionen sind ebenfalls nur ein schwacher Erklärungsgrund für die vertikale Integration von Filmproduktion und Fernsehprogrammdienstleistung: Traditionelle Fernsehübertragungsnetze und Satellitenfunknetze sind funkbasiert und damit überhaupt nicht ortsgebunden, lediglich Kabelfernsehnetze sind in hohem Maße ortsgebunden.

Nur für einen Produzenten von stark kultur- und ortsgebundenen, an ein bestimmtes lokales Fernsehpublikum gerichteten Programminhalten kann daher ein gewisser Anreiz bestehen, in die Errichtung lokaler Kabelfernsehverteilungsnetze zu investieren, um die lokale Distribution und den Absatz abzusichern, wenn andere Distributionskanäle nicht zur Verfügung stehen oder eine Kooperation mit einem lokalen Programmveranstalter als nicht möglich bzw. als zu riskant aufgrund starker gegenseitiger Abhängigkeiten eingeschätzt wird.

a 2) Geheimhaltungsgründe sprechen ebenfalls nicht für die Vorwärtsintegration von Filmproduzenten und Filmhändlern in das Angebot von Fernsehprogrammdienstleistungen für eine breite Öffentlichkeit. Zudem werden neue Filme und Fernsehserien bereits Monate vor dem Beginn ihrer eigentlichen Herstellung angekündigt, damit der Filmproduzent das Interesse des potentiellen Zuschauerkreises abschätzen oder ggf. wecken kann.

a 3) Eine Reduktion von Unsicherheit wird durch die vertikale Integration von Filmproduktion und Fernsehprogrammgestaltung ebenfalls kaum erreicht. Zwar kann der Filmproduzent durch Investitionen in eine eigene Distributionsinfrastruktur die Verwertung seiner Programminhalte (deren Erstellung z.T. mit sehr hohen Investitionen verbunden ist) beeinflussen und in gewissen Grenzen auch sicherstellen. Durch einen eigenen Zugang zu den Endkunden kann er zudem direkte Informationen über die Kundenwünsche und Kundenreaktionen erlangen. Dafür nimmt der Filmproduzent aber zusätzliche, spezifische Risiken des Fernsehprogrammangebots (z. B. des Verlusts von wichtigen Werbekunden, stark fluktuierende Zuschauerzahlen, sinkende Zuschauerbeteiligung durch die zunehmende Bedeutung des Internets, Investitionen in den Aufbau und die Wartung der Distributionsinfrastruktur etc.) in Kauf, so daß zweifelhaft ist, ob es durch vertikale Vorwärtsintegration zu einer effektiven Unsicherheitsreduktion kommt.

a 4) Zunehmende Häufigkeit ist ebenfalls kein wirklich überzeugendes Argument für die vertikale Integration von Filmproduktion und Fernsehprogrammangebot. Sie könnte dem Filmproduzenten zwar eine zeitlich gestaffelte, kontrollierte Mehrfachverwertung seiner Programminhalte in verschiedenen Distributionskanälen ermöglichen. Dasselbe Ziel ließe sich aber auch durch eine langfristige Kooperationsvereinbarung zwischen Filmproduzent und dem Inhaber der Distributionsnetze erreichen.

b) Rückwärtsintegration eines Fernsehprogrammanbieters in die Filmproduktion bzw. den Filmhandel

Für die Rückwärtsintegration eines Fernsehveranstalters in die Filmproduktion gelten die obigen Argumente zur Vorwärtsintegration analog.

b 1) Die Produktion von Programminhalten weist im allgemeinen nur eine geringe bis mittlere Spezifität auf.

Die Produktion von Film- und Fernsehprogrammen ist in geringerem Maße als früher auf **Investitionen in spezifisches Anlagevermögen** angewiesen, da sich im Bereich der Studiotechnik technologische Standards einiger Hersteller (z. B. die von Sony betriebene Standardisierung bei digitalen Tonaufnahmegeräten) durchgesetzt haben. Beispielsweise gewinnen Computer für die Generierung von Bildern und Spezialeffekten eine zunehmende Bedeutung im Rahmen der Filmproduktion. Diese leistungsfähigen Rechenanlagen sind aber - sofern es sich nicht um spezialisierte Workstations für graphische Anwendungen handelt (z. B. von Silicon Graphics, die auf proprietären Standards basieren) - auch anderweitig einsetzbar. Dasselbe gilt für die Studiohallen, die z. B. auch als touristische Attraktionen (z. B. Filmstudio Unterföhring in München) eingesetzt werden können.

Spezifisches Humankapital ist für die Filmproduktion vor allem bei künstlerisch-kreativen Tätigkeiten (einzelne Drehbuchautoren, Regisseure und Schauspieler mit herausragenden Fähigkeiten), weniger hingegen bei der Anwendung der digitalen Aufzeichnungs- und Bildbearbeitungstechnik, die in starkem Maße durch technische Standards normiert wird, erforderlich. Die Humankapitalanforderungen bei der Filmproduk-

348 Theoretische Ansätze zur Erklärung der vertikalen Integration

tion unterscheiden sich zudem signifikant von den Humankapitalanforderungen bei der Filmdistribution.

Beziehungsspezifische und ortsspezifische Investitionen können einen Fernsehprogrammdienstleister allenfalls zur vertikalen Rückwärtsintegration in die Filmproduktion veranlassen, wenn er bestimmte, nach Themengruppen eng definierte Kundensegmente oder ausgewählte lokale Zielgruppen mit maßgeschneiderten Spartenkanälen ansprechen will und die Versorgung mit benötigten Programminhalten nicht im Wege der langfristigen Kooperation mit den Produzenten der Programminhalte sicherstellen kann.

b 2 - b 4) Geheimhaltungsbedürfnisse, Unsicherheitsreduktion (Absicherung von Investitionen in Übertragungsnetze durch Kontrolle über attraktive Programminhalte) und zunehmende **Häufigkeit** (Anstreben einer höheren Auslastung des Übertragungsnetzes und höherer Zuschauerzahlen durch exklusives Angebot attraktiver Programminhalte) sind ebenfalls keine zwingenden Gründe für vertikale Rückwärtsintegration eines Fernsehprogrammdienstleisters in die Filmproduktion und können oftmals auch durch vertragliche Vereinbarungen oder langfristige Kooperationen mit dem Produzenten der Programminhalte sichergestellt werden.

Zusammenfassend läßt sich feststellen, daß der herrschende Trend zur vertikalen Integration von Programmdistribution und Programmproduktion in der Fernsehbranche durch transaktionskostentheoretische Überlegungen **nur ansatzweise erklärt** werden kann. Dies gilt sowohl für den Fall der Vorwärtsintegration eines Programmproduzenten in die Programmdistribution als auch für den Fall der Rückwärtsintegration eines Programmdistributors in die Programmproduktion.

2.3 Der Ansatz von Richardson: Fähigkeiten/Kompetenzen und Produktionskosten als Determinanten der Firmengrenzen

Der Ansatz von Richardson sieht in den Fähigkeiten eines Unternehmens die wesentlichen Determinanten der Unternehmensgrenzen. Sein Erklärungsansatz ist dem ressourcenorientierten Ansatz der Unternehmensführung zuzurechnen und steht in der Tradition der Arbeiten von Edith Penrose sowie Nelson und Winter (vgl. hierzu Penrose 1995 sowie Nelson und Winter 1982).

2.3.1 Grundlegende Aussagen von Richardson zur kompetenzorientierten Leistungstiefengestaltung

Richardson unterscheidet zwischen Aktivitäten innerhalb von Unternehmen, die zur Herstellung von Sachgütern und Dienstleistungen erforderlich sind, und den Fähigkeiten, d.h. dem Wissen, den Erfahrungen und Fertigkeiten des Unternehmens (nicht einzelner Individuen) [5], die diesen Aktivitäten zugrunde liegen. Detailliert unterscheidet Richardson zwischen **Fähigkeiten** des Unternehmens, die auf der Kontrolle einer bestimmten Technologie, auf besonderen Marketingfertigkeiten, auf besonderen Produktionsfähigkeiten, auf Wissen über einen Markt, auf einer besonderen Reputation in einem Markt oder auf besonderen Organisationsfähigkeiten beruhen (vgl. Richardson 1972, 888f., 893). **Aktivitäten**, die auf den gleichen Fähigkeiten beruhen, bezeichnet Richardson als ähnliche Aktivitäten. Unähnliche Aktivitäten beruhen dementsprechend auf verschiedenartigen Fähigkeiten.

Unternehmen spezialisieren sich nach Richardson auf diejenigen Aktivitäten, die von ihren Fähigkeiten abgedeckt und ermöglicht werden und bei denen sie ihre Fähigkeiten als Wettbewerbsvorteil einbringen können, d.h. auf ähnliche Aktivitäten.

Neben ähnlichen und unähnlichen Aktivitäten führt Richardson auch die Kategorien komplementäre und nicht-komplementäre Aktivitäten ein. Komplementäre Aktivitäten sind in verschiedenen Phasen des Produktionsprozesses (die heutige Forschung zur Industrial Organization und zur Managementlehre würde sie Wertschöpfungsstufen nennen) angesiedelt und müssen koordiniert werden. Diese Koordination kann durch drei verschiedene Koordinationsmechanismen bewirkt werden, durch Weisung (innerhalb einer Hierarchie), durch Kooperation oder durch marktliche Transaktionen.

Aus seinem capability-Modell leitet Richardson die folgenden **Gestaltungsempfehlungen** ab:

Komplementäre Aktivitäten, die zueinander ähnlich sind, d.h. sich mit den Fähigkeiten des Unternehmens decken, sollten innerhalb der Hierarchie des Unternehmens koordiniert werden.

Komplementäre Aktivitäten, die zueinander unähnlich sind (d.h. von den Fähigkeiten des Unternehmens nicht abgedeckt werden) und die stabil und vorhersagbar sind, sind für die marktliche Koordination gut geeignet.

Besonders stark komplementäre Aktivitäten, die zueinander unähnlich sind (d.h. von den Fähigkeiten des Unternehmens nicht abgedeckt werden) und intensiven Austausch zwischen Ersteller und Weiterverarbeiter (z.B. gemeinsame Definition von technischen Spezifikationen) benötigen, sollten im Wege der Kooperation erstellt werden. Die Koordination derartiger Aktivitäten kann nicht dem Markt überlassen werden, weil sie die enge qualitative und quantitative Abstimmung unternehmerischer Pläne erfordern und wenig stabil und vorhersagbar sind. Dies gilt insbesondere bei der Entwicklung neuer Produkte, die oftmals die Kooperation von Firmen mit verschiedenen Fähigkeiten erfordern (vgl. Richardson 1972, 890ff.).

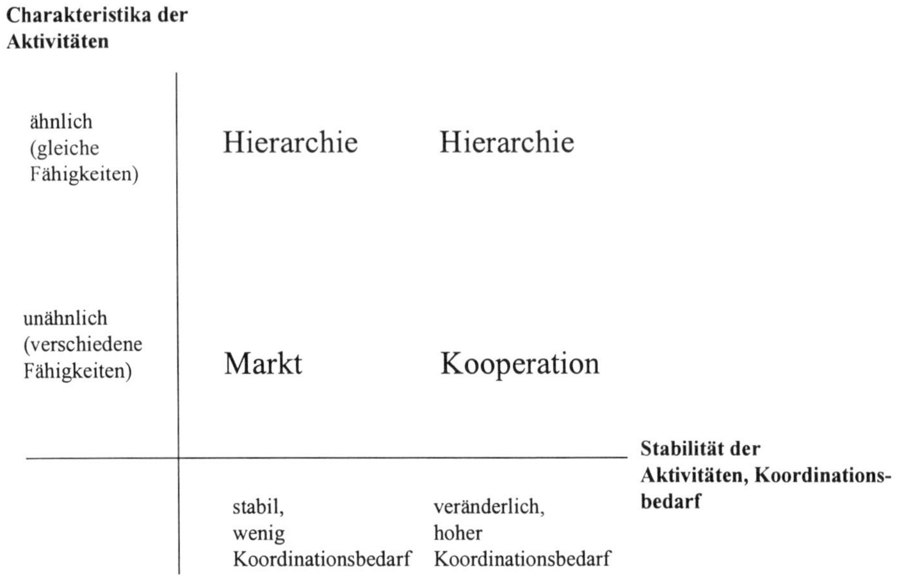

350 Theoretische Ansätze zur Erklärung der vertikalen Integration

Charakteristika der
Aktivitäten

ähnlich (gleiche Fähigkeiten)	Hierarchie	Hierarchie
unähnlich (verschiedene Fähigkeiten)	Markt	Kooperation
	stabil, wenig Koordinationsbedarf	veränderlich, hoher Koordinationsbedarf

Stabilität der
Aktivitäten, Koordinationsbedarf

Abb. 2: Koordinationsformen für komplementäre Aktivitäten
(in Anlehnung an Richardson 1972) [6]

2.3.2 Zur empirischen Relevanz kompetenzbasierter Ansätze für die Erklärung von Firmengrenzen und ihrem Bezug zu Dienstleistungsunternehmen

Sowohl ältere (vgl. hierzu Penrose 1959 und Richardson 1972 sowie Nelson und Winter 1982) als auch jüngere (vgl. hierzu beispielsweise Prahalad und Hamel 1990, Sanchez, Heene und Thomas 1996, Sanchez und Heene 1997 sowie Heene und Sanchez 1998) Ansätze zur kompetenz- bzw. fähigkeitsbasierten Theorie der Firma sind in zahlreichen empirischen Untersuchungen zur Anwendung gekommen. Die empirische Überprüfung kompetenzbasierter Ansätze erfolgt meistens auf der Grundlage von wirtschaftshistorischen Analysen (vgl. hierzu Chandler 1992, der die Entwicklung der amerikanischen, englischen und deutschen Chemieindustrie im 19. Jahrhundert mit Hilfe des capability-Ansatzes erklärt.) und Fallstudien [7]. Bisher sind ressourcenorientierte Ansätze im Zusammenhang mit Fragen der Leistungstiefengestaltung wenigen statistischen Untersuchungen unterzogen worden (zu nennen wäre hier die Untersuchung von Løwendahl (1992), die ihre Anwendung des ressourcenorientierten Ansatzes der Unternehmensführung auf industrielle Dienstleistungsunternehmungen mit einer statistischen Untersu-

Theoretische Ansätze zur Erklärung der vertikalen Integration 351

chung verbindet). Angesichts der zunehmenden Zahl an Publikationen in den letzten 3 Jahren zu ressourcen- und kompetenzorientierten Forschungsansätzen, der Datierung von ersten Anfängen dieses Forschungsfeldes auf das Ende der 50er Jahre und der in der unternehmerischen Praxis üblichen Fundierung und Rechtfertigung von Auslagerungsentscheidungen mit Kernkompetenzüberlegungen ist dieses Defizit an empirisch-statistischer Evidenz bemerkenswert.

Die kompetenzbasierten Ansätze sind gleichermaßen für die Analyse und Gestaltung von Sachgüterunternehmen wie von Dienstleistungsunternehmen geeignet [8].

2.3.3 Vertikale Integration in der Film- und Fernsehbranche vor dem Hintergrund des Erklärungsansatzes von Richardson

Betrachtet man die für die Filmproduktion und die **Programmdistribution** erforderlichen Unternehmensfähigkeiten, so zeigen sich hierbei deutliche Unterschiede. Bei der Programmdistribution, d.h. der Vermarktung eines Fernsehprogramms, sind **folgende Unternehmensfähigkeiten entscheidend:**

1. Die Fähigkeit, segmentierte **Zuschauergruppen** zu definieren, sie mit dem zielgruppenorientierten Fernsehangebot anzusprechen und an den Fernsehsender zu binden;
2. Die Fähigkeit, ein **Markenzeichen** für den Fernsehsender (z.B. RTL, SAT 1, Kabel 1, Pro 7) aufzubauen, beim Fernsehkonsumenten und bei Werbekunden bekannt zu machen sowie mit Assoziationen zu bestimmten Programminhalten oder Programmqualitätsmerkmalen zu verknüpfen;
3. Die Fähigkeit, Kontakte mit potentiellen **Werbekunden** anzubahnen und Werbeeinnahmen einzuwerben;
4. Die Fähigkeit zur Beherrschung der **Studio- und Sendetechnik**.

Diese Fähigkeiten sind typischerweise erforderlich für Massenmärkte, wie sie z.B. Fernsehangebote für ein breites Zuschauerspektrum darstellen.

Demgegenüber sind für die **Filmproduktion** bzw. den **Filmhandel** teilweise andere Fähigkeiten entscheidend:

1. Fähigkeit zum Erkennen und **Aufgreifen von Themen** mit hohem künstlerischem Wert und/oder guten Vermarktungschancen;
2. Fähigkeit zur Engagierung von **Drehbuchautoren, Regisseuren** oder **Schauspielern** mit einer guten Reputation (erfordert z.T. langfristige Beziehungen zwischen Filmproduzent, Drehbuchautor, Regisseur und Schauspielern);
3. Fähigkeit zur Organisation der optimalen **Verwertung von Filmrechten** in mehreren Distributionskanälen (wie z.B. die Fernsehsender derselben Fernsehsenderfami-

lie, anschließend Videotheken und DVD-Verleihstellen als verschiedene sukzessiv bediente Distributionskanäle). Die Abnehmer der Rechte sind zeitlich gestaffelt so zu bedienen, daß der Gesamterlös aus der Rechteverwertung maximiert wird.

4. Die Fähigkeit zur Beherrschung der **Aufnahmetechnik** (Kameratechnik, Spezialeffekte, Computertechnik).

Die vorstehende Auflistung verdeutlicht, daß die beiden Aufgabenfelder der Filmproduktion (Herstellung von Filmen in Filmstudios, Lizenzierung der Filme durch Filmhändler) und der Filmdistribution (durch Fernsehprogrammhersteller, die den Endkunden erreichen) **durchaus ähnliche Kompetenzen** erfordern (Vor allem die Fähigkeiten 1-3 der Filmdistribution sind durchaus ähnlich zu den Fähigkeiten 1 und 2 der Filmproduktion, ebenso haben die Fähigkeiten 1 und 2 bei der Filmproduktion auch analoge Bedeutung für die Filmdistribution, da bei der Filmdistribution auch die Verpflichtung z.B. prominenter Nachrichtensprecher oder Fernsehansagerinnen über die Einschaltquoten mitentscheidet. Die Unterschiede sind bei den genannten Fähigkeiten eher gradueller denn prinzipieller Natur).

Doch gibt es auch bedeutende **Unterschiede** zwischen beiden Bereichen hinsichtlich der erforderlichen Kompetenzen: Die Fähigkeiten zur Beherrschung der Aufnahme-, Studio- und Sendetechnik entwickeln sich trotz starken Einsatzes der Digitaltechnik zunehmend auseinander, weil die Filmproduktion neue Methoden bei der Generierung von Spezialeffekten und Simulationen erfordert, die für den Sendebetrieb nicht erforderlich sind. Die Fähigkeit zur optimalen Verwertung von Filmrechten in mehreren Distributionskanälen ist für den Filmproduzenten wichtiger als für den Fernsehprogrammanbieter: Während es für den Filmproduzenten betriebswirtschaftlich sinnvoll ist, seine Filmrechte in möglichst vielen Distributionskanälen zu vermarkten, hat ein Fernsehprogrammanbieter im allgemeinen ein Interesse an einer exklusiven Vermarktung der Programminhalte in den von ihm kontrollierten Distributionskanälen.

Beurteilt man dies vor dem Hintergrund des Erklärungsansatzes von Richardson, so kommt man zu dem Ergebnis, daß die komplementären Aktivitäten der Filmproduktion und Filmdistribution teilweise unähnlich sind. Dementsprechend ist nach Richardson eine marktliche oder kooperative Form der Aufgabenerfüllung einer hierarchischen Lösung, wie sie die vertikale Integration von Filmdistribution und Filmproduktion darstellt, vorzuziehen.

3 Zusammenfassung

Die in den vorigen Kapiteln dargestellten drei theoretischen Ansätze mit Bezug zu Leistungstiefenentscheidungen von Unternehmen (Ansatz von Stigler, Transaktionskostenansatz, capabilities-Ansatz) weisen untereinander zahlreiche Berührungspunkte, aber auch deutliche Unterschiede auf. Teilweise gelangen die Erklärungsansätze zu komplementären, teilweise aber auch zu gegensätzlichen Aussagen. Dies ist nicht verwunderlich, denn die Erklärung der Leistungstiefenentscheidungen von Unternehmen ist ein komplexes Phänomen, das aus mehreren Perspektiven beleuchtet werden kann und muß. Dementsprechend erfaßt jeder der dargestellten Ansätze i.d.R. einen Teilaspekt (ein spezifisches Motiv, ein besonderes Problemfeld) von Leistungstiefenentscheidungen, aber **keiner der dargestellten Ansätze ermöglicht eine umfassende Erklärung** von Leistungstiefenentscheidungen [9] im Film- und Fernsehsektor.

Die vorstehende Analyse hat versucht, die in der Praxis zu beobachtende vertikale Integration von Filmproduktion bzw. Filmhandel einerseits und Fernsehprogrammproduktion andererseits mit Hilfe von drei theoretischen Ansätzen zur Erklärung von Leistungstiefenentscheidungen zu erklären. Dabei zeigte sich, daß diese drei Ansätze entweder zu gegensätzlichen Erklärungsaussagen (Ansatz von Smith und Stigler) oder nur zu allenfalls schwach unterstützenden Erklärungsaussagen (capability Ansatz nach Richardson, Transaktionskostenansatz) gelangten. Insgesamt betrachtet scheint damit die in der Praxis zu beobachtende Tendenz zur vertikalen Integration aus theoretischer Sicht mit Effizienzüberlegungen schwer erklärbar zu sein. Dies legt die Vermutung nahe, daß nicht Effizienzüberlegungen, sondern die angestrebte **Kontrolle über monopolistische Ressourcen** als Motiv für vertikale Integrationsentscheidungen in der Film- und Fernsehbranche herangezogen werden muß.

Solche Ressourcen sind exklusive Filmrechte und knappe Sendefrequenzen (bei Fernsehdistribution auf Grundlage analoger Fernsehtechnik, nicht bei Digitalfernsehen), deren Kontrolle den Anbietern von Filmrechten und Fernsehprogrammen den Marktausschluß konkurrierender Anbieter derselben Marktstufe ermöglicht. Filmhändler werden wiederum an der Verwertung ihrer Filmrechte in lukrativen Distributionskanälen und Fernsehprogrammanbieter durch Vorenthaltung von Film- und Fernsehrechten an der Ausweitung ihres Angebots gehindert (sog. vertical market foreclosure [10]). Insgesamt ermöglicht das gemeinsame Eigentum von Filmproduktion, Filmrechten und Fernsehkanal einem vertikal integrierten Fernsehunternehmen eine ebenbürtige Verhandlungsposition mit anderen Fernsehunternehmen, die ebenfalls vertikal integriert sind, wenn es um den Kauf oder Austausch von Filmrechten oder den gegenseitigen Zugang zu Fernsehnetzen geht (vgl. Gilpin 1999, 7).

4 Literatur

Anderson, E./Schmittlein, D. (1984): Integration of the Sales Force: An Empirical Examination, in: Rand Journal of Economics, Vol. 15 (1984), S. 385-395.

Aubert, B.A./Rivard, S./Patry, M. (1996): A transaction cost approach to outsourcing behavior: Some empirical evidence, in: Information & Management, Vol. 30 (1996), S. 51-64.

Barringer, F. (1999): CBS News May Face More Cuts, in: New York Times, 9.9.1999, S. C 8.

Busse, C./Freitag, M. (1999): Das TV-Geschäft - ein Münchener Heimatfilm, in: Handelsblatt, 27./28.10.1999, S. 12.

Carter, B. (1999): NBC Sticks to Solo Strategy as its Media Rivals Consolidate, in: New York Times, 13.9.1999, S. C 1 und C 12.

Chandler, A.D. (1992): Organizational Capabilities and the Economic History of the Industrial Enterprise, in: Journal of Economic Perspectives, Vol. 6 (1992), No. 3, S. 79-100.

Coase, R. (1937): The Nature of the Firm, in: Economica, Vol. 4 (1937), S. 386-405.

Collis, D.J. (1991): A Resource-based Analysis of Global Competition, in: Strategic Management Journal, Vol. 12 (1991), S. 49-68.

Davies, S. (1991): Vertical Integration, in: Clarke, R. und McGuiness, T. (Hrsg.): The Economics of the Firm, Oxford, S. 83-106.

Demsetz, H. (1988): Ownership, Control, and the Firm. The Organization of Economic Activity, Vol. 1, Cambridge, Mass.

Elberfeld, W. (1997): Market size and vertical disintegration: Stigler's hypothesis reconsidered, Staatswirtschaftliches Seminar, Universität zu Köln, Discussion Paper Series Nr. 11, Köln.

Etgar, M. (1977): A test of the Stigler theorem, in: Industrial Organization Review, Vol. 5 (1977), S. 135-137.

Etgar, M. (1978): The Effects of Forward Vertical Integration on Service Performance of a Distributive Industry, in: The Journal of Industrial Economics, Vol. 26 (1978), No. 3, S. 249-255.

Gabler, N. (1999): A merger or an evolution? In: New York Times, 9.9.1999, S. A 25.

Gerybadze, A. (1991): Strategien der Europäisierung, Diversifikation und Integration im Management-Consulting, in: Wacker, W. (Hrsg.): Internationale Management-Beratung, Berlin, S. 23-50.

Gerybadze, A. (1997): Unternehmungspolitik, unveröffentlichtes Vortragsmanuskript, Universität Hohenheim.

Gerybadze, A./Reger, G. (1998): Managing Globally Distributed Competence Centers Within Multinational Corporations: A Resource-Based View, in: Research in International Business and International Relations, Vol. 7 (1998), S. 183-217.

Gilpin, K.N. (1999): Media Deals, Written Larger, in: New York Times, 12.9.1999, S. 7.

Hardt, P. (1996): Organisation dienstleistungsorientierter Unternehmen, Wiesbaden.

Harrigan, K.R. (1985): Vertical Integration and Corporate Strategy, in: Academy of Management Journal, Vol. 28 (1985), No. 2, S. 397-425.

Horovitz, J. (1997): Core competencies and service firms, in: Financial Times Mastering Management, London, S. 583-585.

Kermally, S. (1999): When economics means business, London.

Klinkenborg, V. (1999): The Vision Behind the CBS-Viacom Merger, in: New York Times, 9.9.1999, S. A 24.

Langlois, R.N. (1989): Economic Change and the Boundaries of the Firm, in: Carlson, B. (Ed.): Industrial dynamics: technological, organizational, and structural changes in industries and firms, Boston, S. 85-107.

Langlois, R.N./Foss, N.J. (1997): Capabilities and Governance: the Rebirth of Production in the Theory of Economic Organization, DRUID Working Paper 97-2, Kopenhagen Working Paper.

Langlois, R.N./Robertson, P.L. (1989): Explaining Vertical Integration: Lessons from the American Automobile Industry, in: The Journal of Economic History, Vol. 49 (1989), No. 2, S. 361-375.

Levy, D. (1984): Testing Stigler's Interpretation of „the Division of Labor is Limited by the Extent of the Market", in: The Journal of Industrial Economics, Vol. 32 (1984), No. 3, S. 377-389.

Loasby, B.J. (1990): Firms, Markets, and the Principle of Continuity, in: Whitaker, J.K. (Ed.): Centenary essays on Alfred Marshall, Cambridge, S.108-126.

Løwendahl, B. (1992): Global Strategies for Professional Service Firms, University of Pennsylvania.

Løwendahl, B. (1997): Strategic Management of Professional Service Firms, Kopenhagen.

Mahoney, J.T. (1992): The Choice of Organizational Form: Vertical Financial Ownership Versus Other Methods of Vertical Integration, in: Strategic Management Journal, Vol. 13 (1992), S. 559-584.

Mifflin, L. (1999): CBS-Viacom Deal Raises Competition Questions, in: New York Times, 9.9.1999, S. C 1 und C 8.

Monopolkommission (1998): Marktöffnung umfassend verwirklichen. Hauptgutachten 1996/1997, Baden-Baden.

Nelson, R.R./Winter, S.G. (1982): An Evolutionary Theory of Economic Change, Cambridge, MA/London.

o. V. (1999): EM.TV verhandelt über Zukäufe in den USA, in: Handelsblatt, 26.10.1999, S. 31.

o. V. (1999a): Brainpool auf dem Weg zum Medienkonzern, in: Handelsblatt, Nr. 222, 16.11.1999, S. 35.

o. V. (1999b): Bauer Verlag strebt massiv ins Multimedia-Geschäft, in: Handelsblatt, Nr. 224, 18.11.1999, S. 29.

o. V. (1999c): CLT-Ufa übernimmt Mehrheit an Vox, in: Handelsblatt, Nr. 250/251, 24./25.12.1999, S. 1.

o. V. (1999d): Zeitschriftengigant Bauer setzt auf TV und Internet, in: Handelsblatt, Nr. 244, 16.12.1999, S. 27.

o. V. (1999e): CLT-Ufa kauft Vox-Anteile von Murdoch, in: Handelsblatt, Nr. 250, 24./25.12.1999, S. 13.

o. V. (1999f): EM.TV findet Gefallen bei Bayerischen Landesbankern, in: Handelsblatt, 19.10.1999, S. 41.

o. V. (1999g): Pay-TV-Aktien stehen in der Gunst der Anleger ganz oben, in: Handelsblatt, Nr. 230, 26./27.11.1999, S. 41.

o. V. (1999h): Zweite Riege, in: Die Zeit, 2.12.1999, S. 37.

Penrose, E. (1959): The Theory of the Growth of the firm, Oxford.

Penrose, E. (1995): The Theory of the Growth of the firm, 3. Aufl., Oxford.

Pfaffmann, E. (2000): Kompetenzbasierte make-or-buy Entscheidungen in vertikalen Leistungsverbünden, Dissertation Universität Hohenheim, im Erscheinen.

Picot, A. (1982): Transaktionskostenansatz in der Organisationstheorie: Stand der Diskussion und Aussagewert, in: Die Betriebswirtschaft, 42. Jg. (1982), Nr. 2, S. 267-284.

Picot, A. (1991): Ein neuer Ansatz zur Gestaltung der Leistungstiefe, in: Zeitschrift für betriebswirtschaftliche Forschung, 43. Jg. (1991), Nr. 4, S. 336-357.

Picot, A./Franck, E. (1991): Vertikale Integration, in: Hauschildt, C./Grün, O. (Hrsg.): Ergebnisse empirischer betriebswirtschaftlicher Forschung, Stuttgart, S.180-219.

Post, H.A. (1997): Modularity in Product Design, Development, and Organisation: A Case Study of Baan Company, in: Sanchez, R./Heene, A. (Eds.): Strategic Learning and Knowledge Management, Chichester et al., S. 189-208.

Prahalad, C.K./Hamel, G. (1990): The Core Competence of the Corporation, in: Harvard Business Review, Vol. 68 (1990), No. 3, S. 79-91.

Richardson, G.B. (1972): The Organization of Industry, in: Economic Journal, Vol. 82 (1972), S. 883-896.

Sanchez, R./Heene, A. (1997): Competence-based strategic management: Concepts and issues for theory, research, and practice, in: Heene, A./Sanchez, R. (Hrsg.): Competence-based strategic management, Chichester, S. 3-42.

Sanchez, R./Heene, A. (Hrsg.) (1997): Strategic Learning and Knowledge Management, Chichester u. a.

Sanchez, R./Heene, A./Thomas, H. (Hrsg.) (1996): Dynamics of Competence-Based Competition: Theory and Practice in the New Strategic Management, Oxford.

Silver, M. (1984): Enterprise and the Scope of the Firm, Oxford.

Sivula, P./Bosch, F.A.J. van den/Elfring, T. (1997): Competence Building by Incorporating Clients into the Development of a Business Service Firm's Knowledge Base, in: Sanchez, R./Heene, A. (Hrsg.): Strategic Learning and Knowledge Management, Chichester, S. 121-137.

Smith, A. (1986): The Wealth of Nations, Books I-III, London (erstmals veröffentlicht 1776).

Stigler, G.J. (1951): The Division of Labor is Limited by the Extent of the Market, in: The Journal of Political Economy, Vol. 59 (1951), No. 3, June, S. 185-193.

Tucker, I.B./Wilder, R.P. (1977): Trends in Vertical Integration in the U.S. Manufacturing Sector, in: The Journal of Industrial Economics, Vol. 26 (1997), No. 1, September, S. 81-95.

Walther, H. (1998): Outsourcing, Outcontracting und Produktivität, in: Wirtschaftspolitische Blätter, Heft 1 (1998), S. 48-58.

Wehnelt, J. (1999): Der Dealer, in: Die Woche, 10.12.1999, S. 17.

Williamson, O.E. (1975): Markets and Hierarchies. Analysis and Antitrust Implications. A Study in the Economics of Internal Organization, New York.

Williamson, O.E. (1985): The economic institutions of capitalism, New York, London.
Wright, M./Thompson, S. (1986): Vertical Disintegration and the Life-cycle of Firms and Industries, in: Managerial and Decision Economics, Vol. 6 (1986), S. 141-144.

Anmerkungen

[1] Empirische Bestätigungen von Stiglers Hypothese finden sich in den statistischen Untersuchungen von Unternehmen der herstellenden Industrie bei Tucker und Wilder (1977) und Levy (1984). Eine schwache empirische Bestätigung von Stiglers Hypothese findet sich bei Demsetz (1988, 166-168). Harrigan (1985, 398, 404ff., 421, 424) gelangt auf der Grundlage einer Untersuchung von strategischen Geschäftseinheiten innerhalb von Industrieunternehmen zu genau dem umgekehrten Erklärungsmuster wie Stigler, d.h., daß Unternehmen in frühen Marktphasen vertikal desintegriert sind, sich mit zunehmendem Lebenszyklus vertikal integrieren, um sich in einem reifen Stadium der Branchenentwicklung wieder zu desintegrieren. Vermutliche Ursache dieser zu Stigler konträren Ergebnisse dürften die unterschiedliche Abgrenzung des Untersuchungsobjekts (strategische Geschäftseinheiten bei Harrigan, die Industrie als Ganzes bei Stigler) und die Einbeziehung der Faktoren Volatilität der Branchenentwicklung, Nachfrageunsicherheit und Wettbewerbsintensität innerhalb der Branche bei Harrigan sein. Eine empirische Wiederlegung von Stiglers Erklärungsansatz findet sich bei Wright und Thompson (1986) und Etgar (1977). Zu einem Überblick über empirische Studien betreffend Stiglers Hypothese vgl. auch Elberfeld (1997, 3f.). Kritik an der statistischen Methodik und dementsprechend an den Ergebnissen der empirischen Studien von Tucker und Wilder (1977) sowie von Etgar (1977) findet sich bei Silver (1984, 134-136).
[2] O. V. (1999g), S. 41 charakterisiert Fernsehen als eine „[...] Branche in der Reifephase, mit hohen Umsätzen und scharfer Konkurrenz". In den ersten 9 Monaten des Jahres 1999 wurden in Deutschland 9,4 Mrd. DM für Fernsehwerbung ausgegeben, was einem Plus von 5,5 % gegenüber dem Vorjahr entspricht (vgl. o. V. 1999g, 41). Zur Verteilung der Marktanteile im Fernsehwerbemarkt im Jahr 1996 auf die konkurrierenden Fernsehanbieter vgl. Monopolkommission (1998, 294).
[3] Picot und Franck (1991, 211) stellen bei ihrer Auswertung empirischer Studien zu Leistungstiefenentscheidungen von Unternehmen fest, daß die meisten dieser empirischen Studien auf die Transaktionskostentheorie Bezug nehmen. Selbst Langlois und Robertson, die dem Transaktionskostenansatz von Coase und Williamson tendenziell kritisch gegenüberstehen, konstatieren: „This asset-specificity version of transaction-

cost theory has been arguably the dominant approach in the study of vertical integration" (Langlois/Robertson 1989, 362).

[4] Vgl. hierzu die Studien von Aubert, Rivard und Patry (1996), die das Outsourcing von Informationsdienstleistungen mit Hilfe der Transaktionskostentheorie untersuchen sowie die Studien von Etgar (1978) (Versicherungsunternehmen), Anderson und Schmittlein (1984) (Integration von Verkaufs- und Marketingdienstleistungen) und Hardt (1996) (verschiedene Arten von investiven Dienstleistungen, wie z. B. Wasch- und Reinigungsdienste und Umweltberatung).

[5] Richardson gesteht zu, daß der Begriff der Fähigkeit vage ist, besteht aber auf seiner Nützlichkeit: „The notion of capability is no doubt somewhat vague, but no more so perhaps than that of, say, liquidity and, I believe, no less useful" (Richardson 1972, 888).

[6] Langlois und Foss (1997, 20) schlagen vor, zur Versinnbildlichung des Ansatzes von Richardson eine Matrix zu konstruieren, die als Dimensionen verschiedene Grade der Ähnlichkeit und verschiedene Grade der Komplementarität von Aktivitäten enthält. Diesem Vorschlag wird in dieser Arbeit nicht gefolgt, da nach Ansicht des Verfassers die Dimension „Stabilität und Veränderlichkeit" große Bedeutung im Ansatz von Richardson hat und eine Differenzierung zwischen komplementären und stark komplementären Aktivitäten nicht notwendigerweise auch eine präzise Differenzierung zwischen marktlicher Koordination, Kooperation und hierarchischer Koordination ermöglicht.

[7] Vgl. hierzu beispielsweise Pfaffmann (2000), der Leistungstiefenentscheidungen in der deutschen Automobilindustrie am Beispiel des Kleinwagens smart auf der Grundlage der kompetenzbasierten Theorie der Firma untersucht. Empirische Fallstudien - allerdings kaum mit Bezug zu Fragen der Leistungstiefenoptimierung - unter Verwendung des Ansatzes der kompetenzbasierten Theorie der Firma finden sich in den Sammelwerken Sanchez und Heene (1997) sowie Sanchez, Heene und Thomas (1996) und in den Beiträgen von Collis (1991) sowie Gerybadze und Reger (1998).

[8] Kermally (1999, 199) konstatiert hierzu: „Competencies matter in manufacturing as well as service sectors." Zur Anwendbarkeit des Konzepts der Kernkompetenzen auf Dienstleistungsunternehmen vgl. Horovitz (1997). Konkrete Anwendungen kompetenzbasierter Ansätze auf Dienstleistungsunternehmen finden sich bei Post (1997) (IT-Dienstleistungen von Baan), Gerybadze (1991) (Consultingleistungen) und Sivula, van den Bosch und Elfring (1997) (Entwicklung der Wissensbasis industrieller Dienstleister durch Einbeziehung des Kunden in die Servicekreierung und Serviceproduktion) und grundlegend bei Løwendahl (1997) (professionelle Dienstleistungen aus Sicht des ressourcenorientierten Ansatzes der Unternehmensführung).

360 Theoretische Ansätze zur Erklärung der vertikalen Integration

[9] So auch die Ansicht von Langlois und Robertson (1989, 361), die daraus die Schlußfolgerung ziehen, daß mehrere theoretische Ansätze kombiniert werden müssen, um ein umfassendes Bild von Leistungstiefenentscheidungen zu erhalten. Auch Davies (1991, 85) stellt fest, daß es keinen einheitlichen und umfassenden theoretischen Erklärungsansatz für das Problem der vertikalen Integration, sondern eine Vielzahl von Erklärungsansätzen gibt, von denen einige generelle, breit konzipierte Theorien (die viele Aspekte des Phänomens vertikale Integration zu erfassen versuchen) und andere sehr spezielle, auf ein bestimmtes Integrationsmotiv abstellende Theorien sind.

[10] Zu möglichen Wettbewerbsbeschränkungen infolge der vertikalen Integration von Filmproduktion und Filmdistribution vergleiche Mifflin (1999, C1, C 8), der zu dem Ergebnis kommt, daß durch vertikale Integration in der Fernsehindustrie nur in Einzelfällen Wettbewerbsbeschränkungen zu erwarten sind und die führenden Filmstudios auch weiterhin an andere Fernsehgesellschaften als nur an diejenigen, mit denen sie kapitalmäßig verbunden sind, Filmrechte verkaufen werden, um eine renditemaximierende Verwertung ihrer Filmrechte zu sichern. Auch die Monopolkommission stellt mit Bezug auf digitales Fernsehen fest, daß vertikal integrierte Anbieter eine Tendenz haben, mit ihnen verbundene Unternehmen beim Zugang zu Programmaterial, technischen Distributionskanälen und Werbemärkten zu bevorzugen und deren Wettbewerbern den Zugang zu erschweren oder zu verweigern (vgl. Monopolkommission 1998, 309). Dennoch spricht sich die Monopolkommission zum jetzigen Zeitpunkt gegen eine erzwungene vertikale Separierung aus, weil die vertikale Integration auch gewisse Effizienzvorteile mit sich bringt und die Entwicklung innovativer Fernseh-, Dienstleistungs- und Vertriebskonzepte begünstigen kann (vgl. Monopolkommission 1998, 312).

Strategische Führung von politischen Parteien

Jürgen Weibler und Alexander Peter

Übersicht:

1	Einleitung	362
2	Gemeinsamkeiten und Unterschiede politischer Parteien und privatwirtschaftlicher Unternehmen	364
3	Das Wettbewerbsmodell politischer Parteien	366
4	Der ressourcenorientierte Ansatz in der strategischen Unternehmensführung	369
5	Kernkompetenzen von Parteien	374
5.1	Zugriffskompetenz	374
5.2	Framingkompetenz	375
5.3	Vermittlungskompetenz	375
5.4	Gestaltungsmöglichkeiten	376
6	Fazit	382
7	Literatur	383

1 Einleitung

In der öffentlichen Diskussion erhebt sich in regelmäßigen Abständen immer wieder medienwirksam die Forderung nach der Modernisierung einzelner Parteien bzw. die Konstatierung einer Krise des Parteiensystems als Ganzem (vgl. Scheuch/Scheuch 1992). Kritik und Anregung kommen dabei nicht nur von „außerhalb" der Parteien. Nimmt man die internen Modernisierungsdebatten und Reformprojekte (für viele: Blessing 1993) in ihrem Wortlaut ernst, scheint auch innerhalb der Parteien eine gewisse Verunsicherung bezüglich der eigenen Rolle Platz zu greifen. Dadurch wird die Frage nach den grundlegenden Funktionen, die die Parteien in modernen Gesellschaften erfüllen, (wieder) virulent. Wiesendahl unterscheidet zur Beantwortung dieser Frage drei Paradigmen (1980, 108ff.): Das Integrationsparadigma (die Partei als Integrationsinstrument), das Transmissionsparadigma (die Partei als Willensbildungsinstrument) und das Konkurrenzparadigma (die Partei als Wettbewerbsinstrument). In dieser Arbeit werden wir Parteien ausschließlich unter dem **Konkurrenzparadigma** betrachten, also als Institutionen im politischen Wettbewerb. Dieser Wettbewerb besitzt verschiedene **Facetten**:

- Erstens konkurrieren Parteien traditionell untereinander um Chancen zur zeitlich begrenzten, institutionalisierten **Machtausübung im politischen System**, die in demokratisch-organisierten Systemen an Wahlen bzw. an das Prinzip möglichst erfolgreicher Stimmenmaximierung (Mehrheitsprinzip) gekoppelt sind (Lehmbruch 1976, 12). Das Phänomen dieses Parteienwettbewerbs hat gewisse Ähnlichkeiten mit dem Wettbewerb privatwirtschaftlicher Unternehmen. Dieser Wettbewerb hat durch das Entstehen neuer Parteien (Grüne, Republikaner, PDS; für viele: Stöss 1990; Raschke 1993; Neugebauer/Stöss 1996) in den letzten Jahrzehnten an Dynamik gewonnen.
- Zweitens konkurrieren Parteien aber auch im öffentlich geführten politischen Diskurs mit den immer stärker werdenden neuen sozialen Bewegungen, mit Verbänden und einzelnen „gate-keepern" des Mediensystems um **Meinungsführerschaft und Deutungsmacht**. Die Parteien sehen sich damit Wettbewerbern gegenüber, die zwar für die politische Willensbildung nicht ebenfalls verfassungsrechtlich herausgehoben wurden, aber dennoch durch eine andere organisatorische Konsistenz und Funktionslogik gewisse Vorsprungs- und Flexibilitätspotentiale realisieren können (Schiller 1984, 496ff.).
- Drittens konkurrieren die Parteien untereinander und mit sozialen Bewegungen um ohnehin tendenziell knapper werdende **materielle und immaterielle Ressourcen**

(staatliche Zuwendungen, Spenden, personelle Wahlkampfunterstützung, aber auch Medienaufmerksamkeit). Auch wenn dabei die Konkurrenz nicht um alle Ressourcen gleichermaßen ausgeprägt ist (vgl. den überparteilichen Konsens um Parteienfinanzierung, Abgeordnetendiäten u.a.), so besteht doch für alle Parteien gleichermaßen die Notwendigkeit zu einer kontinuierlichen Ressourcenakquisition. Denn diese Ressourcen bilden die entscheidende Grundlage zur Reproduktion und Erweiterung des Handlungsrepertoires von Parteien.

Vor dem Hintergrund des skizzierten Konkurrenzszenarios ist es für Parteien erforderlich, sich intensiver mit ihren generellen organisationalen und strategischen Bezügen auseinanderzusetzen (Roth/Wiesendahl 1986). Dies wurde zwar in Ansätzen immer wieder versucht (Eldersveld 1964; Roth/Wiesendahl 1986; Wiesendahl 1998), doch blieb die Beschäftigung mit diesen wichtigen Aspekten merkwürdig lückenhaft und wie Alf Mintzel auf die gesamte Parteienforschung bezogen pointiert bemerkt, auf „vereinzelte handwerkliche Kleinproduktion" beschränkt (Mintzel 1987, 226).

Hier soll der Versuch unternommen werden, die ausschließliche Fokussierung der Parteien unter dem Konkurrenzparadigma durch Überlegungen aus der **strategischen Unternehmensführung** anzureichern. Die strategische Unternehmensführung beschäftigt sich nämlich sehr intensiv mit der Frage, wie es Organisationen gelingt, Wettbewerbsvorteile nachhaltig zu generieren. Auch Parteien sind bei aller Würdigung ihrer politischen Funktionen darauf angewiesen, sich erfolgreich zu profilieren und langfristig ihre Ressourcen effektiver und effizienter als ihre möglichen Konkurrenten einzusetzen. Die Grundfrage unserer Überlegungen läßt sich demnach wie folgt präzisieren:

Wie kann es aus einer strategischen Perspektive heraus gelingen, daß die spezifischen Leistungen einer Partei A, die sich im Wettbewerb mit anderen Parteien befindet, prioritär vom Wähler nachgefragt werden?

Bevor diese Frage beantwortet werden kann, soll ausgewählt dargelegt werden, warum überhaupt Erkenntnisse aus der strategischen Unternehmensführung für die strategische Führung von Parteien angewendet werden können. Ein solcher Annäherungsversuch wird im folgenden auf **zwei Ebenen** unternommen. Um die Gemeinsamkeiten herauszuarbeiten werden wir in einem ersten Schritt einen Vergleich beider Organisationsformen unternehmen und versuchen, eine gemeinsame, die Organisationsphänomene verbindende Basis zu finden. Die Erörterung orientiert sich in diesem Abschnitt vornehmlich an dem Diskurs, der in der Forschung zur sog. Neuen Politischen Ökonomie geführt wird. In einem zweiten Schritt wird durch die Kombination der (durch die Ergebnisse der Parteienforschung) modifizierten Elemente des Modells der „ökonomischen Theorie der

Demokratie" bzw. der „Neuen Politischen Ökonomie" (das eine Vergleichbarkeit von Unternehmen und Parteien unterstellt) ein eigenes Verständnis bezüglich der Organisationswirklichkeit von Parteien entwickelt.

2 Gemeinsamkeiten und Unterschiede politischer Parteien und privatwirtschaftlicher Unternehmen

Vielfach konnte bereits demonstriert werden, daß Erkenntnisse aus der Managementlehre sowohl für den Profit- als auch für den Non-Profit-Bereich von Interesse sind (Badelt 1997). Um zunächst einmal eine grundlegend gemeinsame Basis zur Analyse von Parteien und Unternehmen zu schaffen, ist festzuhalten, daß es sich in beiden Fällen um Organisationen handelt.

Als geeignete „Trägersubstanz" zur Reflexion über Vergleichbarkeiten und Besonderheiten verschiedener Organisations- und (kollektiver) Handlungsformen haben sich dabei wiederholt **systemische Ansätze** erwiesen (Schwarz 1996, 23ff.; Zauner 1997, 102ff.). Diese Theorieansätze liefern den notwendigen breiten Analyserahmen und semantischen Formenreichtum zur Beschreibung einer Vielzahl von Phänomenen organisierten Zusammenlebens.

Die Partei dabei als Organisation zu betrachten (und nicht etwa in ihren politisch-institutionellen Bezügen) bedeutet in dieser Logik, sie als ein **organisiertes Sozialsystem** wahrzunehmen, das vornehmlich aus Entscheidungen besteht (Luhmann 1988, 165). Ein System soll in diesem Zusammenhang dabei im Sinne einer Minimaldefinition einen bestimmten „Sinnzusammenhang von aufeinander verweisenden Entscheidungen" (Luhmann 1970, 31ff.) bezeichnen, der sich (durch Markierung) von seiner Umwelt abgrenzt. Die Voraussetzungen zur Aufrechterhaltung eines solchen Systems beruhen nun darauf, eine ausreichende Zahl von Entscheidungen zu „provozieren", ihren aufeinander verweisenden Charakter sicherzustellen (zu organisieren) und ein vielseitig anschlußfähiges, aber dennoch tragfähiges Sinnkonzept zu entwickeln.

Parteien und Unternehmen haben in dieser Perspektive in vielerlei Hinsicht die gleichen Funktionen zu bewältigen (für das Folgende: Schwarz 1986, 10ff.). In einer idealtypischen Abstrahierung erscheinen beide Organisationsformen als Systeme mit zielerreichungsorientierten, produktionsfokussierten und sozialgeleiteten Bezügen:

- Als **zielgerichtete Systeme** versuchen sie, sinnhaftes, zweckorientiertes Handeln durch die (strategische) Ausrichtung der Organisation auf bestimmte Ziele dauerhaft zu erreichen.

- Als **produktive Systeme** organisieren sie für sich die Beschaffung und Verwaltung knapper, für sie relevanter Produktionsfaktoren (Kapital, Arbeit, Technologie, Wissen), ermöglichen die Kombination (den planmäßigen Einsatz) der Faktoren zu bestimmten Leistungen und geben die Leistungen an ihre Mitglieder und relevanten Umweltsegmente ab.
- In ihren Bezügen als **soziale Systeme** wird menschliche Zusammenarbeit bei ihrer Ausrichtung, Bestandserhaltung und Weiterentwicklung als Hauptfaktor erkannt.

Daraus erwächst für beide die gleichgeartete Notwendigkeit zur effektiven und effizienten Wahrnehmung ihrer Aufgaben. Parteien wie Unternehmen setzen sich Ziele für ihr Handeln. Diese müssen geplant, Prozesse zu ihrer Erreichung in Gang gesetzt und koordiniert sowie durch den Abgleich von Ergebnis und Ziel kontrolliert werden, um an dieser Stelle nur einige Prozesse anzuführen. Die **Funktionsweise** der Erstellung der jeweiligen Leistungen ist also **vergleichbar:** Inputs (Vorstellungen, Meinungen, Informationen, physische Vorleistungen) werden durch eine geschickte Ressourcenkombination zu Outputs transformiert. Bei einer im Vergleich zu oben etwas abstrakteren Betrachtung handelt es in beiden Fällen um bedürfnisevozierte Problemlösungsbeiträge.

Parteien und Unternehmen ist ferner gemeinsam, daß sie aus einem **freien Willen** ihrer Träger heraus entstanden sind und den Mitgliedern **Anreize** bieten müssen, um sie zur Mitarbeit zu bewegen. Während bei Unternehmen die primäre Motivation zur Mitarbeit der Einkommenserwerb darstellt, trifft dies für Parteien nur für ein vergleichsweise kleines Mitgliedssegment zu. Hier ist es vielfach die ideell motivierte (missionsgeleitete) Mitarbeit, die eine bedeutsamere Rolle spielt. Beide Organisationen geben gleichermaßen Leistungen an ihre Umwelt ab. Während die Entstehung der beiden Organisationsformen dem Freiwilligkeitsprinzip unterliegt, ist das **Absterben** zumindest formal unterschiedlich. Während Unternehmen ihre Auflösung in der Regel unmittelbar an monetären Größen bemessen und im Zweifel hierzu gezwungen werden können (Konkurs), ist dies bei Parteien im Rahmen ihrer verfassungsgemäßen Absichten kaum möglich. Dennoch agieren Parteien mit Blick auf ihre Umwelt ohne Zweck, wenn kein Tausch zum Wähler mehr stattfindet (Leistung gegen Wählerstimmen). Dies entspricht zwar nicht formal, aber inhaltlich der Unternehmenssituation.

Es lassen sich allerdings auch deutliche Unterschiede in den Rahmenbedingungen und internen Funktionslogiken ausmachen. Es sind dies mehrheitlich die Unterschiede, die schon teilweise Non-Profit-Organisationen von privatwirtschaftlichen Unternehmen differenzieren. Diese **Unterschiede** sind im wesentlichen unter drei Punkten zusammenzufassen:

- **Demokratieprinzip** (Mitglieder sind Träger der Organisation und formell oberstes Macht- und Entscheidungszentrum);
- **Prinzip der Ehrenamtlichkeit** (es existiert neben einer Anzahl von hauptamtlichen Funktionären eine große Anzahl an Mitgliedern, die ehrenamtlich tätig sind);
- **Föderalismusprinzip** (Parteien sind mehrstufige, regional gegliederte Strukturgebilde mit historisch gewachsener Aufgabenverteilung und rechtlich determinierter Gestaltung (GG Art. 21.1., PartG §§ 1, 2 und 7).

Die inhaltliche Ausgestaltung einer Wettbewerbsposition muß natürlich solche organisationsspezifischen Besonderheiten berücksichtigen und sich auch bei der Formulierung des Angebots den besonderen Anforderungen spezifischer Marktsegmente (bzw. den sog. Policy-Feldern) und gewisser Systemimperative (Demokratie/Meinungsvielfalt als Bezugsproblem) anpassen. Ebenso existieren selbstverständlich hierbei graduelle Unterschiede je nach Art der betrachteten Partei (Kaderpartei, Milieupartei, Massenpartei etc.). So mag insbesondere ihre Positionierung um so schwieriger sein, je mitgliederorientierter eine Partei ist (aufgrund der dann nicht nur formalen Offenheit von Abstimmungsprozessen). Jedoch überwiegen mehrheitlich die Gemeinsamkeiten zwischen den Parteien, denn die Notwendigkeit der Positionierung besteht für alle Parteien gleichermaßen. Somit erschwert diese Tatsache der andersartig ausgeprägten Willensbildung und Führung in Parteien zwar die Flexibilität des Agierens im Vergleich zu Unternehmen bis zu einem gewissen Grad, macht jedoch eine Positionierung nicht überflüssig. Somit können wir festhalten, daß **nennenswerte Übereinstimmungen im Handlungsraum beider Organisationsformen** bestehen und eine gemeinsame Problematik zugrunde liegt. Weil in beiden Fällen immer die Leistungen eines Konkurrenten gewählt werden können, stellt sich unweigerlich die Frage nach der strategischen Positionierung am Markt. Es geht also darum, langfristige Vorstellungen über dynamische, integrativ wirkende Handlungsprogramme zu entwickeln, die es - zumindest in einer Konkurrenzsituation - erlauben, besser als andere (und das heißt dauerhafter, kostengünstiger, kalkulierbarer oder spezifischer) Problemlösungen anzubieten.

3 Das Wettbewerbsmodell politischer Parteien

Wir gehen in diesem Abschnitt von modifizierten Grundvorstellungen der „ökonomischen Theorie der Demokratie" bzw. der „Neuen Politischen Ökonomie" aus, die mit Ergebnissen aus der Parteienforschung ergänzt (und gegebenenfalls) kontrastiert werden. Konkurrenz ist damit das von uns gewählte Paradigma unter der die Verhältnisse in der modernen Parteiendemokratie betrachtet werden sollen (Wiesendahl 1980, 146). Unsere **Modellvorstellung** enthält dabei folgende Grundelemente und Besonderheiten:

- **Marktmodell:** Ähnlich wie in dem Modell der „ökonomischen Theorie der Demokratie" bzw. der „Neuen Politischen Ökonomie" wird der demokratische Prozeß als ein komplexes Tauschsystem und damit als eine Art Markt verstanden. Das politische System bildet dabei seine Hauptelemente durch die Verzahnung zweier auf verschiedene Ziele gerichtete Prozesse heraus (Stimmenmaximierung und Nutzenmaximierung; vgl. Downs 1968, 133). Diese Verzahnung kann als Kreislauf - als Verschränkung von Angebot und Nachfrage - verstanden werden, der hauptsächlich über einen Zentralmechanismus (nämlich den Wahlmechanismus) gesteuert wird. Massenmedien und das System öffentlicher Meinung bilden dabei die wichtigste Darstellungs- und Vermittlungsebene. Auch diese Ebene ist ähnlich einem Markt organisiert, wo Aufmerksamkeit und Publizität bzw. Themen bezüglich ihres Nachrichten- und Unterhaltungswertes gehandelt werden (Luhmann 1971; Pfetsch 1994). Politik und Medien konstituieren also einen symbiotischen Interaktionszusammenhang (Sarcinelli 1993, 39). Die Beachtung der (Auswahl-, Entscheidungs- und sonstigen) Regeln dieses Marktes ist dabei elementar für politischen Erfolg von Parteien in modernen, ausdifferenzierten Gesellschaften.
- **Betonung des Organisationscharakters von Parteien:** Im Modell von Downs, dem prominentesten Vertreter dieser Richtung, existieren zwei agierende Gruppen (Parteien und Wähler), wobei jede der beiden Gruppen, motiviert von Eigennutz, die andere zur Erreichung ihres eigenen Zieles (Nutzenmaximierungsziel) instrumentalisiert. Diese Perspektive ist im Prinzip zulässig (wenn auch nicht die einzig mögliche). Der im Modell von Downs angelegte methodologische Individualismus aber, der Parteien letzten Endes wie Individuen behandelt, wird in unserer Betrachtung zugunsten einer stärkeren Berücksichtigung des Organisationscharakters von Parteien aufgegeben: Parteien in modernen Massendemokratien sind hochkomplexe und ressourcenungewisse Mehrzweckagenturen, die danach trachten, politischen Einfluß zu maximieren. Sie agieren dabei in einem bestimmten institutionellen Setting (Demokratie, Föderalismus etc.) und sind dabei Abhängigkeiten bezüglich einer Vielzahl von multifaktoriellen Umweltbedingungen ausgesetzt (strukturell: Wählerschichten/Zielgruppen, thematisch: „Issues"), auf die sie potentiell wiederum selbst einwirken. Das Auswahlverhalten und die Grade der Flexibilität werden dabei durch die Geschichte der Partei ebenso stark beeinflußt (früher getroffene Festlegungen) wie das in der Partei aktualisierbare Problemwissen. Diese organisatorische

Wissensbasis, auf die wir noch zurückkommen werden, restringiert und ermöglicht strategisches Verhalten gleichermaßen.
- **Besonderheiten der Tauschgüter:** Im Modell von Downs tauschen die Handlungsträger Stimmen gegen Programme und Leistungen. Auch diese Vorstellung muß teilweise modifiziert werden. Wohl „handeln" (im doppelten Wortsinn) die Wähler mit/durch ihre Stimmabgabe. Beim „Angebot" von Parteien aber handelt es sich bei genauerer Analyse während des Tauschvorgangs um (aus-)wählbare Leistungs- und Entscheidungsversprechen (Schedler 1994, 29). Der zentrale Unterschied liegt dabei in der zeitlichen Abfolge von Leistung und Gegenleistung sowie in der Unvorhersehbarkeit der Umsetzbarkeit (inkl. Einklagbarkeit) des Tauschversprechens. Dies macht diese Markttransaktion unkalkulierbarer als z.B. die auf dem Gütermarkt. Wählerstimmen sind zudem als eine Art „Sonderkapital" zu betrachten, die nicht frei transferier- und konvertierbar sind - man kann sie nur zu bestimmten, vom „Politikkonsumenten" nicht bestimmbaren Zeitpunkten und nur gegen die Leistungsversprechen bestimmter, besonders legitimierter Akteure tauschen. Dieses Faktum hat (zumindest unbewußt) einen limitierenden Einfluß auf die Qualität des Angebots.
- **Wahl bzw. Partizipationsentscheidung:** Die Wahlakt- bzw. die Partizipationsentscheidung der Bürger kann dabei als individuelle Präferenz im Spannungsfeld von langfristigen strukturellen Determinanten (Werten), perzipierten Interessen (an bestimmten Themenkomplexen: Wirtschaft etc.) und kurzfristig auftretenden bzw. Aufmerksamkeit erregenden „konjunkturellen" Einflüssen („Issues", „Themen-Ideenkarrieren") gesehen werden. Diese drei möglichen Orientierungen repräsentieren Schichtungen im individuellen politischen Bewußtsein, die sich untereinander beeinflussen und formen. Generell zeigen die wertebezogenen Determinanten dabei einen höheren Grad an Kontinuität als die Tragfähigkeit der „Issues" (Naßmacher 1989, 172).
- **Lösungsbeiträge:** Die Leistungsversprechen werden mit dieser Bedürfnisstruktur korrespondierend von Parteien in kommunikativen Formen mit unterschiedlicher Reichweite und unterschiedlichem Konkretisierungsgrad bearbeitet: In Programmen werden grundsätzliche, über einen längeren Zeitraum gültige Ausrichtungen der Partei und ihre zentralen Werte formuliert. Die Konzeptionen der Kampagnen widmen sich der mehrmonatigen, raum-zeitlich stärker begrenzten Bearbeitung verschiedener Policy-Felder (Wirtschaftspolitik, Sozialpolitik etc.) mit dem Versuch der Umsetzung der in Programmen formulierten Ansprüche durch möglichst geschickte Kombination der Bearbeitung von Einzelthemen. Themen bzw. ihre Bear-

beitung sind schließlich die Formen, die die konkreten Lösungsvorschläge für Einzelprobleme angenommen haben.
- **Angebotsspektrum und Schwerpunkt:** Moderne Parteien müssen „Paketlösungen" liefern, d.h., sie müssen eine breite Palette von Angeboten/Lösungsmöglichkeiten bieten und den gesamten gesellschaftlichen Problemhaushalt bedienen (von Umweltfragen über Positionen zur Hochschulpolitik zur Entwicklungspolitik). Auf die Situation von Unternehmen übertragen würde eine solche Position einen sog. „Vollsortimenter" (etwa im Falle eines Handelsunternehmens) bezeichnen (in der Semantik der Parteienforschung: multipolicy parties). Akzentsetzungen sind aber möglich - einige Probleme (= Problemdefinitionen) bzw. Problemlösungen werden, dies ist auch empirisch nachweisbar, kommunikativ stärker bearbeitet als andere (Issue-Management). Diese Möglichkeit zur Akzentsetzung/Differenzierung ist ein weiterer, entscheidender Ansatzpunkt für strategisches Handeln.

Für die strategische Diskussion läßt sich demnach ableiten: Markt- bzw. Konkurrenzlogiken existieren auch im Bereich des Parteiensystems. Allerdings sind **immaterielle Leistungsversprechen** und nicht materielle Leistungen das Angebot der Parteien. Im nächsten Schritt soll nun der zur Zeit prominenteste Ansatz der unternehmensstrategischen Debatte skizziert werden, um die hieraus abzuleitenden Erkenntnisse auf den Parteienmarkt zu transferieren.

4 Der ressourcenorientierte Ansatz in der strategischen Unternehmensführung

Die strategische Unternehmensführung beschäftigt sich vor allem mit der Frage, wie es Unternehmen gelingen kann, einen dauerhaften Wettbewerbsvorteil am Markt zu erreichen. Demnach geht es um die proaktive, langfristige und zielgerichtete Gestaltung, Lenkung und Entwicklung des Auftretens eines Unternehmens am Markt gegenüber den Wettbewerbern. Die Beantwortung dieser Frage hat verschiedene Ansätze hervorgebracht, die an dieser Stelle allerdings nicht referiert werden sollen (siehe hierzu beispielsweise Lombriser/Abplanalp 1997). Vielmehr wird sich unmittelbar auf den zur Zeit bedeutsamsten Ansatz konzentriert, der durch seine ressourcenorientierte Perspektive zudem einen besonderen Nutzen für das ausgewählte Anwendungsfeld verspricht. Dabei wird sich auf das Problem fokussiert, wie es Unternehmen überhaupt schaffen, eine wie auch immer geartete Strategie „besser" als die Konkurrenz auszufüllen.

Der „**Resource-Based**" **View of Strategy** (RBV) geht in seinen Ursprüngen teilweise auf Forschungsarbeiten aus den fünfziger Jahren zurück (Penrose 1959). Er gewinnt aber in bewußter Kontrastierung zu alternativen Überlegungen (z.B. „Market-based View" of Strategy; Porter 1980, 1985) seit den achtziger, mit zunehmender Dynamisierung spätestens seit den neunziger Jahren immer mehr an Bedeutung. Der Fokus der Analyse liegt dabei auf der Organisationsebene. Märkte werden hier vom grundlegenden Standpunkt einer prozessualen Perspektive als dynamisch (d.h. im Ungleichgewicht) begriffen, so daß sie nur in ihrer längerfristigen Entwicklung analysiert werden können. Ein Unternehmen besitzt hiernach einen erhaltbaren Wettbewerbsvorteil, wenn es eine Strategie erfolgreich umsetzt, die weder ein aktueller noch ein potentieller Wettbewerber (in erfolgversprechender Frist) kopieren kann. Ressourcenorientierte Ansätze erklären die Existenz der unterschiedlichen Wettbewerbschancen und Erfolge dabei primär durch die ungleiche, originäre und nicht-imitierbare Ressourcenausstattung von Unternehmen. Seit den achtziger Jahren erlebte der RBV nun eine erhebliche Dynamisierung, verbunden mit den üblichen Diversifikations- und Abspaltungstendenzen. Dies hat auch zu einer bemerkenswerten Begriffsvielfalt geführt (z.B. „invisible assets", Itami/Roehl 1987; „resource deployments", Hofer/Schendel 1978).

Um zu verdeutlichen, was in der Diskussion unter einer **Ressource** überhaupt verstanden wird, greifen wir auf folgendes **Klassifikationsraster** zurück:

- **physische Ressourcen** beschreiben u.a. die eingesetzten Technologien, Betriebsstätten, Betriebs- und Geschäftsausstattung, Rohstoffsituation und geographische Lage eines Unternehmens;
- **intangible Ressourcen** umfassen Humankapital, Know-how, Organisationscharakteristika sowie formelle und informelle Planungs-, Koordinations- und Kommunikationssysteme eines Unternehmens;
- **finanzielle Ressourcen** sind als Kapitalkraft von Unternehmen, d.h. als deren Fähigkeit zur Innen- und Außenfinanzierung zu verstehen.

Die Identifizierung solcher Ressourcen erfolgt in der Literatur zumeist unter Berücksichtigung einer (implizit unterstellten) zweistufigen Kausalkette (Bongartz 1997, 28): Als notwendige Bedingung wird eine heterogene Ressourcenverteilung bei den Unternehmen unterstellt. Die Annahme dauerhaft heterogen verteilter Ressourcen in der Branche impliziert, daß dieser Zustand auch im Gleichgewicht andauert. Langfristige Rentabilitätsunterschiede in einer Branche reflektieren in der Ressourcentheorie den Einsatz superiorer Produktionsfaktoren, die in begrenzter Anzahl vorhanden sind. Darauf aufbauend werden, quasi als hinreichende Bedingungen, der Wert und die Knappheit der Ressourcen, ihre unvollständige Mobilität und fehlende Imitierbarkeit bzw. Substituierbarkeit als Identifizierungsmerkmale herangezogen.

Der Begriff der „**Organizational Capabilities**" bzw. organisationaler Fähigkeiten (Stalk/Evans/Shulman 1992) stellt als eine Weiterentwicklung innerhalb des RBV zwar die Relevanz einzelner Ressourcen nicht in Frage, betont aber vor allem die prozessuale, handlungsorientierte Perspektive eines kombinierten Einsatzes. Dies verlagert die Perspektive stärker auf allgemein organisationale Prozesse, die nicht mehr allein im Unternehmenskontext Anwendung finden können. Wolfsteiner (1995, 81) beschreibt demgemäß eine organisationale Fähigkeit als die qualitative Ausgestaltung des Prozesses der **Zusammenführung unterschiedlicher, komplementärer Ressourcen**. Wie im Sport wird der Erfolg einer Mannschaft nicht nur durch die Aktionen einzelner Spieler bestimmt, sondern in vielleicht größerem Maße noch durch die Fähigkeit, bestimmte Spielzüge (kombinierte Aktionen der Spieler) gemeinsam durchzuführen. Wettbewerbsvorteile können auch „Organisationale Fähigkeiten" nur dann begründen, wenn sie einen von der Konkurrenz deutlich abhebbaren Wert besitzen. Als weiteres Analyseraster erscheint dies aber immer noch zu allgemein, da zwar die Bedeutung der Organisation im Vergleich zur Strategie betont wird (meint: Strategien sind in Abhängigkeit organisationaler Fähigkeiten zu definieren und zunächst nicht mit Blick auf die diagnostizierte Nachfrage am Markt), aber eine konkrete Identifizierung von Kompetenzen, die notwendig sind, um diesen Prozeß zu steuern, noch erschwert wird.

In ihrem Artikel „The Core Competence of the Corporation" haben Hamel und Prahalad den Ansatz des „Resource-based view of the firm" von Wernerfeld operationalisiert (Wernerfeld 1984, 172: „By a resource is meant everything which could be thought of as a strength or weakness of a given firm.") und das **Konzept der Kernkompetenzen** ausgearbeitet. Prahalad und Hamel (Prahalad/Hamel 1990; Hamel/Prahalad 1994) definieren „**Core Competencies**" als organisiert-gebündelte Kombinationen aus verschiedenen Technologien und Produktionsfertigkeiten, die einem Unternehmen als Grundlage für die Entwicklung einer Vielzahl von Produktlinien dienen. Der Argumentationszusammenhang umfaßt dabei eine dreistufige Kausalkette: Wettbewerbsfähigkeit resultiert, so wird argumentiert, aus Kernkompetenzen, die zu Kernprodukten und schlußendlich zu Endprodukten führen. Als Metapher für eine solche veränderungsoffene, kompetenzorientierte Perspektive wählt Steinle (Steinle/Bruch/Nasner 1997, 3) das Bild einer Organisation als wachsender und sich verändernder Baum: Die Wurzeln, die den Baum - für den Betrachter unsichtbar - ernähren und ihm seine Standfestigkeit verleihen, stellen die „Core Competencies" einer Unternehmung dar. Der Stamm und die Hauptäste symbolisieren die Kernprodukte, die dünneren Zweige sind die verschiedenen Geschäftseinheiten, die Blätter, Blüten und Früchte die Endprodukte. Ebenso wie das Wachstum eines Baumes auf der Stärke und Ertragskraft seiner Wurzeln basiert, so entwickelt sich eine Unternehmung aus ihren Kernkompetenzen heraus. Als prominentestes, immer wieder aufgegriffenes reales Beispiel führen Hamel und Prahalad Hondas Kernkompetenz im Bereich Motoren und Antriebssträngen an. Die Kernkompetenz Motorenbau ermöglicht dabei die Entwicklung eines Kernproduktes, in Hondas Fall „Aggregate", die in so unterschiedlichen Endprodukten wie Motorrädern, Rasenmähern und Automobilen Anwendung finden.

Leonard-Barton schließlich vollzieht in ihrer Kernkompetenz-Konzeption nun den für uns entscheidenden Schritt. Kernkompetenzen werden als „Knowledge-Set" aufgefaßt. Sie sieht als Grundlage der Unterscheidung von der Konkurrenz und damit des unternehmerischen Erfolges die **Wissens- und Erkenntnisfähigkeiten einer Organisation** (Leonard-Barton 1992, 113). In dieser Perspektive sind als Basis des strategischen Kernkompetenzmanagements vor allem die mit der Ressource „Wissen" befaßten Prozesse auszumachen.

Mit dieser Auffassung steht sie nicht alleine. **Wissen** wird von einer Vielzahl von Autoren (Rasche 1994; Boos/Jarmai 1994; Krogh/Venzin 1995) in letzter Zeit als das entscheidende Basiselement und als der Garant notwendiger Integration innerhalb der Organisation und als Generator von anhaltenden Wettbewerbsvorteilen erkannt. Es handelt sich in dieser Sichtweise bei den Kernkompetenzen um Cluster intersubjektiv geteilter wissensgeleiteter Handlungsmuster, die eine variable Ausführung strategisch relevanter Aktivitäten ermöglichen und die mit bestimmten Problemfeldern korrespondieren. In ihrer Funktion als kollektiv verankerte Intangibilien basieren sie auf personenübergreifenden Fähigkeiten.

Letztere resultieren aus individuellen Wissensmodulen, die im Zuge von Diffusions- und Transferprozessen eine ausreichende Transparentmachung erfahren haben, um auf diese Weise zum „sedimentierten" Kernwissen einer Organisation zu werden (Rasche 1994, 183). Aufgrund der synergetischen Verzahnung ihrer Sub-Komponenten lassen sich die Wissens-Komponenten nicht problemlos auseinanderdividieren und wieder neu zusammensetzen.

In diesem Sinn repräsentieren sie in ihrem strategischem Wert mehr als die Summe der aggregierten Einzelwerte ihrer Komponenten und sind auch deshalb fähig, als Differenzierungskriterium am Markt zu fungieren (Rumelt 1984). Auch der Routinebegriff spielt hier einen Rolle: Lyles/Schwenk (1992) sprechen in diesem Zusammenhang von Kompetenzen als der Konfiguration von Routinen, die als ein „**core set of knowledge structures**" ein von allen Organisationsmitgliedern geteiltes Basiswissen darstellen.

Die bisher referierten Positionen entstammen der Diskussion zur strategischen Unternehmensführung. Die Frage ist nun, wie die Erkenntnisse auf die Parteienlandschaft transferiert werden können. Es bietet sich an, die Überlegungen zum Management von Wissen aufzugreifen, da alle Organisationen vor dem Problem stehen, Wissen zu bewirtschaften. Dabei tritt bei den Parteien eine Besonderheit auf, die in diesem Ausmaß nicht für die Unternehmen gilt: Die inhaltliche Formulierung von Leistungs- und Problemlösungsversprechen von Parteien basiert zunächst einmal nicht so sehr auf den besonderen Fähigkeiten der Parteimitglieder selbst. Dies gründet in dem Faktum, daß die **Rekrutierung der Parteienmitglieder nicht problemspezifisch**, sondern bestenfalls **wertorientiert** erfolgt - wenn man überhaupt von einer zielgerichteten Selektion sprechen darf.

Dies hat zur Folge, daß im Gegensatz zu Unternehmen das problemspezifische Wissen nicht ausreichend in der Organisation selbst entwickelt und vorgehalten werden kann. Deshalb greifen Parteien „Lösungsangebote", die in anderen „Kompetenzzentren" der Gesellschaft (Wissenschaft, Interessengruppen etc.) entwickelt werden, auf und interpretieren diese im Lichte ihrer eigenen (notwendigerweise beschränkten, interessenbezogenen) Weltdeutungen bzw. Wertüberzeugungen. Eigentliche **materielle** Innovationen sind in diesem Prozeß außerhalb rein politischer Erwägungen kaum zu erwarten. Dies läßt sich leicht daran erkennen, daß alle Leistungs- und Problemlösungsversprechen, die von Parteien formuliert werden, inhaltlich anderenorts schon vorliegen (Modelle zur Senkung der Arbeitslosigkeit, alternative Konzepte zur Rentenfinanzierung, Theorien zur Bekämpfung der Klimakatastrophe etc.). Alles ist bereits anderenorts „vor-"gedacht worden. Bestenfalls ergibt sich durch die selektive Nutzung und Kombination vorliegender Entwürfe eine Originalität, deren Logik dann aber politischen Aushandlungsprozessen folgt.

Deshalb kann die Kernkompetenz einer Partei nie darin liegen, auf einer Sachebene (wenn man so möchte, in ihren Produkt- und Entscheidungsversprechungen) innovativ zu sein. Die eigentliche Leistung einer Partei ist darin zu sehen, Vorgefundenes aufzugreifen, „nach-"zudenken (d.h. zu reflektieren, Wissensbestände mit wahrgenommenen Problemlagen zu verknüpfen), die Lösungen geschickt miteinander zu verzahnen und so zu kommunizieren, daß eine wahrnehmbare Differenz zu Mitbewerbern entsteht. Dies deutet bereits darauf hin, daß Parteien, wenn sie primär als Leistungs- und Problemlösungsversprecher – und eben nicht als reine Wertegemeinschaft – gesehen werden, existentiell darauf angewiesen sind, sich über diese Leistungs- und Problemlösungsversprechen zu differenzieren. Da die Parteien selbst ihre Leistungs- und Problemlösungsversprechen außerhalb rein politischer Entwürfe nicht aus eigener Kraft materiell substantiieren können, kann es nur darum gehen, Kernkompetenzen in den Bereichen aufzubauen, die für die **Wissenszufuhr, Wissensverarbeitung** und **Wissenskommunikation** relevant sind.

5 Kernkompetenzen von Parteien

Vor dem eröffneten Hintergrund läßt sich eine erweiterte Perspektive für den politischen Wettbewerb konstruieren (siehe auch Willke 1995, 40ff.): Dieser läßt sich also als Konkurrenz um unterschiedliche Wissensvorräte interpretieren. Deren Auswahl, Kombination und Kommunikation wird zu dem **erfolgskritischen Kernprozeß** der Organisation Partei, dessen drei Phasen bei sequentieller Betrachtung durch nachfolgend beschriebene Kernkompetenzen markiert werden.

5.1 Zugriffskompetenz

Politische Themen werden durch verschiedene politische Akteure in die Diskussion gebracht. Parteien treten hierbei besonders prominent hervor. Die Artikulation von Themen verlangt zumindest nach einer gewissen Zeitspanne, auch hierauf bezogene Leistungs- und Problemlösungsversprechen einzubringen. Parteien stehen wie bereits dargelegt vor dem Problem, aus eigener Kraft generell nur unzureichend auf eine inhaltliche Auseinandersetzung vorbereitet zu sein. Dies gilt dann im besonderen bei Themen, die vormals nicht behandelt wurden. Der Erfolg einer Partei hängt deshalb entscheidend von einer systematischen Integration von Gesellschaftswissen (Arbeit, Sicherheit, Umwelt etc.) ab. Es muß versucht werden, von bereits Gedachtem nicht abgekoppelt zu werden. Ansonsten würden möglicherweise bessere Lösungsversprechen verschenkt, von denen die Wähler auf anderem Wege durchaus Kenntnis haben könnten. Dies bedingt einen **kontinuierlichen Austausch mit den Anbietern dieses Wissens.** Hier kann nun eine Kernkompetenz erworben werden.

Dazu gibt es generell zwei Möglichkeiten: Zum einen kann Wissen durch parteinahe Stiftungen und Forschungsinstitute erworben werden, zum anderen kann umfassend und schnell das für die eigenen Belange wichtige relevante Wissen von anderen Gesellschaftsmitgliedern oder gesellschaftlichen Gruppen angeeignet werden. Von einer Kernkompetenz ist nur dann zu sprechen, wenn die Partei es schneller als die Konkurrenz, also andere Parteien, im weiteren Sinne jedoch auch andere politische Artikulationsorgane, schafft, das für sie relevante Wissen zu selegieren und abrufbar zu machen. Dies verweist auf die Notwendigkeit einer flexiblen Wissensbevorratung.

Die Entscheidung über die Wichtigkeit der jeweils benötigten Wissenselemente fällt innerorganisatorisch. Dieses selektive Rezeptionsverhalten wird maßgeblich von dem Beziehungsgeflecht im regulativen Umweltbereich (den internen Verhältnissen) von Parteien bestimmt (Schmitt 1987, 49ff.) und hängt entscheidend mit der parteispezifisch unterschiedlichen Problemwahrnehmung und –wertung, also damit auch mit der Fähigkeit zum Erkennen gesellschaftlicher Problemlagen zusammen. Hierdurch erweitert sich das eher logistische Problem (Wo ist wie schnell Wissen abzurufen?) zu einem konstruktivistischen (Was sind die Problemlagen, welche Art von Wissen wird benötigt?).

5.2 Framingkompetenz

Diese Kernkompetenz betrifft die sinnvolle Integration der Wissenselemente zu einzelnen Leistungs- und Problemlösungsversprechen und deren Kombination. Es geht im günstigsten Fall darum, die einzelnen Deutungen kohärent zu verzahnen und allfällig auftretende, unvermeidbare Widersprüchlichkeiten durch temporäre Priorisierungen sequentiell aufzulösen. So entsteht mit der Zeit ein Rahmen, ein sog. „**Frame**", in dem Einzelthemen zu einem Komplex integriert wurden, der eine sinnstiftende, als Einheit erkennbare Gesamtgestalt zeigt („roter Faden") und in den neue Wissenselemente eingeordnet werden können (für viele: Dombrowski 1996, 150ff.).

Eine Kernkompetenz bildet sich also in dieser Perspektive durch die (Neu-)Kombination unterschiedlicher, schon vorliegender Wissenselemente, die durch die jeweilige parteiexklusive Responsivität „akquiriert" wurden und damit die kollektive Wissensbasis bereicherten. Die einzelnen Wissenselemente können ggf. auch zu neuen, die Kunden (= Wähler, potentielle Mitglieder) begeisternden Weltbildern bzw. mit Problemlagen korrespondierenden Problemlösungen integriert werden.

5.3 Vermittlungskompetenz

Die so geschaffene Wirklichkeitskonstruktion gilt es dann zu **popularisieren**. In Anlehnung an Nonaka und Takeuchi geht es darum, „Glauben" (Dafürhalten, Interpretation) zu rechtfertigen und zu verfestigen, d.h. durch kommunikatives Handeln Anspruch auf Gültigkeit zu verschaffen (Nonaka/Takeuchi 1995, zitiert in: Schmitz 1996, 34). Diese Kompetenzform setzt bei der direkten Marktbearbeitung (vgl. auch: market access competencies, Hamel 1994) bzw. beim direkten Umgang mit den Bürgern/Kunden an. Auf dieser Ebene sind Problemlösungsversprechen und Akteure teilweise „strukturell gekoppelt", d.h., die politischen „Produkte" sind in den wenigsten Fällen trägerlos denkbar - sie können kaum freischwebend als Produkte „an sich" angeboten und verkauft werden, sondern häufig nur mit Bezugnahme auf dahinterstehende Personen.

Die Entscheidung der Annahme der Leistungs- und Problemlösungsversprechen durch die Wählerschaft bezieht sich darum nicht nur auf die Programme selbst, sondern immer auch auf deren Proponenten, die nach ihren kognitiv-instrumentellen und sozialen Komponenten, ihrer wahrnehmbaren Glaubwürdigkeit und ihren normativen Orientierungen beurteilt werden (Schedler 1994, 29). Es kommt auf die Politikerpersönlichkeiten, auf ihr individuelles Wissen und ihre Fähigkeit zur Selbst- bzw. Themeninszenierung an, um in konkreten Situationen (etwa in einer Talkshow oder Podiumsdiskussion) die Wichtigkeit der Probleme aus den Programmen und die Geeignetheit der Problemlösungsversprechen der jeweiligen Kampagnen glaubhaft zu vermitteln. Das geschieht meist durch die Fähigkeit des Politikers, Probleme und Lösungsmöglichkeiten auf die Ebene der Alltagsprobleme der Bevölkerung zu transferieren. Bei diesen „Praxistests" kommunikativer Bewährung kann es durchaus zu Änderungen der Inhalte von Programmen und Kampagnen kommen (typischerweise aber eher zur Uminterpretation des schriftlich Festgelegten) - zum Beispiel wenn der Transfer regelmäßig scheitert oder vom Publikum dauerhaft nicht angenommen wird. Wir möchten diese Art der Veränderung als Anpassungslernen bezeichnen, weil hier sehr stark mit den Reaktionen des Publikums gearbeitet werden muß.

5.4 Gestaltungsmöglichkeiten

Nachdem die drei zentralen Kernkompetenzen identifiziert wurden, stellt sich die Frage nach den Einwirkungsmöglichkeiten. Diese lassen sich hier nur andeutungsweise formulieren, da sie mit dem Operationalisierungsstadium der Kernkompetenzen selbst korrelieren. Dennoch seien einige erste Hinweise gegeben.

a)   Zur Zugriffskompetenz
Schneller als andere an Wissen zu gelangen, setzt voraus, das benötigte Wissen zu selegieren und die entsprechenden Wissensträger rechtzeitig zu identifizieren. Die **Wissensselektion** findet dabei zuerst innerhalb der Partei selbst statt. Für die Innenverhältnisse von Parteien läßt sich dabei ähnliches beobachten wie es Sabatier (1993) im Bereich der Politikfeldanalyse (policy-analyse) festgestellt hat. Politikfelder werden in seinem Ansatz von einer geringen Zahl von sog. „policy advocacy coalitions" und zentralen Akteuren, sogenannten „**policy brokern**" dominiert (in der Partei = Parteispitze, bestimmte

weltanschauliche Flügel). Verbindendes Element zwischen den Akteuren ist dabei, daß über verschiedene sonstige Zugehörigkeiten hinausgehende „sets of basic beliefs" entstehen. Diese, in Koalitionen „organisierten" Eliten - mit jeweils relativ einheitlichen Zielobjekten, Strategien und Deutungsmustern - gelangen durch die Strukturierung und Konturierung eines „dominant belief systems" zu bestimmten Auswahlleistungen. Die Reduktion der Angebots-Komplexität ist eine wichtige Funktion für die Parteiorganisation.

Als ein wichtiges Instrument zur Kanalisierung von Auswahlleistungen wird in der Literatur die Kreation und Popularisierung einer **organisationsweit geltenden Vision**, also die bewußt normative Konstruktion eines idealen (und schwer erreichbaren) Zukunftszustandes für die Organisation, beschrieben. Parteiprogramme erfüllen diese Funktion. Die **Geschichte einer Organisation/Partei** wirkt dabei formierend auf die individuelle Wissensbasis ihrer Mitglieder ein. Beide Elemente steuern die Aufnahme neuer Wissenselemente und die Entstehung neuen Wissens. Diese Ebene ist allerdings direkten Managementinterventionen kaum zugänglich. Hier kann aber versucht werden, mit Maßnahmen des symbolischen Managements, d.h. zum Beispiel mit Ritualen und Zeremonien, eine Verstärkung/Bewußtmachung dieser Kräfte zu erreichen - im besten Fall kann die Formierung und Hierarchisierung ihrer Elemente korrespondierend zu Problemlagen erreicht werden.

Die führenden Parteirepräsentanten haben hier die Aufgabe, das Wertesystem sichtbar vorzuleben. Extern wirkt die Geschichte der Partei/Organisation auf Kunden/Bürger als tragendes Element im „Image" (Wangen 1983, 103) ein, also dem in der Öffentlichkeit wahrgenommenen Bild der Partei. Das externe Bild kann wiederum professionell kommunikativ bearbeitet werden (z.B. durch Public-Relations Abteilungen), in bezug auf die wahrgenommene/wahrnehmbare Geschichte etwa durch Deutungsangebote und Popularisierungen durch Forschungsarbeiten parteinaher Stiftungen.

Im Sinne einer möglichst problemadäquaten Wissensselektion kommt es aber auf der anderen Seite auch darauf an, sich nicht den Zugängen zu versperren, die außerhalb der wertgetriebenen und personenbezogenen Selektionsleistung liegen. Anders formuliert: Die Auswahlhandlungen **dürfen nicht die Fähigkeit zur Anpassung** an die Umwelt **beeinträchtigen** (etwa weil die wertorientierten Auswahl- und Perzeptionsmuster gleich bleiben, während sich die Problemumwelt stark verschiebt). Darum wird die Fähigkeit, die eigenen Auswahlkriterien und Wertmuster immer wieder kritisch zu hinterfragen mit dem Versuch, auch fremde und den eigenen Überzeugungen scheinbar entgegenlaufende Problemlösungen auf ihre Brauchbarkeit zu überprüfen, zu einer kritischen Erfolgsgröße. Ansonsten könnten Potentiale verschenkt werden, die am Markt besondere Resonanz fänden, weil sie einen besseren Problemlösungsbeitrag versprechen.

Besteht innerparteilich nicht die Bereitschaft, im Konfliktfall zumindest eine von starren Wertüberzeugungen befreite Wissenssuche zu betreiben, verschlechtert sich die Position. Da von der dominanten Koalition, die die Werte einer Partei hervorgehoben repräsentieren, nicht automatisch erwartet werden kann, alternatives Wissen zu generieren, könnte diese Selektionsleistung anderen Gruppen ebenfalls übertragen werden (z.B. parteiinterne Minderheitsgruppen, Projektgruppen, die mit externen Vertretern vermischt sind, Institutionalisierung eines advocatus diaboli).

Im Zuge von parteiinternen Kommunikationsprozessen ist dann Einheitlichkeit darüber zu erzielen, welches Wissen überhaupt benötigt wird. Hiernach geht es darum, die **Wissensträger**, die dieses Wissen besitzen, zu **identifizieren** und zur **Weitergabe des Wissens zu bewegen**.

Im Schwerpunkt wird dieses Wissen außerhalb von parteinahen Stiftungen und Forschungseinrichtungen vorgehalten werden, da die Problemlagen vielschichtig sind und alleine aus finanziellen Gründen eine Selbstbevorratung verunmöglicht wird. Die formellen und informellen Netzwerkbeziehungen zu Wissensträgern, die nicht automatisch mit politisch einflußreichen Gruppierungen übereinstimmen müssen, werden somit zu einer kritischen Variable. Das Wissensmanagement stellt hier erste Techniken bereit, die helfen, Wissensträger und ihre Qualität bereits im Vorfeld zu identifizieren, damit bei Bedarf möglichst schnell hierauf zurückgegriffen werden kann (z.B. „Wissenslandkarten" pro Problemfeld).

b) Zur Framingkompetenz

Zur Entwicklung dieser Kernkompetenz muß eine Partei lernen, wie der problemadäquate Umgang mit verschiedenen Wissenselementen organisiert werden kann, d.h., wie kann eine angemessene Reflexionstiefe erzielt werden, bei der unterschiedliche Interessen und Meinungen berücksichtigt werden, ohne die Notwendigkeit zur verkürzenden Marktkommunikation und das Erfordernis der Anschlußfähigkeit an den Stand der öffentlichen Diskussion (in den Massenmedien) aus den Augen zu verlieren.

Wissen wird dazu in mehreren Phasen in der Partei verteilt (1) und diskutiert (2) - hier kann die Parteiführung immer wieder die Prozesse anregen, indem sie zum einen bei der Verteilung (zumindest in gewissen Phasen) steuernd eingreift und zum anderen den erreichten Wissensstand für verschiedene Rezeptionsstufen immer wieder aufbereiten läßt (3) und die Speicherung „passender" Wissenselemente in das organisatorische Gedächtnis (z.B. durch Verschriftlichung/Dokumentation des erreichten Diskussionsstandes) unterstützt (siehe für ein fast vollständiges Modell z.B. Probst/Raub 1998, 133).

Zum erfolgreichen Wissensmanagement wird es auch notwendig werden, eine **Fähigkeit zu interpersonalem Verständigungslernen** zu entwickeln: Es muß ein organisationsweit verbindlicher geltender Modus erzielt werden, wie mit Problemen, die aus widersprüchlichen Meinungen und Interessen entstehen, umgegangen werden soll („code of conduct", angemessene Formen des Konfliktmanagements). Auch hier kann man von einem Frame - diesmal allerdings von einem auf innerorganisatorische Prozesse bezogenen Rahmen - sprechen, durch den Konflikte mit Rückgriff auf ein gemeinsames Bezugssystem kanalisiert werden. Nehmen wir das Beispiel Kampagnen.

Kampagnen sind kommunikativ verdichtete und aggregierte Einzelthemen, die miteinander verzahnt den „Kunden"/Wählern in Form von Problemszenarien und (dazu passenden) Problemlösungsversprechen nahegebracht werden. Organisationsstrukturell können Kampagnen am erfolgversprechendsten in interdisziplinär (flügelübergreifend) zusammengesetzten Projektgruppen (Linnemann 1995) - möglichst auch mit externen Beratern kombiniert - bearbeitet werden, da diese Organisationsform den temporären Charakter von Kampagnen am besten unterstützt und ein Maximum an Flexibilität bereitstellt.

Die **Konzeption eines Leitbildes** kann einen geeigneten Rahmen zur internen Konfliktbewältigung abgeben. Das Leitbild erfüllt - metaphorisch gesprochen - in etwa die Funktion eines Fahrplanes für die Verwirklichung der Vision, die sich in Parteien in Programmen widerspiegelt. Es stellt die Verdichtung des Handlungswissens einer Organisation dar und gibt idealiter kurze, prägnante Antwort auf die Fragen: Wer sind wir? (Aufgaben und Ziele), Woher kommen wir? (Geschichte), Was tun wir und wie tun wir es? (Leistungsangebot und Aufbau-/Ablauforganisation) und: Wie gehen wir miteinander um? (Konflikt- und Kommunikationsmanagement; Strunk 1996, 7ff.). Während die **Vision** aber eher die begeisternden, motivational relevanten, wichtigen Momente einer Zukunftsvorstellung artikuliert, stellt das Leitbild die entscheidenden Anknüpfungspunkte für konkrete Selbstverpflichtungen der Organisation. Das Leitbild ist damit potentiell geeignet, ausreichend Handlungssicherheit bei den Mitgliedern zu erzeugen. Strategien zur Sicherung massenmedialer Aufmerksamkeit für die einzelnen Kampagnen müssen strategisch vorentworfen werden.

Niklas Luhmann (1971, 13) hat in seiner Konzeption der Öffentlichen Meinung Aufmerksamkeitsregeln für das Mediensystem formuliert, die auch für die Funktion von Frames gelten und auf die in strategischer Hinsicht Rücksicht genommen werden muß

(bzw. mit denen gearbeitet werden kann). Kampagnen können mit Aufmerksamkeit rechnen, wenn sich eines oder mehrere Merkmale einstellen bzw. konstruieren lassen:
- Überragende Prioritäten bestimmter Werte, deren Bedrohung oder Verletzung gleichsam von selbst ein bestimmtes Thema entstehen läßt;
- Krisen, die den Systembestand zu gefährden scheinen;
- Status des Absenders einer Kommunikation;
- Symptome politischen Erfolgs;
- Neuheit eines Ereignisses;
- Schmerzen oder zivilisatorische Schmerzenssurrogate (Verletzung von individuellen oder gruppenspezifischen Besitzständen, z. B. Subventionen).

Nur wenn das System der Massenmedien die Kampagnen und ihre jeweiligen Aussagen aufnimmt und behandelt, können sie die notwendige massenhafte Verbreitung erlangen, die eine notwendige Voraussetzung für politischen Erfolg bildet. Deshalb muß schon bei der Konzeption der Kampagnen die Beachtung dieser Faktoren mit **Rücksicht auf ihre spätere Vermittlung** im eigentlichen politischen Kommunikationsprozeß berücksichtigt werden.

Strategien zur Absicherung der Plausibilität von Frames sollten den Kommunikationsprozeß unterstützen (Dombrowski 1996, 178f.). Der Erfolg von Frames hängt nicht nur von ihrer medialen Präsenz, sondern auch von ihrer Publikumswirksamkeit ab. Darum gilt es bei ihrer Konstruktion zu beachten, daß die Frames Erfolgsdeutungen zulassen müssen (Probleme sollten so präsentiert werden, daß Lösungen möglich sind) und dem Kriterium der Kohärenz genügen (die durch Frames nahegelegten Problemdeutungen und Wirkungszusammenhänge müssen glaubhaft sein). Das wiederum bedeutet, daß Frames, die sich auf (vom Publikum) unmittelbar erfahrbare Themen beziehen, nicht im Widerspruch zu diesen Erfahrungen stehen dürfen. Bei komplexen Themen, die die Bürger/Wähler aus eigener Erfahrung schwer beurteilen können, sollte man Anhaltspunkte schaffen, die im Zusammenhang mit Frames Plausibilität signalisieren (z.B. durch Expertenaussagen, Bezug auf wissenschaftliche Publikationen).

c) Zur Vermittlungskompetenz

Diese Kernkompetenz besitzt zwei Facetten, die sich aus dem Kommunikationsprozeß ergeben. Einerseits kann aus der Warte der Partei argumentiert werden. Hier geht es darum, die **Vermittlung von Inhalten strategisch und operativ aufzubereiten**. Hier ist entscheidend, wie die Partei in ihrer gesamten Erscheinung auf die artikulierte oder angenommene Position ihrer Klientel reagiert. Wie wird dabei das Parteiprogramm präsentiert, wie werden Parteitage inszeniert, welche Diskussionskultur wird gepflegt, welcher Wert wird den Gründungsideen eingeräumt usw. Aber angesprochen sind hiermit auch die Nutzung und offizielle Bewertung von Meinungsumfragen, die telefonische Erreichbarkeit der Zentrale oder der Internetauftritt.

Andererseits ist Kommunikation vielfach und oftmals entscheidend gebunden an **Personen**. Also gilt es auch aus dieser Perspektive heraus zu optimieren. Bei der Bearbeitung dieses Aspektes der Kompetenzdimension besteht das Managementproblem der Partei als Organisation regelmäßig zunächst darin, geeignete Personen zu finden, die als Politiker und damit als Transmitter aufgebaut werden können.

Diese Personen müssen dafür von dem entsprechenden Personenkreis als ausreichend attraktiv wahrgenommen werden, um zur Mitarbeit motivieren zu können. Kriterien hierfür sind vor allem die Glaubwürdigkeit, eine Zustimmungsfähigkeit der Zielsetzungen und der erwartbare Erfolg der zentralen Leistungs- und Problemlösungsversprechen. Für den Personenkreis der sog. Berufspolitiker (bzw. solche, die es werden wollen) kommt hinzu, daß eine bestimmte materielle Ressourcenausstattung (finanziell, organisatorisch: u.a. politische Posten) schon vorliegen muß, die diesen Personenkreis ermutigt, an diesen Ressourcen partizipieren zu können.

Ein weiterer Aspekt besteht bei den der Partei zugehörigen Personen darin, deren Kommunikationsverhalten durch ein **geschicktes Dienstleistungsangebot** zu beeinflussen. Eine milieuorientierte Ausrichtung dieser Unterstützungsleistung erleichtert diese Aufgabe wesentlich. Auf semantischer Ebene muß es hier den Parteiorganen beispielsweise darum gehen, sprachliche Bilder und Metaphern vorzufertigen, die möglichst interpretationsoffen, praxis-enttäuschungsfest und an eine Mehrzahl von Denkstrukturen anschlußfähig sind (gewisse Ambiguität/Mehrdeutigkeit). Diese Bilder können dann von den Politikern benutzt werden und ihnen bei ihrem Einsatz ausreichend Flexibilität ermöglichen.

Auf symbolischer Ebene (vgl. zum symbolischen Management Weibler 1995) sollten **unverwechselbare Embleme** und **Signets** gefunden oder konstruiert werden, die, in den jeweiligen Situationen geschickt positioniert, eine Verbindung zwischen den Aussagen, der Person des Politikers und der Partei, die dieser vertritt, deutlich werden lassen.

Weitere Faktoren, wie etwa mediales Erscheinungsbild, Diskussionsverhalten etc. sollten systematisch analysiert und mit den betreffenden Personen reflektierend unter Hinzuziehung von „best practices" besprochen werden. Erfahrungsgemäß kommt besonders mißlungenen Vermittlungsversuchen eine lehrreiche Funktion zu. Neuen Mitgliedern wären Angebote zum Erwerb herrschender Standards zu offerieren (z.B. Trainings, Präsentationshilfen). Explizit formulierte Verhaltensmaßstäbe (als Vorschläge) geben dabei Sicherheit, um Rollenkonflikte und Verhaltensunsicherheiten für die Mitglieder zu minimieren.

6 Fazit

Die drei zusammenfassenden Kompetenzarten (Zugriff, Framing, Vermittlung) eröffnen einen Möglichkeitsrahmen für eine strategische Positionierung. Es ist dabei nicht zu erwarten, daß eine Partei in allen Dimensionen und auf allen Ebenen „exzellente" Ergebnisse zeigt. In den beschriebenen drei Kernkompetenzen besteht denn auch die Chance zur Differenzierung am Wählermarkt. Welche Kernkompetenz, ggf. situativ variierend, besonders erfolgreich ist, ist eine bislang empirisch unbeantwortete Frage. Auch könnten Wettbewerbsvorteile dadurch erzielt werden, daß es einer Partei gelingt, besser als ihre Konkurrenten ein ausgewogenes Mischungsverhältnis in den einzelnen Kompetenzbausteinen zu erzielen.

Ein zentrales Problem in der Kernkompetenzendiskussion liegt darin, daß die jeweilige Kompetenzstärke natürlich nicht als ontologisches Faktum konstruiert werden kann, sondern daß diese nur in Abhängigkeit von den Leistungen potentieller Wettbewerber zu ermitteln ist. Anders formuliert: Kernkompetenzen sind **relational zu Mitbewerbern** zu sehen und – dies sei noch einmal betont – werden letztendlich durch die Attribution vom Kunden/Wähler als solche zu selbigen. Um eine Vorstellung über die Positionierung am Markt zu erhalten, sind Parteien, wie erwerbswirtschaftliche Organisationen auch, angehalten, periodisch wiederkehrende Fremd- und Selbstbeobachtungen (Benchmarking, vgl. Mertins 1995; Wildemann 1996, 60ff., Mitgliederbefragungen, Kunden-/Wählerumfragen) vorzunehmen. Diese begleiten den Prozeß einer bewußten Kompetenzentwicklung kritisch. Das Instrumentarium der schon jetzt von den Parteien durchgeführten Wähler- und Mitgliederumfragen kann dabei beibehalten werden, doch kommt es zukünftig stärker darauf an, eine (indirekte) Bewertung der wahrgenommenen Kernkompetenzen zu integrieren. Die Bewertung sollte demnach unter den „Rahmungen" einer kompetenzorientierten, strategischen Perspektive erfolgen, beispielsweise durch den Einsatz eines geeigneten Analyseinstrumentes, etwa dem Portfolio-Raster (z.B. bei Wildemann 1996, 63f.; Hinterhuber/Handlbauer/Matzler, 1997, 119).

Neu hinzukommen müßten Methoden der systematischen Eigenbeobachtung, die die Fähigkeit der Parteien, Wissen auszuwählen, zu vernetzen und zu kommunizieren, eingehender beleuchten. Eine Gleichsetzung dieser Aufgabe mit Zahlen zur Wählergunst ist verkürzend. Hier können nur momentane Stimmungsbilder eingefangen werden, deren kausale Rückführung auf strukturelle Stärken oder Schwächen fraglich erscheint. Kernkompetenzen sind stets langfristig zu sehen. Von hier aus können die Weichen für die gezielte Gestaltung, Lenkung und Entwicklung von Leistungs- und Problemlösungsversprechen gestellt werden. Parteien, die in der Lage sind, diesen Prozeß zu verstehen und ihn lernend zu steuern, werden unter der hier zugrunde gelegten Perspektive nachhaltigen Erfolg am Wählermarkt haben.

7 Literatur

Badelt, C. (Hrsg.) (1997): Handbuch der Non-Profit Organisationen, Strukturen und Management, Stuttgart.

Blessing, K.-H. (Hrsg.) (1993): SPD 2000, Die Modernisierung der SPD, Marburg/Berlin.

Bongartz, U. (1997): Strategische Ressourcen und erhaltbare Wettbewerbsvorteile: Die ressourcenorientierte Sicht am Beispiel der Treasury, in: Zeitschrift für Betriebswirtschaft, ZfB-Ergänzungsheft 1 (1997), S. 21-42.

Boos, F./Jamai, H. (1994): Kernkompetenzen - gesucht und gefunden, in: Harvard Business Manager, Vol. 16 (1994), S. 19-26.

Dombrowski, I. (1996): Politisches Marketing in den Massenmedien, Wiesbaden.

Downs, A. (1968): Ökonomische Theorie der Demokratie, Tübingen.

Eldersveld, S.J. (1964): Political Parties, A Behavioral Analysis, Chicago.

Hamel, G./Prahalad, C.K. (1994): Competing for the Future, Boston/MA.

Hamel, G. (1994): The Concept of Core Competence, in: Hamel, G./Heene, A. (Eds.): Competence-based Competition, New York u.a., S. 11-33.

Hinterhuber, H./Handlbauer, G./Matzler, K. (1997): Kundenzufriedenheit durch Kernkompetenzen: Eigene Potentiale erkennen - entwickeln - umsetzen, München/Wien.

Hofer, C.W./Schendel, D. (1978): Strategy Formation: Analytical Concepts, St. Paul.

Itami, H./Roehl, T.W. (1987): Mobilizing Invisible Assets, Cambridge/MA.

Krogh, G. von/Venzin, M. (1995): Anhaltende Wettbewerbsvorteile durch Wissensmanagement, in: Die Unternehmung, 49. Jg. (1995), S. 417-436.

Krüger, W. (1997): Kernkompetenz-Management: Steigerung von Flexibilität und Schlagkraft im Wettbewerb, Wiesbaden.

Lehmbruch, G. (1976): Parteienwettbewerb im Bundesstaat, Stuttgart u.a.

Leonard-Barton, D. (1992): Core Capabilities and Core Rigidities: A Paradox in managing New Product Development, in: Strategic Management Journal, Vol. 13 (1992), S. 111-125.

Linnemann, R. (1995): Die Parteiorganisation der Zukunft, innerparteiliche Projektarbeit, Münster/New York.

Lombriser, R./Abplanalp, P.A. (1997): Strategisches Management, Zürich.

Luhmann, N. (1970): Funktionale Methode und Systemtheorie, in: ders. (Hrsg.): Soziologische Aufklärung: Aufsätze zu einer Theorie sozialer Systeme, Opladen, S. 31-53.

Luhmann, N. (1971): Öffentliche Meinung, in: ders. (Hrsg.): Politische Planung, Opladen, S. 3-28.

Luhmann, N. (1988): Organisation, in: Küpper, W./Ortmann, G. (Hrsg.): Mikropolitik - Rationalität, Macht und Spiele in Organisationen, Opladen, S. 165-185.

Luhmann, N. (1992): Die Unbeliebtheit der Parteien, in: Hoffmann, G./Perger, W.A. (Hrsg.): Die Kontroverse: Weizsäckers Parteienkritik in der Diskussion, Frankfurt a.M., S. 177-186.

Lyles, M.A./Schwenk, C.R. (1992): Top Management, Strategy and Organizational Knowledge Structures, in: Journal of Management Studies, Vol. 29 (1992), S. 155-174.

Mintzel, A. (1987): Hauptaufgaben der Parteienforschung, in: Österreichische Zeitschrift für Politikwissenschaft, 16 Jg. (1987), S. 221-240.

Mertins, K. (Hrsg.) (1995): Benchmarking: Praxis in deutschen Unternehmen, Berlin u.a.

Naßmacher, H. (1989): Auf- und Abstieg von Parteien: Ansätze zur vergleichenden Betrachtung von Etablierung und Niedergang von Parteien im Wettbewerb, in: Zeitschrift für Politik, NF, 36. Jg. (1989), S. 167-190.

Neugebauer, G./Stöss, R. (1996): Die PDS: Geschichte, Organisation, Wähler, Konkurrenten, Opladen.

Nonaka, I./Takeuchi, H. (1995): The Knowledge Creating Company, New York.

Penrose, E.T. (1959): The Theory of the Growth of the Firm, Oxford.

Pfetsch, N. (1994): Themenkarrieren und politische Kommunikation: Zum Verhältnis von Politik und Medien bei der Entstehung der politischen Agenda, in: Aus Politik und Zeitgeschichte, B39/44 (1994), S. 11-20.

Porter, M.E. (1980): Competitive Strategy: Techniques for analyzing Industries and Competitors, New York.

Porter, M.E. (1985): Competitive Advantage: Creating and Sustaining Superior Performance, New York.
Prahalad, C.K./Hamel G. (1990): The Core Competence of the Corporation, in: Harvard Business Review, Vol. 68 (1990), S. 79-91.
Probst, G.J.B./Raub, S. (1998): Kompetenzorientiertes Wissensmanagement, in: Zeitschrift für Führung und Organisation, 67. Jg. (1998), S. 132-137.
Rasche, C. (1994): Wettbewerbsvorteile durch Kernkompetenzen: Ein ressourcenorientierter Ansatz, Wiesbaden.
Raschke, J. (1993): Die Grünen: Wie sie wurden, was sie sind, Köln.
Roth, R./Wiesendahl, E. (1986): Das Handlungs- und Orientierungssystem politischer Parteien, Eine empirische Fallstudie, Forschungsgruppe Parteiendemokratie: Analysen und Berichte, Nr.17, Bremen.
Rumelt, R.P. (1984): Towards a Strategic Theory of the Firm, in: Lamb, R.B. (Ed.): Competitive Strategic Management, Englewood Cliffs/NJ, S. 556-570.
Sabatier, P. A. (1993): Advocacy-Koalitionen, Policy Wandel und Policy-Lernen: Eine Alternative zur Phasenheuristik, in: Heritier, A. (Hrsg.): Policy-Analyse-Kritik und Neuorientierung, PVS-Sonderheft 24 (1993), Opladen, S. 117-148.
Sarcinelli, U. (1993): Mediale Politikdarstellung und politisches Handeln: Analytische Anmerkungen zu einer notwendigerweise spannungsreichen Beziehung, in: Gegenwartskunde, Sonderheft 9, S. 35-49.
Schedler, A. (1994): Die (eigensinnige) kommunikative Struktur demokratischer Wahlen, in: Zeitschrift für Politik, NF, 41. Jg. (1994), S. 22-43.
Scheuch, E.K./ Scheuch, U. (1992): Cliquen, Klüngel und Karrieren, über den Verfall der politischen Parteien - eine Studie, Reinbek/Hamburg.
Schiller, T. (1984): Interaktionsmuster zwischen Parteien, Verbänden und Bewegungen, in: Falter, J.W./Fenner, Ch./Greven, M.T. (Hrsg.): Politische Willensbildung und Interessenvermittlung (Verhandlungen d. Fachtagung d. DVPW vom 11.-13. Okt. 1983 in Mannheim), Opladen, S. 496-504.
Schmitt, H. (1987): Neue Politik in alten Parteien, Zum Verhältnis von Gesellschaft und Parteien in der Bundesrepublik, Opladen.
Schmitz, C. (1996): Wissen gewinnt: Knowledge-Flow-Management, Düsseldorf/München.
Schwarz, P. (1986): Management in Nonprofit-Organisationen, in: Schweizerische Volksbank (Hrsg.): Die Orientierung, Heft 88 (1986).

Schwarz, P. (1996): Management in Nonprofit-Organisationen: Eine Führungs-, Organisations- und Planlehre für Verbände, Sozialwerke, Vereine, Kirche, Parteien, Bern u.a.

Stalk, G./Evans, P./Shulman, L.E. (1992): Competing on Capabilities: The New Rules of Corporate Strategy, in: Harvard Business Review, Vol. 70 (1992), S. 57-69.

Steinle, C./Bruch, H./Nasner, N. (1997): Kernkompetenzen - Konzepte, Ermittlung und Einsatz zur Strategieevaluation, in: Zeitschrift für Planung, 8. Jg. (1997), S. 1-23.

Stöss, R. (1990): „Die Republikaner": Woher sie kommen, was sie wollen, wer sie wählt, Köln.

Strunk, A. (1996): Vom Dienstleistungscontrolling zum Sozialdesign, in: Strunk, A. (Hrsg.): Dienstleistungscontrolling, Baden-Baden, S. 7-19.

Wangen, E. (1983): Polit-Marketing: Das Marketing Management der politischen Parteien, Opladen.

Weibler, J. (1995): Symbolische Führung, in: Kieser, A./Reber, G./Wunderer, R. (Hrsg.): Handwörterbuch der Führung, 2. Aufl., Stuttgart, Sp. 2015-2026.

Wernerfeld, B. (1984): A Resource-based View of the Firm, in: Strategic Management Journal, Vol. 5 (1984), S. 171-180.

Wiesendahl, E. (1980): Parteien und Demokratie: Eine soziologische Analyse paradigmatischer Ansätze der Parteienforschung, Opladen.

Wiesendahl, E. (1998): Parteien in Perspektive: Theoretische Ansichten der Organisationswirklichkeit politischer Parteien, Wiesbaden.

Wildemann, H. (1996): Kernkompetenzen, Leitfaden zur Ermittlung von Kernfähigkeiten in Produktion, Entwicklung und Logistik, München (Manuskript, TH-München).

Willke, H. (1995): Systemtheorie III, Steuerungstheorie, Stuttgart/Jena.

Wolfsteiner, W.D. (1995): Das Management der Kernfähigkeiten - Ein ressourcenorientierter Strategie- und Strukturansatz, Hallstadt.

Zauner, A. (1997): Von Solidarität zu Wissen: Nonprofit Organisationen in systemtheoretischer Sicht, in: Badelt, C. (Hrsg.): Handbuch der Non-Profit Organisationen, Strukturen und Management, Stuttgart, S. 103-119.

Autorenverzeichnis

Ahlers, Friedel, Dr. rer. pol., war nach dem Studium von 1986-1991 an der Abteilung Unternehmensführung und Organisation der Universität Hannover (Prof. Dr. Claus Steinle) beschäftigt. Nach der Promotion 1993 und einer mehrjährigen Tätigkeit in der Erwachsenenbildung ist er seit 1997 wieder an der oben genannten Abteilung als Wissenschaftlicher Assistent tätig. Er ist zudem Lehrbeauftragter der TU Braunschweig und der Universität Oldenburg und Dozent für unterschiedliche Weiterbildungsinstitutionen.

Bruggmann, Michael, Dr. oec. publ., Studium der Betriebswirtschaftslehre an der Universität Zürich, 1995-2000 Wissenschaftlicher Assistent bei Prof. Dr. Bruno Staffelbach, 2000 Promotion an der Universität Zürich („Die Erfahrung älterer Mitarbeiter als Ressource"). Forschungsschwerpunkt: Erfahrung älterer Mitarbeiter

Burr, Wolfgang, Dr. oec. publ., Studium der Betriebswirtschaftslehre an der Ludwig-Maximilians-Universität München (Abschluß: Dipl.-Kfm.), Promotion (1995) an der Ludwig-Maximilians Universität München, derzeit beschäftigt als wissenschaftlicher Assistent am Lehrstuhl für Internationales Management der Universität Hohenheim. Forschungsschwerpunkte: Organisationstheorie, Organisation und strategisches Management industrieller Dienstleistungen, Medienmanagement.

Corsten, Hans, Dr. rer. pol. habil., o. Universitätsprofessor. Studium der Betriebswirtschaftslehre an der RWTH-Aachen und der Universität zu Köln (Abschluß: Dipl.-Kfm.). Promotion (1981) und Habilitation (1986) an der Technischen Universität Braunschweig. 1988-1989 Professor an der Universität Kaiserslautern. Von 1989 bis 1995 Inhaber des Lehrstuhls für Allgemeine Betriebswirtschaftslehre, insbes. Produktionswirtschaft und Industriebetriebslehre, an der Wirtschaftswissenschaftlichen Fakultät Ingolstadt der Universität Eichstätt. Seit 1995 Inhaber des Lehrstuhls für Produktionswirtschaft an der Universität Kaiserslautern. Rufe an die Universitäten Braunschweig (TU), Marburg und Klagenfurt. Forschungsschwerpunkte: Dienstleistungsproduktion, Produktionsplanung und -steuerung.

Fengewisch, Sandra, Diplom-Ökonomin (geb. 1975), studierte nach dem Abitur von 1995 bis Anfang 2000 Wirtschaftswissenschaften an der Universität Hannover. Ihre Diplomarbeit zum Thema „Internationale Personalentwicklung" schrieb sie in Kooperation mit einer multinational ausgerichteten Dienstleistungsunternehmung an der Lehreinheit von Prof. Steinle.

Fritz, Wolfgang, Dr. rer. pol. habil., o. Universitätsprofessor an der Technischen Universität Braunschweig. Studium der Betriebswirtschaftslehre an der Universität Mannheim (Abschluß: Dipl.-Kfm.). Promotion (1983) und Habilitation (1991) ebenfalls an der Universität Mannheim. Ernennung zum Honorarprofessor an der Universität Wien (1997). Forschungsschwerpunkte: Marktorientierte Unternehmensführung, internationales Marketing, Internet-Marketing und Electronic Commerce, innovative Methoden betriebswirtschaftlicher Didaktik.

Gössinger, Ralf, Dipl.-Kfm. Studium der Betriebswirtschaftslehre an der Universität Leipzig (Abschluß: Dipl.-Kfm.). Seit 1. Januar 1996 Wissenschaftlicher Mitarbeiter des Lehrstuhls für Produktionswirtschaft an der Universität Kaiserslautern.

Heinecke, Albert, Dipl.-Inform., Dipl.-Wirtsch.-Inform., Dr. rer. pol., Professor für Betriebswirtschaftslehre an der Fachhochschule Braunschweig/Wolfenbüttel. Arbeitsschwerpunkte: strategische Planungsinstrumente, Methoden der Entscheidungsunterstützung in der Personalwirtschaft, Entwicklung DV-gestützter Unternehmenssimulationen.

Kammel, Andreas, Dipl.-Ök., Dr. rer. pol., Privatdozent, Oberassistent an der Abteilung Unternehmensführung des Instituts für Wirtschaftswissenschaften der Technischen Universität Braunschweig. Arbeitsschwerpunkte: Management Development, Personalwirtschaft und strategisches Management.

Koch, Jochen, Dipl.-Kfm., Studium der Betriebswirtschaftslehre an der Universität Gießen und der Fernuniversität Hagen, wissenschaftlicher Mitarbeiter am Institut für Management der Freien Universität Berlin seit 1996. Forschungsschwerpunkte: Postmoderne Organisationstheorie, Wissensmanagement, Theorien der Führung.

Lang, Rainhart, Dr. oec. habil., o. Universitätsprofessor an der TU Chemnitz. Studium der Wirtschaftswissenschaften an der KMU Leipzig (Abschluß: Diplomwirtschaftler). Promotion Arbeitswissenschaften (1980) und Habilitation Leitungswissenschaften (1987) an der KMU Leipzig. Forschungsschwerpunkte: Unternehmenskultur, Führung, Wandel im Personal- und Organisationsbereich, Betriebliche Transformationsforschung in Ostdeutschland und Osteuropa, KMU-Netzwerke.

Lindert, Klaus, Dr. rer. pol., Wissenschaftlicher Mitarbeiter an der Abteilung Unternehmensführung des Instituts für Wirtschaftswissenschaften der Technischen Universität Braunschweig. Forschungsschwerpunkte: Personalmanagement, Organisation, Internationales Management, Anreizsysteme und Unternehmenssteuerung.

Matiaske, Wenzel, Dr. rer. pol. habil., Privatdozent, Lehrstuhlvertretung am Lehrstuhl für Betriebswirtschaftslehre, insb. Personalwirtschaft der Universität Paderborn und Werkstatt für Organisations- und Personalforschung Berlin. Promotion 1992 an der Universität Paderborn, Habilitation 1999 an der TU Berlin. Forschungsschwerpunkte: Empirische Personal- und Organisationsforschung.

Oelsnitz, Dietrich von der, Dr. rer. pol. habil., o. Universitätsprofessor, Studium der Wirtschaftswissenschaft und der Betriebswirtschaftslehre an der Technischen Universität Braunschweig und der Georg-August-Universität Göttingen, 1993 Promotion am Lehrstuhl für Unternehmensführung an der TU Braunschweig. 1999 Habilitation. Seit Oktober 1997 Leiter des Fachgebiets Unternehmensführung/Personalwirtschaft an der TU Ilmenau (Thür.). Forschungsschwerpunkte: Strategische Unternehmensführung, Marketing-Management, Marketingimplementierung, Organisationstheorie.

Peter, Alexander, studierte Soziologie, Politikwissenschaft, Geschichte und Verwaltungswissenschaft an der Universität Konstanz. Dort war er – neben seiner Tätigkeit als freier Trainer – an mehreren Forschungsvorhaben, u.a. im Bereich „Eurostrategisches Management von Klein- und Mittelbetrieben" und „Strategisches Management von Parteien", beteiligt. Seit 1999 ist er als Personalreferent bei Arthur Andersen, Wirtschaftsprüfungsgesellschaft, Steuerberatungsgesellschaft mBH im Bereich Recruiting/Personalmarketing tätig.

Schanz, Günther, Dr. rer. pol. habil., o. Universitätsprofessor, Studium der Betriebswirtschaftslehre an der Universität Mannheim (Abschluß: Dipl.-Kfm.). Promotion 1972. Habilitation 1975. Nach Lehrstuhlvertretung in Freiburg i. Brsg. Professor für Betriebswirtschaftslehre an der Georg-August-Universität Göttingen. Rufe nach Hannover, Würzburg und Berlin (FU). Forschungsschwerpunkte: Unternehmensführung, Organisation, Personal, betriebswirtschaftliche Ostasienforschung, Grundlagenprobleme der Betriebswirtschaftslehre.

Scholz, Christian, Dr. rer. pol. habil., o. Universitätsprofessor, Direktor des Instituts für Managementkompetenz und Inhaber des Lehrstuhls für Betriebswirtschaftslehre, insbesondere Organisation, Personal- und Informationsmanagement an der Universität des Saarlandes.

Schreyögg, Georg, Dr. rer. pol. habil., o. Universitätsprofessor für Organisation und Führung am Institut für Management der Freien Universität Berlin. Derzeitige Forschungsschwerpunkte: Steuerung komplexer Systeme und organisatorischer Wandel. Neben der Wahrnehmung von Forschungs- und Lehraufgaben zahlreiche praktische Projekte.

Staffelbach, Bruno, Dr. oec. publ. habil., o. Universitätsprofessor für Betriebswirtschaftslehre und Direktor der Management Weiterbildung der Universität Zürich. Studium der Betriebswirtschaftslehre an der Universität Zürich, Promotion (1984) und Habilitation (1991) an der Universität Zürich. Forschungsschwerpunkte: Humanressourcen Management, Personalökonomik, Management-Ethik.

Steinle, Claus, Dr. rer. pol. habil., o. Universitätsprofessor, schloß 1971 das Studium der Volkswirtschaftslehre an der Universität Freiburg ab, wo er 1974 promoviert wurde. Von 1977 bis 1986 war er als Hochschulassistent an der Technischen Universität Berlin tätig. 1986 erfolgte die Berufung auf die Professur „Unternehmensführung und Organisation" an der Universität Hannover. Forschungsschwerpunkte: Ganzheitliches Management, Planung, Kontrolle und Controlling, Organisationsgestaltung und –änderung, Personalführung und Unternehmungsvitalisierung. Bisher veröffentlichte er zu den genannten Themen 10 Bücher und weit über 100 Buch- und Zeitschriftenbeiträge.

Tragsdorf, Klaus, Dr. oec. habil., o. Universitätsprofessor. Studium der Industrieökonomik an der Universität Leipzig (Abschluß: Diplom-Wirtschaftler). Promotion (1971), Habilitation (1976) an der Universität Leipzig.

Weber, Wolfgang, Dr. rer. pol. habil., o. Universitätsprofessor an der Universität Paderborn für Betriebswirtschaftslehre, insb. Personalwirtschaft und seit 1995 Rektor der Universität Paderborn. Promotion 1971, Habilitation 1980 an der Universität Mannheim. Forschungsschwerpunkte: Empirische betriebswirtschaftliche, vorwiegend personalwirtschaftliche, durch ökonomische und verhaltenswissenschaftliche Theorien gestützte Forschung.

Weibler, Jürgen, Dr. rer. pol. habil., o. Universitätsprofessor für Betriebswirtschaftslehre, insb. Personalführung und Organisation an der FernUniversität Hagen. Studium der Volkswirtschaftslehre sozialwissenschaftlicher Richtung und der Psychologie an der Universität zu Köln; Promotion zum Dr. rer. pol. (Universität zu Köln 1989); zweijährige Tätigkeit in einer internationalen Unternehmensberatung (Senior Consultant); Habilitation in Betriebswirtschaftslehre an der Universität St. Gallen -HSG- (1994); mehrjähriger Forschungsleiter des Instituts für Führung und Personalmanagement (I.FPM) sowie Lehrbeauftragter an der Universität St. Gallen. Forschungsschwerpunkte: Verflechtung von Führungsbeziehungen; Führung in anderen Kulturen, Evolutionäre Organisationstheorie.

Joachim Hentze bei UTB/Haupt

Joachim Hentze, Albert Heinecke, Andreas Kammel
Allgemeine Betriebswirtschaftslehre
aus Sicht des Managements

Das Besondere dieser Einführung in die Betriebswirtschaftslehre besteht darin, dass der Akzent auf den Funktionen der Unternehmensführung – Planung, Controlling, Informationswirtschaft und Personalführung – liegt. Aus ihrer Warte werden hier Funktionen wie Beschaffung und Produktion, Marketing, Investition und Finanzierung betrachtet.

UTB FÜR WISSENSCHAFT
«UTB» – Mittlere Reihe, Band 2040.
2001. XXXI + 633 Seiten, 183 Abbildungen
DEM 34.80/ATS 254.–*/CHF 32.50
ISBN 3-8252-2040-1 (UTB)

Joachim Hentze, Peter Brose und Andreas Kammel
Unternehmungsplanung
Eine Einführung

«UTB» Band 1321.
2. Auflage 1993. 370 Seiten, 29 Abbildungen, 29 Tabellen
DEM 26.80/ATS 196.–*/CHF 25.–   ISBN 3-8252-1321-8

Joachim Hentze, Andreas Kammel und Klaus Lindert
Personalführungslehre
Grundlagen, Funktionen und Modelle der Führung

«UTB» Band 1374.
3., vollständig überarbeitete Auflage 1997. XV + 717 Seiten, 94 Abbildungen
DEM 38.80/ATS 283.–*/CHF 36.–   ISBN 3-8252-1374-9

Joachim Hentze und Andreas Kammel
Personalcontrolling
Eine Einführung in Grundlagen, Aufgabenstellungen, Instrumente und Organisation des Controlling in der Personalwirtschaft

«UTB» Band 1706.
1993. 265 Seiten, 62 Abbildungen
DEM 24.80/ATS 181.–*/CHF 23.–   ISBN 3-8252-1706-X

* unverbindliche Preisempfehlung

⋮ Haupt   **Verlag Paul Haupt** Bern • Stuttgart • Wien
verlag@haupt.ch • www.haupt.ch